交通运输部水运类普通高等学校教材

新时代军事理论基础教程

XINSHIDAI JUNSHI LILUN JICHU JIAOCHENG

主编　孙　光　胡立宏
主审　许民强

大连海事大学出版社

图书在版编目(CIP)数据

新时代军事理论基础教程 / 孙光，胡立宏主编. —
大连：大连海事大学出版社，2019. 8(2022. 10 重印)
ISBN 978-7-5632-3844-6

Ⅰ. ①新…　Ⅱ. ①孙… ②胡…　Ⅲ. ①军事理论—高等学校—教材　Ⅳ. ①E0

中国版本图书馆 CIP 数据核字(2019)第 184261 号

大连海事大学出版社出版

地址：大连市黄浦路523号　邮编：116026　电话：0411-84729665(营销部)　84729480(总编室)

http://press. dlmu. edu. cn　E-mail：dmupress@ dlmu. edu. cn

大连金华光彩色印刷有限公司印装　　大连海事大学出版社发行

2019 年 8 月第 1 版　　2022 年 10 月第 5 次印刷

幅面尺寸：184 mm×260 mm　　印张：17

字数：375 千　　印数：17601～22600 册

出版人：刘明凯

责任编辑：席香吉　　责任校对：高　颖

封面设计：张爱妮　　版式设计：解瑶瑶

ISBN 978-7-5632-3844-6　　定价：40. 00 元

前　言

当前，和平与发展仍是时代的主题，世界并不太平，国际战略形势风云变幻，国家安全形势依然严峻。国家兴亡，匹夫有责。在我国国家安全的内涵比历史上任何时候都要丰富，时空领域比历史上任何时候都要宽广的今天，夯实国家安全的群众基础，大力加强国防教育，培养公民国防观念与国家安全意识，引导每一个人关心国防，支持国防，对于巩固国防，筑牢国家安全防线具有十分重要的意义。

国防教育是建设和巩固国防的基础，是提高全民素质的重要途径。普通高校的国防教育是全民国防教育的基础，是实施综合素质教育的重要内容，是加强大学生思想政治教育的有效手段，也是新时代大学生树立正确的人生观和走向职场的必修课。高校学生的国防教育，其实质和中心内容是在学生中进行爱国主义、革命英雄主义、民族精神和民族气节方面的教育，增强民族凝聚力和向心力，增强学生的国防意识、国防观念、思维意识，提高学生的思维能力和国家安全的责任感和使命感。

为进一步深化学生军事训练改革，增强学生的综合国防素质。国务院办公厅、中央军委办公厅专门出台了《关于深化学生军事训练改革的意见》（国办发〔2017〕76 号），教育部、中央军委国防动员部出台了新修订的《普通高等学校军事课教学大纲》（教体艺〔2019〕1 号），为推动高校军事课教学的创新发展提供了根本依据。

为落实中央和教育部文件要求，结合新时代普通高等学校培养目标的特点，本书作者在认真总结 2018 年出版的《军事理论基础教程》教学实践的基础上，重新编写了这部教材。

本书由孙光、胡立宏任主编，杨大伟、徐海涛、郭亮任副主编。大连海事大学党委副书记许民强教授任本书主审。参加本书编写的人员还有魏铁建、丁洪涌、包虹、李吉祥、陈伟、冯大东等。本书由胡立宏、杨大伟统稿。

本书在编写过程中，得到了辽宁省教育厅、交通运输部有关部门和海军大连舰艇学院、北方战区综合训练基地等领导和院校的大力支持，在此一并表示感谢。

由于国际政治、军事形势变幻莫测，军事技术日新月异，且囿于编者水平，书中难免有某些滞后或不当之处，恳请读者和同仁提出宝贵意见。

编　者

2019 年 8 月

前言

目　录

第一章　海军基础知识

第一节　海军地理

一、海军地理及海权理论

浩瀚的大海历来是军事活动的重要区域，也是海上军事行动和交战双方争夺的焦点。任何一项海上军事行动，都是在一定的时间、空间和特定的海洋地理环境中进行的，因此都会在不同程度上受到海洋地理环境诸要素的影响和制约。所以，海军地理就成为海上军事活动的重要依据之一。熟悉和掌握海军地理对船舶海上航行和战时进行必要的防御将会起到积极的作用。

海军地理是关于海军建设和海上军事活动的海洋空间地理环境，以及有关认识、利用和改造这一环境的理论和方法。

在新时代的今天，对于一个海洋大国来说，海权对一个国家发展极为重要。美国著名的海军理论家和历史学家 A. T. 马汉（1840—1914）曾提出著名的海权理论和海军战略理论。在海权理论中，他认为，海上力量对一个国家的发展、繁荣和安全至关重要。随着 1982 年《国际海洋法公约》的公布，海洋地理环境更加受到各海洋国家的重视，除了海权理论中控制海洋通道和保护对外贸易船队外，如何开发和保护好本国的海洋资源和权益将是世界各国开拓海洋资源市场的重中之重，因而对海洋和海军地理的研究更具有重要的现实意义与深远的历史意义。

二、中国海区的自然地理环境

中国海区是濒临中国大陆东、南边缘海域的总称。由渤海、黄海、东海、南海和台湾东侧海区（简称台东海区）组成。总面积约 480 万平方千米，其中前四个海区的总面积为 473 万平方千米。

（一）中国海区的地理位置及战略地位

中国海区位于亚洲大陆东南、太平洋的西缘，是西北太平洋的一部分，包括中国大陆、中南半岛和马来半岛以东，朝鲜半岛、琉球群岛及菲律宾群岛和加里曼丹岛以西的海域。南面以大巽他群岛为界，平面形态纵长横短，呈弧形向东南凸出。

中国海区介于太平洋与印度洋之间,同两洋的其他边缘海连通。东北方与日本海连接,东南与苏禄海为邻,南与爪哇海沟通,西南经马六甲海峡与印度洋的安达曼海邻接。海区周边是亚洲、太平洋政治经济区域的重要组成部分,沿岸分布有中国、日本、朝鲜、韩国、菲律宾、马来西亚、印度尼西亚、新加坡、文莱、泰国、柬埔寨、越南共 12 个国家。中国海区战略地位十分重要,主要表现在:

1. 中国海区形势重要

中国海区是世界上最大的边缘海之一,海区纵跨纬度约 44°,南北延展 4 800 多千米,外缘有世界上最长的岛链环绕,构成亚洲与太平洋的重要结合部,是亚太地区的地理心脏。海区扼太平洋与印度洋两洋交通要冲,是连接亚洲与大洋洲的"桥梁",海上和空中航线汇集如织,是世界海上交通的重要枢纽和海上航运繁忙的海域之一。据统计每年通过海区的舰船在 8 万艘以上,其中日本总进口货物量的四分之三都要通过该海域,是日本到东南亚、中东、非洲、欧洲等地的必经之路。美国从东南亚获取的天然橡胶、锡、铝、锌等战略物资以及从中东运往西太平洋军事基地的石油,也都要经过中国海区。

2. 中国海区经济发展迅速

中国是促进海区及亚太地区经济繁荣的重要力量。由于中国在人口、地域、资源等方面具有雄厚的实力,经济市场十分广阔,特别是改革开放以后,中国经济发展迅速,国民生产总值和综合国力都比以往大大加强,使得其对世界经济的战略影响日益提高。

另外,亚洲地区各国作为新兴工业国和经济快速增长区,也对中国海区的经济发展起着推动作用。

3. 中国海区历史上屡遭侵略

中国海区近几百年来频繁遭受西方列强的侵略,战争绵延不断。自 15 世纪起,西方殖民者就用战舰开辟了到殖民地的航线,对中国海区的周边国家进行侵略。到了 16 世纪后,葡萄牙、西班牙、荷兰、英国、法国等列强相继侵占了马来西亚、文莱、菲律宾群岛、印度尼西亚、越南以及中国的台湾岛、澎湖列岛等地。据不完全统计,中国仅 1949 年前的百年内就遭受近百次海上侵略。

帝国主义者为了争夺利益,经常在中国海区相互残杀,爆发了一系列战争。如 1898 年美国与西班牙之间为了争夺菲律宾,在马尼拉湾附近的海战;1904 年日俄之间为了争夺在中国东北和朝鲜的利益,在黄海海域的系列海战;1941 年日军登陆马来半岛和新加坡,攻占要塞,击败英国在远东最强集团军的马来西亚战役;1944 年美日之间为了争夺南海交通线的控制权,双方进行大规模海战的菲律宾战役;美国海军 1945 年的冲绳登陆战役、1950 年的仁川登陆战役和越南战争中的北部湾封锁作战等。

4. 中国海区战略地位日益重要

亚太地区军事战略格局存在两大战略环圈:一个是美、日、俄之间相对峙的,以封锁、反封锁为主的日本海环圈;另一个是各国为本国利益与美国对全球利益争夺"围场"的中国海环圈。美国从全球战略出发，一直把中国海区列为在军事上争取主动、控制亚太地区的重要战略基地。因此，美国始终保持着常驻西太平洋地区的海空兵力，重视设在日本、韩国的战术空军力量，还一直以韩国、日本经冲绳至菲律宾一线作为其“链式防御前沿”。目前，东亚和西太平洋仍是美国除在欧洲以外集结兵力最多的地区，加之周边各国因素的影响，使得中国海区成为当今世界上海洋权益斗争最激烈、最复杂的地区之一。

5. 中国海区是中国国防战略的重要方向之一

广阔的海洋空间，不仅是各国发展海洋经济的舞台，更是各国确定国家海洋战略的基础和根本。鉴于中国海区对中国大陆特别有利的地理环境条件，中国海区已成为中国国防战略的重要方向之一。

历史上，特别是鸦片战争后的一百多年间，由于中国长期处于有海无防的状态，广阔的中国海区成为外国侵略者入侵的坦途。仅渤海湾的大沽口就遭受了八次入侵。鸦片战争期间，英国军舰首次入侵大沽口，迫使清政府妥协；后来英法联军三次入侵大沽口，导致京津地区沦陷，咸丰皇帝逃亡热河；八国联军亦沿此路攻陷北京，慈禧太后逃到西安；日本曾两次在大沽口登陆，特别是 1937 年日军在大沽口、北塘登陆，将 12 万兵力投入华北战场。

当前，世界军事、经济强国出于自身利益的需要，不断强化中国海区的军事力量，并且想方设法插足海区事务，同时海区周边国家围绕海区的利益纷争日渐激烈。如日本侵占钓鱼岛，越南、菲律宾、马来西亚侵占南沙群岛的大部分岛礁等，已经严重威胁了中国领土的安全与完整。种种迹象表明，来自中国海区的海上入侵将是外敌入侵的主要方向，因此中国尤其是中国海军必须把中国海区作为反抗外敌入侵的重要方向和未来反侵略战争的主要战场，应加强中国海区的国防建设，以保卫我国的领土主权和海洋权益。

（二）中国海区的自然条件

1. 海岸情况

中国海区海岸类型主要为山地丘陵海岸、平原海岸和生物海岸三大类。其中朝鲜半岛西岸、辽东半岛、山东半岛、杭州湾以南沿海及中南半岛沿海，分布有山地丘陵海岸。由于受构造影响和波浪的侵蚀作用，海岸线比较曲折，地形起伏大，港湾锚地、岛屿众多；在黄河、长江、红河、湄公河、湄南河等河流的入海口附近镶嵌有河口平原海岸，其地势低平、岸坡很小，沿岸多浅水海域，有宽阔的可登陆地段；北回归线以南有珊瑚礁或红树林生长，形成特殊的生物海岸，在中国华南、越南北部、泰国沿海均有零星分布；另在中国海区东侧的台湾岛东部，因受太平洋板块与大陆板块的挤压，形成褶皱型的断层海岸，其海岸线与构造线平行，濒海陆地紧靠岸边，海岸带较狭窄，只是在较大的海湾内才有小片的沙岸。

2. 海峡水道

中国海区东方、南方由群岛环绕，其间海峡、水道众多，构成联系太平洋、印度洋及相邻海区的对外通道。东北方有朝鲜海峡连接日本海，是由黄海、东海往来日本海的捷径，是东北亚的海上交通枢纽和俄罗斯太平洋舰队南下的要道。东方有琉球群岛中的海峡、水道 20 多处，主要有大隅海峡、吐噶喇海峡、大岛海峡、宫古海峡等。大部分航道宽、纵深小、深度大、碍航物少,是东海与太平洋的直接通道;中国大陆与台湾岛之间有台湾海峡。中国台湾岛与菲律宾吕宋岛之间的巴士海峡、巴林塘海峡、巴布延海峡,沟通南海与太平洋,是西太平洋重要的国际海上通道,也是美国第七舰队调遣兵力的常用航路。南方有民都洛海峡、巴拉巴克海峡沟通苏禄海,卡里马塔海峡通向爪哇海,经新加坡海峡和马六甲海峡连接安达曼海,并通往印度洋。其中的马六甲海峡是太平洋与印度洋航路的咽喉,也是西太平洋沿岸国家与非洲、欧洲海上交通的捷径,既是世界海上航运的中心之一,也是战略地位十分重要的军事要地。

3. 中国海区的岛屿

中国海区岛屿数量众多,其中面积500平方米以上的岛屿有6 536个,总面积约72 800平方千米,岛屿岸线长14 217.8千米。其中有人居住的岛屿为450个。

从中国海区岛屿分布情况来看,东海最多,占全国海岛总面积的58%;南海次之,占28%;黄海、渤海约占10%。

东海的主要岛屿有台湾岛、舟山群岛、澎湖列岛和钓鱼岛等。台湾岛南北长394千米,东西宽为15~144千米,面积为35 798.39平方千米,是中国第一大岛。台湾岛位于东海和南海之间,东向大洋,西扼海峡,战略地位非常重要。舟山群岛是我国第一大群岛,岛礁众多,星罗棋布,相当于我国海岛总数的20%,地处中国东部海岸线与长江水道的交汇处。

南海的大陆岛主要有海南岛、南澳岛、大万山岛等;海洋岛屿主要有东沙群岛、西沙群岛、中沙群岛和南沙群岛等。海南岛是我国第二大岛,面积33 800平方千米。海南岛扼两广咽喉,可控制太平洋和印度洋的海上交通线,是华南的一座海上堡垒。万山群岛由100多个岛屿组成,是珠江口的天然屏障,在海防上具有重要意义。南海诸岛由300多个大小不等的岛屿、沙洲、暗礁和暗沙组成。

渤海和黄海岛屿较少,主要有庙岛列岛和长山群岛等。庙岛列岛由大小30多个岛屿和礁石组成,分布在渤海海峡的大部分海面上,是控制渤海的战略要地。长山群岛由50多个岛屿组成,它位于黄海北部海面,是辽东半岛的前卫。

中国海区岛屿数量众多,且分布广泛,它对于中国海区防御和海洋权益维护具有重要的战略意义和军事价值。一方面,中国海区岛屿是战时牵制、分散、消耗敌人有生力量的前哨阵地和作战的重要依托;另一方面,是和平时期保障大陆安全、维护海洋权益的前沿堡垒。

三、军港及基地地理

(一)军港

1. 军港的定义

(1)港口

港口简称"港",是具有一定设备和条件,供舰船停泊、避风、维修、补给,为客货集散、变换运输方式的场所。港口既是船舶和舰艇进出的水陆交换口岸,又是各种交通工具和运输方式

（包括水运、铁路、公路、航空、管道）汇集的枢纽。

港口位于海洋、江河、湖泊及水库沿岸，其范围包括进港航道、港口水域和邻近的陆地，通常建有系泊设备、装卸设施、补给设施以及助航标志。港口一般建在具有天然掩护性、足够水深的港湾内，这种港口称为天然港，如大连港。而依靠人工挖掘港池和进出港航道，并建有防波堤等防护设施的港口则称为人工港，如天津港。港口按用途可分为军港、商港、避风港（或补给港）、工业港、渔港等；按所处位置可分为海港、河口港、河港、湖港、水库港等。

港口的形成和发展与港口所在地的腹地和城市大小、水陆交通条件以及生产力水平等因素关系密切，也与港湾航道及陆地建港条件有关。现代港口的大小，取决于当地经济发达程度、腹地的大小以及港口自身的装卸、转运能力。现代港口的发展方向是大型化、深水化、综合化、自动化和智能化。目前全世界大小港口数以万计，仅海港就有近万个，其中年吞吐量排在世界前 10 位的特大型港口有上海港、新加坡港、深圳港、宁波—舟山港、香港港、釜山港、青岛港、广州港、迪拜港、天津港。世界范围内的港口的分布很不均匀。大西洋的海运最发达，占世界海运量的三分之二以上，世界海港的四分之三分布在这一海区。尤其是北大西洋两岸是世界经济发展水平最高、海上运输最繁忙的地区，集中了世界海港的 60%。日本则是太平洋地区海港最密集的国家，而位于沿海的广大发展中国家的海港较少，特别是缺乏特大型港口。

（2）军港

军港是指专门用于保证海军舰船兵力停泊、驻屯并提供作战保障、技术保障和后勤保障的港口。军港一般建设在具有重要军事地位和良好自然条件的海湾、岬角、岛屿和江河沿岸。军港除有一般性港口设施外，还建有各种军事防御设施。军港是海军舰船活动的基地，在国防中具有特殊的地位和作用。

2. 军港的种类

军港按照使用对象可以分为专门用于军事的港口（如旅顺港）和军民兼用的港口（如青岛港）两大类，后者占军港总数的绝大多数。军港按用途则可以分为供各种舰艇驻泊的综合性军港和只供某种舰艇驻泊的专用性军港。前者又称混合港，后者包括水面舰艇专用港、潜艇专用港等类型。

民用港与军用港，既有本质性的区别，又有海上活动的一致性，尤其是港口设施和航海技术互为通用。因此，为了充分发挥经济效益和保障军事需要，在同一地区既建成大型民用海港，又建成大型军港是最为合适的。目前世界上 95%以上的军港属于商港中建军港或军港附近建商港。

3. 军港的军事价值

军港作为海军舰船活动的基地，对海军军事训练、作战行动及保障海军部队战斗力等方面都具有重要的意义。特别是大型的军港，其本身就属于海军部队的战略要地，它不仅直接影响海军舰艇部队进行海上作战的能力，而且是一个国家制定海军战略、部署海上防御的重要因素，更是战争期间敌我双方争夺的核心。美国海军战略学家 A. T. 马汉强调：“一个基地（母港)的战备价值将取决于基地与舰队作战海区的距离、与敌我交通线的距离和同敌对势力的相对距离。”从中可以看出,大型军港的作用不仅仅局限在军港自身,而是影响军港周围广大的海域。

大型军港的军事价值的具体表现是多方面的。除了前面所述的对军港周围海域具有一定的控制作用和战略意义以外,还表现在军港自身在整个战局或战区当中的战略地位、军港及周围海域的驻泊条件、军港及其驻泊的海军舰艇的机动作战能力、军港的防御安全设施和能力、军港所能提供的维护修理保障和后勤供应能力,以及军港可为广大海军官兵的生活提供的各项保障措施等诸多方面。

(二)基地

1. 基地的定义

基地是海军基地的简称,是担负所辖海区作战任务,并为辖区内海军兵力提供保障的海军建制单位。另外,一些大型军港在习惯上也称基地。

海军基地是随着海军舰艇部队的发展、演变及驻地安全防卫的需要,逐步形成并发展完善。根据一个国家的海洋军事战略,海军基地通常设在本国沿岸具有良好自然条件的海港要区,并同纵深地区及后方之间有着可靠的水、陆、空交通保障和作战物资的供应保障。各国海军基地的编成、隶属关系、组织机构、基地设施以及基地所承担的主要任务并不相同。

2. 基地的种类

基地的种类有很多,分类方法也多种多样。以下是一些常见的划分方法:

(1)按照基地所承担的主要使命,基地可以划分为具有作战和保障双重任务的综合性基地,以及专门担负保障工作或执行某种专项任务的专业性基地两大类;按照基地所处地域,基地可以划分为本土基地和海外基地两种。

(2)按照基地舰船执行作战部署的相关位置,基地可以划分为基本基地、前进基地和后方基地三种类型。

3. 海军基地体系

海军基地体系是指按照海军战略部署所构成的海军基地布局。它是海军兵力赖以驻屯、生存、训练和取得保障的依托,是海军舰队活动的根据地。海军基地体系主要包括在预定海洋战区建立的互有联系的舰艇基地和海军岸基航空兵机场网。

海军基地体系可以保障海军兵力的驻屯安全,为海军部队提供充足的生活设施、作战保障、技术保障和后勤保障。海军基地体系的布局及其完善程度,对稳定海洋战区的战略态势,保持和增强海军部队的持续作战能力,具有重要的作用。从一个国家的海军基地体系的配置上,就可以看出这个国家的海军战略思想与指导方针。一些海军大国,除了在本国海岸、岛屿建设有配套齐全的海军基地体系以外,还在各大洋战略要地或他国重要海岸地带和岛屿建立一系列的海军基地,形成全球性基地体系,企图平时就占据有利的战略位置,以增强全球干预能力,一旦需要即能迅速地将兵力投入到指定地区,从而掌握战略主动权。

为了建立完备的海军基地体系，充分保障海军部队的海上作战实力，一般要求建设海军基地体系时应该做到以下几点：

一要体现出海军战略部署和战略指导思想，整个基地体系布局合理，各个海空基地梯次配置、相互协调，便于诸兵力独立或协同作战。

二要保证基地附近港岸具有良好的自然地理条件和政治经济环境，足以容纳和保障在该战略方向上遂行作战任务的海军诸兵种。

三是拥有可靠的对空、对海和对陆防御设施，能保障海军兵力安全驻屯和机动。

四要建有各种保障设施，能充分保障海军兵力组织实施军事训练、遂行日常战斗活动，独立或协同其他军兵种遂行作战任务。

五是建设费用相对节约。

4. 基地的军事价值

海军基地作为海军舰队的主要依托和根据地，是海军战斗力量的重要组成部分。它的军事价值首先表现在基地的编成和担负的基本任务上。一般基地下辖舰艇部队、岸防部队、防空部队及专业勤务部队等，主要担负保卫基地、港口安全，为海军机动兵力提供保障等任务，有时也负责支援陆军濒海地域作战和在空军配合下进行沿海要地防空作战，甚至是负责濒海水域的警备任务以及对该水域驻泊兵力的保障等。

5. 基地的发展趋势

随着社会经济条件和科学技术的迅猛发展，世界各国关乎海洋权益的斗争逐渐加剧，对海军建设和海上国防的要求越来越高。结果必然是海军兵力对海军基地的要求和依赖逐渐增强，海军基地的地位和作用日益显著。为了加速海军基地建设，一些国家采取增设战略母港的方式，以适应国际形势发展的需要。也有一部分国家采取对现有基地加以改造和完善的方式来增强基地的综合能力，主要是采取综合性基地与专业性基地相结合，后方基地与前进基地相结合，以及采用浮动基地、水下基地等作为固定的岸岛基地的补充，使基地的配系更趋合理和完整。至于新建和扩建的海军基地，将更加重视港口、驻泊点、机场的平战结合和军民共用，使基地的防御和防护设施能力更加强大。

（三）中国海区的军港与基地

1. 中国海区的军港

（1）黄、渤海海区

黄、渤海海区濒临辽宁、河北、天津、山东和江苏等省市，海岸线约 6 700 千米。该地区港湾众多，渤海海区的海港主要有营口、葫芦岛、秦皇岛、天津、龙口等，黄海海区的海港主要有丹东、大连、旅顺、烟台、威海、石岛、青岛、连云港等。它们形成了黄、渤海海区的海港体系，不仅构成中国北部战区和中部战区沿海基地防御体系，而且为华北和东北沿海地区的经济发展，腹地经济的搞活和对外开放，奠定了良好的物质基础。其中比较重要的军港有大连、旅顺、威海、青岛等。

(2)东海海区

东海海区濒临上海、浙江、福建和台湾等省市,海岸线约5 700千米。该地区岸线曲折、港湾甚多,以上海、宁波、定海、福州、厦门、基隆、高雄等港为主,还包括象山、石浦、沙埕、三都、东山、马公和苏澳等港。它们组成了华东沿海的海港群,不仅构成了中国东部战区海军舰艇基地防御体系,而且为华东沿海地区的经济发展,腹地经济的搞活和对外开放奠定了良好的物质基础。该地区的主要军港有上海、定海、福州(马尾)、三都、厦门、基隆、高雄等港。

(3)南海海区

南海海区濒临广东、广西和海南等省区,海岸线约5 800千米。该地区港湾较多,以广州(黄埔)、香港、湛江、榆林港为主,还包括汕头、汕尾、澳门、北海、防城、海口、洋浦、八所和三亚等港。它们形成了南部战区的海港体系,不仅构成中国南部战区的沿海基地防御体系,同样为华南沿海地区的经济发展,腹地经济的搞活和对外开放,奠定了良好的物质基础。该地区的主要军港有广州、汕头、湛江、榆林等。

2. 中国人民解放军海军基地

中国人民解放军海军基地是中国人民解放军海军兵力编成的一级组织,担负所辖海区的防御作战任务,并为辖区内海军兵力提供作战、技术专业勤务、工程和后勤等保障,隶属于舰队,是海军中领导指挥与后勤保障相结合的建制单位。

基地下辖舰艇部队、岸防兵部队、防空部队、专业勤务保障部队等,建有港湾、码头以及物资供应、装备维修、医疗卫生、勤务保障等设备和防御设施。领导机关设有司令部、政治部、后勤部和装备修理部等。先后设立的基地有青岛基地、舟山基地、榆林基地、旅顺基地、福建基地、上海基地、广州基地和湛江基地。

(四)其他海区的军港与基地

1. 其他海区的交通线

(1)太平洋海区

太平洋在国际交通上具有重要地位,其海运量仅次于大西洋。太平洋以其众多广布的海上交通线,对经济的发展和兵力机动、军事物资补给都起到了重要的作用。

太平洋的海上交通线包括远洋交通线和近海交通线。远洋交通线是指横渡太平洋,联系亚洲、美洲、大洋洲之间的海上航线;近海交通线是指大陆沿岸至邻近海区及各邻近海区之间的海上航线。在这些航线中,运输最为繁忙和具有战略意义的当属北航线、中航线、南航线、日本—东南亚与澳大利亚航线、石油航线及俄罗斯太平洋沿岸—俄罗斯欧洲地区航线。

北航线是指美国、加拿大及中美洲的西海岸经太平洋北部到日本、中国等地的航线。它既是日本一条重要的工业和粮食运输线,又是美国的一条重要军事航线,也是横渡太平洋航线中最短的一条。中航线是指从美国西海岸和巴拿马运河各港口起经夏威夷和关岛至日本、中国和东南亚各国港口的航线,它的运输货物与北航线基本相同。南航线是指从美国、南美各国西海岸和巴拿马运河起经萨摩亚群岛、斐济群岛和澳大利亚、新西兰及延伸至东南亚的航线,它是澳大利亚和新西兰与美国和加拿大之间的贸易通道。日本—东南亚航线是指从日本各港口至东南亚地区,向西可延至南亚、西欧的航线,日本可经此航线向东南亚地区出口工业制成品并进口战略物资。日本—澳大利亚航线是指从日本各港口至澳大利亚、新西兰等地的航线,该航线是日本重要的原料运输线。石油航线是指由中东地区各产油国经印度洋、马六甲海峡或巽他、龙目海峡至中国、日本、美国关岛等地的航线,它是中国、日本运输石油的一条主要航线,也是美国在远东地区的一条主要石油补给线。俄罗斯太平洋沿岸—俄罗斯欧洲地区航线,包括三条支线,但都航程遥远,通过海峡众多,且气候条件恶劣,属于俄罗斯对太平洋地区战略补给的辅助线路。

太平洋海区的主要贸易港口有上海、深圳、舟山、香港、新加坡、釜山、横滨、神户、大阪、符拉迪沃斯托克、悉尼、惠灵顿、檀香山、旧金山、温哥华等。

(2)大西洋海区

大西洋海区海上航运十分发达,航线密布,货运量在世界各大洋中占据首位。海域内海上交通线众多,主要有欧洲与北美各国之间的北大西洋航线,欧洲、亚洲、大洋洲之间的远东航线,欧洲与墨西哥湾和加勒比海各国之间的中大西洋航线,欧洲与南美大西洋沿岸各国之间的南大西洋航线,从西欧沿非洲大西洋沿岸到南非的航线等。其中战略地位重要的主要有六条航线,即美国—西欧、北欧航线,美国—地中海航线,美国—加勒比海航线,欧洲—中美、南美航线,西欧、北欧—好望角航线,以及西欧、北欧—地中海、苏伊士运河航线。

大西洋海域港口极多,主要有圣彼得堡、格坦斯克、不来梅、哥本哈根、汉堡、威廉港、阿姆斯特丹、鹿特丹、安特卫普、伦敦、利物浦、勒阿弗尔、马赛、热那亚、贝鲁特、塞得港、达尔贝达(卡萨布兰卡)、圣克鲁斯、蒙罗维亚、开普敦、布宜诺斯艾利斯、里约热内卢、马拉开波、威廉斯塔德、圣多斯、克鲁斯港、休斯敦、新奥尔良、巴尔的摩、波士顿、波特兰、纽约等。

(3)印度洋海区

印度洋是贯通亚洲、非洲、大洋洲的交通要道,向东可经马六甲海峡进出太平洋,向西绕过非洲南端可达大西洋。苏伊士运河把红海与地中海相连,使印度洋与大西洋之间的沟通更加便利。印度洋海上交通线主要集中于北部,运输物资以石油为主,也是美国向海湾地区运送兵力的重要通道。其中重要的航线有:海湾—东南亚—远东航线,远东—东南亚—欧洲航线,远东—西非、南美航线,海湾—西北欧、北美运油航线,澳、新—海湾及欧洲航线。

印度洋海域的主要港口有加尔各答、孟买、科伦坡、卡拉奇、阿巴丹、巴士拉、哈尔克岛、伊斯坦布尔、亚喀巴、亚丁、弗里曼德尔、迪拜、麦纳麦等。

(4)北冰洋海区

北冰洋由于气候严寒,地理位置偏僻,人口稀少,资源匮乏,经济薄弱,因此是四大洋中海运量最小的一个。北冰洋海上交通线很少,全年可通航的唯有西部受大西洋暖流作用的巴伦支海、挪威海附近,但仍然遭受严寒、大风和海冰等各种不良因素的困扰。北冰洋海域的主要航线有伦敦至摩尔曼斯克、阿尔汉格尔斯克航线,摩尔曼斯克至冰岛、挪威的航线。

北冰洋沿岸的主要港口有摩尔曼斯克、阿尔汉格尔斯克、白海城、迪克森、坎达拉克沙、佩韦克、季克西、特罗姆瑟、特隆赫姆、丘吉尔城等。

2. 其他海区的军港

(1) 太平洋海区

横滨、神户、符拉迪沃斯托克、悉尼、惠灵顿、檀香山、旧金山、温哥华等。

(2) 大西洋海区

纽约、伦敦、汉堡、鹿特丹、马赛、圣彼得堡、哥本哈根、开普敦等。

(3) 印度洋海区

科伦坡、卡拉奇、孟买、巴士拉、麦纳麦等。

(4) 北冰洋海区

摩尔曼斯克、阿尔汉格尔斯克等。

3. 其他海区的基地

(1) 太平洋海域基地体系

美国和俄罗斯都在太平洋海域建立了大量的军事基地，这不仅是其各自战略企图的直接体现，也与其海军战略运用密切相关。

①太平洋海域的美国军事基地

太平洋沿岸地区自然资源丰富，人口众多，海上交通线是美国经济的“大动脉”，也是美国重大战略利益之所在。太平洋地区在美国全球战略地位中仅次于欧洲，是美国全球战略的重要方向。根据美军的指挥关系和基地地理环境特点，美国在太平洋地区的军事基地体系属于三线配置，主要包括：

西海岸的基地体系以旧金山为中心，圣迭戈和洛杉矶为其南翼，西雅图为其北翼，主要由圣迭戈、长滩、布雷默顿、旧金山、西雅图和洛杉矶等海军基地、空军基地和海军航空站组成。这些基地位于美国本土，并且规模大，设备完善，是美国太平洋战区的后方依托。

太平洋中部基地体系由夏威夷群岛及中途岛等军事基地和设施组成，是美军太平洋战区的中心。其中的海军基地以珍珠港为中心，包括中途岛、约翰斯顿岛等。

太平洋北部基地体系由阿拉斯加和阿留申群岛各基地和设施组成，供美国直接对抗俄罗斯等国。重要的海军基地有荷兰港、阿达克、科迪亚克等地。

太平洋西部基地体系包括东北亚、东南亚、关岛三个基地群，即所谓“岛屿锁链”区，是美国太平洋西部的前沿基地体系。

太平洋西南部基地体系中军事意义较大的是萨摩亚基地群。该基地以萨摩亚群岛的帕果港为核心，是美国控制南航线和支援南太平洋海域军事活动的基地。

②太平洋海域的俄罗斯军事基地

俄罗斯一直重视太平洋地区的战略价值，并建有多个较大型的军事基地，以作为其太平洋舰队遂行海上作战、远洋活动和战略袭击的前沿基地。俄罗斯在太平洋海域的军事基地体系主要包括南部、中部和东北部三个基地群。

南部基地群位于俄罗斯太平洋沿岸滨海边疆区的南部，有海军、空军基地20余处。其中海军基地以符拉迪沃斯托克为中心，以及斯特列洛克湾、弗拉基米尔、索科洛夫卡和奥尔加等。该基地群环境条件好，分布密集，距离日本、中国较近，是俄罗斯对抗美国东北亚基地群的主要基地。

中部基地群位于俄罗斯哈巴罗夫斯克边疆区及萨哈林岛（库页岛）沿岸，有海军、空军基地20余处。其中海军基地主要有苏维埃港、亚历山大罗夫斯克、科尔萨科夫、尼古拉耶夫斯克（庙街）等。该基地属于俄罗斯太平洋舰队的二线基地，对扼守鄂霍次克海与日本海之间的通道具有重要的作用。

东北部基地群位于俄罗斯太平洋沿岸东北部的马加丹州及堪察加州，有海军、空军基地10余处。其中海军基地以彼得罗巴甫洛夫斯克为主，以及马加丹、阿纳德尔港等。该基地群是距美国最近的前沿基地，战略地位重要，也是俄罗斯海军战略突击兵力的集中地之一。

（2）大西洋海域基地体系

①大西洋海域的美国军事基地

美国在大西洋海域的军事基地体系属于两线配置，主要包括：

第一线基地网由美国在欧洲地区的各基地组成，包括南欧基地群、中东与东北非基地群、英国—冰岛基地群、伊比利亚半岛基地群、中欧基地群等5个基地群。该基地网为美军在大西洋的前沿基地，共有军事基地和主要设施200多个，占美军海外基地和主要设施总数的一半以上。

第二线基地网由美国在北美地区的各基地组成，包括美国本土基地群、格陵兰—加拿大基地群、巴拿马—加勒比海基地群。该基地网位于美国的战略后方，主要担负部队训练、监视以及增援等方面任务。

②大西洋海域的俄罗斯军事基地

苏联在大西洋区域原有黑海和波罗的海两个独立的海军基地体系，每个体系中各有若干个主要基地作为骨干，另有若干个海军军港和商港，其中重要的军港有塞瓦斯托波尔、尼古拉耶夫、波罗的斯克、圣彼得堡等。

苏联解体以后，俄罗斯海军在大西洋海域的海军基地受到很大影响，俄罗斯在大西洋海域内的海上实力遭到不同程度的削弱。

四、我国的领海

最早提出领海要求的是荷兰法学家宾刻舒克。在1702年，从防止敌人从海上入侵观点出发，他提出“陆地上的控制权应终止在武器力量的终止之处”，即火炮能打多远，领海的宽度有多远。当时最远的火炮射程为4~6千米，约3海里（1海里=1.852千米），因此，当时的领海宽度就定为3海里。

后来荷兰人又建议把领海的宽度改为6海里，遭到海上强国的坚决反对，一些人又提出9海里、12海里的领海宽度，甚至200海里，同样遭到了一些海上强国的坚决反对。美国代表迪安说:“我们的海军希望看到尽可能窄的领海,以便保持公海的分布、通行和演习的最大可能性,不受各国管辖权的限制。”直到 1982 年联合国第三次国际海洋法会议通过《联合国海洋法公约》后,才确定了国际上一般通行的领海及领海宽度原则,即 12 海里。

我国政府于 1958 年 9 月 4 日发表了《中华人民共和国政府关于领海的声明》,庄严地向世界宣布中国的领海宽度为 12 海里,领海基线的划定采用“直线基线法”,并规定渤海和琼州海峡是我国的内海。

根据 1982 年通过的《联合国海洋法公约》规定,一个沿海国管辖的海域不只是领海,而且还包括毗连区、专属经济区和大陆架。我国海域划分情况如图 1-1 和图 1-2 所示。

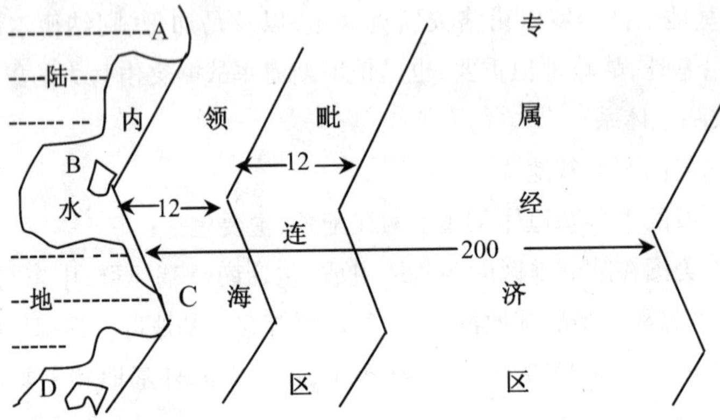

图 1-1　我国领海、内水、毗连区、专属经济区的划分示意图(单位:海里)

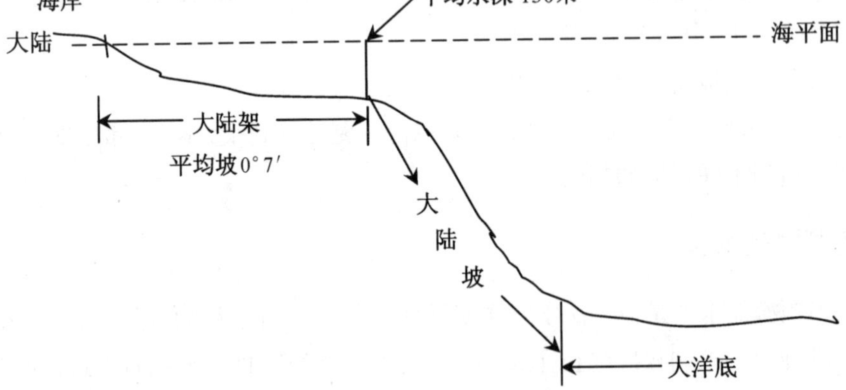

图 1-2　海洋中大陆架划分示意图

1. 领海是沿着国家的海岸线划定的受国家主权支配和管辖下的一定宽度的海水带。

中华人民共和国领海宽度为12海里(1982年通过的《联合国海洋法公约》规定,领海宽度为12海里)。各国都允许外国非军用船舶无害通过其领海但须事先取得许可或事先通知。

2. 内水指一国领海基线以内的海域,它包括一国的海港、领湾、领峡及其他直基线与海岸间的水域。

国家对内水行使完全的、排他的主权。所有外国船舶未经许可,不得在一国的内水航行。我国内水包括渤海湾、琼州海峡。

3. 毗连区是领海以外邻接领海的一个区域,从测算领海宽度的基线算起不超过24海里范围的区域。

毗连区的宽度为12海里,沿海国不能行使完全主权,可行使专门管辖权,如海关监管、卫生检疫,防止走私、非法入境及其他违法行为的管辖。

4. 专属经济区是领海以外邻接领海的一个区域从领海基线算起不超过200海里。

沿海国在专属经济区内有勘探、开发、养护、管理海床及其上覆水域和海床及其底土自然资源的主权权利,并对区域内的人工岛屿、设施和结构的建造和使用、海洋科学研究、海洋环境的保护和保全行使管辖权。所有国家在专属经济区内有航行和飞越的自由、铺设海底电缆和管道的自由。

5. 大陆架是指海床从海岸起向外自然延伸直至大陆坡为止的海底平坦区域。

沿海国勘探大陆架和开发其自然资源的目的是对大陆架行使主权权利,这种权力是专属性的,任何国家、组织和个人未经沿海国明示同意,均不得从事勘探或开发大陆架的活动。

第二节　海军兵种

海军是以舰艇部队为主体，主要在海洋上执行战斗任务的综合军种。它具有在水面、水下和空中作战的能力，既可以独立作战，又可以与陆军、空军和火箭军协同行动。中国人民解放军海军成立于1949年4月23日，即人民解放军强渡长江天险，把胜利的红旗插上南京"总统府"的这一天，中国人民解放军的第一支海军部队——华东军区海军，在江苏泰州的白马庙乡宣告成立。几十年来，随着我国国防建设的不断发展和综合国力的持续提高，我国海军已初具规模，已经发展成为一支装备复杂、技术密集，既有常规作战能力，又有核打击能力的全天候海上作战力量，有效捍卫了我国的领海主权和海洋权益，成为我国武装力量的重要组成部分。

一、海军的编成、使命和任务

(一)海军的编成

我国海军是一支由多兵种组成的合成军种，由水面舰艇、潜艇、海军航空兵、海军岸防兵和海军陆战队等多兵种及其他专业勤务部队组成。海军的最高领导和指挥机关是军委海军，为便于作战、训练和管理，中国人民解放军海军下辖北海舰队、东海舰队和南海舰队。

舰队是海军的高级作战兵力集团，是担负某一战略海区勤务、防御作战的建制单位，它受军委海军和战区的双重领导。海军舰队下辖海军基地、潜艇部队、水面舰艇部队、航空兵部队、海军岸防兵部队、海军陆战队及各种专业勤务保障部队等。

海军基地是担负一定海区的防御和作战任务，为所辖海区驻泊的海军兵力训练和日常勤务活动及过往舰船提供全面保障的建制单位，下辖舰艇支队、舰艇大队，岸防部队及各种勤务专业部队。

(二)海军的使命

根据我国积极防御的战略方针，军委赋予我国海军的神圣使命为：

1. 保卫国家的海洋国土主权，实现和维护国家统一

我国不仅是一个陆地大国，也是一个海洋大国。拥有大陆海岸线约18 400千米，岛屿海岸线约14 000多千米，我国的海洋水域从渤海北岸到南海的曾母暗沙共计472万平方千米，其中就有300余万平方千米是属于我国主权和管辖的海洋国土。目前我国的海洋国土正被严重蚕食和侵吞。尤其是在我国的南沙群岛，越南侵占29个岛礁，菲律宾侵占9个岛礁，马来西亚侵占5个岛礁，严重地侵犯了我国的海洋国土和主权。我国海军从1988年先后进驻了南沙群岛的7个岛礁，并在1988年的3月14日给予侵占我国岛礁的外国武装力量以有力的自卫还击，表明我国海军已开始行使保卫国家海洋国土的神圣使命。

在香港、澳门回归祖国之后，台湾的早日统一已经成为21世纪中华民族的重大任务之一。

但目前台湾当局的一些“台独”分子仍在不断地施行“去中国化”的政策，不断地叫嚣“一中一台”和“两国论”，鼓吹“台湾已经是主权独立的国家”，并不断地扩军备战，百般阻挠和破坏中国的统一大业。中国政府多次声明，要以最大诚意，尽最大努力，争取“一国两制”和平统一，但我们从不承诺放弃其他的方式，当出现任何台湾从中国分裂出去的重大事变，海军将坚决地担负起实现和维护国家统一的神圣使命。

2. 保护国家的海洋权益

国家海洋权益是一个海洋国家根据《国际海洋法》规定，在海洋各个领域应享有的主权、主权权利、管辖权和公海海域权力和利益的总称。其中包括沿海国家海洋国土主权不受侵犯的权利，对毗连区、专属经济区和大陆架的管辖、勘探开发的主权权利，平时和战时进行海上交通运输和军事行动的权利，以及公海海床和底土资源开发利用和科学考察的权利等。

我国的海域广大，海洋资源丰富，海洋国土纵跨热带、亚热带和温带三大气候带，海洋资源具有得天独厚的优势。随着我国开发利用海洋技术的不断提高和成熟，我国的海洋优势在国家发展中将会越来越突出，特别是石油、天然气资源及鱼类资源将会成为我国经济发展的重要组成部分。同时，各国围绕海洋控制的斗争也将会日趋激烈，我国与周边国家围绕资源的开发将会出现不可预测的摩擦和潜在的冲突，适应时代要求和国家发展，做好维护国家海洋权益的斗争准备将是海军新的使命。

3. 遏制战争威胁，打赢现代海上局部战争

1840 年后的一百年，西方列强屡屡从海上入侵中国，中国大陆海岸线没有一处是稳固的。从鸦片战争到中华人民共和国建立，外国列强军舰入侵中国沿海达 540 余次，直接导致了帝国主义对中国的掠夺和压迫。面对沉痛的历史教训，一个沿海大国，如果没有强大的海上力量，那么战争就一定会被强加到这个国家。当前战争形态已经进入信息化战争时代，单纯的防御已经不适应新的战争形态的发展和要求，因为目前世界上大多数国家为沿海国家，沿海地区人口密集，城市和工业区集中。据统计，在全世界距海洋 200 千米以内的陆地地区集中了全世界二分之一的人口，全世界 100 万人以上的城市有四分之三集中在狭长的沿海地带，300 万人以上的城市有 80%集中在沿海地区，我国的情况亦是如此。所以沿海地区一旦遭到敌方的攻击，就会直接影响到国家的经济与社会生活。因此海军作为国家的海上力量和国家整体防御的前沿力量，必须具有强大的海上制空制海作战能力，以及足够的战争遏制力和打赢现代海上战争的综合力量，从而从全局上为国家提供有效、安全的防御纵深。

（三）海军的任务

1. 消灭敌作战舰艇和运输舰船，破坏敌海上交通线

现代战争，消耗巨大，各种武器装备、物资器材的补给量大，补给运输频繁，海上补给线过长。因此保障补给线的畅通和安全就成为关系战争胜负的重要因素。海上运输线是运送兵力和物资的重要渠道，战时破坏敌人的海上交通线，不仅可以直接消灭敌海上力量，还能使敌方得不到必要和及时的补给，从而影响战局的进程。因此破坏敌海上交通、断其补给将是我国海

军的一项重要任务。

2. 攻击敌基地、港口和岸上重要目标

海军基地、港口和岸上重要目标是海军指挥中枢和战斗力保障中心，摧毁敌人赖以生存的保障中心不但可以消耗敌人的力量，打击敌人的士气，还可以削弱其战争潜力，打乱敌人整体防御体系，因而它是海军的又一项重要任务。

3. 协同陆军、空军进行反袭击，保卫我国海军基地、港口和岸上重要目标

海军基地、港口和岸上重要目标是我国陆地的第一道防线，是我们防御的重要依托，直接关系到海军诸兵种的勤务保障和可持续战斗力，意义重大，在反侵略战争中保护这些目标将是我国海军极为重要的任务。

4. 协同陆军、空军进行登陆与抗登陆作战

完成祖国统一和收复敌占岛屿将是海军的使命任务。战时海军将担负海上作战、运输、扫雷、制电磁权等任务，协同陆军、空军掩护登陆兵力登陆并攻占岛屿。对敌实施的海上登陆入侵，海军将配合陆军打击敌登陆编队和其他兵力，削弱敌有生力量，迟滞敌人登陆。

5. 实施封锁与反封锁作战

海军战时将在其他军兵种的协同下控制重要的海峡、海上通道，限制敌海军力量的活动，切断敌人与外界的联系，孤立敌兵力集团，切断敌海上交通线，增加其心理压力，为后续行动创造条件。在敌人对我进行封锁时，海军要组织力量及时消灭敌兵力，保障我方舰船的安全与行动。

6. 保卫海洋资源，维护国家的海洋权益

我国海域海洋资源丰富，海洋经济在我国经济中占有相当大的比例，当前国家海洋权益在某些海域还存在被侵犯的现象，在一些油气田的开发上与周边国家还存在着潜在的冲突，保卫国家的海洋资源和海洋权益将是我海军经常性的重要任务。

二、水面舰艇部队

水面舰艇部队是海军兵力中类型最多，能执行多种任务的基本兵种。它可担负多种作战和勤务保障任务，具有较强的连续作战和机动作战能力，这也是区别于其他军种的重要标志之一。

（一）水面舰艇的分类

水面舰艇的种类繁多，按其执行的主要任务、武器技术装备、性能和舰艇结构等方面的不同，分成不同的种类。

1. 舰类

如根据舰、艇、船的基本使命和执行的任务性质不同，通常分为战斗舰艇、登陆作战舰艇和勤务舰船三大类。

战斗舰艇是指装有专用武器，担负直接作战任务的舰艇的统称，它一般具有较强的对海、对空、对潜和对水雷等综合作战能力。

登陆作战舰艇是指专门用以输送登陆兵员、登陆工具、战斗车辆、武器装备和物资，实施由岸到岸或由舰到岸的登陆作战的舰艇。它的武器装备很少，防御能力较弱。

勤务舰船又称辅助舰船，用于海上作战保障、技术保障和后勤保障的舰船的统称。它基本没有武器装备，防御力量很弱。

2. 舰种

在同类舰艇中，按其基本任务又划分为不同的种别。大多以它们担负的主要任务来命名，也有的按其装备的主要武器来命名。

战斗舰艇中有航空母舰、巡洋舰、战列舰、驱逐舰、护卫舰、扫雷舰、布雷舰、导弹艇、鱼雷艇、猎潜艇等。

登陆作战舰艇中有两栖攻击舰、两栖指挥舰、两栖船坞运输舰、两栖火力支援舰、登陆舰（艇）等。

勤务舰船中有侦察船、测量船、调查船、救生船、运输船、油船、水船、医疗船、工程船及训练和试验船等。

战斗舰艇和登陆舰艇中，过去通常将排水量大于 500 吨的称为舰，小于 500 吨的称为艇，但目前有的艇已经超过 500 吨，尤其是两栖战舰，其发展趋势是将排水量大于 1 000 吨的称为舰，小于 1 000 吨的称为艇。

另外，为了区分各种舰艇在海军战斗序列中的地位，确定舰艇的行政职权，根据舰艇的战斗使命、战斗技术性能、排水量和人员编制情况，将舰艇划分为一、二、三、四、五级，分别执行师、团、营、连、排级权限。

一级水面舰艇有航空母舰、巡洋舰、战列舰；二级水面舰艇有驱逐舰、护卫舰；三级水面舰艇有扫雷舰、布雷舰、大型登陆舰、猎潜艇；四级水面舰艇有导弹艇、鱼雷艇及中型登陆艇；五级水面舰艇有小型登陆艇、交通艇等。

（二）水面舰艇的战斗任务

水面舰艇的战斗任务主要包括：消灭敌战斗舰艇和运输舰船；破坏和压制敌岸上目标；反潜作战；输送登陆兵力在敌岸登陆；担任护航、护渔、侦察、巡逻、警戒、救生和运送人员、物资等任务。水面舰艇在遂行上述各项任务时，可单独进行，也可与海军其他兵力协同进行。

（三）我国水面舰艇的种类

1. 航空母舰

航空母舰简称“航母”，它是以舰载机为主要武器并作为其海上活动基地的大型水面舰艇。航空母舰于 20 世纪初开始研制，第二次世界大战期间，航母经受了全面考验，执行了十分重要、复杂的作战任务，战绩显著，一跃成为海上新霸主。第二次世界大战以后，随着科技发展及其在军事领域的运用，现代航母的攻防作战能力和机动能力得到极大提高，现代航母成为衡量一个国家海军是否强大的重要标志之一。我国海军目前唯一在役的航空母舰为“辽宁舰”（如图 1-3 所示），该舰于 2012 年加入海军战斗序列。

图 1-3 我国海军在役的航空母舰“辽宁舰”（001 型）

（1）航空母舰的主要任务

航母的任务与国家的海军战略、航母的战术技术性能直接相关，其主要作战任务是：

①夺取作战海区的制海区和制空权；

②攻击敌海上舰船；

③袭击海岸和陆上目标；

④支援登陆和抗登陆作战等。

（2）航空母舰的技战术性能

航空母舰是具有多种作战能力的大型军舰，一般排水量在 2 万~10 万吨，大型航母在 6 万吨以上，中型航母为 3 万~6 万吨，小型航母为 3 万吨以下。航速为 30~35 节，抗风力可达 12 级，平均续航力可达 1 万海里以上。目前航空母舰装备的武器主要有舰载机、舰舰导弹、舰空导弹、反潜导弹、舰炮等。

（3）航空母舰的战术特点

航空母舰是海军舰艇中唯一能进行立体作战的特殊军舰，对于掌握远洋的制空权和制海权具有决定性的作用。其主要战术特点是：

①具有强大的空中攻击能力和较强的反潜能力。大型航母反应快，能在 20 分钟内弹射起飞 20 多架飞机，舰载机机种齐全，性能好；舰载预警机侦察范围约 300 海里，能保证舰上的战斗机在 100~150 海里的距离上，或将敌机消灭在其发射导弹之前，或将敌来袭的巡航导弹击落。必要时还可使用舰上的近程反导系统拦截来袭的空中目标。中、小型航母都装备了先进的反潜装备，具有较强的反潜能力。

②机动能力强，活动范围广。大型航母的最大航速达 30~35 节，一昼夜能航行 600 海里，续航力在 8 000 海里以上，核动力航母可达 40 万~100 万海里。它不仅具有良好的适航性，能

在6级海况下执行战斗任务，即使在12级台风中也能安全航行，而且设备齐全，有很大的自给力，能在海上停留几个月不需中途补给。所以，它能远离基地，迅速到达世界任何一个海域执行作战任务。中、小型航母也有较高的机动能力，其最大航速都在30节左右，续航力也在5 000~13 000海里。

③抗沉性较好，但易失去战斗力。航母的飞行甲板、机库、舷壳上敷设有特殊的防弹装甲，厚度达40~200毫米。两舷水下部分设有3~5层纵向的防雷隔舱，高度为5~8米，长度为2/3舰长，底部设有2~3层底板。防雷隔舱可承受300千克普通炸药的接触爆炸。现代航空母舰的舰体是比较坚固的。

但航空母舰舰载机起飞、降落是一个严密的系统。不论是弹射、阻拦、升降系统，还是导航、指挥系统，哪一个部分发生故障或遭到破坏都将失去作战能力。而航空母舰飞机放置密集，储存大量的弹药和航空燃油，一旦被击中或稍有不慎，便会引起爆炸起火，施救困难，从而失去战斗力。

④目标庞大，易遭攻击。航空母舰的体型庞大，各种物理场非常强大，易被探测发现和遭到各种非触发雷的攻击；特别是航空母舰的人员多（大型航母人员达五六千人），战略价值大（造价几十亿至上百亿美元，建造周期为4~7年），是对方攻击的主要对象。

（4）航空母舰的战术编成

航空母舰通常和其他舰艇组成航母编队。航空母舰编队又称航空母舰突击群，它是以航空母舰为核心，与警戒、支援舰艇组成的作战编队。

警戒一艘常规动力航空母舰，需要10艘警戒舰；警戒一艘核动力航空母舰，需要4艘核动力巡洋舰（或大型驱逐舰），3~4艘护卫舰；此外，警戒兵力编成中还应有反潜型核潜艇，在航空母舰编队最可能与敌潜艇遭遇的方向上展开活动。

一个航空母舰特混编队由2~3艘航空母舰，9~18艘巡洋舰、驱逐舰、护卫舰组成。

2. 驱逐舰

驱逐舰是以导弹、舰炮、鱼雷为主要武器，具有多种作战能力的中型水面舰艇，是海军水面舰艇中突击能力较强的舰种之一。我国海军的驱逐舰有051型、052型、055型和956型。图1-4至图1-7为我国自行研制的不同型号的驱逐舰，图1-8为我国引进的“现代”级驱逐舰。

（1）驱逐舰的主要任务

用于攻击水面舰艇和潜艇；担负航空母舰编队、运输舰船编队及登陆舰船编队的护航任务；可单独或与海军其他兵力协同执行侦察、巡逻、警戒、反潜等任务。

（2）驱逐舰的技战术性能

驱逐舰是具有多种作战能力的中型军舰，一般排水量在3 000~12 000吨，航速30~35节，抗风力可达12级，平均续航力可达4 000海里以上。目前驱逐舰装备的武器主要有舰舰导弹、舰空导弹、反潜导弹或鱼雷、舰炮、深水炸弹等，另外多数驱逐舰还装备了反潜直升机。

（3）驱逐舰的战术特点

①突击威力大，装备有多种武器，能执行多种任务。由于驱逐舰装备有导弹、鱼雷、火炮、

图 1-4　我国自行研制的“旅海”级（051B 型）导弹驱逐舰

图 1-5　我国自行研制的“中华神盾”（052C 型）导弹驱逐舰

图 1-6　我国自行研制的“中华神盾”（052D 型）导弹驱逐舰

深水炸弹、水雷等多种对海、对空及对潜作战武器，武器装备齐全，因而具有较强的综合作战能力和执行多种作战任务能力。

②有较强的中远海作战能力。驱逐舰的吨位比较适中，并且有逐渐增加的趋势，有的可达

图 1-7　我国自行研制的(055 型)万吨级导弹驱逐舰

图 1-8　我国引进的“现代”级(956 型)导弹驱逐舰

到 12 000 吨以上,因而它的抗风能力强,作战半径大,同时又能在海上进行补给,因此可在远离海岸的中远海域执行战斗任务。又由于它有较高的航速且机动灵活,活动海区比较广阔。

③广泛采用高技术,具有较强的自身防御能力。驱逐舰由于装备了先进的电子设备,如雷达、声呐、卫星通信系统、电子对抗系统和作战指挥控制系统,因此它能做到预警早,备战准备早,对抗准备早,使自身的防御能力得到很大提高。

④目标较大,隐蔽性差。由于现代科技的发展,卫星普遍被应用于军事侦察,驱逐舰的吨位较大,不论近海与中远海都很容易被卫星和预警机发现,这也成为它的一个弱点。因此一些国家在驱逐舰的设计上逐渐向隐形化方向发展。

(4)驱逐舰的战术编成

驱逐舰通常由 8~12 艘编成一个支队,各舰直属支队领导,也有的将驱逐舰与护卫舰混合编成一个驱护舰支队。

3. 护卫舰

护卫舰是以导弹、舰炮、鱼雷为主要武器装备的轻型水面舰艇,主要用于为舰船护航、在己方基地、港口和近海海区执行巡逻、警戒及支援登陆或抗登陆等战斗任务。我国海军配备的护卫舰有 054A 型、056 型等。图 1-9、图 1-10 为我国自行研制的护卫舰。

(1)护卫舰的主要任务

图 1-9　我国自行研制的 054A 型导弹护卫舰

图 1-10　我国自行研制的 056 型导弹护卫舰

护卫舰与驱逐舰的任务基本上类似，但护卫舰更侧重于执行为运输舰船编队护航及侦察、巡逻、警戒等方面的任务。

(2)护卫舰的技战术性能

现代护卫舰，排水量为 2 000~5 000 吨，航速 25~32 节，抗风力可达 8 级，续航力在 4 000 海里左右。目前护卫舰装备的武器主要有舰舰导弹、舰空导弹、反潜深水炸弹、舰炮及水雷等，个别护卫舰还装备了反潜直升机。

(3)护卫舰的战术特点

①航行性能优良，可在近海执行多项任务。

②武器装备较齐全，具有一定的综合作战能力和执行多种作战任务的能力。

③装备较多的高技术设备，具有一定的自我防御和防护能力。

④目标较大，隐蔽性能差，与驱逐舰相似。

(4)护卫舰的战术编成

护卫舰通常以 3~4 艘同型舰编为一个大队，3~4 个大队编为一个护卫舰支队，也有的与驱逐舰编成一个支队。

4. 水雷战舰艇

(1)扫雷舰

扫雷舰是利用扫雷、猎雷工具搜索和排除水雷障碍的舰艇。它的任务主要是用于扫除海洋、航道、港湾和江河的水雷及为舰艇编队导航清除水雷障碍、开辟海上通道等。我国海军装备的扫雷舰有 10 型等,如图 1-11 所示。

图 1-11　我国研制的 10 型扫雷舰

扫雷舰一般排水量在 500~1 000 吨,航速 10~20 节,舰上装备有大型接触式、电磁式、音响式和网式等类扫雷具和探雷设备,并装载有完善的导航定位设备,舰艇吃水较浅、磁性弱、噪声小,船底用特殊材料制造,防雷性能好。由于扫雷舰艇有较完善的扫雷设备、较强的防护力与生命力,因此它具有较高的扫雷效率,但扫雷时任务的盲目性与危险性仍较大。扫雷舰通常以 4~6 艘舰编成一个大队。

(2)布雷舰

布雷舰是专门用于布设水雷的战斗舰艇。它的任务主要是在海上布放水雷,达到防御敌人海上力量进攻和迟滞敌人进攻的目的,同时对敌人海上力量产生巨大的心理震慑作用。我国海军装备的布雷舰有 918 型,如图 1-12 所示。

布雷舰一般排水量在 500~3 000 吨,航速 10~18 节,装载水雷 100~500 枚,舰上装载有完善的导航设备,以保障布雷定位精度。由于有较完备的布雷设备和储雷舱,因此布雷量大,准确性好,但隐蔽性差,防御能力弱。

5. 登陆舰艇

登陆舰艇是水面舰艇中用来从海上遣送登陆部队及武器装备、保障登陆部队实施登陆的舰艇。

(1)登陆舰艇的主要任务

①输送登陆兵员、登陆工具、战斗车辆、武器装备等物资直接登陆。

②担负战备运输、海上补给、海上救护等任务。

图 1-12　我国研制的 918 型布雷舰

③有布雷设备的登陆舰艇可担负布设防御性水雷任务。

④平时可担负民用物资的运输任务。

(2)登陆舰艇的技术、战术性能

登陆舰艇根据排水量划分,10 000 吨以上的称为两栖舰,1 000~10 000 吨称为登陆舰,500 吨以下的称为登陆艇。登陆舰艇是直接运送兵员、武器装备、物资和战斗车辆的舰艇,所以配置的武器装备较少,少量的小口径火炮主要用于自身防卫,它的速度、机动能力也逊于其他战斗舰艇。

我国海军装备的 071 船坞型登陆舰如图 1-13 所示。

图 1-13　我国研制的 071 船坞型登陆舰

(3)登陆舰艇的战术特点

①具有直接抢滩登陆能力。由于登陆舰艇船底平,吃水浅,可在岸滩直接抢滩登陆。退滩时可利用平滑的船底和后锚拉力使舰艇退回海中。

②抗沉性好,续航能力大。登陆舰艇的造型和特殊结构使它有很强的稳性和浮力,只要坦

克舱和两舷舱室不进水,舰艇就能漂浮不沉。登陆舰空间较大,装载的油、水和补给品较多,具有较大的自给力和续航力。

③有专用登陆设备和装载舱室。登陆舰艇与其他战斗舰艇有明显的结构不同,它专门装备了舰首大门(或后大门)、吊板、压载舱室、升降梯、大舱、后锚等设备,这些都大大提高了登陆舰的装载能力及坦克和登陆兵的出舱速度,提高了战斗效率。

④航速慢、机动性能差、防御能力低。登陆舰艇体积庞大,装载物资多,同时装备的武器基本都是小口径火炮,并且数量有限,因此它的防御、机动能力弱,执行任务时需要其他兵力来进行护航和保障。

(4)登陆舰艇的战术编成

登陆舰通常由 3~6 艘同型舰编成一个大队,2~3 个大队编成一个登陆舰支队。登陆艇一般由 3~4 艘同型艇编成一个分队,由 3 个分队编成一个中队,由 3 个中队编成一个大队。

6. 导弹艇

导弹艇是以舰舰导弹为主要武器的小型高速水面战斗舰艇。导弹艇主要用于近岸海区作战,是我国海军重要的海上突击力量。我国海军装备的 022 型隐身导弹艇如图 1-14 所示。

图 1-14　我国研制的 022 型隐身导弹艇

(1)导弹艇的主要任务

①在近海单独或与其他兵力协同歼灭大中型水面舰船。

②在登陆与抗登陆作战中担任支援与警戒任务。

③在反封锁、反袭扰作战中,消灭敌对我封锁、袭扰的舰艇,保护我近海交通线。

(2)导弹艇的主要技术性能

导弹艇的排水量一般为 200~500 吨,航速 30~50 节。导弹艇装备有 8 枚反舰导弹及小口径全自动速射炮。导弹艇的抗风力较弱,作战半径不超过 240 海里。

(3)导弹艇的战术特点

①突击威力大,攻击距离远、隐蔽性能好,机动灵活。由于单艇装备 8 枚反舰导弹,如果导

弹艇编队进行齐射攻击,则会对敌舰艇形成数十枚导弹攻击的态势,使敌人难以干扰和抗击,显示巨大的突击威力。导弹艇装备的反舰导弹具有射程远、命中精度高等特点,可在敌警戒雷达探测距离之外,利用航速高、机动灵活的优势占据有利阵位实施先敌攻击。另外导弹艇体积小,易于隐蔽于其他大型民用船舶和岛礁区中,可以达到出奇制胜的目的。

②综合作战能力低,适航性差,续航力小,自卫能力差。导弹艇一般吨位较小,油、水装载量小,自给力弱,续航力小,抗风能力差,不能远离基地作战,只适合在近海作战,并且观察距离近,自身装备其他武器少,因而自卫能力差,必须在有飞机或舰队保护的情况下作战。

(4)导弹艇的战术编成

导弹艇通常以4艘同型艇编成一个中队,中队是遂行战斗任务的基本战术单位。以3~4个中队编成一个大队,大队设有基地,以保障其战斗活动。也有的将2~3个大队编成一个快艇支队。

7. 猎潜艇

猎潜艇是指装备反潜武器,以实施近海反潜为主要任务的小型水面战斗舰艇。

我国海军装备的037型,037-I和037-IS型猎潜艇如图1-15至1-17所示。

图1-15 我国研制的037型猎潜艇

图1-16 我国研制的037-I型猎潜艇

图 1-17 我国研制的 037-IS 型猎潜艇

(1)猎潜艇的主要任务

猎潜艇的主要任务是在近海单独或与海军其他兵种合作搜索和攻击敌潜艇,引导己方潜艇和其他舰船进出港,也可执行攻击其他水面舰艇及护渔、巡逻及布雷等任务。

(2)猎潜艇的主要技术战术性能

猎潜艇的排水量一般在 500 吨以内,最大航速 24~30 节,续航力为 1 200~1 800 海里。它装备了良好的反潜设备,有搜索和攻击声呐,有反潜火箭、深水炸弹、反潜鱼雷,能对敌潜艇进行持续而猛烈的攻击。由于猎潜艇体积小,速度较快,本身具有良好的机动性,因而不易被敌潜艇攻击。除了装备反潜武器外,它还装备了全自动火炮。

(3)猎潜艇的战术特点

①有较强的攻潜能力。通过艇上的声呐装置可实施对敌潜艇的探测和跟踪,在此基础上对潜艇实施艇首火箭深弹或艇尾深水炸弹的连续攻击。

②机动性能好,不易受敌潜艇攻击。由于体积小、吃水浅,速度快,因而能及时规避潜艇对它的攻击,并能迅速组织反击。

③对水下高速目标搜索能力弱。受水文、气象的影响,声呐在海况不好的情况下,探测距离明显变短,当水下目标速度大于 20 节时,就难以探测到目标。

④抗风力差、防御能力弱。猎潜艇抗风力只有 8 级左右,自给力只有 7 个昼夜,因而它只能在近海执行任务,同时它装备的舰炮口径小、数量少,对海、对空防御能力显得不足,因而需要在其他兵力掩护和支援的情况下执行反潜任务。

(4)猎潜艇的战术编成

猎潜艇一般以 6~8 艘编成大队;执行任务时,通常以 2~4 艘艇编成一个搜索突击群。

8. 勤务舰船

勤务舰船又称辅助舰船,是指不具有直接作战能力,但又担负重要的海上运输、补给、抢险救生、舰船抢修、调查测量、工程建设等方面任务的舰船。它是我国海军不可缺少的重要组成部分。随着未来战争中各兵力对后勤和各种物资及装备保障需求的日益增大,勤务舰船将发挥越来越重要的作用。

目前我国海军装备的勤务舰船种类比较繁多,任务也各不相同,按完成任务不同可分为:

(1)训练舰是供军校学员和舰艇人员进行海上实习的军舰,上有训练用武器、技术装备和教学、住宿设施。

(2)修理舰是专门担负舰艇和舰载机修理任务的军舰。

(3)运输舰船是专门担负海上运输人员和物资的舰船。

(4)油船是专门运载和补给油料的船只。

(5)水船是专门补给淡水、蒸馏水的船只。

(6)海洋调查船是专门从事海洋科学调查研究的船只。具体任务包括调查海洋水文、气象、物理、化学、生物及海底底质、地貌等情况。

(7)海洋天气船是专门从事海洋天气预报的船只。船上装备有观测水文、气象的仪器和接收、传递水文、气象情报的通信设备。

(8)工程船是担负海上施工任务船只的总称,包括有挖泥船、打桩船、钻机船、铲石船等。

(9)拖船是专门担负水上拖带任务的船只。

(10)靶船是专供对海实弹射击试验和训练用的目标船,船上装有靶标或角反向器,有自航和非自航两种。

(11)冷藏船是专门用于冷藏运输易腐食品的船只,船上有制冷设备。

(12)捞雷船是专门用于捞取鱼(水)雷的船只。

(13)航标船是专门担负航标的设置、检查、修理的船只。

(14)消磁船是专门为舰船检查和消除磁场的船只。

(15)潜水工作船是专门保障人员进行水下作业的船只。

(16)救生船是专门担负海上防险救生任务的船只。一般有潜水钟、救生钟、加压舱和潜水排气、供气、灭火等设备。

(17)侦察船是专门在海上从事侦察活动的船只。

(18)医院船是专门担任海上治疗和运送伤员的船只。

(19)起重船是专门用来吊重物的船只,分自航和非自航两种。

(20)试验船是专门担负武器装备试验和其他科学试验的船只。

上述舰船根据担负任务及其战术性能分别组成各种勤务船大队和中队,分别隶属于舰队、海军基地或有关部门管辖。

勤务舰船的性能特点是:种类多、任务专业化、性能复杂;机动能力差;自身防御能力差。在有敌情威胁的情况下执行任务,需要其他兵力来护航。

三、潜艇部队

潜艇是一种在水中遂行战斗任务的舰艇。它既能在水面航行,又能在水中航行。潜艇自20世纪初编入海军序列以来,经历了两次世界大战和战后多次局部战争,取得了辉煌战果,发挥了重要作用。它的地位在海军中不断提高,现已成为海军的主要兵种之一,携带战略导弹的核潜艇是国家战略核反击力量的重要组成部分。我国海军自 1954 年组建潜艇部队以来,先后经历了购买、组装、仿造和独立研制四个阶段,目前我潜艇部队已经发展成为一支艇种齐全,常规作战与核打击能力并举,具有相当战斗力的水中突击力量,成为我国海军编成中重要的兵种之一。目前我国海军的潜艇兵力由常规动力潜艇和核动力潜艇组成。常规动力潜艇分为鱼雷潜艇和飞航式潜艇,如图 1-18、图 1-19 所示。前者可以水下发射鱼雷,后者可以水下发射导弹。核动力潜艇分为攻击型核潜艇和战略导弹核潜艇,如图 1-20、图 1-21 所示。

图 1-18　我国研制的 035 型常规动力潜艇

图 1-19　我国研制的 039 型常规动力潜艇

图 1-20　我国研制的 093 型核动力攻击潜艇

图 1-21 我国研制的 094 型战略核潜艇

(一)海军潜艇的编成、任务和分类

1. 我国潜艇部队的编成

常规潜艇一般由 10~12 艘潜艇编成一个支队,支队一般隶属于舰队。支队设有潜艇基地,担负潜艇的物资和技术保障。战斗活动时通常是以单艇或 2~3 艘艇编成一个战术群。

2. 潜艇部队的任务

(1)消灭敌人的运输舰船和大中型战斗舰艇;

(2)袭击敌基地、港口和岸上重要目标;

(3)执行反潜和布雷任务;

(4)实施侦察、巡逻、运送人员和物资及营救人员等任务。

3. 潜艇的分类

潜艇的分类方法很多,主要有以下几种:

(1)按潜艇的动力装置,可分为常规动力潜艇和核动力潜艇。

常规动力潜艇是以柴油机—蓄电池为动力的潜艇。这种潜艇在水中航行时用蓄电池供电,以电机为航行动力;在水面和通气管状态航行时,通常以柴油机为动力,同时利用这种航行状态为蓄电池充电。常规动力又分为柴电动力和柴电与 AIP 系统组成的联合动力。

核动力潜艇是以核燃料为能源提供动力的潜艇。它的水下速度和续航力远远超过常规动力潜艇,它可在水下长时间停留,隐蔽性和机动性大大增强。

(2)按潜艇的排水量,可分为大型、中型、小型潜艇和袖珍潜艇。

排水量在 2 000 吨以上的称为大型潜艇;排水量在 600~2 000 吨的称为中型潜艇;排水量在 100~600 吨的称为小型潜艇;排水量在 100 吨以下的称为袖珍潜艇。

(3)按潜艇使用的主要武器,可分为弹道导弹潜艇、飞航导弹潜艇、鱼雷潜艇。

弹道导弹潜艇携带的武器是弹道导弹,每艇可携带 8~24 枚,通常为核弹头(单弹头或分导式多弹头),主要用于突击岸上重要战略目标。

飞航式导弹潜艇携带的武器是巡航导弹,每艇可携带 6~24 枚(最多可达 50 枚),可用来攻击岸上目标和海上舰船。

鱼雷潜艇是以鱼雷为武器的潜艇,每艇有 4~10 个鱼雷发射管,用于发射鱼雷武器攻击水面舰艇和潜艇,装载水雷时也可用作布雷。

(4)按潜艇的作战使命,可分为战略导弹潜艇和攻击型潜艇。

战略导弹潜艇用来攻击陆上重要目标,多为核动力潜艇,它的主要武器为带核弹头的弹道导弹和巡航导弹。

攻击型潜艇用来攻击水面舰船和潜艇,有核动力和常规动力两种,携带武器有潜舰导弹、鱼雷和水雷等。

(二)潜艇的外形和结构

潜艇通常处于水下活动状态,因此其外形、结构必须适应和满足水下活动需要。

1. 艇体外形

现代潜艇外形一般有两种形状,即流线型艇体和水滴型艇体。如图 1-22、1-23 所示。

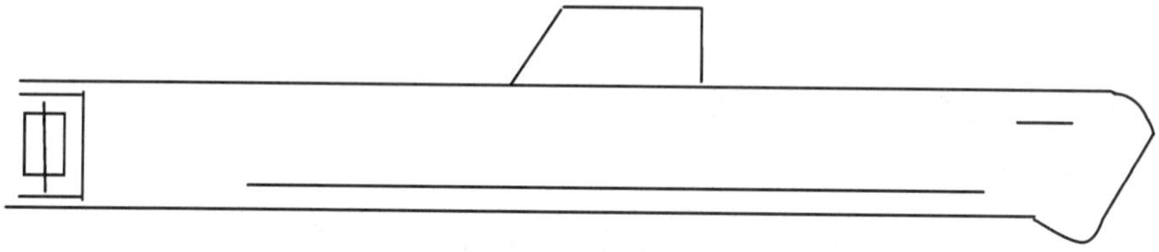

图 1-22　流线型艇体

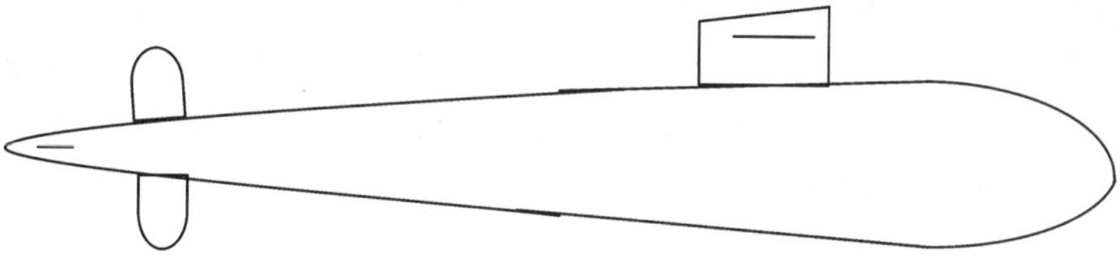

图 1-23　水滴型艇体

流线型艇体的特点是水面航行阻力小、易操纵,但水下航行阻力较大,不适合水下高速航行,一般常规动力潜艇都采用流线型艇体;水滴型艇体的特点是水面航行阻力大,且操纵性不好,但水下航行阻力小,核动力潜艇多采用水滴型艇体;有的采用流线型和水滴型混合艇体,如在潜艇的首部采用流线型艇体,其余部分采用水滴型艇体,这样既改善了水下机动性能,又适应了水面航行的需要,被称为鲸鱼型艇体。

2. 艇体结构

现代潜艇主要采用双壳式艇体，即潜艇在结构上有内、外两层艇壳，内部的叫耐压壳(固壳)，外部的叫非耐压壳(外壳)。耐压壳能承受潜艇在水中活动时受到的深水压力，是构成潜艇的基础。它由直径不等的圆柱体和两端的圆锥体组成，由于要承受水下深度每增加10米就增加一个大气压的压力，因而由较厚的优质合金钢制成。耐压艇体内分为若干舱室，分别装有动力装置及各种武器技术器材，是船员生活和工作的场所。非耐压艇体亦称外壳，是用较薄的钢板制成。外壳上有很多透水孔与艇外海水相通，它不承受海水压力，主要作用是形成良好的艇体外形，减少航行阻力，并与耐压艇体构成水柜，构成便于艇员工作的甲板和舰桥。

在外壳与固壳之间设有主水柜和辅助水柜，调整这些水柜的装载量就可以完成潜艇的下潜与上浮。如图1-24所示。

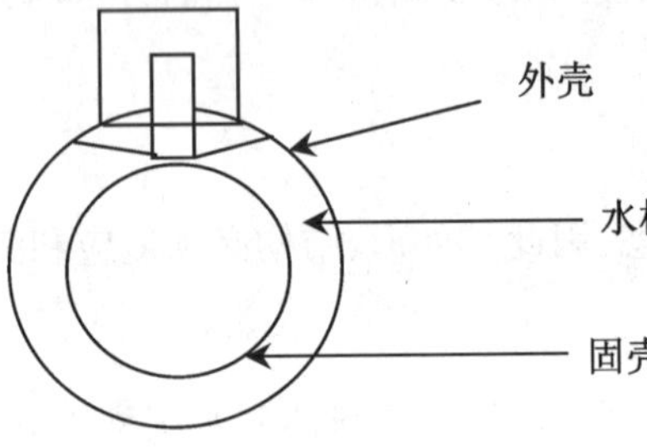

图1-24 潜艇艇体结构示意图

(三)潜艇的武器装备和观通设备

1. 武器装备

现代潜艇的武器装备主要有鱼雷、导弹、水雷及伪装干扰器材等。

(1)鱼雷

现代潜艇一般在艇首装有4~6具鱼雷发射管，艇尾装有2具发射管，装备的鱼雷有直航鱼雷、声自导鱼雷、尾流自导鱼雷和线导鱼雷等。鱼雷有较大的航速和航程，一般航速可达50节，射程在5海里以上。鱼雷发射管除了发射鱼雷，还可以供布设水雷及潜艇失事时艇员脱险之用，有些潜艇还可以用它发射巡航导弹。

(2)导弹

导弹包括弹道导弹和巡航导弹两种。弹道导弹用来攻击岸上重要目标，实施战略核打击，一般射程在上百至数千千米不等，分为单弹头和分导式多弹头。巡航导弹主要用来攻击敌方大中型水面舰船和岸上目标，射程在数十到数百海里不等。

(3)水雷

水雷是鱼雷潜艇和巡航导弹潜艇的辅助武器。一般每具鱼雷发射管可装载2枚沉底水雷，通常潜艇可航行到敌人的基地、港口附近和敌人可能通过的狭窄水道进行布设，用于炸毁敌方航行舰船。潜艇携带水雷的最大量一般是携带鱼雷的2倍。

(4)伪装干扰器材

潜艇的伪装干扰器材主要有气幕筒、干扰器和模拟器等。

气幕筒入水后,可形成一大片气泡,使敌声呐产生假回波,以掩护潜艇避开敌人声呐的搜索和攻击。

干扰器可以产生强烈的干扰波,使敌声呐因无法辨别目标而失去与潜艇的接触,或干扰敌人的搜索捕捉。

模拟器是一种可以航行一定时间的自行发声器。发射后能发出类似潜艇航行的噪声,以欺骗敌人,造成敌人错觉。伪装干扰器有的用鱼雷发射管发射,有的用专门的伪装发射器发射。

2. 观通设备

潜艇的观通设备比较完善,主要有潜望镜、雷达、声呐和无线电通信器材。

(1)潜望镜

潜望镜是潜艇从水下观察搜索海面、空中和陆上目标的光学器材。潜艇一般装备两部潜望镜:一部是指挥(攻击)潜望镜;另一部是对空(多用途)潜望镜。

指挥潜望镜:俯仰角为-10°~+60°,旋回 360°,放大倍率为 1.5~6 倍。其镜头较小,不易被敌人发现,一般在发起鱼雷攻击和能见度较好的情况下使用。

对空潜望镜:俯仰角为-10°~+90°,旋回 360°,放大倍率为 1.5~6 倍。该镜头较大,可对空中和海面进行观察,并有照相装置和水平六分仪,可照相和测天定位。由于其镜头较大,容易被敌人发现,故一般在傍晚、拂晓和其他能见度较差时使用。另外,为保持隐蔽,使用潜望镜时,航速不能太高(6~8 节),太高易产生潜望镜浪迹而被发现,且镜筒强度也会受到影响。为保持隐蔽,镜头露出水面应在 0.5~1 米,每次时间控制在 3 秒左右。指挥潜望镜和对空潜望镜有测距装置,两种潜望镜均能较准确测定 30~40 链(1 链=185.2 米)内目标的距离、方位;发现大型舰船的距离为 80~100 链,发现小型舰船的距离为 30~40 链。

(2)雷达

雷达是现代潜艇的重要观测器材。潜艇一般装备两种雷达,即警戒雷达和侦察雷达。潜艇在夜间或能见度不良的情况下,在水面或通气管状态下,雷达要全时值更。

(3)声呐

声呐是潜艇在水下活动时的主要观测器材。它的作用是用来发现、测定水面和水下目标。潜艇装备的声呐目前有两大类,一类是回声声呐,也称为主动式声呐,声呐工作时,通过发出声波并接收目标反射的回波来发现目标,并可较准确测得目标方位、距离。但回声声呐工作不隐蔽,探测距离较近。另外一类声呐是噪声声呐,也称被动式声呐,声呐工作时本身不发声波,而是通过收听目标发出的噪声和目标的声呐信号来发现目标。噪声声呐工作隐蔽,发现目标也远,但是它只能测定目标的方位,不能测定目标的距离。

(4)无线电通信器材

现代潜艇都装备不同类型和用途的无线电收发报机,供潜艇在各种条件下通信联络使用。其中长波和超长波收信机是潜艇特有的通信设备,由于长波或超长波具有穿透水层的能力,它可以使潜艇在水下100米的深度,无须浮出水面就可以接收岸上长波台发出的无线电信号。但潜艇发信时,必须浮出至潜望深度升起天线或浮出水面发报。一般潜艇发信都采取超快速发信,在极短的瞬间发出报文信号,以防止敌人窃听。

(四)潜艇的战术技术性能

潜艇的战术技术性能主要包括潜艇的各种航行状态、各种下潜深度和航行性能。

1.潜艇的各种航行状态(如图1-25所示)

(1)水上状态

潜艇所有主水柜都不注水,上层建筑和部分艇体露出水面的状态。通常是在进出港或没有敌情或出现故障的情况下使用。

(2)半潜状态

潜艇主水柜除中间组外,其余都注满水,只有上甲板和上层建筑露出水面的状态。此种状态的稳定性较差,隐蔽性也不好,只能作为一个过渡状态,禁止长时间在这种状态下航行。

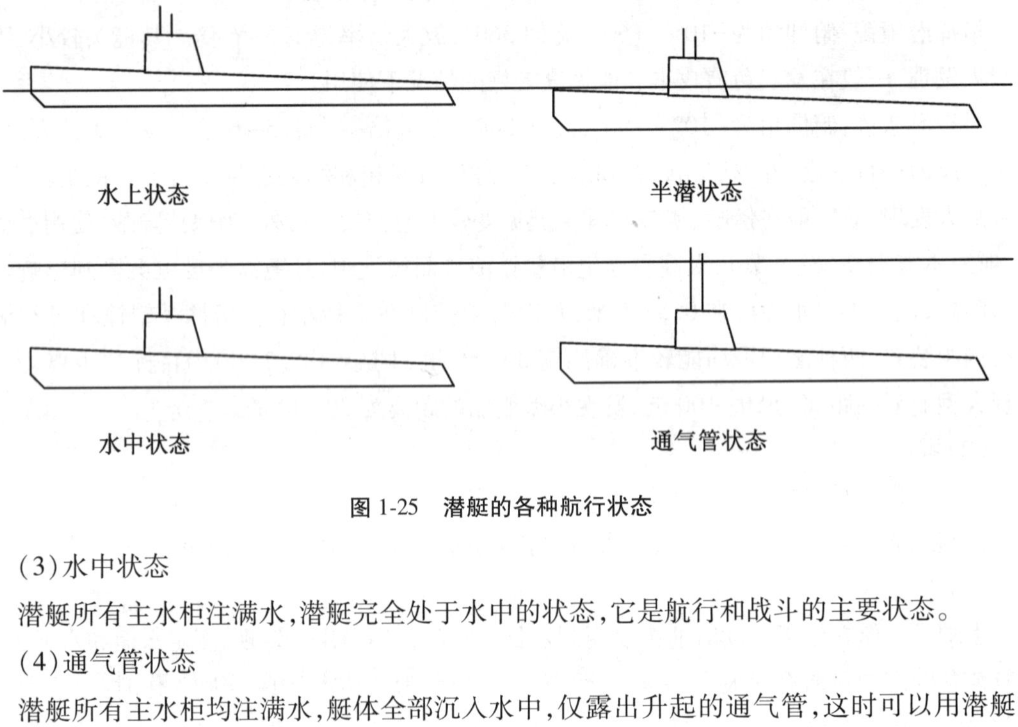

图1-25　潜艇的各种航行状态

(3)水中状态

潜艇所有主水柜注满水,潜艇完全处于水中的状态,它是航行和战斗的主要状态。

(4)通气管状态

潜艇所有主水柜均注满水,艇体全部沉入水中,仅露出升起的通气管,这时可以用潜艇的内燃机航行和充电。一般在敌情威胁不大的情况下使用,因为这种状态既节省电能又有较高的速度。

此外潜艇还有两种特殊的状态,即潜坐海底状态和潜坐液体海底状态。

2.潜艇的各种下潜深度

下潜深度是指潜艇水线至水面的深度。根据完成任务的需要,可分为以下几种下潜深度。如图1-26所示。

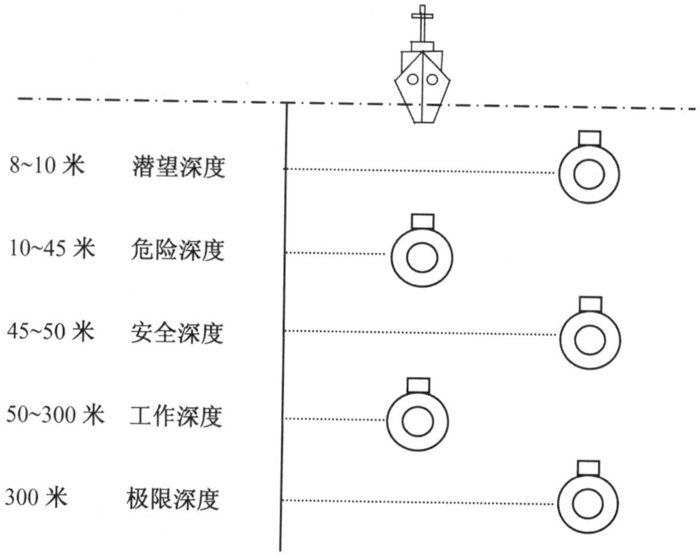

图 1-26 现代中型潜艇的各种下潜深度

(1)潜望深度

潜望深度是潜艇能使用潜望镜对海面、空中进行观察的深度,中型潜艇一般为 8~10 米。

(2)危险深度

危险深度是潜艇既不能升起潜望镜观察,又可能被飞机目力发现或被大型舰船碰撞的深度范围。现代中型潜艇的危险深度一般为 10~45 米,通常禁止在此深度航行或停留。

(3)安全深度

安全深度是潜艇可以避开水面舰船碰撞和飞机目力发现的深度范围。一般现代中型潜艇的安全深度为 45~50 米。潜艇上浮时必须在此深度上停留和测听,以查明水面情况,做好上浮和速潜的准备。

(4)工作深度

工作深度是潜艇能长时间停留和工作,不致引起固壳变形的深度范围,现代中型潜艇的工作深度一般为 50~300 米。这是潜艇航渡和战斗活动时常用的深度。

(5)极限深度

极限深度是指潜艇下潜的最大深度。潜艇在此深度只能短时间停留,超过此深度潜艇固壳将产生永久变形。中型潜艇的极限深度为 300 米。大型潜艇的极限深度可达 600 米,美国"海狼"级攻击核潜艇的极限深度为 600 米。

3. 潜艇的航行性能

(1)航速

常规动力潜艇航速分水上航速、通气管航速和水下航速。水下航速是指靠蓄电池供电,用电机航行时的速度。水下航速越高,攻击敌人的机会就越大,避开敌人的攻击和追击的可能性就越大。中型潜艇一般水下航速为 2~18 节。

核动力潜艇分水上航速和水下航速，核动力潜艇的水下航速一般在20节以上。

(2)下潜时间和下潜速度

下潜时间是指由水上状态下潜到潜望深度所需的时间。中型潜艇一般为30~60秒。下潜速度是潜艇由潜望深度下潜时的深度变化率，一般为0.5~0.7米/秒。

(3)浮起时间和上浮速度

浮起时间是指潜艇由潜望深度上浮到半潜状态所需的时间，中型潜艇一般为20~40秒。上浮速度是潜艇由深水处上浮时的深度变化率，一般为0.25~0.5米/秒。

(4)续航力

续航力是指潜艇装满燃油和淡水，中途不加补给，以某一速度所能航行的最远距离。根据潜艇速度不同，可分为水上续航力、通气管续航力和水下续航力。中型潜艇的水上续航力为9 000~15 000海里；通气管续航力为4 500~9 000海里；水下续航力为300~400海里(以水下速度2节航行)。常规潜艇水下续航力是指潜艇一次充足电能后在水下连续航行的最大距离。采用速度越大，水下续航力越小。核潜艇与常规潜艇相比，不仅水中航速高，而且续航力大。世界各国装备的核潜艇水下速度均在25节以上，续航力可达18万海里以上。

(5)自给力

自给力是潜艇一次装足燃料、淡水、食物等物资后，中途不补给，能在海上连续活动的最大时限。它除与物资储备量多少有关外，还与艇员的体力及海上的生活管理有关。中型潜艇一般为30~60昼夜，大型潜艇一般为60~90昼夜，核潜艇一般为90昼夜以上。

(6)水中逗留时间

水中逗留时间是指潜艇下潜后，艇员使用氧气再生器材所能停留的最长时间。中型潜艇一般在水中逗留的时间为600小时左右。

(五)潜艇的战术特点

潜艇与海军其他兵力相比，具有以下特点：

1. 良好的隐蔽性

潜艇主要活动在水下，并有较大的下潜深度，飞机、舰艇上的雷达和空中卫星上的光学器材均很难发现潜艇，这是潜艇区别于水面舰艇的主要特点和优势。而探测潜艇最有效的器材——声呐，则作用距离有限，对活动在大洋深处的潜艇难以发现。反之，潜艇却能及早发现水面舰船或空中的飞机并采取规避防范措施以隐蔽自己。

2. 强大的突击力

潜艇可以在水下发射导弹、鱼雷和布设水雷。能在敌人没有察觉的情况下对敌人实施突然的打击，并且发射的导弹命中概率高，破坏威力大，并可实施多次攻击。

另外，潜艇发射的鱼雷炸点在舰船水线以下，对舰船生命力危害极大。弹道导弹核潜艇携带的核导弹能给敌人以致命的打击。

3. 较大的续航力、自给力和作战半径

常规动力潜艇在水上和通气管状态下的续航力可达 5 000 海里以上,自给力可达 60 昼夜;而核潜艇的续航力和自给力更大,因此,潜艇可远离保障某地,到中远海长时间执行作战任务。

同时潜艇也有它的不足,主要是观察、通信困难。常规潜艇水下航速慢,水下续航力小,同时对空防御能力弱也是潜艇的一个弱点,并且潜艇不能在水深小于 50 米的海区活动。核潜艇在水深小于 80 米的海区也不便活动。

四、海军航空兵

海军航空兵是主要在海洋上遂行作战任务的海军兵种,是海军的一个主要兵种。它是夺取海上制空权的主要兵力,既是海上战场的重要突击力量,也是一支重要的保障力量。1952 年 4 月我国海军航空兵部正式成立,同年 6 月在上海虹桥机场组建了海军航空兵第一师,之后相继建立了各舰队航空兵。我国的海军航空兵是空防合一的体制,由航空兵部队和地面防空部队组成。航空兵部队包括轰炸机、歼击机,强击机、侦察机、水上飞机、电子干扰飞机、运输机等部队和其他专业部队。地面防空部队包括高炮部队、导弹部队和雷达部队。海军航空兵的作战空域主要在海洋上空,可单独或与舰艇部队协同完成海上作战任务。经过数十年的发展,我国海军航空兵已经成为具有一定规模和现代作战能力的部队,在未来维护祖国统一、领土完整和海洋权益的海上活动中必将发挥越来越重要的作用。

(一)海军航空兵的编成、任务

1. 海军航空兵的编成

我国海军下设海军航空兵部,海军航空兵部是海军航空兵的最高领导机关,领导全国海军航空兵的作战、训练和勤务工作,下辖各舰队航空兵、地面防空部队、海军航空兵院校等。

舰队航空兵部接受海军和舰队双重领导,下辖舰队航空兵及所辖部队。

海军航空兵部队的编成为海军航空兵师、团、大队和中队。航空兵师下辖 2~3 个团,团下辖 3 个大队,大队下辖 3 个中队。中队(基本战斗单位)编成的飞机架数因机种和机型而异,一般轰炸机中队由 3 架飞机组成,强击机、歼击机和直升机中队由 4 架飞机组成,侦察机、反潜机和运输机中队由 3 架飞机组成。

2. 海军航空兵的任务

根据海军航空兵的使命、作战指导思想,海军航空兵有执行多种任务的能力,它可以独立,也可协同海军其他兵力以及其他军兵种遂行以下作战任务:

(1)打击敌海面舰船。

(2)摧毁或破坏敌海军基地、港口、沿海机场等重要目标。

(3)夺取海上战场的制空权。

(4)保卫国土领空、保卫己方海军基地和其他重要目标的安全。

(5)进行海上侦察、巡逻、反潜、布雷、扫雷、空中预警、救生和空运等。

(二)海军航空兵飞机的战术技术性能

海军航空兵飞机的战术技术性能主要包括速度性能、上升性能、续航性能等。

1. 速度性能

飞机速度有最大速度和巡航速度。

最大速度是飞机在一定的飞行高度上,发动机在最大功率或以最大推力工作时所能达到的最大允许速度,通常是指最大平飞速度和最大允许速度。这种速度不能长时间使用,只有在特殊情况下可以使用。

巡航速度是飞机适宜长时间或长距离飞行的速度,一般为飞机最大飞行速度的70%~90%。飞机在这种速度下飞行,油耗较小,有较大的续航力,发动机可以长时间使用,有利于作战行动。

2. 上升性能

上升性能包括飞机的升限和上升率。

升限是飞机依靠本身动力所能达到的最大飞行高度。飞机升限越高,活动的空间越大,就越有利于空中作战。

上升率亦称爬升率,是指飞机在一定的飞行重量和一定的发动机工作状态下,单位时间所上升的高度。上升率越大,飞机夺取空中有利地位的能力就越大。上升率与飞行的高度、飞行的重量及气温有关。

3. 续航性能

续航性能包括最大航程、续航时间和作战半径。

最大航程是飞机在正常状态下,一次加满油,以耗油量最小的速度和高度飞行至油料耗尽所能飞行的水平距离。

续航时间是飞机在正常状态下,一次加满油,以耗油量最小的速度和高度飞行至油料耗尽所经过的时间。

为增加航程和续航时间,通常用加挂副油箱或空中加油的方法来增加燃料的携带量,以提高续航性能。

作战半径是指飞机由起飞、完成作战任务到返回原机场的最大活动距离。考虑到作战的过程和中途迷航的因素,一般飞机的作战半径为最大航程的30%~40%。

(三)海军航空兵主要作战机种及性能特点

1. 海军轰炸机

海军轰炸机是用于对敌海上舰船、岸上目标实施轰炸和执行布设水雷障碍的海军飞机。海军轰炸机突击威力强,作战半径大,可挂载鱼雷、水雷和普通航空炸弹进行攻击,是海军航空兵实施空中突击的主要兵种。但它的弱点是机动性能较差,防御能力弱。目前我国装备的海军轰炸机主要有轰-6K 及水轰-5 等。

轰-6K(如图 1-27 所示)是海军远程中型轰炸机,属中单翼,机翼和水平尾翼均为后掠翼。装有 2 台喷气发动机,机上装有 7 门 23 毫米航炮,装有较完善的领航和轰炸设备,可携带普通炸弹、空舰导弹等,最大载弹量 9 吨,作战半径 2 200 千米,升限 13 000 米,最大速度 1 000 千米/小时,可携带 4 枚鱼雷。

图 1-27　我国自行研制的轰-6K 飞机

水轰-5(如图 1-28 所示)是一种多用途作战飞机,以反潜为主,还能执行布雷、巡逻、侦察、救护等任务。它最大速度 520 千米/小时,作战半径 1 500 千米,实用升限 7 000 米,携带 2 门 23 毫米航炮,最大载弹量 3 吨,可携带空舰导弹或鱼雷、深弹、炸弹、水雷等武器,装有先进的雷达及电子系统。

图 1-28　我国自行研制的水轰-5 飞机

2. 海军歼击机

海军歼击机亦称海军战斗机,主要用于海洋上空的战斗,它是海军航空兵中机动性能最好的机种。它体积小、速度快,机动性能好,装有多种武器,攻击能力强,是夺取制空权的主要空中力量,以歼灭敌机和其他空袭兵力为主要任务,并兼有对海上和濒海目标进行攻击的任务。

目前我国装备的海军歼击机主要有歼-7、歼-8Ⅱ、歼-10、Su-27 及 Su-30 等。

歼-7(如图 1-29)是单座超声速近程全天候歼击机。该机机身内有一台喷气发动机,机翼为后掠三角翼,机身下有一副油箱。最大速度 2 180 千米/小时(1.8 马赫),升限 19 000 米,作战半径 360 千米,装有 1 门 30 毫米航炮,可挂载 2 枚空对空导弹或 32 枚火箭弹,装有较完善的领航和射击设备。

图 1-29　我国自行研制的歼-7 歼击机

歼-8Ⅱ(如图 1-30)是单座超声速中程全天候歼击机。机身内装有 2 台喷气发动机,机身前部为圆锥形,机翼为后掠三角翼。最大速度为 2 336 千米/小时(1.9 马赫),升限 20 000 米,作战半径 800 千米,装有 2 门 30 毫米航炮,可挂载 2 枚空对空导弹或 32 枚火箭弹,也可携带炸弹,兼有对地攻击能力,有较完善的领航和射击设备。

图 1-30　我国自行研制的歼-8Ⅱ歼击机

歼-10(如图 1-31 所示)是我国研制的超声速远程全天候歼击机。它采用双三角单中翼加三角前翼的鸭式布局,具有先进的机动性能。最大速度达到 2 450 千米/小时(2.0 马赫),升限 18 000 米,作战半径 1 100 千米。可挂载近、中、远程空对空导弹,也可挂载对海空舰导弹和对地攻击武器,它的最大载弹量可达 7 吨,并配备有先进的武器控制、雷达及电子系统。

图 1-31　我国最新研制的歼-10 歼击机

Su-27(如图 1-32 所示)是单座双发全天候远程重型战斗机,该机有很好的气动性能,机身大量采用铝合金和钛合金,具有机动性和敏捷性好、续航时间长等特点,可进行超视距作战。它的最大速度为 2 880 千米/小时(2. 35 马赫),实用升限 18 000 米,作战半径 1 500 千米。它挂载武器多,最多可挂 10 枚空对空导弹,包括 R-27R 短距半主动雷达制导导弹、R-271 短距红外导弹、R-27ER 长距半主动雷达制导导弹和 R-27ET 红外导弹等。对地攻击时可带机炮吊舱(1 门 30 毫米 GSH-301 机炮)、各种炸弹、火箭发射巢等。

图 1-32　我国引进的 Su-27 歼击机

Su-30(如图 1-33 所示)是双座双发全天候远程歼击机。它具有良好的对地、对海攻击能力。它最大速度 2 125 千米/小时(1. 8 马赫),实用升限 17 500 米,作战半径 1 500 千米以上。它挂载的武器包括空对空导弹、空对地导弹,还有专门对付海上舰船的空舰导弹,它的海上作战能力远先进于一般的战斗机。它装备有先进的雷达和电子干扰系统,能有效地规避和防御敌方的攻击。

图 1-33　我国引进的 Su-30 歼击机

3. 海军歼击轰炸机

海军歼击轰炸机又称海军战斗轰炸机。它主要用于从中低空攻击水面和濒海目标,同时还具备空战的能力。它是海军航空兵在距岸 500~1 000 千米的海域进行空中突击作战的主要机种之一。目前我国装备的海军歼击轰炸机有歼轰-7。

歼轰-7(如图 1-34 所示)采用中等展弦比后掠式上单翼,外翼带气动扭转,翼根带填角。具有良好的机动和对地攻击能力。最大速度 2 080 千米/小时(1.7 马赫),升限 15 000 米,作战半径 1 650 千米,最大载弹量 6.5 吨,可挂载空对空导弹和空对舰导弹,也可挂载火箭与航空炸弹。

图 1-34　我国自行研制的歼轰-7 歼击轰炸机

4. 海军侦察机

海军侦察机是装有航空照相机、无线电侦察设备和红外线侦察设备,通过实施空中侦察,为其他部队提供情报的海军主要侦察兵力之一。其任务是查明敌海上舰船编成及其活动,侦察敌海军基地、港口和沿海地区的主要军事设施情况,监视敌海上舰船行动,必要时引导我方兵力对敌实施攻击。目前我国装备的海军侦察机主要有轰侦-5、轰侦-6、歼侦-6 等。

5. 海军直升机

海军直升机用途广泛,常用于反潜、巡逻、扫雷、预警、电子对抗、支援登陆作战、运输及救生等,我国的大中型水面舰船都搭载有直升机。目前海军装备的直升机有直-8、直-9、卡-28 型直升机等。

直-8 型直升机(如图 1-35 所示)主要用于反潜、反舰作战。机上可装备吊放声呐、搜索雷达,并可发射鱼雷或导弹。它的最大速度 315 千米/小时,升限 6 000 米,最大航程 830 千米,续航时间 2 小时 31 分钟。

图 1-35　我国自行研制的直-8 型直升机

直-9 型直升机用途十分广泛,可改装成反坦克型、海上搜索与救护型、反潜型、侦察型及通信型等。海军所用一般为直-9C 舰载型(如图 1-36),专门用于攻击水下潜艇和水面舰船,也可以作为侦察、预警用。最大速度 306 千米/小时,升限 6 000 米,最大航程 1 000 千米,最大续航时间 5 小时。它主要携带鱼雷、导弹、火箭弹等武器。

图 1-36　我国自行研制的直-9C 型直升机

卡-28 型直升机(如图 1-37 所示)是我国引进的先进反潜型直升机。其任务是在全年任

图 1-37　我国引进的卡-28 型直升机

何时候、任何气象条件下,探测、跟踪和摧毁最大潜深 500 米、最大速度 40 节的潜艇。卡-28 型直升机具有昼夜执行任务的能力,可在 5 级海况条件下,远离基地 200 千米执行任务。卡-28 型直升机可装备 1 枚自动寻的鱼雷、1 枚火箭推动鱼雷、10 枚 PLAB250-120 型炸弹和 2 枚 OMAB 型炸弹。它装有 1 个可加热鱼雷舱,以确保在低温气候条件下武器的可靠性。最大时速 260 千米/小时,巡航时速 205 千米/小时,作战半径 200 千米,续航时间 2 小时。

6. 海军巡逻机及运输机

海军巡逻机主要由运输机改装而成,是用于海上巡逻、反潜、救援并兼有运输任务的飞机。目前我国装备的海上巡逻机主要有运-8、运-20。

运-8 型(如图 1-38 所示)有较完善的通信、领航设备,能做昼夜复杂气象飞行,具有较大的载重和续航能力。最大速度 645 千米/小时,升限 10 200 米,巡航高度 8 000 米,活动半径 2 000 千米,续航时间 10. 5 小时。能在各种气象条件下遂行警戒、搜索与监视敌海上和空中目标等任务。

图 1-38　我国自行研制的运-8 巡逻机

运-20(如图 1-39 所示)最大起飞重量约 220 吨,载重超过 66 吨,最大时速大于 800 千米小时，航程约 7 800 千米，实用升限 13 000 米。拥有高延伸性、高可靠性和安全性。运-20 作为大型多用途军用运输机，可在复杂气象条件下，执行各种物资和人员的长距离航空运输任务。

图 1-39　我国自行研制的运-20 大型运输机

（四）海军航空兵的战术特点

海军航空兵与其他兵种比较具有以下突出的战术特点：

1. 具有快速机动作战能力

由于飞机具有飞行速度快，升限高，能超越地面、水面障碍，战备时间短等特点，因而它具有较强的快速机动能力，有利于捕捉战机、反复攻击及突击的兵力快速分散、集中和转移，同时有利于与其他兵种、军种协同。

2. 具有强大的突击威力

由于飞机可携带大量的弹药和威力较大的武器，同时所携带武器射程远、精度高，对敌进行攻击具有一定的突然性，因而它易形成强大的突击威力。

3. 具有独立作战能力

海军航空兵是由多机种部队组成，各机种既可以单独完成各自任务，又可以相互协调、相互支援联合完成共同的任务。因而整个航空兵在作战性能上能相互补充，具有较强的航空兵独立作战能力。

4. 战斗时间短，战斗消耗巨大

由于飞机的装载量有限，特别是在战斗期间，一般以装载武器为主，到达战区上空要抛掉副油箱，因此飞机航程要减少许多，这将会大大减少飞机在战区战斗的时间。同时战斗机空中作战激烈，易被地面炮火攻击，损失比较大，这将会使飞机出动的频率更快，强度更大，必将会造成极大的武器和弹药消耗。

5. 对基地的依赖性大，受作战时间和气象条件影响较大

固定翼飞机需要专门的跑道才能起降，机场一旦遭到破坏，飞机就无法完成任务。飞机的

油耗、弹药消耗较大,需要基地不断补充油料和弹药,才能保障飞机连续执行作战任务。同时作战时间和天气也会严重地影响飞机作战任务的执行和完成,不同性能的飞机和具有不同训练水平的飞行员也会受到这些因素的影响。如在夜间复杂气象条件下飞行,性能先进的飞机和训练水平高的飞行员受的影响就小,而那些性能一般的飞机和训练水平一般的飞行员就不能准时起飞完成作战任务。

五、海军岸防兵

海军岸防兵是担任海岸防御的海军兵种。它主要部署在沿海重要地段,它是海军五大兵种之一,是海军中一支重要的突击和支援兵力。我国海军岸防兵于 1950 年 10 月在青岛组建,到 1955 年海军岸防兵已经发展到 19 个团,拥有各种口径岸防火炮 300 余门。海军又于 20 世纪 60 年代初组建岸舰导弹部队。海军岸防兵自组建以来,单独或协同作战 400 余次,在巩固海防等任务中发挥了重要作用,已成为我国海岸和领海防御的一支骨干力量。

(一)海军岸防兵的编成

我国海军岸防兵由海岸导弹部队和海岸炮兵部队组成,通常编成团、营、连单位。

1. 海岸导弹部队

海岸导弹部队是以岸舰导弹为基本武器的海军岸防兵力,一般配置在海岸和岛屿的重要地段,担任海岸防御任务,是海岸防御的火力骨干。海岸导弹部队通常编有导弹团、导弹营,隶属于舰队或基地。海岸导弹部队以营为基本作战单位,每个营装备有 4 座导弹发射架,目前主要装备有“鹰击”系列海岸导弹,如图 1-40 所示。海岸导弹部队可依托坚固的阵地作战,有的配有牵引和运载发射车辆,可实施机动作战。

海岸导弹营分为固定式和机动式两种。固定式海岸导弹营战时除雷达天线和发射架露天配置外,其他战位均配置在坑道内。机动式导弹营的设备分装在各种车辆上,全营装备有发射架、运输装填车和其他车辆,可执行机动作战任务。

图 1-40　我国海岸导弹部队“鹰击”系列导弹实施对海发射

2. 海岸炮兵部队

海岸炮兵部队是指以岸炮为基本武器的海军岸防兵力，主要装备大、中口径海岸炮，配置在海岸和岛屿的重要地段，是海岸防御火力之一。通常编有海岸炮兵团、营、连，隶属于舰队或基地。海岸炮兵部队以营或连为基本作战单位。单管中、小口径岸炮，如单管100毫米或单管130毫米岸炮是以连为基本火力单位，通常配有4门火炮。下设指挥排、通信班、炮一排、炮二排和连部。双管中口径或大口径海岸炮以营为基本火力单位，通常配有4门双管130毫米火炮，如图1-41所示，炮兵营下辖指挥连、炮连。炮连编有4个炮排，每个炮排有1门火炮。

图1-41　我国海岸炮兵部队双管130毫米火炮

(二)海军岸防兵的任务

根据海上战争特点和海军岸防兵的技战术性能，海军岸防兵主要担负以下任务：

(1)参加抗登陆作战和扼守海峡、水道作战；

(2)保卫海军基地、港口和沿海重要目标；

(3)参加近岸保卫海上交通线或破坏敌海上交通线作战；

(4)掩护我军舰船的活动；

(5)支援岛屿、要塞守备部队作战和近岸岛屿的登陆作战。

(三)海军岸防兵的主要武器装备

海军岸防兵的主要武器有岸舰导弹和海岸炮。

1. 岸舰导弹

岸舰导弹是指从岸上发射攻击水面上舰船的导弹，它是岸防兵的主要武器。目前我国装备海军岸防兵的导弹主要有“鹰击”系列等。这些导弹的共同特点是飞行高度低，速度快，射程远，威力大，命中精度高，但是技术保障复杂，射击存在一定的死区和禁区，容易受电子干扰和抗击。

2. 海岸炮

海岸炮，简称“岸炮”，是指配置在海岸上，以火力遂行海岸防御作战的海军炮。岸炮分为固定式和移动式岸炮。固定式岸炮，一般安装在永久性的工事内；移动式岸炮安装在铁道特制列车上或由特制牵引车牵引。

岸炮按防护结构分为炮塔式和护板式岸炮。炮塔式岸炮,上部和周围有装甲防护;护板式岸炮,前方、上方和两侧有护板防护。

岸炮按口径大小分为大、中口径岸炮。大口径岸炮口径在180~406毫米;中口径岸炮口径为100~152毫米。使用的炮弹有穿甲弹、半穿甲弹、爆破弹和杀伤弹等。目前我国海军装备的主要是双130毫米岸炮,但随着导弹的不断发展,岸炮正在逐渐地被先进的导弹所取代。

(四)海军岸防兵的主要战斗特点

1. 射击精度高,有较大的火力攻击能力

由于阵地固定,战斗射击时的战斗诸元可以预先设定,武器射击时误差小,精度高,因此说海军岸防兵强大的突击和攻击能力是它的主要特点。

2. 弹药储备多,持续战斗力强

由于海军岸防兵阵地内均建有永备、半永备或野战工事,其工事内可储存较多数量的弹药和物资,补给也较方便,因而具有连续作战能力。

3. 受气象条件影响小,投入战斗快

导弹和舰炮的射击受气象条件影响很小,只要侦察、指挥机构发现目标,就能保障岸防兵迅速投入战斗。

4. 有机动作战能力,但变换阵地时间长,受道路障碍的影响大

5. 阵地固定容易被敌发现和摧毁

岸防兵通常配置在有重要军事价值的海岸突出点和制高点上,并修筑了明显的工事掩体,因而很容易被敌侦察发现而遭受敌人的袭击和破坏。

六、海军陆战队

海军陆战队是担负两栖作战任务的海军兵种,是一支诸兵力合成并能实施快速登陆突击和担负海岸、岛屿防御或支援任务的海军两栖作战部队。它由陆战部队、航空部队和后勤支援部队组成,主要装备有自动武器、两栖坦克、直升机和固定翼飞机、两栖作战舰艇等。

我国海军陆战队组建于1953年。1954年12月组成了我国第一个海军陆战师,1979年12月20日根据中央军委命令,海军在南海舰队重建海军陆战队第一旅。经过几十年的发展,海军陆战队已经发展成为一支政治素质高、军事作风过硬、由多兵种组成的现代化部队,成为海军诸兵种中一支重要的对岸突击力量。

(一)海军陆战队的编成

海军陆战队的编成主要根据其所担负的作战任务、战斗部署、预定的作战对象和可能的作战地域而定,通常编为师、旅、团、营和特种任务分队。目前,我国海军陆战队的编制为陆战旅,隶属于南海舰队,其编成为:一个陆战旅下辖1个两栖装甲团、2个陆战营、1个自行榴弹炮营、

1 个防空反坦克导弹营、1 个两栖侦察大队、1 个高速登陆艇大队。如图 1-42 所示为我国海军陆战队在进行海滩训练。

图 1-42　我国海军陆战队在进行海滩训练

（二）海军陆战队的作战任务

海军陆战队具有反应快、机动能力强，较强的火力、坚固的装甲防护能力和攻守兼备的综合作战能力，因而它具有适应多种环境下的作战能力。

海军陆战队担负的任务有：

1. 独立或配合陆军部队实施登陆作战

主要是在海军和陆军兵力的支援下，夺取登陆点和登陆场，它可以充当先遣队和第一梯队，担负主攻方向的登陆突击任务，以攻占敌一线阵地，为陆军部队夺取登陆点和登陆场，保障陆军主力向纵深方向发展。

2. 协同其他军兵种部队保卫海军基地、港口和重要沿海地段

海军基地、港口是海军的重要后勤、维修保障中心，保护好这些地点就等于保障了海上部队可持续作战能力，必要时海军陆战队可协同陆军担负这些地点的防御作战任务。

3. 支援岛屿、要塞防御作战及实施抗登陆作战

岛屿远离大陆，岛屿防御战斗力和生存能力有限，后勤补给受限。具有两栖作战能力的海军陆战队具有较强的快速机动和海上、陆上作战能力，因而支援岛屿、要塞的防御作战就成为其担当的重要任务之一。

4. 执行其他特殊任务

海军陆战队是一支快速反应部队，在许多情况下要执行上级下达的特种作战任务。如跨海侦察、袭扰破坏、进入敌方实施营救等。

(三)海军陆战队的武器装备

海军陆战队是一支由多兵种组成的部队,由于它是由陆战兵、装甲兵、炮兵、工程兵、通信兵、侦察兵、防化兵等诸兵种组成的两栖作战部队,因此装备的武器是多种多样的。目前海军陆战队装备的武器除了步兵自动武器外,还装备有反坦克导弹、防空导弹、各种火炮、火箭炮,并配备有舟桥、冲锋舟、气垫船、水陆两用坦克、装甲运送车及其他特种装备和作战器材。这些武器的装备体现了海军陆战队的两栖化、装甲化、自动化、轻型化的作战特点,从而保障了海军陆战队始终具有较强的火力、机动能力、突击力和保障能力。

第三节　海军兵器

海军兵器是指海军兵力在海上战斗中使用的武器,它是海军装备的重要组成部分,也是决定海上战争胜负的重要因素。自海军兵力投入到海上战场以来,其装备的武器经历了一个漫长的发展历程。从古代原始的弓箭、火铳到短程药捻火炮,从近代的大口径线膛炮到现代的各类导弹、自导鱼雷和全自动舰炮,海军兵器的发展经历了一个质的飞跃。同时海军兵器的质量和水平也反映了一个国家工业和经济发展水平,随着我国综合国力的不断提高,我国海军兵器的发展和建设将会进入一个新的发展阶段。本节重点介绍我国海军海基和岸基装备的主要兵器,包括导弹、舰炮和水中兵器。

一、导弹武器

导弹是一种携带战斗部,依靠自身动力装置推进,由制导系统导引控制飞行航迹,导向目标并摧毁目标的飞行器。有翼导弹作为一个整体直接攻击目标,弹道导弹在飞行到预定高度和位置后弹体与弹头分离,由弹头执行攻击目标的任务。导弹弹头可分为核装药、常规炸药、化学战剂、生物战剂或电磁脉冲战斗部。

(一)概述

1. 导弹武器的发展

1944 年 9 月 8 日晚 6 时 43 分,英国伦敦居民正在家中享受晚餐,一阵刺耳的防空警报声响起,人们纷纷钻进了防空工事,紧接着就是霹雳般的巨响,一枚从天而降的巨型炸弹爆炸了,使伦敦居民陷入了极度的惊恐中。但这次爆炸既不像飞机的空袭,也不像炮弹的爆炸,当后来人们揭开谜底的时候,才知道“天外飞弹”原来是第二次世界大战末期,纳粹德国为了挽救败局而抢先研制成功并投入使用的 V-1 巡航导弹和 V-2 弹道导弹,它们就是现代导弹的鼻祖。虽然当时的导弹误差足有 10 千米,但却给英国居民造成了极大的人员伤亡和心理压力。这些都极大地激发了美、苏等国战后导弹武器的研制和发展。

20 世纪 50 年代是导弹的早期发展阶段,美苏两国借助从德国缴获的大量导弹技术资料和导弹实物及俘虏的一批火箭专家迅速地开展了新的导弹的研制和开发。随着 1957 年和 1959 年美苏两国洲际弹道导弹试验分别获得成功,包括中国在内的英、法、德、日等国也加入导弹的研制当中。特别是 20 世纪 70 年代,导弹在中东战场的大规模使用及取得的辉煌战绩,又给新一代导弹的研制注入了新的活力。20 世纪 80 年代后,精密惯导、弹载计算机和 GPS 导航等高新技术的广泛应用,使导弹的精度大幅度提高,能研制导弹的国家也从 80 年代末的 19 个上升到 20 世纪末的 27 个。进入 21 世纪,导弹已发展成为一种智能化的武器,必将成为各国诸军兵种的主战武器,也必将成为各国竞相发展的重点。

2. 导弹的组成及制导方式

(1)导弹的组成

导弹主要由弹体结构、发动机、制导与控制系统、战斗部、导弹电气设备组成,如图 1-43 所示。

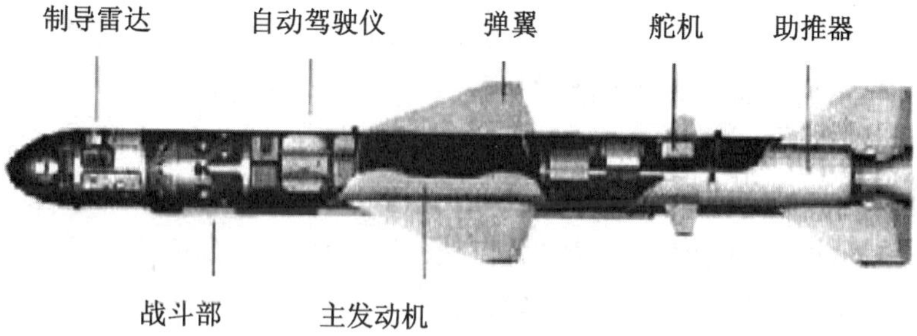

图 1-43　导弹结构示意图

①弹体结构。弹体包括弹身、弹翼、尾翼及其控制面。弹体赋予导弹良好的气动外形和用于装载导弹的有效载荷、发动机和控制系统等设备,通常使用铝合金轻金属材料制造。

②发动机。是导弹产生飞行动力的装置。它可分为 4 大类:液体火箭发动机;固体火箭发动机;弹用空气喷气发动机;组合式发动机。

③制导与控制系统。是引导导弹排除各种干扰,准确飞向目标的装置。它的组成包括制导系统和姿态控制系统两部分。制导系统由测量装置和制导计算机组成,用来测量导弹相对目标的位置、速度和加速度;姿态控制系统由敏感装置(陀螺仪、加速度计等惯性器件)、信息处理设备(计算机)和执行机构(舵机等)组成。

④战斗部(弹头)。它是导弹的有效载荷,是用于毁伤目标的专用装置。战斗部(弹头)一般由壳体、战斗部装药、引信装置和保险装置组成。引信分为触发和非触发两种,用于保证在最佳时间引爆弹头或战斗部装药。触发引信在碰撞目标时引爆,多用于对付装甲目标和硬目标;非触发引信有利用目标信息(电磁波)及目标环境信息(静电、磁场等)的近炸引信,非触发近炸引信多用于对付飞机等高速易损目标。

⑤导弹电气设备。用于向弹上用电设备提供电源并使弹上各组成部分实现电气联动和电气控制。它由电源、配电装置、电压变换装置、信号变换装置及电线和接插件组成。

(2)导弹的制导方式

制导方式根据其制导原理可分为:

①自主式。在制导和控制过程中,根据导弹内部或外部的固定参考基准控制导弹飞行,不接收外界的任何信息,制导控制设备全部装在导弹的内部,导弹发射后不需外部控制和配合工作。它适合于攻击固定目标。

②寻的式。由装在导弹上的敏感器(导引头)感受目标辐射或散射的能量,自动形成制导指令,控制导弹飞向目标。根据照(辐)射源的位置,又分为主动、半主动和被动寻的制导。

③指令式。利用制导站的跟踪测量装置、指令形成装置、指令传输装置向导弹发出指令,装在导弹上的指令接收机和控制装置接收指令并控制导弹飞行指令所引导目标。此种制导方式弹上设备比较简单,其中指令的传输方式可分为无线电、有线和光纤传输等。它适合攻击活动目标。

④波束制导。利用地面或发射平台的指挥站发出电磁波束或激光波束照射目标并引导导弹飞向目标。这种制导系统,导弹上要装有能自动测定导弹偏离波束旋转轴位置并形成纠正指令的装置或瞄准跟踪目标的光学系统。

⑤图像匹配式。通过遥感地形、地貌、地磁等特征图像把导弹自动引向目标。这种导弹装有图像遥感装置、计算机等设备,以及预先存储在存储器内的标准特征图,图像遥感装置沿导弹飞行轨迹在预定空域内摄取实际地表特征图像,并与预先存储的标准特征图匹配,以确定导弹实际飞行位置与标准位置的偏差,形成控制指令。

⑥复合式。上述两种或两种以上制导方式组合起来形成的制导方式称为复合制导。这种制导方式可以取长补短,适应不同条件下的导弹攻击,可以增大制导距离和增强抗干扰能力,有效地摧毁目标。

不同类型的导弹通常所使用的制导方式依据其物理特性而有所不同,弹道导弹和打击低速目标的巡航导弹多采用复合制导:惯导制导+GPS 中制导+末制导(红外成像、图像匹配和电视等制导);防空导弹多采用指令制导、半主动寻的制导、波束制导或与其他制导方式组合作为末制导从而形成复合制导;反坦克导弹多采用有线制导;反舰导弹、空空导弹、空地导弹多采用惯性、制导+GPS 制导(多用于全程或中段制导)。

3. 导弹的分类

导弹武器系统有很多的分类方法。常用的分类方法如下:

(1)按导弹的发射点和目标位置分

①攻击地面目标

地地导弹:主要有地地弹道导弹、地地巡航导弹。

潜(舰)地导弹:主要有潜地弹道导弹、潜地巡航导弹。

空地导弹:主要有空地弹道导弹、空地巡航导弹。

反坦克导弹:专门用于攻击坦克等装甲目标。

反辐射导弹:用于攻击具有辐射源的点状目标。

②攻击空中目标

防空导弹：主要有地空导弹、舰（潜）空导弹、空空导弹。

反导弹导弹：主要有高空拦截导弹、低空拦截导弹。

反卫星导弹：用于攻击敌方在太空中的卫星。

③攻击水面目标

反舰导弹：主要有岸舰导弹、舰（潜）舰导弹、空舰导弹。

反潜导弹：主要有舰潜导弹、潜潜导弹、空潜导弹。

（2）按导弹的射程分

①对于地对地和潜对地导弹来说，分为近程导弹（射程<1 000 千米）、中程导弹（射程 1 000~5 000 千米）、远程导弹（射程 5 000~8 000 千米）、洲际导弹（射程>8 000 千米）。

②对于反舰导弹来说，分为近程导弹（射程<40 千米）、中程导弹（射程 40~500 千米）、远程导弹（射程>500 千米）。

③对于空对空导弹来说，分为近距离导弹（射程 300 米~5 千米）；中距离导弹（射程 5~30 千米）；远距离导弹（射程 30~140 千米）。

（3）按导弹的作战任务分

①战略导弹：用于执行战略任务、攻击战略目标，射程在 1 000 千米以上的导弹。包括中程、远程和洲际导弹。

②战术导弹：用于直接参加或支援部队战斗行动的导弹，多为中、短程导弹。

（4）按飞行方式分

①弹道导弹：弹道导弹是一种装有火箭发动机的无翼、无人驾驶的飞行武器。飞行轨道除主动段或初始段是有动力飞行外，其余段是无动力惯性飞行，弹道轨迹是一条抛物线。它的初始段和末段在大气层内飞行，中间自由飞行段在大气层外真空飞行。

②巡航导弹：巡航导弹是一种在大气中飞行，依靠发动机的推力和弹翼来控制其飞行姿态的导弹，其大部分航迹处于近乎等高恒速巡航飞行状态。

4. 导弹的技战术特点

目前导弹的种类繁多，不同战略、战役、战术导弹各有其特点，但导弹总体相对于其他的武器来讲，有以下特点：

（1）攻击距离远

导弹上装有动力设备，飞行主要靠发动机工作，其射程远远大于火炮及其他武器。如洲际导弹的射程可达 1.6 万千米以上，具有攻敌于千里之外的特点。

（2）命中概率高

由于导弹采用了制导系统，发射出去以后，它能自动或被遥控地捕捉、跟踪、锁定攻击目标，并有一定的选择和识别记忆目标的能力，因而导弹命中概率较高，尤其是对固定的、低速的、无干扰的目标攻击命中概率更高。一般情况下，若无干扰，对于大中型水面舰船命中概率可达 90%。

(3)破坏威力大

由于导弹采用聚能装药或烈性混合装药,并采用破甲战斗部,在攻击目标瞬间可形成射流,把目标装甲熔化,钻进目标内部爆炸,因而它的破坏威力巨大。若采用适当的引信装置,更能提高它的毁伤能力。

(4)有选择性打击的能力

由于导弹制导装置采用半主动的制导方式或波束制导方式,可用人为控制,使导弹导向被选择的攻击目标。

(5)在某些情况下,容易受到干扰

如导弹采取单一制导方式时,根据制导原理,当对导弹上的末制导接收装置进行一定的辐射源能量欺骗性干扰、噪声干扰、迷惑式干扰或冲淡式干扰时,可降低它的攻击效果。如果对导弹的制导站进行一定的干扰,导弹控制系统在干扰的情况下,它的捕捉和命中概率也会降低,这是导弹的一个弱点和不足。

5. 我国导弹武器的发展与装备

我国导弹武器的研制和发展始于20世纪50年代中期,经过我国科技人员的不断努力,我国在1964年进行了第一枚中近程导弹的试验,并获得圆满成功。接着分别在1966年和1969年成功试射了中程和中远程导弹,并于1982年由潜艇向南太平洋地区进行了水下运载火箭的发射试验,这一试验的成功标志着我国“三位一体”战略核力量投放体系的初步建成,向全世界显示了中国核力量的巨大威力。目前我国装备运载核打击力量的平台除了陆基发射井及可转移发射车外,还有远程战略轰炸机和战略核潜艇,装备的战略导弹主要有“东风”系列(如图1-44所示)和潜射“巨浪”系列。

图1-44　我国自行研制的东风-31洲际导弹

在战术导弹方面,我国于20世纪60年代开始研制防空导弹。经过引进、仿制和自行研制的发展过程,目前已经装备部队使用的防空导弹主要有“红旗”(舰空)和“霹雳”(空空)系列以及引进的道尔-M、S-300和“牛虻”等型号。它们的发射平台可以是陆基、海基和空基。我国对反舰导弹的研制从20世纪60年代开始,由最初的“海鹰”型号到“上游”型号,再到“鹰击”系列型号。目前在海军水面舰艇部队、潜艇部队及海军其他各个兵种均装备了反舰导弹,主要有“鹰击”系列和引进的“日炙”型号（如图1-45所示）。另外我军亦装备“长缨”型号的反潜导弹。

图1-45　我国水面舰艇在发射“日炙”反舰导弹

二、舰炮武器

（一）概述

舰炮是指装载在舰艇上，口径在20毫米以上（含20毫米），用火药发射弹丸的身管射击武器。

舰炮是一种古老的舰载武器。公元10世纪初，中国发明了火药，13世纪中叶这一技术传入国外。火炮出现后，开始装备在船上，最终形成了在当时具有划时代意义的远射武器，从而结束了海上接舷战历史。此后数百年间，舰炮一直是水面舰艇的主要武器。随着舰炮技术的发展和各国海军战略的变化，“巨舰大炮”成了大国海军追求的目标。特别是20世纪的两次世界大战，是舰炮发展的辉煌和鼎盛时期。在波澜壮阔的大海战中，舰炮以其强大的火力出色地完成了大量对舰、对岸和对空作战任务。这一时期，舰炮的装舰数量多的达数百门，少的也有十多门；口径从最小20毫米一直到超级战列舰“大和”号的460毫米；射程最远可达40千米。

20世纪中叶后，导弹的出现使得舰炮发展陷入了低谷，舰炮逐渐变成了水面舰艇的辅助性武器。不但舰炮的口径逐渐减小，而且装舰数量也大幅减少，各国主力巡洋舰、驱逐舰、护卫舰等的主炮均以中口径为主，数量在2~4门，最少的只有1门。尽管舰炮的地位大不如昔，但其作用却并没有消失，仍然是一种通用性的武器。随着科学技术的飞速发展，以全自动化、隐身化和大射程的新一代舰炮将会成为未来海军舰艇装备的又一重要武器。在近距离防空、抗饱和性攻击、海上封锁、对岸火力支援以及海上护渔、护航、打击走私等方面仍会发挥不可替代的作用。

（二）舰炮武器的组成

舰炮武器系统主要由舰炮、随动系统、炮弹和配属机械及器材四大部分组成。

1. 舰炮

由炮身、炮闩、装弹机、击发机、自动机、炮架、瞄准具、瞄准机组成。

(1)炮身。用来发射炮弹,使弹丸在火药气体的作用下,获得一定初速、转速和飞行方向。

(2)炮闩。用来在装弹后封闭炮尾,并使底火发火。

(3)装弹机。用来向膛内装填炮弹。

(4)击发机。用来控制发火机引发底火。

(5)自动机。用来自动完成重新装填和发射下发弹丸的全部动作。

(6)炮架。用来支持炮身,便于炮身旋转,承受发射时的作用力。

(7)瞄准具。用来瞄准目标,装定、修正瞄准角。

(8)瞄准机。用来将炮身转至预定方向。

2. 随动系统

随动系统用来将射击指挥系统传来的信号放大,并带动火炮跟踪瞄准目标。

3. 炮弹

炮弹用来摧毁目标或完成其他任务。它由引信、弹丸、发射装药和底火等组成。目前使用的炮弹主要有穿甲弹、爆破弹、杀伤弹、空炸榴弹和照明弹等。

4. 配属机械及器材

(1)引信测合机。用来测定空炸榴弹引信的起爆时间。

(2)扬弹机。将炮弹由转运间运到炮位。

(3)运弹机。将炮弹由弹药舱运到转运间。

(4)观察器材。观察、指示和修正目标时使用,包括望远镜和测距仪等观测器材。

(三)舰炮的分类及其使命

目前,舰艇上装备的舰炮种类较多,一般按以下三种方法分类:

1. 按口径大小分

(1)大口径舰炮。口径在100毫米以上(我国和俄罗斯规定,以下同)。

(2)中口径舰炮。口径在60~100毫米。

(3)小口径舰炮。口径在20~60毫米(含20毫米和60毫米)。

2. 按担负的作战使命分

(1)主炮。舰上口径最大的火炮,一般在舰首尾线上配置,担负该舰的主要作战任务。

(2)副炮。口径比主炮小,用来抗击空中目标和轻型舰艇的袭击,多为半自动炮或全自动炮。

3. 按自动化程度分

(1)全自动炮。舰炮的搜索、瞄准、跟踪、射击以及炮弹的扬、供、输送全部实现自动化。

(2)半自动炮。指舰炮的搜索、瞄准、跟踪、射击以及炮弹的扬、供、输送主要系统中有某个环节为人力操纵。

(3)非自动炮。舰炮的主要系统为人力操纵。

从舰炮的种类和特点看,舰炮的主要使命是对岸实施火力支援、对舰防御作战(大口径舰炮)、对空防御作战,包括对空中飞机和来袭导弹的防御和抗击(中、小口径舰炮)。同时舰炮也是导弹最好的后备武器,它可以弥补导弹武器的射击盲区。目前许多国家舰艇都装备了多管小口径全自动火炮,又称“密集阵”。它灵活高效,反应时间短,发射速率高,有很强的对空防御能力。

目前,我国海军舰艇部队装备的舰炮主要有:单(双)130 毫米全自动(如图 1-46 所示)或半自动舰炮、单(双)100 毫米全自动或半自动舰炮、双 57 毫米半自动舰炮、双管 37 毫米全自动舰炮、多管 30 毫米全自动舰炮(如图 1-47 所示)。

图 1-46 我国“现代”级驱逐舰装备的双 130 毫米全自动舰炮

图 1-47 我国水面舰艇装备的多管 30 毫米全自动舰炮

（四）舰炮的未来发展趋势

1. 多功能、多用途

未来的舰炮将承担发射不同的弹药以执行不同的任务。如目前美国的 MK45 型 127 毫米舰炮就可以发射至少 6 种不同种类的弹药，它可发射水雷弹参与水雷战，也可以发射声敏炮弹、诱饵炮弹完成一些特殊任务。多用途已成为未来舰炮独特的优势之一。

2. 结构紧凑简单、重量轻

由于舰炮的特殊性，它安装的空间将会越来越小，随着舰炮自动化程度的提高，全自动火炮将会普遍装备舰艇，整套系统将会更加紧凑和高效。

3. 炮塔将会更加具有隐身性能

隐身性已经成为现代水面舰艇技术战术性能的重要因素，舰炮大都装备在露天甲板上，它的隐身性将直接影响到水面舰艇的整体隐身性，目前舰炮普遍采用了能降低雷达信号反射强度的特殊炮塔外形。世界上至少有 10 多种型号的舰炮已经采用隐身炮塔，如美国的“瓦尔科里”30 毫米舰炮和 MK45-4 型 127 毫米舰炮等。

4. 更加重视弹炮合一

这种导弹与舰炮结合的方式，可以使导弹与火炮在射击空域上互相衔接，充分发挥导弹与舰炮的综合拦截优势，提高对敌方的毁伤概率，从而提高舰载武器的整体作战效能。目前舰艇已采用这样系统的有俄罗斯“卡什坦”弹炮合一武器系统，如图 1-48 所示。

图 1-48　俄罗斯“卡什坦”弹炮合一武器系统

三、鱼雷武器

鱼雷是一种在水下自行推进、自动控制深度和方向，并自动探测、跟踪和炸毁目标的水中兵器。

鱼雷是海军的重要武器，在历次海战中都曾获得过显赫的战绩，在第一次世界大战中，鱼雷共击沉运输船达 1 153 万吨，占被击沉运输船总吨位的 89%，击沉大中型舰艇 162 艘，占被击沉舰艇总数的 49%。在第二次世界大战中，鱼雷共击沉运输船达 1 445 万吨，占被击沉运输船总吨位的 68%，击沉大中型舰艇 369 艘，占被击沉舰艇总数的 38.5%。1982 年马岛海战中，英国“征服者”号核潜艇用 3 枚老式 MK-8 直航鱼雷击沉了阿根廷“贝尔格拉诺将军”号巡洋舰。

现代鱼雷不仅是潜艇、鱼雷艇打击水面舰艇的武器，也是水面舰艇和飞机打击水面舰艇和潜艇的重要武器。

（一）鱼雷的组成

鱼雷由战斗部、动力系统、制导系统、控制系统和雷体结构等分系统组成。如图 1-49 所示为线导鱼雷结构图。

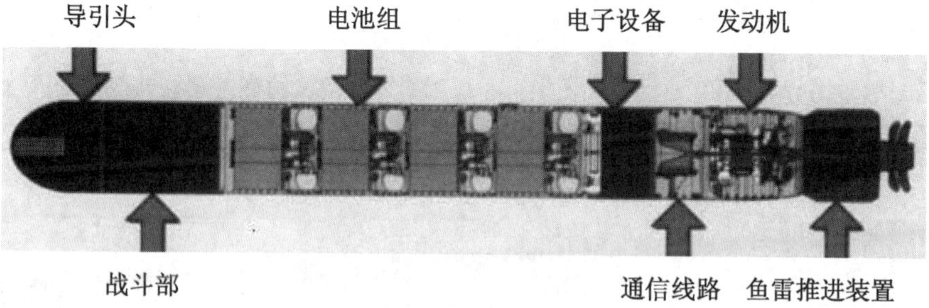

图 1-49　线导鱼雷结构图

1. 战斗部

战斗部用于炸毁攻击目标。鱼雷战斗部由装药和引信组成，装药大多为混合烈性炸药和塑态炸药。引信有触发引信和非触发引信，根据需要也可联合使用。

2. 动力系统

动力系统主要提供给鱼雷航行动力。鱼雷动力系统包括热动力与电动力两类。热动力功率较大，鱼雷航速、航程较高，但缺点是结构复杂、噪声大、有航迹。电动力则功率较小，鱼雷航速、航程低，但结构简单，噪声小，无航迹或航迹很小。

3. 制导系统

制导系统作用是导引鱼雷追踪并最后攻击目标。鱼雷制导方式可分为线导、声自导和尾流自导等。线导是火控系统通过发射平台和鱼雷之间连接的导线不断给鱼雷下达指令来控制鱼雷航行。而声自导则是通过搜索和捕捉被攻击目标的声信号，来不断地调整自己的追击角度，达到攻击目标的导引方式。

4. 控制系统

控制系统包括深度控制系统和航向控制系统。其功能是克服干扰，使雷体的姿态稳定在允许的范围内，执行制导系统送来的控制信号，控制鱼雷的运动。目前新型鱼雷大多采用自适应控制技术和捷联式惯性制导装置。

(二)鱼雷的分类

鱼雷的分类方法很多,通常按攻击对象、鱼雷直径、制导方式、推进动力和引信类型加以划分:

1. 按攻击对象分

(1)反舰鱼雷。又分为空对舰鱼雷、舰对舰鱼雷、潜对舰鱼雷。

(2)反潜鱼雷。又分为空对潜鱼雷(如图 1-50 所示)、舰对潜鱼雷(如图 1-51 所示)、潜对潜鱼雷。

图 1-50　我舰载直升机在空投反潜鱼雷

图 1-51　我水面舰艇正在发射新式舰对潜鱼雷

2. 按鱼雷直径分

(1)超大型鱼雷(直径为 650~711 毫米)

(2)大型鱼雷(直径为 530~550 毫米)

(3)中型鱼雷(直径为 400~482 毫米)

(4)小型鱼雷(直径为≤324毫米)

3. 按制导方式分

(1)直航鱼雷。由陀螺仪控制,按预先设定方向做直线航行。

(2)自控鱼雷。由控制仪控制,按预先设定的程序做曲线航行。

(3)自导鱼雷。在自导装置控制下,自动追踪目标。

(4)线导加自导鱼雷。发射后用导线遥控,捕捉目标后改为自导方式。

4. 按推进动力分

(1)热动力鱼雷。以燃料热能作为动力,以热机为发动机。

(2)电动鱼雷。以蓄电池电能作为动力,以电动机为发动机。

5. 按引信类型分

(1)触发引信鱼雷。引信靠鱼雷与目标直接撞击而动作。

(2)非触发引信鱼雷。引信靠目标周围的物理场而动作。

(三)鱼雷的技战术特点

鱼雷武器与海军其他兵器相比较有以下特点:

1. 破坏威力大

从鱼雷的结构上看,鱼雷是一种大型的水中武器,其中大型鱼雷最多可装药500千克以上,并且使用聚能装药战斗部,鱼雷攻击目标的水下部分又是舰船的重要部位,同样的装药,炸点在水下比在水上毁伤效果大得多。鱼雷爆炸后可使舰船瞬间大量进水,难以堵漏而沉没或遭到重创。

2. 突防能力强,不易被干扰

鱼雷发射平台多为速度快、机动能力强的飞机或鱼雷快艇或隐蔽性强的潜艇,因而当实施鱼雷攻击时,有较强的突然性,使敌方难以发现和及时规避,尤其是对于大中型的水面舰船攻击成功的概率更高。由于鱼雷是在水中航行,很难对它实施干扰。

3. 发射程序简单,携带广泛

不论是直航鱼雷还是自导鱼雷,其发射装置非常轻便,不但潜艇、飞机可携带,大多数的大中型及小型水面舰艇也可以携带。鱼雷入水后,会在水中自动推进并驶向目标,与其他武器相比,它的膛压和初速都相对低得多,更易操作和实施。

4. 速度低,航程短

由于鱼雷在水中航行,阻力比在空气中大得多,并且动力能源有限,决定了它的航程和速度要比其他如导弹和炮弹武器低得多。同时有的自导鱼雷在航行过程中需要搜索被攻击目标的声信号,如果鱼雷航速过快,本身所产生的噪声信号就会严重影响对被攻击目标信号的探测和搜索,最终影响鱼雷对目标的捕捉,这也是鱼雷武器的一个不足。

我国海军鱼雷的发展同样经历了引进、仿制和独立研制的过程,我国海军20世纪60年代使用的是进口的533毫米蒸汽瓦斯鱼雷，直到70年代初我国研制成功自己的蒸汽瓦斯鱼雷，80年代我国在直航鱼雷的基础上，研制出对潜和对舰攻击的自导鱼雷，同时从国外也引进补充了一批先进自导鱼雷。目前我国海军装备的鱼雷多数为自导鱼雷。

四、水雷武器

水雷是海军的一种常规水中兵器，用于毁伤敌水面舰船、潜艇或阻碍其行动，也可以破坏桥梁和水中建筑物。它通常由水面舰艇、飞机和潜艇布设在水中，当敌方水面舰艇或潜艇与其碰撞或进入其引信作用范围时即发生爆炸，破坏舰船的水下部分，达到毁伤敌舰船或迟滞敌人进攻的目的。

水雷是海战中重要的兵器之一。它在两次世界大战中都曾得到广泛的使用，如在第一次世界大战时交战双方布设了31万枚水雷，炸沉、炸伤舰船近千艘；第二次世界大战中布设近80万枚水雷，交战双方因水雷战而损失的舰船达3 700多艘。第二次世界大战后世界的几次局部战争中，水雷也得到广泛的使用并取得了巨大的战果，水雷武器与其他海军武器不同之处是除了能给对方以战斗力杀伤和毁伤外，还能给对方的人员造成巨大的心理威慑。

（一）水雷的组成

现代水雷主要由壳体、炸药、引信、仪表和布雷附件等组成。图1-52所示为我国装备的锚-1型水雷。

图1-52　我国装备的锚-1型水雷

（1）壳体。用于容纳炸药、引信、发火装置和仪表等。壳体一般为球形、半球形、圆柱形。

（2）炸药。用炸药爆炸时产生的冲击波和水压毁伤敌舰船。

（3）引信。引信是水雷的核心，它不仅要引爆炸药，还要保证有效地击毁舰船。引信可分为触发引信和声、磁、水压非触发引信以及控制引信。

（4）仪表。主要用于保障己方安全和增加敌扫雷难度，仪表主要包括水压保险器、定时失效器、定次器和反拆装置。

（二）水雷的分类

水雷有多种分类方法，通常按其在水中状态、引信类型、装药量、布雷平台、使用方式等划分。

1. 按水雷在水中的状态分

（1）漂雷。布设在主要航道的水面上，无固定位置，随波逐流，对于夜晚的行船威胁较大。

（2）锚雷。由雷体和雷锚组成，布设在水下的某一深度，主要靠舰船撞击触发引爆从而毁伤目标。

（3）沉底雷。布设在水底，通过接收目标的声、磁和水压等物理场信号来使引信发生动作，引爆炸药，击毁舰船。如图 1-53 为我国装备的沉底型水雷。

图 1-53　我国装备的沉底型水雷

2. 按引信类型分

（1）触发水雷。包括电液触发水雷、磁性触发水雷和触线水雷。

（2）非触发水雷。包括磁性水雷、感应水雷、音响水雷、水压水雷、联合水雷等。

3. 按装药量多少分

（1）大型水雷（锚雷>200 千克；沉底雷>700 千克）。

（2）中型水雷（锚雷 100 千克~200 千克；沉底雷 250 千克~700 千克）。

（3）小型水雷（锚雷<100 千克；沉底雷<250 千克）。

4. 按布雷平台分

舰布水雷、潜布水雷、空布水雷和遥控水雷。

5. 按使用方式分

（1）战雷。用于实战用的水雷。

（2）操雷。用于训练和实习用的水雷。

此外还有火箭上浮水雷、自导水雷和自航水雷等特殊性能的水雷。

(三)水雷的技战术特点

(1)隐蔽性能好。水雷布设水中或沉入水底难以被发现。

(2)长期威胁。水雷的战斗有效期至少在半年以上,因而只要没有被排除,危险就会一直存在,就会长期给对方造成心理上的压力,并消耗和迟滞敌人的兵力。

(3)破坏性大。水雷的炸点在水下,爆炸后能通过强大的冲击波带动水压,摧毁敌方舰船的水下部分,使其沉没或受到重创。

(4)结构简单,便于大批量生产和布设。

(5)受自然条件影响大,锚雷容易被扫除。

我国海军目前装备的水雷种类比较多,从漂雷、锚雷、到沉底水雷品种齐全,并且都具备先进良好的技战术性能。

五、深水炸弹武器

深水炸弹(简称深弹)是一种能在水下一定深度或与目标相遇而爆炸的水中炸弹,主要用于攻击潜艇,也可以用来开辟雷区通道或拦截、干扰来袭的鱼雷,以及攻击其他目标。深水炸弹一般由水面舰艇或飞机投放,也可以由反潜导弹携带。

深水炸弹是传统且有效的反潜武器,在第二次世界大战中得到广泛的应用,并且战果卓著。在总共被击沉的 880 艘潜艇中,被深水炸弹击沉的为 362 艘,约占总数的 41%。20 世纪 60 年代以来,各个国家对深弹的重视采取了不同的态度,美国已经不认为深弹是远洋反潜的有效武器,因而开始大量拆除舰船的深弹发射装置,而苏联却一贯重视深弹的发展和应用,其水面舰艇一直装有火箭深弹,并作为中近程反潜武器。近年来美国也改变了看法,开始发展高技术的自导深弹。我国是从 20 世纪 50 年代末开始研制深水炸弹,经过几十年的发展,已经研制和开发出多种型号的深水炸弹,为我国海军反潜力量增添了新的战斗力。

(一)深水炸弹的组成

目前大中型水面舰艇使用多为火箭式深水炸弹,如图 1-54 所示。火箭式深水炸弹由弹头和弹尾两部分组成。

1. 弹头

弹头是其战斗部,内装高能炸药或核装药。弹头呈流线型以减小飞行阻力。弹头顶部装有引信。

2. 弹尾

弹尾由火箭发动机和稳定器组成。火箭发动机有多个斜置喷管,呈圆形配置在喷嘴上,火箭燃烧的高温高压气体由些喷管喷出,一方面使深弹向前飞行;另一方面使深弹高速旋转,以保持飞行稳定。稳定器由稳定圈及翼片等组成,其作用是使火箭深弹在空中飞行和水中下沉时保持稳定。

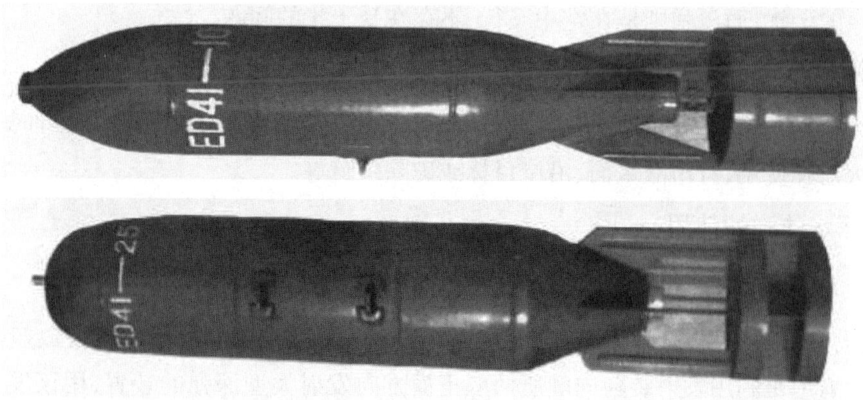

图 1-54 舰艇装备的火箭式深水炸弹

(二)深水炸弹的分类

深水炸弹通常按携带方式、投射方式和所装药量来分类:

1. 按携带方式分

(1)航空深弹。由直升机或反潜飞机投放。

(2)舰用深弹。由舰艇投放或发射,可在舰首或舰尾实施。

2. 按投射方式分

(1)投放式深弹。从舰艇舷边或尾部用人力或投放器材投放。

(2)发射式深弹。用单管或多管发射炮发射(专用火箭深弹)。

3. 按装药量分

(1)大型深弹,装药量≥100 千克。

(2)中型深弹,装药量的 50~100 千克。

(3)小型深弹,装药量的≤50 千克。

(三)深水炸弹的作用及特点

1. 结构简单,使用方便

与鱼雷和导弹相比,深水炸弹结构简单,组成部件少且坚固耐用,造价又低廉,战时可以大量生产和使用,并且适合装备于各种类型水面舰艇,操作简单,便于使用。

2. 是浅海反潜的主要武器

浅海海区物理场十分复杂,声波在浅海传播会受到各种因素的干扰和影响,反潜自导鱼雷的性能会大大降低,攻潜效果不是很理想,而使用深水炸弹则不存在这个问题。

3. 速度快,不易受到干扰

火箭式深弹在发射后至入水到达预定深度,总共只有 20~50 秒,而鱼雷航行相同的距离需 120~300 秒,这无疑大大减少了潜艇规避和逃脱的机会。同时鱼雷在水中航行要受到海水和潜艇水声的干扰,而深弹则是在空中飞行,不存在受干扰的问题。

4. 深水炸弹具有多种用途

多管火箭深水炸弹不仅可以攻击、毁伤潜艇,也可以拦截来袭的鱼雷攻击,有时也可以作为一般的火箭弹使用,打击敌水面、沿岸目标或破除雷障等。

(四)深水炸弹的使用

1. 舰尾深弹的使用

舰尾深弹一般用发射炮或滚架来投放。图 1-55 所示为我国海军猎潜艇投放艇尾深弹进行反潜。发射炮是利用发射装药向舰艇两舷正横方向发射大型深弹的装置,用该发射炮发射能扩大深弹的爆炸覆盖范围。投放滚架一般装在舰艇尾部的两舷,共 2 座,每座可存放大型深弹,投放时,只要拉动把手,即可将深弹投入水中。

图 1-55　我国海军猎潜艇投放艇尾深弹进行反潜

在使用深水炸弹时,应注意的几个环节:

(1)深弹定深:一般将深弹的爆炸深度定在已知潜艇所处深度;如不知潜艇深度,可根据海区深度,预判潜艇的可能深度,再选择稍大的深度作为爆炸深度。

(2)投弹数量:当潜艇潜坐海底时,用小连串(2~3 枚深弹);在已知潜艇深度或海区水深小于 60 米时用中连串(1 座滚架上全部深弹),并用发射炮各发射一次深弹;当潜艇深度不明或海水水深为 60 米以上时用大连串(两座滚架上全部深弹),并分两个深度投放,先投深的,后投浅的。

(3)投弹时间:由于大型深弹在水中爆炸毁伤半径为 20 米,因而投弹间隔为 40 米,用秒表计时。

(4)最低安全速度:即投弹舰艇在深弹下沉的时间内,驶出安全距离的最低速度,使深弹爆炸时,不至于损伤本舰艇。

另外在舰尾使用深弹时要注意以下几个方面:不得在水深小于 10 米的海区投弹;禁止在

舰艇旋回机动时投弹；深弹全部爆炸后，才能转向或进入新的投弹海区。

2. 舰首深弹的使用

目前，水面舰艇舰首装备的都是火箭式深水炸弹，如图 1-56 所示为我国海军猎潜艇发射艇首火箭深弹进行反潜，其射程在 1 200 米以上，并且是多管发射，大型水面舰艇装备的火箭式深弹一般以 12 管居多，图 1-57 所示为我国海军舰艇上 12 管火箭式深水炸弹发射装置。中小型水面舰艇装备的火箭深弹一般以 5 管或 6 管居多。

图 1-56　我国海军猎潜艇发射艇首火箭深弹进行反潜

图 1-57　我国海军舰艇上 12 管火箭式深弹发射装置

我国海军舰艇部队装备的火箭式深水炸弹多为“火箭 1200”和“火箭 2500”，即深弹射程分别为 1 200 米和 2 500 米。

第四节　美国、日本及俄罗斯海军兵器简介

一、美国海军兵器

(一)导弹武器

在美国海军中装备的导弹武器可以说是种类齐全、型号繁多,按其作战任务可分以下几种:

1. 战略导弹

战略导弹是用于执行战略任务、攻击战略目标,射程在10 000千米以上的导弹。

在美国海军中主要有“三叉戟Ⅱ”型弹道核导弹,射程达11 000千米,每枚核弹头又包含有12枚左右的分弹头,爆炸威力54 900千吨TNT当量,它装备在美国海军现役的18艘“俄亥俄”级战略导弹核潜艇上。

2. 战术导弹

战术导弹是用以直接参加战斗行动或支援部队战斗行动的导弹。

(1)反舰导弹。主要有RGM-84“鱼叉”(又名“捕鲸叉”)舰对舰导弹(如图1-58所示),它是一种全天候、远距离反舰导弹,可从水面舰艇或潜艇上发射,也可从飞机上发射。主要用于攻击出水潜艇、大型战舰、巡逻艇、导弹快艇及商船等水上目标。该导弹长4.55米,弹径344毫米,主要由制导部、战斗部、发动机的尾舱段组成。导弹最大射程110千米,最小射程11千米,速度1马赫,单发命中率可达95%。

图1-58　美国舰载RGM-84“鱼叉”舰对舰导弹

（2）对地导弹。主要装备有 BGM－109“战斧”巡航导弹（如图 1-59 所示），“战斧”巡航导弹是一种全天候、潜射或水面舰艇发射的对地攻击巡航导弹。它的速度为亚声速，射程 450～2 500 千米，采用固体燃料助推器，在发射之后，先由导弹的固体燃料助推器向前推进导弹，最后再由小型涡轮风扇发动机推进导弹，完成导弹的最后飞行。“战斧”巡航导弹是一种具有较高生存能力的武器。因为它的截面积很小，再加上它是低空飞行，因而很难被雷达探测和发现；同样，又因为涡轮风扇发动机释放出的热量很少，因此红外线探测也是很难发现的。“战斧”巡航导弹系统主要包括：全球定位系统（GPS）接收器，光学数字场景匹配区域关联（DSMAC）系统，抵达时间控制装置、涡轮风扇发动机。“战斧”对地攻击巡航导弹可用于攻击各种固定目标。对地攻击“战斧”巡航导弹采用惯性和地形匹配（TERCOM）制导。

图 1-59　美国 BGM－109“战斧”巡航导弹

（3）反潜导弹。主要装备有垂直发射“阿斯洛克”反潜导弹及潜射“海长矛”反潜导弹。垂直发射“阿斯洛克”反潜导弹是美国于 20 世纪 80 年代研制的弹道式舰用反潜导弹，它由战斗部、弹体构架、点火分离装置和固体导弹助推器等组成。该导弹长 5.08 米，弹径 358 毫米，重量 750 千克，速度 1 马赫，最大射程 20 千米，作战最大深度 400 米。目前“阿斯洛克”多数采用 MK－46、MK－50 鱼雷战斗部，并增加了自动驾驶仪和推力矢量控制系统，使其作战性能得到很大提高。

（4）对空导弹。主要装备有 SM－2 舰空导弹，即“标准－Ⅱ”（如图 1-60 所示），主要用途是为海军提供区域防空能力，打击来袭飞机以及反舰导弹。“标准－Ⅱ”舰空导弹采用中段惯性制导加无线电指令修正和末段半主动雷达寻的复合制导，配用多功能相控阵雷达和连续波多普勒雷达，可同时发射 8 枚导弹攻击 4 个目标。该导弹抗干扰能力很强，导弹战斗部为破片杀伤型，最大射程 56 千米（增程型大于 100 千米），最大射高 24 千米，最大速度为 3 倍声速。导弹长 4.6 米，弹径 340 毫米，全弹重 640 千克。Block ⅢB 型的 SM－2 导弹于 1998 年服役，安装有红外寻的器用于末段制导。“标准－Ⅱ”舰空导弹普遍装备在美国海军导弹巡洋舰、导弹驱逐舰、导弹护卫舰上以及出售给其他国家和地区的军舰上。除“标准－Ⅱ”舰空导弹外，美国海

图 1-60　美国海军装备的“标准-Ⅱ”舰空导弹

军还装备了“海麻雀”及“拉姆”等型号舰空导弹。

(二)鱼雷武器

美国海军装备的鱼雷主要有及 MK-46、MK-50 及 MK-48 的改进型(如图 1-61 所示)。

MK-50 是一种小型热动力反潜鱼雷,该鱼雷由战斗部、动力系统、自导与控制部分等组成,使用聚能装药战斗部,触发引信,全长 2. 794 米,直径 324 毫米,重 364 千克,最高航速 55 节,航程 13. 8 千米,最大航深 750~800 米。

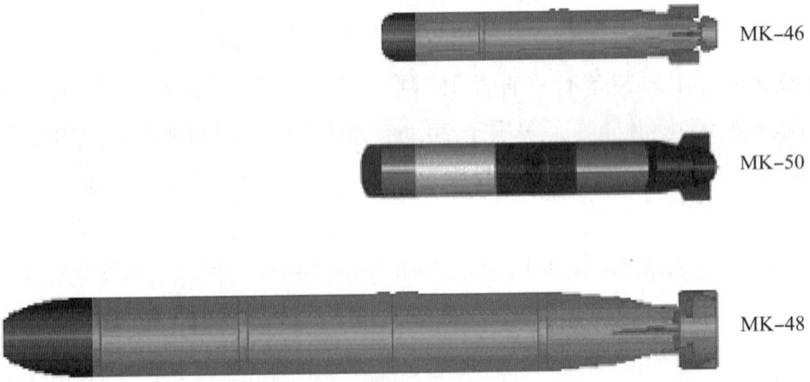

图 1-61　美国海军装备的几种型号的鱼雷

(三)舰炮武器

1. 标准舰炮

MK45 型 127 毫米舰炮是美国海军大中型水面舰艇上的标准装备。在近 40 年的服役期间,MK45 型 127 毫米舰炮经历了多次技术改进,发展了 Mode 0、Mode 1、Mode 2 型和 Mode 4 型等多种型号。近两年才装备的 Mode 4 型舰炮在结构上做了重大改进,其综合性能有明显提高。改进后的 MK45-1 型 127 毫米舰炮增加了自动选弹功能，它能够发射 6 种不同炮弹。这些炮弹有：薄壁爆破榴弹（HC）、黄磷烟幕弹（WP）、照明弹（SS）、高杀伤破片榴弹（HF）、半主动激光制导炮弹（SALGP）、红外制导炮弹（IRGP）。引信包括：机械时间引信（MT）、可控时间引信（CVT）、弹头起爆引信（PD）、弹头起爆延时引信（PPD）、红外引信（IR）、近炸或可变时间引信（VT）、电子可调引信（EST）。火药有：标准装药/减装药、增装药、制导炮弹装药。

MK45 型 127 毫米舰炮（如图 1-62 所示）重量仅有 22.5 吨，射程 23 千米（对海）、15 千米（对空），操作人员 6 人，射速 20 发/分。

图 1-62　美国海军装备 MK45 型 127 毫米舰炮

目前美国海军“提康德罗加”级、“弗吉尼亚”级、“加利福尼亚”级巡洋舰，“阿利·伯克”级、“斯普鲁恩斯”级、“基德”级驱逐舰，“塔拉瓦”级两栖攻击舰均装备了该炮。另外美国的战列舰上都装有 3 座三联装 406 毫米主炮，在近半个世纪的多次海战中发挥了巨大的作用，但在现代条件下它已经逐渐被导弹和其他尖端的远程武器所代替。

2. MK-15“密集阵”近防武器系统

MK-15“密集阵”（Phalanx）近防武器系统（如图 1-63 所示）是美国海军 1968 年开始研制、1979 年投产装备的一种近程武器系统（CIWS），用于反击已突破航母战斗群外层和中层防御的反舰导弹或飞机。它是现役的唯一一种能实现自动搜索、探测、评估、跟踪、锁定和攻击威胁目标（如反舰导弹、水面水雷、飞行器等）的近防系统，它也可以与现有的其他作战系统和火控系统结合使用。目前它已普遍装备在美国海军的舰艇上。

“密集阵”系统的作战过程：在高速数字计算机控制之下，当目标进入搜索雷达波束中之后，计算机对雷达回波进行多普勒频率分析；如果确认是应拦截的目标，火炮便指向目标，待雷达捕获目标后，火炮开始射击，该系统射速为 3 000 发/分（Block1B 型 4 500 发/分钟），最大有效射程 1 850 米，最小有效射程约 460 米，弹丸初速达 1.1 千米/秒。

最新的 Block1B 型是在 1998 年开始进行试验并于 2000 年才装备在“佩里”级导弹护卫舰

图 1-63　美国舰载 MK-15“密集阵”近防武器系统

“泰勒”号(FFG50)上服役的。Block1B 型在“Block1”型的基础上又有了许多改进,如增加了光电搜索器、使用优化的炮管和更有毁灭性的弹药等。Block1B 型“密集阵”增加的红外前视仪提供了可靠的 24 小时被动搜索和跟踪能力,具有多光谱探测和跟踪能力,使“密集阵”对掠海飞行的目标有更高的对抗能力,从而改善了“密集阵”在复杂环境下的对空作战能力。Block1B 型近防系统的优化炮管比当前的 M16A1 炮管更长和更重。新系统通过简化炮弹的散射模式和使用新型的炮口抑制系统提高了射击精度。“增强毁灭性弹药”(ELC)是现在使用的 MK149 弹药的改进型,在发射初速不变的情况下,打击目标时提高了近 50%的贯穿动能。

二、日本海上自卫队兵器

(一)导弹武器

日本海上自卫队的导弹武器主要是以反舰、防空和反潜为主,大部分从美国购得,目前装备的导弹主要有:

1. 反舰导弹

采用美国的“鱼叉”反舰导弹和自行研制的 SSM-1B 反舰导弹。SSM-1B 反舰导弹是日本小型导弹艇的主力装备。它由日本于 20 世纪 90 年代研制,长 5.1 米、直径 0.35 米、重 660 千克,采用涡轮喷气推进,制导方式为惯性+雷达高度表修正中制导+主动雷达末制导,最大射程达 150 千米。日本的“鱼叉”反舰导弹可从水面或水下发射。

2. 舰空导弹

主要装备美国的 16 管 MK-48 垂直发射系统(共备弹 32 枚)发射的“海麻雀”近程防空导弹(如图 1-64 所示),该导弹射程 14 千米,设在舰艇前部上甲板之下。“海麻雀”导弹作为点防空武器,可对 1~18 千米的中、低空目标实施拦截,具有较高的抗击概率。也有部分舰艇配备了 SM-1MR 标准防空导弹。

图 1-64　日本 MK-48 型“海麻雀”近程防空导弹

3. 反潜导弹

日本海上自卫队大多数舰艇普遍配备了八联装“阿斯洛克”反潜导弹。

(二)舰炮武器

日本海上自卫队主力舰艇主要装备 127 毫米“奥托”主炮、MK-2 型 127 毫米主炮、76 毫米“奥托”主炮及 20 毫米“密集阵”近防炮。

“奥托” 127 毫米主炮技术性能为:初速 808 米/秒,射速 45 发/分,射程 23 千米,备弹 66 发,采用自动装填。该炮主要装备于“金刚”“村雨”“高波”级驱逐舰。

MK-2 型 127 毫米主炮则主要装备于“白根”“榛名”级直升机驱逐舰和“旗风”级、“太刀风”级防空驱逐舰。

76 毫米“奥托”主炮主要装备于“村雨”级、“朝雾”级、“初雪”级驱逐舰及部分护卫舰。

20 毫米“密集阵”近防炮装备于日本海上自卫队大部分舰艇。

(三)鱼雷武器

目前日本海上自卫队装备有舰射和潜射鱼雷,其中 68 式鱼雷武器系统(如图 1-65 所示)装备于一些大型水面舰艇上,它可发射 MK-44、MK-46、73 式等鱼雷。在“亲潮”级和“春潮”级潜艇上分别装有 6 具 533 毫米发射装置,可发射日本国产的 89 式鱼雷。

三、俄罗斯海军兵器

(一)导弹武器

1. 战略导弹

俄罗斯海军目前装备有潜射 SS-N-8、SS-N-18、SS-N-20、SS-N-23 等型号弹道导弹。其中 SS-N-20 装载在世界上最大的核潜艇“台风”级上,该型导弹射程 8 300 千米,当量为 10 万吨 TNT,采用三级固体燃料推进,星光惯性导航,可在潜航状态下发射,从而使潜艇具有较高

图 1-65　日本舰载 68 式鱼雷发射装置

的安全性和隐蔽性。一艘“台风”级潜艇可装载 20 枚 SS-N-20 导弹,而一枚 SS-N-20 导弹有 6 至 9 个重返大气层载具,一艘“台风”级潜艇最多可在短时间内发射 180 枚弹头。

2. 战术导弹

(1)反舰导弹

俄罗斯海军的反舰导弹性能比较先进,主要有 SS-N-19(“花岗岩”)、SS-N-22(“白蛉”,也称“日炙”)、SS-N-25(“天王星-E”)、Kh-61(“红宝石”)、3M-54E(“俱乐部-S”)等反舰导弹。

SS-N-19(“花岗岩”)反舰导弹是 20 世纪 70 年代初开始研制的远程超声速反舰导弹。它可以从水面舰艇发射,也可以从潜艇发射。该导弹弹体长 10 米,射程在 500 千米以上,发射重量为 7 吨,可装填各种型号的弹药,导弹飞行速度 1.6 马赫。“花岗岩”导弹的制导方式可谓别出心裁。在一次发射的 10 多枚导弹中,有 1 枚“指挥弹”,它在 2.5 万米高空飞行,把目标数据通过弹间数据链传输给在低空飞行的其他导弹,以保持低空导弹的隐蔽性。一旦“指挥弹”被击落,马上有一枚导弹升高负责继续“指挥”。进入敌方视界后,弹群才散开,各自开启导引头进行末端攻击。这样一方面可以防止“过杀”(重复攻击同一目标);另一方面可选择航母的关键位置攻击。“花岗岩”导弹装备有大威力战斗部,对航母拥有空前的打击能力。

SS-N-22(“白蛉”)反舰导弹(如图 1-66 所示)长 9.385 米,弹翼折叠时翼展为 1.3 米,打开时为 2.1 米。导弹发射重量 3 950 千克,战斗部重 300 千克,其中 150 千克为高能爆炸装药,有效攻击距离为 10~120 千米,巡航速度 2.5 马赫。“白蛉”导弹采用复合制导系统,它由惯性导航系统和主动-被动雷达导引头构成,即使在敌人实施电子干扰的条件下也能保证很高的命中率。打击敌舰艇突击群中的快艇或舰艇等集群目标的命中概率为 99%;而打击护航船队和登陆兵团的命中概率为 94%。发射之后,导弹先作垂直跃升,然后下降到巡航高度,以 20 米的高度飞行,在接近目标后飞行高度再降低到 7 米,紧贴着海浪飞行。导弹可以进行密集的反防空机动,最大过载可达到 10 个 G。它既可从水面舰艇发射,又可由海军航空兵空射,它是目前

图 1-66　俄罗斯海军装备的 SS-N-22(“白蛉”)反舰导弹

世界上最先进的反舰导弹之一。

Kh-61(“红宝石”)反舰导弹是俄第四代反舰导弹。20 世纪 80 年代末研制,90 年代中期进入试验阶段,并在 1999 年正式推出。Kh-61(“红宝石”)反舰导弹可适用于多种发射平台,全程超声速飞行,并可采用灵活的弹道进行巡航。该型导弹射程 120~300 千米,发射高度:巡航段 14 000~15 000 米,低弹道 10~15 米,接近目标时 5~15 米,飞行速度 2~2. 6 马赫,战斗部重 200~250 千克,属穿甲型,推进方式采用超声速冲压喷气发动机,制导方式为惯性+雷达制导。

SS-N-25(“天王星-E”Kh-35)反舰导弹是亚声速多用途反舰导弹,20 世纪 90 年代正式服役,主要用于打击中小型水面舰艇。采用大型的发射单元,通常一艘舰艇搭载 8~16 枚导弹。导弹巡航飞行时采用惯性导航,末段为主动雷达导引头制导,导弹具有蛇形机动及跃升能力,从而减少被拦截的可能。

(2)对空导弹

俄罗斯海军主要装备有 SA-N-1、SA-N-3、SA-N-4、SA-N-5、SA-N-6、SA-N-7、SA-N-9、SA-N-11 及 CADS-N-1(“卡什坦”弹炮合一近防系统)。

SA-N-1(“果阿”)是俄罗斯较早的舰载防空导弹,主要装备在“卡辛”级和“卡辛”级改进型驱逐舰上。该导弹采用指令制导,射程 31. 5 千米,飞行速度 2 马赫,战斗部重 60 千克,射高 91. 4~22 860 米,该导弹系统载弹 32 枚。

SA-N-3(“高脚杯”)是一种全天候,高、中、低空舰载对空导弹系统,主要用于对付高速飞机。SA-N-3 从 1967 年开始装备海军,迄今已装备了苏联及俄罗斯海军舰艇 22 艘,包括航空母舰及“卡拉”级和“克列斯塔”级导弹巡洋舰。

SA-N-4(“壁虎”)(如图 1-67 所示)是近程低空导弹防空武器系统,它采用传统发射方式,2 座双联发射装置装备在舰体两侧,共备弹 40 枚。导弹射高 25~5 000 米,射程 1. 2~10 千米,飞行速度 2 马赫。SA-N-4 近程防空导弹系统能自主操作,并能进入舰船的战斗系统,从舰载传感器系统下载目标数据,它主要装备在俄罗斯海军“基洛夫”级巡洋舰上。

SA-N-5(“杯盘”)是近程防空导弹,采用人工瞄准方式,红外寻的,射程 6 000 米,飞行速

图 1-67 俄 SA-N-4“壁虎”舰载近程低空防空导弹

度 1.5 马赫,飞行高度 2 500 米,主要装备在俄海军导弹艇或潜艇上。

SA-N-6(“雷声”)是中远程垂直发射防空导弹。是陆基 S-300F 防空导弹的舰载型。SA-N-6 是世界上第一种舰载防空导弹垂直发射系统,比美国领先了 5 年左右。基本型采用的导弹为 5V55/48N6,单级固体燃料火箭推力,长度 7 米,弹径 0.45 米、发射重量 1 480 千克,射程 90 千米,最大飞行高度 2.5 万米,最大飞行速度约 4~5 马赫。采用冷发射技术,安全距离 25 米时开启发动机,此时速度约为 30~40 米/秒。导引方式类似美国“标准-Ⅱ”型追踪制导(TVM)模式,导弹到末段才开始接收导引雷达的导引。战斗部为破片杀伤式,有 2 万个 2 克的破片。

SA-N-7(“牛虻”)舰空导弹能拦截速度为 2.4 马赫的高速目标,射高 15 米~15 000 米,射程 25 千米,采用火控雷达制导,可同时攻击 6 个目标。“牛虻”导弹反应速度快,命中概率高,其系统反应时间仅 16 秒,两枚齐射时对飞机杀伤概率可达 96%,对导弹杀伤概率也高达 86%。中国引进的“现代”级驱逐舰上也装备了这种型号的导弹。

SA-N-9(“长手套”)中程防空导弹,属俄罗斯新型垂直发射防空导弹。导弹射程 45 千米,飞行速度 2 马赫,战斗部重 15 千克,采取指令制导和主动雷达制导,采用六联装垂直发射装置和“十字剑”火控系统。该导弹系统主要装备于俄海军主力战舰上。

SA-N-11 是一种近程防空导弹,与 2 门 AK-630K 型 6 管 30 毫米舰炮共同组成“卡什坦”弹炮合一近防系统。SA-N-11 导弹直径 170 毫米,长 2.633 米,最大飞行速度 900 米/秒,有效射程为 1.5~8 千米,有效射高 5~3 000 米。导弹由杆式杀伤型战斗部、两级火箭发动机等组成。在炮塔下面有导弹储存舱室,最多可存储 32 枚导弹。导弹再装填时间 1.5 分钟。SA-N-11 防空导弹对来袭反舰导弹目标的毁伤概率为 80%~90%,而 2 门 6 管 30 毫米火炮对目标的毁伤概率可达 50%。这样,整个弹炮结合系统对来袭导弹目标的毁伤概率超过 95%,反导性能非常优异。主要装备在俄罗斯唯一一艘航空母舰“库兹涅佐夫”号及一些大型水面舰艇上。

(3)反潜导弹

俄罗斯海军目前主要装备有SS-N-14、SS-N-15、SS-N-16反潜导弹。

SS-N-14("石英")反潜导弹采用指令制导,射程55千米,飞行速度0.95马赫,采用核战斗部或500千克高爆战斗部。主要装备在"基洛夫"级巡洋舰和俄罗斯"无畏"级导弹驱逐舰上。

SS-N-15("星鱼")反潜导弹采用惯性制导,射程45千米,战斗部为40型鱼雷战斗部或核弹头,从鱼雷发射管发射。主要装备在俄罗斯"无畏Ⅱ"级导弹驱逐舰及俄海军的"鲨鱼"级、"台风"级、"奥斯卡"级、"德尔塔"级及"维克托"级核潜艇上。

SS-N-16("瀑布")反潜导弹,射程120千米,最大速度2马赫,战斗部为核弹头或40型主被动声自导鱼雷战斗部。它装备在俄海军的"鲨鱼"级、"奥斯卡"级及"维克托"级等核潜艇上。

(二)鱼雷及反潜火箭

1. 鱼雷

俄海军目前使用的鱼雷主要有53型和65型,俄罗斯海军的大部分舰艇和潜艇都装备了这两种鱼雷,它们分别由533毫米和650毫米发射管发射。53型鱼雷,航速45节,航程20千米,潜深300米;65型鱼雷,航速60节,航程40千米,潜深1 000米。D-Ⅲ型潜艇还装有2具400毫米鱼雷发射管,可发射40型鱼雷,航速30节,航程13千米。

2. 反潜火箭

俄海军装备的反潜火箭主要有RBU1000型、RBU6000型和RBU12000型。

RBU1000型为6管反潜火箭发射器,射程1 000米,备有48枚火箭,弹头内的高爆战斗部重量为55千克。主要装备在俄罗斯"现代"级等驱逐舰上。

RBU6000型为12管反潜火箭发射器,射程6 000米,备有120枚火箭,弹重31千克。主要装备在俄罗斯"无畏"级导弹驱逐舰、"卡辛"级驱逐舰、"基洛夫"级巡洋舰、"卡拉"级导弹巡洋舰上。

RBU12000型为10管反潜火箭发射器,射程12 000米,装备在"基洛夫"级巡洋舰上。

(三)舰炮武器

俄罗斯海军水面舰艇装载的舰炮主要有AK-130双管130毫米舰炮、100毫米舰炮、双联装76毫米舰炮、AK-630M 6管30毫米火炮近防系统。

AK-130双管130毫米舰炮是多用途双管舰炮,该火炮系统主要由一台火控计算机为基础连同一部多波段雷达、一套电视和光学目标瞄准器组成;另外,舰炮上还安装一套光学瞄准器单元。舰炮连接到雷达控制系统在遥控操作界面可实现完全自动化,同时也能使用瞄准器单元人工操作。该炮射程22千米,最大发射速度为35~45发/分钟,备弹2 000发。该火炮除用于对海攻击外,还可用于支援对空射击和对陆攻击。此系统主要装备在"基洛夫"级巡洋舰、"光荣"级导弹巡洋舰、俄罗斯"无畏Ⅱ"级导弹驱逐舰和"现代"级驱逐舰等大型舰艇上。

100 毫米舰炮是俄罗斯“无畏”级导弹驱逐舰以及部分护卫舰的主炮，火炮仰角为 85°，射速 60 发/分，射程 15 千米，弹重 16 千克。

双联装 76 毫米舰炮是俄罗斯多数护卫舰的主炮，多装备于中小型的舰艇上。

AK-630M 6 管 30 毫米火炮近防系统装备于俄海军绝大部分水面舰艇上。该系统的最大射速为 10 000 发/分，射程 500~5 000 米，备弹 48 000 发。在防御低飞反舰导弹时最大射程为 4 000 米，对付轻型水面目标时最大射程为 5 000 米。该火炮初速 900 米/秒，重量 1.8 吨，装备有雷达和电视探测及跟踪系统。

第二章　中国国防

中华民族有五千余年的文明发展史，先后经历了不同的社会历史形态，历经20多个朝代的国防兴盛与衰败。长期的阶级斗争和民族斗争给中国留下了丰富的军事、国防遗产，积累了极其宝贵的经验。今天，在建设富强、民主、文明的社会主义国家的进程中，运用辩证唯物主义和历史唯物主义的观念，考察国防在社会发展历史进程中的特殊地位和作用，是为了更好地把握和平与发展的时代主题，揭示并遵循中国国防的特殊规律，建设强大的现代化中国国防，以维护国家安全与发展的根本利益。

第一节　国防概述

一、国防的概念

国防是指国家为防备和抵抗侵略，制止武装颠覆，保卫国家主权统一、领土完整和安全而进行的军事以及与军事有关的政治、经济、外交、科技、教育等方面的活动，是国家生存与发展的安全保障，也是国家固有的职能。因此，国防是随着国家的产生而产生，随着国家的发展而发展，最终也将随着国家的消亡而消亡。

国防是一个历史范畴。世界上只要有国家的存在，就有国防。任何国家，从诞生之日起，就要强边固疆，用武力抵御外来侵略，以保障国家安全、维系国家生存、巩固既得政权。从国家的本质看，国家是阶级专政的工具，是统治阶级利益及意志的体现，实现这种利益与意志，必须通过国家权力。国防的本质就是要维护国家的这种权力，同时，也只有依靠国家的这种权力才能使国防得以运转，只有国家才能领导和组织国防事业。古往今来，国防虽依国家的性质、制度、国力及推行的政策不同而有其不同的特征，但一切国防的共同本质，都是以捍卫和扩大国家利益为核心来组织的。国家兴衰与国防密切相关，国防强弱直接关系到国家的安全、民族的尊严、社会的发展。

从国防的本义上看，国防是国家的防务，是全民族的防务，与国家的各个部门、各种组织以及全体公民都息息相关。加强国防建设，进行国防斗争，必须依靠国家各个方面的综合力量。

二、国防的类型

国家的社会制度和政策决定了国防的性质，因而，按照各国国防的目的，国防可以划分为

以下四种类型:

(一)扩张型

扩张型是指某些经济与军事强国,其利益遍布世界的每一个角落,这些国家为了维护本国在海外的利益,奉行扩张主义,保持本国军事力量在世界的前沿存在。一旦其利益受到损害,就会动用包括军事手段在内的一切手段维护其在海外的利益。实行扩张型国防的国家一般在海外保持有大量的军事基地,以便在其利益遭到损害后军队能迅速到达出事地点。

(二)自卫型

自卫型是指在国防建设上以防止外敌入侵为目的,主要依靠本国的力量,广泛争取国际上的同情和支持,以达到维护本国及周边地区乃至世界的安全、和平与稳定。广大的发展中国家大多实行自卫型的国防。

(三)联盟型

联盟型是指以结盟形式,联合一部分国家来弥补自身力量的不足。联盟型国防中又有自卫和扩张两种。从联盟国之间的关系来看,还可分为一元体系联盟和多元体系联盟:前者中有一个大国处于盟主地位,其余国家则处于从属地位;后者中各国家基本属于平等的伙伴关系,共同协商防卫大计。

(四)中立型

中立型主要是指奉行和平中立政策的中小发达国家,为了保障本国的繁荣与安全,严守中立的国防政策,实施总体防御战略和寓兵于民的防御体系。

我国在对外关系方面一贯奉行和平共处五项原则,公开向世界承诺:永远不称霸,不做超级大国,不首先使用核武器或以核武器相威胁,不对无核国家和地区使用核武器,不侵略别国。在战略上,我国采取防御的国防态势,以反对侵略战争,维护世界和平,保卫国家的安全与发展作为我国国防建设的宗旨;在国防力量的运用上,我国坚持自卫立场,实行积极防御的战略方针。因此,我国的国防属于自卫型国防。

三、国防的要素

国防的要素,指构成国防必不可少的因素,包括国防的目的、国防的手段、国防的职能。

(一)国防的目的

国防的目的主要是捍卫国家的主权、统一、领土完整和安全。

1. 捍卫国家主权

国家主权是一个国家存在的根本标志。按照国际法的表述,主权是一国不受外来控制的自由。它是完整无缺、不可分割且独立行使的,是最高的权利和尊严。如果一个国家的主权被剥夺,其他的一切,包括国家的独立、领土完整、传统的生活方式、基本的政治制度、社会准则和国家荣誉等都毫无意义了。因此,捍卫国家主权是国防的首要目的和任务。

2. 保卫国家的统一和领土完整

国家统一是指国家由一个中央政府对领土内一切居民和事务行使完整的管辖权，不允许另立政府或分割国家的管辖权。从国际法的角度来说，保卫国家统一、反对分裂，历来是一个国家的内部事务，决不允许外国干涉，这是一个原则性的问题，不能有丝毫的含糊。因此，保卫国家的统一是国防的重要任务。当外国敌对势力插手我国的民族事务，破坏我国的民族团结，危及国家的统一和领土完整时，国防力量必须坚决予以打击，以发挥其维护国家统一和稳定的职能。

领土是指位于国家主权支配下的地球表面的特定部分，包括领土疆界以内的陆地、水域及其上空和底土，即由领陆、领海和领空所组成。领土是一个国家和民族存在和发展的自然物质前提，是构成国家的基本要素之一。国家主权与国家领土有着密切的联系，领土既是国家行使其主权的空间，也是国家主权行使的对象。没有领土，主权就失去了存在的空间和行使的对象。

领土完整的含义是：凡属本国的领土，决不能丢失，决不允许被分裂、肢解和侵占。任何国家不得破坏别国的领土完整，任何集团或个人不得搞旨在分裂本国（或别国）领土完整的活动。国家的领土被侵占，主权必然要遭到侵犯。国防捍卫国家主权的独立，必然要保卫国家领土的完整。

3. 维护国家的安全与稳定

国家要正常地生存与发展，必须有一个和平安全的外部环境和稳定的内部环境。如果一个国家没有和平、稳定的环境，不仅难以建设和发展，甚至连生存也会受到威胁。因此，维护国家的安全与稳定，也是国防的主要目的之一。一旦国家遭到外来侵略和颠覆，安全受到威胁，国防力量就必须履行自己的职能，抵御和挫败外来侵略和颠覆，确保国家的和平与稳定；当国内敌对分子勾结外国敌对势力进行武装暴乱，危及国家安全与稳定时，国防力量就要采取一切措施，坚决制止与平息这种内外勾结的暴乱，保卫国家的安全和稳定。

（二）国防的手段

国防的手段是指为达到国防目的而采取的方法与措施。根据《中华人民共和国国防法》的规定，我国国防的手段包括军事活动以及与军事有关的政治、经济、外交、科技、教育等方面的活动。由此说明，与军事有关的诸方面的活动，只要有利于捍卫国家的主权，保卫国家的统一、领土完整和安全的国防目的，都是国防的重要手段。

现代国防的根本职能是捍卫国家利益，防备和抵御外来各种形式和不同程度的侵犯，防备与平息内部、外部势力互相勾结所发动的武装暴乱。在对国家利益的各种形式的侵犯中，威胁和危害最大的是武装侵犯，包括军事威胁、军事干预、占领部分领土、武装掠夺经济资源、发动战争等。上述活动和内外敌对势力相互勾结发动的武装暴乱，不仅使国家主权和人民生命财产遭受损失，而且直接危及国家和民族的生存与发展。对付武装入侵和武装暴乱最根本、最有效的手段莫过于采取军事手段。因此，在实现国防目的的各种手段中，军事手段始终是国防最主要的手段。随着社会的进步与促进世界和平力量的发展,新军事革命给国防领域带来了巨大的冲击,捍卫国防的目的已不仅仅局限于军事的建设和斗争,而必须包括与军事有关的政治、经济、科技、文化、教育、外交等方面的建设和斗争。军事方面的建设和斗争,更多的是配合国家的政治、经济、外交和文化等方面的斗争,力求通过平时国防建设能量的有节制的释放来实现“不战而屈人之兵”的最佳战略效果。当今世界各国都十分注重与军事有关的政治、经济、科技、文化、教育、外交等多种手段的综合运用来达到国防的目的。因此,只有全面提高综合国力,才能真正建立强大的国防。

(三)国防的职能

国家的生存与发展,离不开国家的主权独立、领土完整、安全统一和稳定。无论是确保国家的内政不被干涉、主权不被侵犯、领土不被分裂和占领,还是实现国家统一、促进国家的长治久安和人民的安居乐业,都不能没有强大的国防。因此,国防是国家生存与发展的安全保障。

国防是抵御外敌入侵,保证国家安全的屏障。国家生存的首要条件是保证安全,即有一个和平的生存环境。没有安全保障就谈不上国家的生存。而国家安全的主要威胁来自外敌入侵。保证国家安全的关键在于国防能不能履行抵御外敌入侵的职能。古今中外的历史和正反两方面的经验证明,强大的国防,是抵御外敌入侵,保证国家安全的屏障,是一个国家生存和发展的必要前提。“无兵不安”的道理就在于此。中华民族素有重视国防的传统。但是,自近代以来,由于清朝政府的腐败无能,国力日衰,铸成了近代百年“有国无防”的屈辱历史,使得炎黄子孙无不为此而感到痛心。从1840年鸦片战争到1945年抗日战争结束,世界上大大小小的帝国主义国家都侵略过中国,迫使中华民族国权沦丧、任人宰割,人民惨遭蹂躏、备受欺侮。国家不可一日无防,国防不可不强。一个国家如果没有强大的国防,没有足以自卫的能力,就没有立足之地。即使勉强存在下来,也不可能有政治上的真正独立,经济、文化、外交等方面也必然要受制于人。在这种情况下,国家无以言主权,人民无以言安全。

国防是制止战争、维护世界和平的威慑力量。国防的职能不仅表现为战时抵御外敌入侵,保卫国家安全,而且表现在平时对侵略者的威慑作用上。冷战时期,世界上之所以没有发生大战,有多方面的原因,但重要的一点是两个超级大国之间、两大军事集团之间的军事实力包括常规武器部队和战略核武器部队趋于均衡,相互之间都拥有第二次打击能力,有互相摧毁的能力,只要交战,哪一方都很难打赢,所以谁也不敢轻易动手。尽管双方在主观上各有目的,但这种相互威慑确实在客观上起到了遏止战争的作用。

中华人民共和国成立后,随着国民经济的恢复和发展,中国军队在原有陆军的基础上,建立了一支规模可观的空军和具有一定远洋作战能力的海军。同时,武器装备有了极大改善,在较短的时间内,自行研制成功了原子弹、氢弹,掌握了卫星定点回收和水下发射导弹等尖端技术,建立了具有一定核打击力量的战略导弹部队。我们赢得了60多年的和平环境,这不是帝国主义、霸权主义的恩赐,而是随着中国国防实力的不断增强,使他们不敢轻举妄动。中国的国防力量不仅是国家和人民赖以和平生活的可靠盾牌,而且已成为遏制战争、维护世界和平的重要威慑力量。

国防是国家发展的保障和动力。国家要发展，最根本的是发展生产力，而发展生产力的前提是安定团结。没有强大的国防做后盾，外有外患，内有内忧，人民没有安全感，更谈不上国家的发展。当前，中国实行改革开放政策和“一带一路”倡议，引进先进的技术、设备和资金，吸引外商来华投资、办企业。另一方面也要走出去，扩大对外投资，任何外国人来华做生意，除考虑经济环境外，很重要的是看政治环境是否稳定、国际环境是否安全。国防脆弱，社会不安定，不但外商不敢来冒风险，而且国家也会因投入更多的精力在安全稳定上而无暇顾及对外贸易与投资。

在和平时期，国家为了集中力量发展经济，在一定时间内不增加军费，减少军队员额，是完全必要的、正确的，但是不能因此把国防建设与经济发展完全对立起来。国防建设绝不是单纯的消费型事业，它还可以提供巨大的安全效益，同时国防建设的诸多方面也与经济利益有着广泛的一致性，可以转化为经济实力，促进经济的增长。一方面，许多军事科技已经或即将转为民用。例如，核武器的研制成功，推动了工业核动力的发展和应用，为解决世界性能源紧缺问题开辟了新的领域。航空、航天技术的发展，最初是与军事作战的需要紧密联系在一起的，现在广泛运用于运输、通信、地质勘查、气象等民用事业。另一方面，国防设施有相当一部分可直接应用于经济领域，服务于人民生活，发挥其在国民经济建设中的作用。

国防是维护国家权益和国际地位之必需。中国不仅有960万平方千米的土地，而且有300多万平方千米的管辖海域和6 500多个海岛。维护国家在这些地区的权益和利益，使之不受侵犯，必须以国防实力作后盾。没有足以维护国家主权的国防实力，国家的经济利益就难以得到保障。中国政府既反对全球霸权主义，也反对地区霸权主义，在任何时候都不搞霸权主义，不做超级大国。但是中国和所有主权国家一样有自己在世界上的权益、利益和地位，也必须有与之相适应的国防实力。

国防的强大有利于巩固、提高国家的地位和威望，这是中国的历史反复证明了的。在长期的半殖民地半封建社会时期，由于有国无防，主权丧失，自然也就无国际地位可言。中华人民共和国成立后，中国的国防日益强大，国际威望和地位也日益提高。正如邓小平所指出的，“如果(20世纪)60年代以来中国没有原子弹、氢弹，没有发射卫星，中国就不能叫有重要影响的大国，就没有现在这样的国际地位”。从发展的趋势来看，中国作为当今世界唯一的社会主义大国，离开了国防和军队的现代化，就不足以成为对国际事务有重要影响的大国之一，就不足以显示社会主义制度的优越性。可以断定，今日中国，如果没有强大的国防力量，要想拥有重要的国际地位，成为促进世界和平的重要力量，就是一句空话。

四、新时代国防观

新时代国防，又叫“社会国防”“大国防”“全民国防”，它是对传统国防的继承和发展，是一种全新的国防观念和国防实践活动，是一项巨大的系统工程。其主要内容包括：武装力量建设、国防体制建设、国防经济、国防外交、国防科学技术研究、国防工业建设、国防工程建设、战场建设、军事交通、国防动员准备、对人民群众进行国防教育、建立国防法规等。

习近平总书记在党的十九大报告中明确指出:"我们的军队是人民军队,我们的国防是全民国防。我们要加强全民国防教育,巩固军政军民团结,为实现中国梦、强军梦凝聚强大力量。"建设与我国国际地位相称、国家安全和发展利益相适应的坚固国防和强大军队,就要树立与之相适应的国防观。

(一)增强新时代国防意识的必要性

走进新时代,我们在为"中国奇迹"举国欢庆的同时,不能忘却"中国安全"这个发展的底线。没有强烈的战略清醒、强大的国防支撑,就没有安全的生存与发展环境。从陆地到太空、深海,从有形的陆海空域到无形的网络空间,从实体边疆到利益边疆,中国的国防早已不仅仅是那条长长的陆地边界线——国家安全在哪里受到威胁,哪里就是国家安全的边界。

如果说国防是民族生存之盾,那么国防意识就是民族生存之魂。增强忧患意识,做到居安思危,中国特色社会主义道路才会越走越宽广。强烈的国防意识是一种重要的精神力量,是遏止战争、威慑敌人的重要因素。正如梁启超所说:"所谓固国不以山溪之险,威天下不以兵革之利,其道何在? 精神为也。"先驱者昭示我们,一个国家的国防巩固与否不应只以"山溪之险,兵革之利"来衡量,还应看其国民的国防意识和精神状态如何。

国防现代化要求国防意识现代化,呼唤国民牢固确立现代国防意识。国防意识在不同的历史时期呈现出不同的时代特征。当代中国正处在决胜全面建成小康社会,夺取新时代中国特色社会主义伟大胜利的征程中。与之相适应,我国国民的国防意识也应当具有新的时代特征。

由于历史和现实的种种原因,实际生活中国防意识落后状况时而出现,亟须改变:如有的把国防仅仅看作军队的事,认为只有军人才需要有国防意识;有的把国防简化为战备,把国防意识与战备观念等同起来;有的把国防看作有关部门的事,确立国防意识只是对社会某些部门的要求,甚至把国防建设与经济建设对立起来;还有的虽然有强烈的国防意识,却不能区分传统与现代之别,一讲爱国主义,就讲传统"家国分离",以牺牲个人和家庭利益来"忠于君主,报效朝廷"的封建爱国主义,而很少讲建立在近现代"家国统一"国家观基础上的爱国主义,很少讲中国共产党人创造的以"保家卫国"为核心的现代爱国主义。这种落后、片面的国防观念,显然不能适应新时代全面推进国防和军队现代化建设的要求。

(二)新时代国防的特征

新时代国防是对传统国防的继承和发展,是一种全新的国防观念和新的国防实践活动。新时代国防是在综合国力的基础上,以军事手段为主,在政治、经济、科技、外交、文化等多种手段配合下进行的总体较量。新时代国防主要内容包括国防体制、国防战略、国防政策、国防力量、国防科技、国防产业、国防工程、国防教育、国防动员、国防法规以及与国防有关的其他方面的建设和斗争。其基本特征表现在三个方面:

1. 新时代国防是国家综合国力的体现

新时代国防的主体是军事力量,但它还是与国防相关的非军事力量,如政治、经济、外交、文化等。此外,它不仅依赖国家的现实实力,而且还依赖国家的潜力,以及将潜力转化为现实实力的能力,诸如国土面积、地理位置、自然资源、生产能力、人口数量和质量、科技和文化水平、交通运输、通信状况、国家政策、管理能力、国际关系和国际地位等。如何充分运用本国所具有的各种条件,并在战时尽快而有效地将其转化为战争能力,是一个国家综合国力强弱的重要体现。

2. 新时代国防既是一种国家行为又是一种国际行为

一个国家想要持续发展,重要条件之一是巩固国防。国防巩固,政府才能集中精力制定正确的政策,才能调动一切人力物力进行经济建设,人民也才能安居乐业。然而,经济全球化的发展趋势,使得国家的发展离不开国际环境。世界的和平与战争、经济的繁荣与衰退,都是一个国家持续发展的相关因素,也涉及国防的方方面面,尤其是周边国家局势动荡,该国就得在国防方面给予更多的关注,如果他国武力相加,该国就必须进行国防动员,以迎接外来挑战。可见,新时代国防作为一种国家基本行为的同时,也日益成为一种国际行为。

3. 新时代国防具有多层次的目标

国际政治、经济在新时代国防上打下的烙印越来越深刻。由于各国的国家利益不同,特别是经济利益不同,因此,所制定的战略也各有不同,再加上各国军事实力和综合国力的差异,就使得现代国防呈现出多层次的目标体系。

从范围上,目标可分为自卫目标、区域目标和全球目标。自卫目标:由本国政治制度决定,在国土之外的经济利益有限,加上自身实力不足,因此,只能将国防目标定位于自卫层次上,着眼于维护国家主权和领土完整。区域目标:一些国家虽然在世界范围都有自己的经济利益,但不奉行扩张政策,或者军事实力达不到全球范围,所以,将防卫目标锁定在本国及周边区域,也就是说,区域目标在维护本国安全利益这个层次上再提高一步,努力为本国的发展创造一个良好的周边环境,并扩大自卫的纵深和弹性。全球目标:少数实力雄厚、有称霸世界企图的国家将国防的目标对准世界,以“维护世界和平”“稳定和消除战争危险”为旗号,进行侵略扩张,将自己的意志强加给别国。

从内涵上对国防的目标进行分类:一种是基于保证国家生存、民族独立型的国防,称为生存目标;另一种是国家生存无忧,民族独立无虑,其目标在于争取一个适合国家发展的空间,称为发展目标。

总的来说,国防因国家性质、制度、国务及其推行的政策不同而具有不同的特征。所有国防的着眼点都在于捍卫和扩大国家利益。

(三)信息国防

信息国防是传统国防概念的发展,是指为捍卫涉及国家利益的军事、政治、经济、外交、科技等方面的信息安全所进行的建设与斗争。信息国防是一个国家为了保护本国安全和利益,夺取未来战争的胜利所拥有的有关信息战的资源、技术、装备和系统作战的能力。

信息国防强调把信息力量建设置于现代国防建设的核心地位,确立信息技术、信息装备、信息系统应用上的优势，以适应打赢信息化战争的需要。它以信息防御和进攻为核心，依靠信息技术发展新型装备和系统，并把这些信息兵器与信息系统综合成一个完整的体系。

信息力量一般是指信息获取、传输、处理和对抗的能力。军事信息技术的飞速发展，特别是微电子、光电子、计算机和通信技术的发展，使军队对情报信息的获取、传输、处理、利用、控制和对抗能力极大增强，形成了全空间、全天时信息实时化，大量、复杂信息处理的高效化，全方位、远距离信息传输的稳定可靠等特点。为适应未来信息作战的需要，要不断增强我军信息力量，这是现代国防建设的核心内容。

强大的信息国防力量是维护信息主权的基本条件。信息时代必须构建信息国防。要保持信息国防优势，就要具备打赢信息战的能力。所谓信息战是指敌对双方在信息领域的对抗活动。信息战主要是通过争夺信息资源，掌握信息的生产、传递、处理等的主动权，破坏敌方信息传输，为遏止或打赢战争创造条件，这就是信息国防的重要任务。

信息战的表现形式很多，心理战、情报战、电子战、舆论导向战、威慑战、潜力抗衡战、战备竞争战等，用于摧毁信息设备的火力战、计算机病毒战、精确战、隐形战、黑客战、网络战等，因此，在“看不见的空间”内展开第五维战场。信息技术的通用性忽略军与民的差异，信息战也模糊了战场和社会的界限。信息时代，信息战从军事领域扩展到非军事领域，从战时蔓延到和平时期。国家间的主要攻击目标是政治、经济、军事设施和整个社会的计算机网络系统，利用新奇的信息技术多渠道、多形式地对敌方军用、民用计算机网络通信系统实施快速、隐蔽和摧毁性的破坏，包括生产、生活用的金融、电力、交通、供水系统的计算机网络。而在未来的网络世界里，每一个芯片都是一种潜在的武器，每一台计算机都有可能成为一个有效的作战平台，每一位平民都有可能编制作战计划，利用网络发动一场特殊的战争。

要打赢信息时代的战争，必须构建强大的信息国防。

第二节　中国的国防历史

中国的国防具有悠久的历史。中华民族五千年沧桑历史，给我们留下了丰富的国防遗产，积累了极其宝贵的历史经验，也给予了我们对历史的无限感慨、深思和启迪。

一、中国古代的国防

从第一个奴隶制国家夏朝的建立，到 1840 年鸦片战争爆发，中国古代的国防历经数千年，伴随着 20 多个朝代的兴衰更替和社会制度的演变而不断发展。这种完整一贯的历史延续，培育了民族的向心力和凝聚力，锤炼了民众维护国家和民族统一、勇于抵御外患的尚武精神，形成了习文善武、文治武功的优良传统。

(一) 中国古代国防的兵制建设

兵制，即军事制度，现如今称为军制。它包括武装力量体制、军事领导体制和兵役制度等方面的内容。兵制建设是中国古代国防的一个重要方面。

图 2-1　古代车兵

早在夏之初，王就控制了军事大权，已有对参战人员编组和奖惩的规定。商和西周时期，王是军事的最高统帅，军事领导职务由贵族大臣和地方首领担任，士卒主要由奴隶主和平民充当，奴隶一般只随军服杂役；车兵为主要兵种，“师”为最高建制单位。春秋时期，随着奴隶制的解体，各诸侯国开始实行兵制变革，废除奴隶不能充当士卒的限制，开始有了武官任免制度；车兵地位逐渐下降，步兵地位逐渐上升；依户籍定军队的编制，“军”为最高建制单位；开始出现郡县征兵制。

战国时期，封建制度开始确立，社会处于大动荡、大变革、大发展中，诸侯大国之间不断发生大规模的兼并战争，加速了兵制的变革与发展。这一时期，步兵、骑兵、水师逐渐分离为独立兵种；兵役制度上，打破了世袭兵制，出现了募兵制和郡县征兵制；剥夺了私属武装，集中军权，统一军队，文武分职；凭玺印、符节任将发兵；建立按军功晋爵升赏制度；战争指挥复杂、要求高，将帅专职化。另外，在这一时期，学术上的百家争鸣，有力地促进了中国古代兵学的发展。以《孙子兵法》为代表的一大批兵书的诞生，标志着中国古代军事思想的逐渐成熟和军事制度体系的形成。

自秦始皇统一中国到清朝末年，历代封建王朝根据各自的需要和条件，在专制主义中央集权制度的基础上，加强了帝王的军权，从中央到地方建立了便于帝王控制的统帅指挥系统；常备军任务或武器编组，成为武装力量的主体，区分为中央军、地方军和边防军、地方私人武装；以步兵或骑兵为主要兵种。明朝开始出现专门装备火器的部队，建立了武库、粮储和运输制度，主要武器装备和军需品由国家监制和供给；采用征兵制、募兵制、世兵制等，多数以农民为军队的主要成分。兵制的许多内容通过法律形式颁布执行，例如，唐朝的《卫禁律》《捕亡律》《擅兴律》《军防令》等，对军队的组织编制、番上宿卫、屯田戍边、兵役军赋、军队调发、军需补给、驿站通道、武器制造和配发、厩库管理等都做了具体的规定。这一时期不少帝王、政治家、军事家对兵制进行了一定的研究和改革，从而推动了兵制的不断发展。

（二）中国古代的国防工程建设

边防、海防建设是国防建设的重要内容。我国古代的边防建设主要是修筑防御工程和实行实边、固边政策。著名的万里长城，是中国古代构筑的以长城城墙为主体，与其他工程设施相结合的连续线式防御工程体系。它是城池筑城体系的发展和运用。历史上先后有 8 个诸侯国和 10 多个王朝构筑、修建和连接城墙，到明代形成了东起辽东、西至甘肃嘉峪关的万里长城。长城据险筑墙，关堡相连，烽堠相望，敌台林立，层层布防，在中国战国时期各诸侯国之间、秦统一之后国内民族之间的战争中，曾发挥过重要的防御作用。

西汉文景时期，为防御匈奴的一再侵犯，朝廷积极推行实边和固边的政策。一是在边关要地配置边防军，包括边境上的郡国兵和屯田兵，依靠边郡太守和都尉率兵防堵匈奴的进攻。二是输粟实边。文帝时，晁错曾提出奖励百姓输粟实边，依输粟多少，赐给一定的爵位，或赦免罪过，并令入粟者将粟运至长城沿线，待边境一带粮食充足后，再运至内地郡县收藏。这一政策的实行，有效地巩固了边防。三是徙民治边。晁错在《筹边策》中提出，在边境要害之处，组织徙民建立城邑，并由有才能、习风俗、知民心者充任首领。首领平时组织徙民训练，战时则率徙民抗击敌人。每一个城邑都成为坚固的军事要塞，有效地加强了边境地区的防御。到了汉武帝驱逐匈奴之后，在西北边境地区大量增设新郡，并实行大规模的军事屯田，使数十万边境驻守士兵有警则战，无事则耕，戍卒无饥馁之忧，国家无转运之劳。屯戍军队与大量移民共同守边，且耕且守，较之"徙民实边"更为扎实有效。

我国古代的海防建设是从明代开始的。为防止倭寇的骚扰，明王朝一方面下令禁海，另一方面在沿海的主要地段陆续修建了以卫、所为骨干，堡、寨、墩、烽堠和障碍物相结合的防御工程体系，有效地抗击倭寇的侵扰。

(三)古代"富国强兵"的国防思想

"富国强兵"是我国古代各朝代都十分重视的国防思想。早在春秋战国时期，许多统治者和军事家就已经认识到国防与经济的关系，明确提出"国不富则无称雄之本，兵不强则无争霸之力"的政治主张，强调富国强兵，视富国为强兵之本、之先、之急，十分重视发展经济和充实武备。当时的军事家孙武在《孙子·作战篇》中就指出"带甲十万""日费千金"，强调军队进行战争必须要有物资保证。而齐国著名的政治家管仲也说，"甲兵之本，必先于田宅"，进一步阐明了强大的国防必须依赖经济的发展；加强国防建设的根本，首先是发展生产。秦始皇之所以能吞并六国一统帝业，正是由于秦国推行富国强兵思想的结果。

此后，各朝各代的统治者都十分强调这一思想，并围绕这一思想采取了一系列有效的政策，努力把发展生产与加强国防建设统一起来。例如，汉高祖得天下后，实行裁军赐爵、与民生息、重视农业的政策，尽快恢复和发展生产，使国家的军事实力得到进一步的加强。

二、中国近代的国防

19 世纪上半期，西方资本主义国家为了开辟新的销售市场和原材料产地，加紧对外侵略扩张。他们抓住了中国的"国防不固，军队不精"这一致命弱点，开始了对中国赤裸裸的侵略。

从 1840 年鸦片战争开始到中华人民共和国成立前的一百多年间，由于当时统治阶级的腐败衰落，国力日趋空虚，国防每况愈下，在外国列强弱肉强食的政策下，中华民族屡遭外敌的侵略、欺侮。1840 年，英国首先挑起了第一次鸦片战争。1856 年，英法联军又发动了第二次鸦片战争。接着，帝国主义列强又相继挑起了1883年的中法战争、1894年的中日甲午战争、1900年的八国联军侵华战争。至抗日战争结束，先后有英、美、法、俄、德、瑞典、挪威、丹麦、荷兰、西班牙、比利时、意大利、奥地利、秘鲁、巴西、葡萄牙、日本、墨西哥、瑞士等近20个国家的侵略者践踏过中国国土，抢掠过中国人民的财物，屠杀过中国同胞，参与过损害中国主权的罪恶活动。在此期间，外国侵略者还强迫腐败的清政府签订了500多个不平等条约，每一个不平等条约都是对中国最野蛮的掠夺。列强的军事侵略，使中国在政治、经济、文化上蒙受了巨大损失：香港被迫割让给了英国；澳门被葡萄牙霸占；沙俄侵吞了我国东北150多万平方千米的土地；日本占领了台湾岛及澎湖列岛；旅顺、胶州湾、广州湾等地成了帝国主义列强的租借地。

此外，支付战争赔款本应该是对失败的侵略者的一种惩罚，然而，在中国近代史上，战争的赔款全部是由中国来承担。据记载，帝国主义列强对华的500多个不平等条约，几乎每个条约都有要求中方赔款的条款，多则上千万两白银，少则数十万两。

一个个强加在中国人头上的不平等条约，一次次的割地赔款，使中国在政治、经济、文化上蒙受了巨大的屈辱和损失。当时中国1.8万多千米的海岸线上，竟然找不到一个中国自己享有主权的港口，外国商船和军舰可以在中国内河、领海任意航行，自由停泊于各通商口岸；外国人在中国犯罪，中国人无权审理；外国人在租界实行殖民统治，形成了“国中之国”，外国人甚至控制了中国的警察权、指挥中国的外交。外国列强的入侵，使中国人的人格尊严更是丧失殆尽。整个中华民族美丽富饶的国土被帝国主义列强蹂躏得支离破碎。

20世纪30年代，日本帝国主义又发动了残酷的侵华战争，侵略者的铁蹄踏遍了大半个中国，两千多万中国人死于日寇的屠刀之下。

然而，“哪里有压迫哪里就有反抗，哪里有侵略哪里就有斗争”。在第一次鸦片战争中，与清兵的节节败退形成鲜明对照的广东三元里人民，首先自发地兴起了抗英斗争。它向全世界昭示，中国人民决不甘当亡国奴，帝国主义永远也不能灭亡中国。1900年，当八国联军进攻中国之际，农民阶级再一次担负起挽救民族危亡的历史重任，掀起了义和团运动。为了争取民族强盛和反对外来侵略，中华民族的优秀儿女赴汤蹈火，奋斗不息。正是由于中华民族的不屈不挠和浴血奋战，使得列强企图把中国变成其殖民地、附属国的阴谋始终未能得逞。从这个意义上说，一部近代国防史，并不是国防每况愈下、有国无防的失败记录，而是中华民族从漫漫长夜中迎接黎明曙光，不断觉醒、不断斗争的历史。

三、国防历史的启示

我国四千多年的国防历史，有过声威远播、天下归附的辉煌；有过引而不发、强虏驻足的宁静；有过遍体鳞伤、不堪回首的屈辱；也有过抗敌卫国、坚守气节的巨大胜利。每当重温这一漫长的国防历史，我们都能够从中得到不少有益的启示。

1. 经济强盛是国防强大的基础

经济是国防的物质基础，国防强大依赖经济的发展，这是我国国防历史带给我们的一个深刻启示。早在春秋战国时期，统治者就认识到国富才能兵强，自强方可自立，无不把发展经济作为巩固国防,争夺霸权的重要措施。例如,春秋时期,晋国本是一个国贫兵弱的小国,晋文公执政后,通过整顿内政、发展经济、扩充军队等一系列的综合治理,使晋国实力急剧膨胀,有"晋国天下莫强"的声威,先后兼并了二十余国,一跃而成为霸主。秦国重用商鞅进行变法,推行了"废井田""开阡陌"等一系列土地改革措施,极大地解放了生产力,促进了经济的发展,这对秦军南征北战、北逐匈奴,最终吞并六国,完成统一大业起到了重要的作用。而唐朝由"贞观之治""开元盛世"达到封建社会的鼎盛时期,更是当时统治者注重发展经济的结果。

与此相反,各个朝代的衰落、灭亡,一个王朝被另一个新生的王朝所取代,遭受外敌入侵而不能自保,几乎毫无例外地都是由于这个王朝后期政治腐败,经济落后,结果动摇了国防的根基,才导致政权易手。由此可见,只有经济的强盛,才能有强大的国防,才能有政权的稳固和国家的安全。

2. 政治昌明是国防巩固的根本

纵观我国几千年的国防兴衰史,我们不难看出,当统治阶级处于上升阶段时,政治昌明,经济发展,民族团结,国家统一,国防就强盛;反之,当统治阶级处于没落阶段时,政治腐败,经济凋敝,民族分裂,国内混乱,国防就衰弱。因此,国家政策的正确与否直接关系到国防的兴衰。只有政治的昌明,才能有巩固的国防。这是国防历史给予我们的又一个深刻的启示。

春秋战国时期,各诸侯国就十分注意昌明政治,变法图强,把尊贤厚士,选拔优秀人才治理国家作为强国的根本大计。例如,齐国得管仲、孙膑、孟尝君、邹忌等而崛起争霸;越国得范蠡、文种而复国称雄。而汉高祖刘邦得天下后,实行"文武"政策,建立法制,此后,文帝、景帝至武帝,正是由于实行了比较开明的治国方略,才使得国家昌盛,国力强盛,为西汉在长达200多年的时间里国家安定奠定了基础。

相反,秦朝实行暴政,激起农民起义,终至推翻了秦始皇梦想千秋万年、子孙相继的基业;宋朝由于机构臃肿,官员奢侈腐化,国力衰竭不堪,无力抵抗外敌入侵,最终为元军所灭亡;明朝由于皇帝昏庸,宦官专权,结党营私,终为起义军所败,后又清兵入关,政权沦丧。特别是近代中国,由于清政府日益腐朽,国防日益虚弱,面对列强入侵屡战屡败,乞降求和,割地赔款,使我国遭受了前所未有的奇耻大辱,将中国人民带进了苦难的深渊。

总之,国防的兴衰,王朝的更替,近代中国的百年国耻都深刻地告诉我们:政治昌明是国防巩固的基础,是国家得以长治久安的根本保证。

3. 国家的统一和民族的团结是国防强大的关键

我国国防史给予我们的另一个重要启示是,在面临外敌入侵、国家危亡的紧要关头,只有国家统一,民族团结,共同抵抗,才能筑起一道坚不可摧的长城,取得反侵略战争的胜利。近代西方列强对我国发动的一系列侵略战争,使中国逐渐沦为半封建半殖民地社会。山河破碎,有国无防。其中一个重要的原因是,清朝统治者在侵略者面前,不仅不发动和依靠广大人民进行反侵略的正义战争,反而认为"患不在外而在内"。由于统治者害怕人民,采取与人民对立的立场,尽管广大人民奋起反抗侵略者,但由于多数处于自发、分散的状态,缺乏统一指挥,没有形成一致对外的合力,最终都没能改变战争的局面。

相反,在抗日战争时期,中国共产党主张全国军民团结起来,建立广泛的抗日民族统一战线,共同抵抗日寇的侵略。同时,坚持“人民战争”的战略指导方针,放手发动群众,团结一切可以团结的力量共同抗击敌人,开辟了广大的敌后抗日根据地,运用人民战争的战略战术,有效地打击了日本侵略者,最后取得了抗日战争的全面胜利。

历史证明,国家的统一,民族的团结,全国军民一致共同抵抗侵略的精神和意志,才是真正的“钢铁长城”。这是把一切侵略者淹没在人民战争的汪洋大海的基础,是让一切侵略者都望而生畏的真正的“铜墙铁壁”,这是民族自强的根本,国防力量的源泉。

4. 科技进步是国防强大的重要保证

回顾历史,自鸦片战争敲开清朝政府的大门后,中华民族就开始了用血泪写成的百年屈辱史。由于清朝政府腐败无能、闭关自守,不注重发展科学技术,致使武器装备发展十分缓慢,西方资本主义国家在产业革命中后来居上,并在我们祖先创造发明的军事科技成果的基础上,进行加工和技术改造,用洋枪洋炮打败清军的大刀长矛和低劣的火炮等武器装备,造成了交战双方科技水平上的“代差”。“落后就要挨打!”这就是当年殖民战争给予我们的最深刻的教训,我们应当永远牢记。以史为鉴,我们可以从中看出科技进步对国防强大的重要性。在新的世纪,科技进步和创新对国防现代化的作用将会越来越突出。

5. 保持忧患意识是国防巩固发展的前提

古人云:“安而不忘危,存而不忘亡,治而不忘乱。”居安思危方能有备无患。唐代诗人杜荀鹤有这样一首诗:“泾溪石险人兢慎,终岁不闻倾覆人。却是平流无石处,时时闻说有沉沦。”表明在似乎平流无险的情况下,人们往往容易失去戒备,从而惨遭“沉沦”之灾。和平环境的客观存在容易使人忘却忧患,沉湎于和平景象之中,滋生麻痹思想,从而埋下了沦亡的祸根。“天下虽安,忘战必危”,历史的教训告诫我们,只有时刻保持忧患意识,真正构筑起心中的长城,国防才能巩固和发展。

第三节　中国的国防建设

旧中国有国无防,国门洞开,受尽了帝国主义列强的侵略欺凌,中国人民为此付出了惨重的代价,经历了一百多年的屈辱历史。中华人民共和国的成立结束了中国封建地主阶级和外国帝国主义统治的历史,标志着中国从此开始了由人民当家做主的新纪元,同时也使我国的国防性质发生了根本的变化。70 多年来,在中国共产党的领导下,中国国防建设取得了举世瞩目的巨大成就。

一、中国国防建设的基本内容和指导原则

国防建设是指为满足国家安全利益需要,提高国防能力而进行的各方面的建设,包括精神

和物质两个方面的建设。国防建设受国家政治制度、经济实力、国防战略、科学技术、地理和国际战略环境等因素的影响和制约。

(一)国防建设的基本内容

国防建设的基本内容主要包括:武装力量建设;战场建设;人力、物力的多种动员准备;边防、海防、空防和人防建设;战略物资的储备;国防工业建设和国防科学技术研究;对人民群众和学生进行国防教育和军事训练,发展国防教育事业;建立、健全国防法规体系;进行军事理论研究,发展军事科学,制定并完善符合实际的战略战术原则;后备力量建设以及与国防相关的铁路、公路、水运、民航、邮电、能源、水利、造林、气象、卫生、航天等方面的建设。

(二)国防建设的基本原则

中国现代国防建设的基本原则是:适应国家根本利益的需要,坚持人民战争思想,提高综合国防力量;与国家经济建设有机结合、协调发展,国防建设以经济建设为基础,并服从国家经济建设大局;坚持以现代化为中心,实现国防科技、武器装备、国防人才、国防体制现代化:突出重点,以武装力量建设为主,全面提高国防建设的综合效益:遵循独立自主、自力更生的方针,把国防建设放在自己力量的基点上,发挥自身的优势,学习和借鉴其他国家的先进技术;全国军民共同努力,在中共中央、国务院和中央军委的统一领导下,党、政、军、民通力合作,齐心协力地进行国防建设。

二、中国国防建设的主要发展阶段

中华人民共和国成立以来,我国国防建设大体经历了以下五个阶段:

第一阶段是 1949—1953 年。这一阶段我国正处在外御帝国主义侵略,内治战争创伤的恢复经济时期。这一时期的国防建设主要完成了三方面的任务:一是解放了全国大陆以及除台湾岛、澎湖岛、金门岛、马祖岛之外的全部沿海岛屿,完成了统一祖国大陆的伟大事业;肃清了国民党在大陆的残余武装,平息了匪患,建立了边防和守备部队,加强了海防、边防的守卫,保卫了革命胜利的果实,巩固了人民民主专政。二是取得了抗美援朝战争的胜利。三是为适应新的形势和现代战争的要求,建立、健全了统一的军事领导机构和军事制度,加强了对全国武装力量的领导;建立了初具规模的海军、空军和各兵种部队,逐步开始从单一陆军向诸军兵种全面建设的过渡;建立了 100 余所军事院校,为国防建设培养了大批现代化军事人才;统一了军队编制体制;建立了各项规章制度。

第二阶段是从 1953—1965 年。这一阶段是我国国防现代化建设突飞猛进的重大时期。1953 年 12 月召开的全国军事系统党的高级干部会议,是军队建设和国防建设的一个里程碑。这次会议确立了我国国防建设的主要任务:防御帝国主义侵略,保卫社会主义建设,保卫亚洲与世界和平。制定了“积极防御”的战略方针,提出了实现国防现代化的重大战略措施,其中包括精简军队,压缩国防开支;加速发展工业,为实现国防现代化打基础。1950—1958 年,我军连续进行四次大规模的精简整编,到 1958 年,兵员总数由 1950 年的 540 多万人降至 240 万人左右,武器装备和军队成员的现代化水平也明显提高。二是确立了诸军兵种合成体制。加强国防工程建设，在沿海、边防和国土纵深建设防御工程体系；实行义务兵、军官薪金、军衔三大制度；大办军事院校，重新划分战区，完善战略、战役指挥体系；加强动员准备，建立各级动员机构和动员制度。这些重大措施有力地促进了我国国防现代化建设的全面发展，初步形成了具有中国特色的国防体系。

此外，在这一阶段，为了增强国防建设的物质技术基础，党中央把发展我国自己的国防工业，包括原子弹和导弹武器的研制，提到了重要的议事日程上。1955 年 11 月 14 日，毛泽东主持召开中共中央书记处扩大会议，决定着手发展我国的原子能事业，研制核武器，从而拉开了我国尖端武器发展的序幕。1964 年 10 月 16 日，我国第一颗原子弹爆炸成功。中国政府随即发表声明，中国发展核武器，并不是由于相信核武器的万能要使用核武器。恰恰相反，中国发展核武器是被迫而为的，是为了防御和打破核大国的核垄断、核讹诈，是为了防止核战争、消灭核武器。此后，中国政府又曾多次郑重宣布：在任何时候、任何情况下，中国都不会首先使用核武器，并就如何防止核战争问题一再提出建议。中国的这些主张得到了越来越多的国家和人民的赞同和支持。

第三阶段是 1965 年 5 月—1976 年 10 月。这一阶段是我国国防现代化建设的低潮时期。这一时期，国防建设尽管遭到“文革”的干扰和影响，然而，毛泽东、周恩来等老一辈无产阶级革命家、军事家仍然警觉地注重维护我国的安全，保持军队的稳定，顶住了霸权主义的压力。同时对发展国防尖端技术始终没有放松，因而保证了我国氢弹试验和人造卫星发射回收的成功。

第四阶段是 1978 年党的十一届三中全会至 1988 年。在具有伟大历史意义的十一届三中全会上，邓小平根据国际形势以及世界和平力量的增长，提出了“和平与发展是当今世界两大主题”的观点，从而确定全党工作的着重点和国防建设指导思想实行战略性转变。1985 年 5 月 23 日召开的中央军委扩大会议做出了军队建设和国防建设实行战略性转变的重大决策。其基本精神包括：一是国防建设和军队工作从立足于“早打、大打、打核战争”的临战状态转变到和平时期正常建设的轨道；二是在服从国家经济建设大局的前提下，有计划、有步骤、有重点地加强以现代化为中心的国防建设；三是强调军队建设转变到全面增强综合国力上来；四是从主要准备对付全面战争转变到重点准备打赢现代条件下的局部战争上来。在邓小平新时期军队建设思想指导下，中国人民解放军进入一个新的发展阶段。

第五阶段是从 1989 年至今。这一时期我国国防建设进入了一个历史性飞跃发展的时期。在这个时期，世界格局发生了根本性的变化：两大阵营的冷战宣告结束，东欧剧变，苏联解体。世界由两极变为“一超多强”。特别是 1991 年海湾战争爆发后，一场以信息技术为基础的新军事革命浪潮正蓬勃兴起，世界各主要国家为抢占 21 世纪的军事制高点，纷纷调整自己的军事战略和建军思想，力求赶上时代发展的步伐。中共中央在继续坚持毛泽东军事思想和邓小平新时期军队建设思想的基础上，根据国际形势的新变化，着眼于把我国国防建设全面推向 21 世纪，与时俱进，及时领导国防建设在指导思想上的战略性转变，使我军现代化条件下的作战能力和威慑能力有了新的提高，军队建设和国防建设已逐步走上了健康发展的轨道。

三、中国国防建设的主要成就

中华人民共和国成立以来，在党中央、中央军委领导下，我国国防和军队建设取得了巨大成就，逐步建立起了具有中国特色的现代化国防体系。具体体现在以下几个方面：

（一）建立了一支正规化的，诸军兵种合成的人民军队

军队是国防力量的主体，我国根据国防的实际需要和国家的基本承受能力，建设了一支诸军兵种相结合的具有现代化作战能力的革命化、现代化、正规化的军队。

我国在陆军的基础上，先后建立了海军、空军和战略导弹部队。陆军在步兵的基础上，相继建立了炮兵、装甲兵、工程兵、通信兵、防化兵等兵种。全军形成了诸军种、兵种统一的合成体系。现在，陆军在加强原有的特种兵的同时，又增加了陆军航空兵、电子对抗兵、气象兵和山地作战部队等兵种。近年来，陆军中特种兵的数量已经超过步兵，实现了建军史上的重大转变，大大加强了陆军的火力、突击力、机动力和快速反应能力，增强了现代化国防的威力。陆军既能独立作战，又能与海军、空军联合协同作战。1985 年，陆军改编为合成集团军，使诸兵种合同作战能力和整体作战效能又有了新的增强。

我国海军以舰艇部队为主体，由水面舰艇部队、潜艇部队、海军航空兵部队和海军陆战队等兵种组成。舰艇部队日趋导弹化、电子化、自动化。目前，在海军部队服役的各类主要作战舰艇的数量，比初创阶段 1950 年增加了近 20 倍。舰艇普遍采用了卫星导航技术；过去的小炮舰和鱼雷艇已被国产的航空母舰、导弹驱逐舰、导弹护卫舰、导弹快艇和各类潜艇所代替。训练舰、大型登陆艇、补给船、科研实验船和核动力潜艇等新型舰艇开始服役。整个海军具有在水下、水面、空中和岸上实施作战的立体攻防能力，还可协同其他军种进行海上作战。

我国空军以航空兵为主体，由航空兵和地空导弹兵、高射炮兵、空降兵、雷达兵、通信兵等兵种组成，拥有的作战飞机数量居世界第三位。其中有高空高速重型歼击机，有具有先进水平的轻型歼击机，有具备一定突防攻击轰炸能力的轻型强击机和中远程轰炸机，还有布雷飞机、电子侦察干扰飞机。在全国范围内，构成以航空兵为主体和地面诸兵种合成的完整的防空体系。

我国战略导弹部队，于 20 世纪 60 年代中期创建，由周总理亲自命名为“第二炮兵”，主要由近程导弹、中程导弹、远程导弹和洲际导弹部队组成。装备多种型号战略导弹，射程从数百千米至一万多千米，威力从几十万吨到数百万吨 TNT 当量。可实施固定发射，也可机动发射。建有与之相配套的作战、防护工程和各种设施，具有较强的生存能力。由于采用了先进可靠的制导技术，可随时按党中央和中央军委的命令给敌方以摧毁性的还击。2015 年第二炮兵正式更名为火箭军，被赋予新的历史使命和任务，成为新时期国家的国防重器。

进入 21 世纪以来，人民解放军继续向着更高级的阶段迈进。根据信息化战争的特点和影响，人民解放军开始把军事斗争准备的立足点放在打赢现代技术特别是高技术条件下的信息化战争上面，军事发展方向正在逐步实现由数量规模型向质量效能型，由人力密集型向科技密集型的转变；在发展武器装备方面，人民解放军根据现代技术特别是信息化条件下局部战争的

需要，努力发展高技术“撒手锏”；在改革调整体制编制方面，人民解放军在进一步压缩军队规模的基础上，不断优化诸军兵种比例结构，完善合成体制，调整过去的四个军种为五个军种，增加了火箭军和战略支援部队，由过去的七大军区改为五大战区，使军队体制编制更能适应现代合同作战和联合作战的需要；在改革教育训练方面，删减、合并了一些军事院校和非战斗机构与部门，为培养掌握现代科技知识和战争知识、精通现代军事科学理论的高层次指挥人才，指挥院校加大增设了硕士、博士生教育力度，部队训练加大了实战力度。

习近平总书记在党的十九大报告中强调，党在新时代的强军目标是建设一支听党指挥、能打胜仗、作风优良的人民军队，把人民军队建设成为世界一流军队。这一强军目标是新时代我们党建军治军的总方略，是加强军队建设、改革和军事斗争准备的根本遵循和方向引领。建设强大的人民军队是我们党的不懈追求。

（二）形成了综合的国防工业和国防科研体系

国防科技是衡量一个国家综合国防实力的重要标志之一，也是国防现代化建设的一个重要方面。中华人民共和国成立以来，在党中央、国务院、中央军委的领导下，经过数十年的建设和发展，我国的国防科技工业从无到有，从小到大，从落后到先进，逐步建立起了包括电子、船舶、兵器、航空、航天和核能等门类齐全，综合配套的科研实验生产体系，取得了一大批具有国内或国际先进水平的科研成果，为加强我军的现代化建设，增强我国的综合国防实力做出了重要贡献。

在军事电子方面，逐步发展具有相当规模，门类齐全的新兴工业部门，特别是在指挥自动化、情报侦察、预警探测、电子对抗和通信等方面，为我军提供了各种新式装备和产品，进一步增强了部队侦察、通信、指挥和作战能力。

在船舶工业方面，自行研制建造了核动力舰艇、航空母舰、导弹驱逐舰、导弹护卫舰、导弹快艇等作战舰艇，以及各种辅助船舶和新型鱼雷、水雷、反水雷等新装备。

在兵器工业方面，研制生产了一大批具有先进性能的坦克、装甲车、火炮、弹药、轻武器、军用光电器材和综合火控系统、指挥系统等新型武器装备，为我军现代化做出了重要贡献。

在航空工业方面，已能够生产歼击机、轰炸机、直升机、运输机、教练机等，基本满足了海军、空军作战和飞行训练的需要。

在航天科技工业方面，已拥有地地、地空、海空和空空导弹武器系统，运载火箭、航天飞船等各种应用卫星研制和实验能力及发射能力在世界高技术领域已占有自己的一席之地。

在核工业方面，我国不仅可以生产制造原子弹、氢弹、中子弹，还掌握了核潜艇技术，形成了有效的核威慑力量。

在和平利用核能方面，我国也已取得了突破性进展。

21世纪，我国又取得了“神舟”系列载人飞船的试飞成功。这些都说明，我国尖端武器技术和航天技术都取得了可喜的成就，标志着我国国防科学技术在某些方面已经达到或接近世界先进水平。

(三)进一步完善了国防动员体制

完善国防动员体制,其主要目的就是要建立一支雄厚的国防后备力量。为使战时有效而迅速地展开动员,我国在完善国防动员体制方面做了大量工作:

1. 建立了国防动员机构

中央军委下设有人民武装委员会,负责指导协调全国的后备力量建设和动员工作。国务院各部委设有动员机构。平时本着"平战结合"的原则,积极做好人力、物力、财力、资源的开发和储备;战时按照"军民结合"的原则,采取有效措施,将各种资源的潜力迅速转变为实力。军队从总部机关到各战区、集团军、师(旅)均设有动员机构或动员军官。省军区、军分区、人武部,既是同级党委的军事部门,又是政府的兵役机关,是兼后备力量建设与动员工作于一体的机构。所有这些动员机构的建立,为战时动员的顺利开展奠定了良好的基础。

2. 建立了雄厚的国防后备力量

全国实行了民兵与预备役相结合的兵役制度,明确规定了新时期民兵与预备役工作的方针和任务,自上而下建立了人民武装的领导机构,加强民兵与预备役工作的领导。党的十一届三中全会以来,国家颁布了新的《中华人民共和国兵役法》(以下简称《兵役法》),明确规定我军后备力量建设实行民兵和预备役相结合的制度。这对建立雄厚的国防后备力量,进一步完善动员体制,具有重要的战略意义。现在全国的民兵和预备役组织已由单一的步兵发展成为多军种多专业技术在内的强大的群众武装力量。自1985年以来,全国又在普通高校和高级中学开展了学生军训,为国防培养了一批能文能武的后备力量。

3. 依托地方高校培养国防优秀人才

为进一步适应高新技术在军事领域广泛运用的新形势,拓宽选拔培养高素质军队建设人才的途径,培养和造就大批军政兼优、掌握现代科学文化知识的新型军事人才,2000年5月国务院与中央军委颁布了《关于建立依托普通高等教育培养军队干部制度的决定》。其主要方式:一是军队从普通高等学校低年级在校生中确定培养对象,毕业后选拔担任军队干部;二是军队从普通高等学校的应届毕业生(含研究生)中,择优挑选热爱国防事业,全面素质高的学生,直接接收入伍担任军队干部;三是普通高等学校按照国家和军队有关部门下达的招生计划,招收品学兼优的高中生,毕业后定向分配到军队工作;四是采取军地院校联合培养人才,选送现役干部到普通高等学校学习深造。军队在普通高等学校设立国防奖学金,享受国防奖学金的学生,毕业后应到军队工作。

四、军民融合发展

军民融合就是把国防和军队现代化建设深深融入经济社会发展体系中,全面推进经济、科技、教育、人才等各个领域的军民融合,在更广范围、更高层次、更深程度上把国防和军队现代化建设与经济社会发展结合起来,为实现国防和军队现代化提供丰厚的资源和可持续发展的后劲。

中华人民共和国成立以来，我们党在领导国防和军队建设实践中，始终致力于探索军民结合、寓军于民的路子。1956 年，毛泽东在最高国务会议上第一次提出了“军民两用”问题，强调国防工业生产要有两套设备，平时用于民用生产，一旦有事，就可以把民用生产转化为军用生产。1982 年，邓小平针对我国军工自成体系、军民分制状况，提出国防工业要贯彻“军民结合、平战结合、军品优先、以民养军”的方针，强调军工体制必须“结束另一个天地的时代”。进入 20 世纪 90 年代，江泽民提出了“寓军于民”思想，并把寓军于民作为创建国防科技工业新体制的核心内容。新世纪新阶段，胡锦涛明确提出“走出一条中国特色军民融合式发展路子”的重大战略思想，把“军民结合、寓军于民”拓展到经济、科技、教育、人才、社会服务等各个领域，从而在更广范围、更高层次、更深程度上把国防和军队现代化建设融入经济社会发展体系中，书写了强军与富国并举的辉煌篇章。

2015 年，习近平首次提出把军民融合发展上升为国家战略。当前，坚定实施军民融合发展战略，要立足中国特色社会主义进入新时代这一新的历史方位，拓宽战略视野，创新战略指导，创新制度设计，把军民融合打造为国家由富向强的“加速器”，塑造成为强国的基础性机制和制度安排。

回顾我党 90 多年的奋斗历程，我党历来重视在不同历史时期适应不同时代内涵，有效处理“军”与“民”的关系，凝聚起“军”与“民”的强大合力，推动中国革命和建设事业顺利发展。在中国特色社会主义新时代，军民融合重在实现“一体化”，承载起支撑强国、促进强军、提升国际竞争力的三重历史使命。

党的十八大以来，以习近平同志为核心的党中央高度重视军民融合发展，把军民融合发展上升为国家战略，充分发挥我国社会主义制度能够集中力量办大事的政治优势，不断开创军民融合深度发展新局面。2017 年 1 月 22 日，中央军民融合发展委员会正式成立，由习近平任主任，通过加强战略指导和规划统筹，使我国军民融合发展进入提速增效的快车道。在领导我国军民融合发展的伟大实践中，习近平就新时代军民融合发展做出一系列重要论述，明确了军民融合在党的指导思想中的重要地位，构成了习近平新时代中国特色社会主义思想特别是习近平强军思想的重要内容。

五、中国的国防体制

国防体制是国家的国防组织形式、机构设置、领导隶属关系和管理权限划分等方面制度的总称，是国家体制的重要组成部分。它通常受国家政治、经济、军事、外交等方面制度和政策的制约。

（一）国防领导体制

1. 中共中央的国防领导职权

中华人民共和国的武装力量受中国共产党的领导。党的中央军事委员会和国家的中央军事委员会的组成人员对军队的领导职能完全一致。中央军委实行主席负责制，中央军委主席即为全国武装力量的统帅。

2. 全国人民代表大会及其常务委员会的国防职权

全国人民代表大会(以下简称全国人大)选举中央军委主席,根据中央军委主席的提名,决定中央军委其他组成人员的人选,决定战争与和平的问题,并行使宪法规定的国防方面的其他职权。全国人民代表大会常务委员会(以下简称全国人大常委会)在全国人民代表大会闭会期间决定战争状态的宣布,决定全国总动员或局部动员,并行使宪法规定的国防方面的其他职权。

3. 国家主席的国防职权

国家主席的国防职权有:根据全国人民代表大会的决定和全国人民代表大会常务委员会的决定公布国防建设、武装力量建设和国防动员法律;根据全国人民代表大会的决定和全国人民代表大会常务委员会的决定宣布战争状态,发布动员令;宪法规定的国防方面的其他职权。

4. 国务院的国防职权

国务院的国防职权有:编制国防建设发展规划和计划;制定国防建设方面的方针、政策和行政法规;领导和管理国防科研生产;管理国防经费和国防资产;领导和管理国民经济动员工作和人民武装动员、人民防空、国防交通等方面的有关工作;领导和管理拥军优属工作和退出现役的军人的安置工作;领导国防教育工作;与中央军事委员会共同领导民兵建设和征兵、预备役工作;与中央军事委员会共同领导边防、海防和空防的管理工作;法律规定的国防建设事业方面的其他职权。国务院下设国防部、退役军人事务部,作为国务院的军事部门,管理担负国防建设事业和退役军人的服务保障工作。

5. 中央军事委员会的国防职权

中央军委领导和统一指挥全国武装力量;决定军事战略和武装力量的作战方针;领导和管理中国人民解放军的建设;向全国人大或者全国人大常委会提出议案;制定军事法规,发布决定和命令;决定中国人民解放军的体制和编制;任免、培训、考核和奖惩武装力量成员;批准武器装备体制和发展规划、计划;行使法律规定的其他职权。

2016 年 1 月,军委机关调整组建,按照“军委管总、战区主战、军种主建”的总原则,把总部制改为多部门制,由原来的总参谋部、总政治部、总后勤部、总装备部 4 个总部,改为军委办公厅、军委联合参谋部、军委政治工作部、军委后勤保障部、军委装备发展部、军委训练管理部、军委国防动员部、军委纪律检查委员会、军委政法委员会、军委科学技术委员会、军委战略规划办公室、军委改革和编制办公室、军委国际军事合作办公室、军委审计署、军委机关事务管理总局 15 个职能部门。

2016 年 2 月 1 日,中国人民解放军新战区成立,由原北京军区、沈阳军区、济南军区、南京军区、成都军区、兰州军区、广州军区七大军区,改为东部战区、南部战区、西部战区、北部战区、中部战区五大战区。组建战区联合作战指挥机构,是党中央和中央军委着眼实现中国梦、强军梦做出的战略决策,是全面实施改革强军战略的标志性举措,是构建我军联合作战体系的历史性进展,对确保我军能打仗,打胜仗,有效维护国家安全,具有重大而深远的意义。

6. 国家安全委员会在国防方面的职能

2013年11月12日，中国共产党十八届三中全会公报提出将“设立国家安全委员会，完善国家安全体制和国家安全战略，确保国家安全”。2014年1月24日，中共中央政治局会议决定，中央国家安全委员会由习近平任主席。国家安全委员会的设立有利于提高国家在面临各种安全危机和挑战时的应变能力，也代表着我国在捍卫国家安全和国家利益方面的决心与意志。设立国家安全委员会是维护外部安全的重要内容。国家安全委员会既有对内职能，也有对外职能，与国家的外部安全休戚相关，具有统筹国内和国际两个大局、整合对内对外事务的内外兼顾特点。2018年4月17日，中央国家安全委员会主席习近平主持召开十九届中央国家安全委员会第一次会议并发表重要讲话。习近平指出，要加强党对国家安全工作的集中统一领导，正确把握当前国家安全形势，全面贯彻落实总体国家安全观，努力开创新时代国家安全工作新局面，为实现“两个一百年”奋斗目标、实现中华民族伟大复兴的中国梦提供牢靠安全保障。

（二）国防动员体制

建立和完善国防动员体制，对于加强民兵和预备役部队建设，发展高技术条件下人民战争的战略战术具有十分重大的意义。

1. 国务院和中央军委共同领导国防动员工作

由于国防动员涉及军队、地方两个方面，因此，需要政府和军队共同协调、相互配合。国防动员体制应当体现“平战结合、军民结合、寓兵于民”的方针。国务院有关部门要在经济建设中考虑国防需求，增加国防功能；军队有关部门负责制订年度的和中长时期内的军事需求计划，提供落实军事需求的有关技术支持和军事标准。考虑到国防动员的这些内在要求，《国防法》规定，国务院和中央军委共同领导国防动员准备和国防动员实施工作，它们可以根据情况召开协调会议，解决国防事务的有关问题。国家在和平时期进行国防动员准备，将国防教育、人民武装动员、国民经济动员、人民防空、国防交通等方面的动员准备纳入国家总体发展规划和计划，逐步完善动员体制，建立战略物资储备制度。国家重视开展国防教育，并将国防教育纳入国民经济和社会发展计划。

2. 国防动员委员会

国防动员委员会是国务院和中央军委的议事协调机构，在党中央、国务院、中央军委领导下负责全国国防动员工作。国家国防动员委员会主任由国务院总理兼任，副主任由国务院和中央军委的副职领导兼任，委员由国家发展和改革委员会、公安部、财政部、住房和城乡建设部、交通运输部、国家卫生健康委员会等国家机关领导和军委国防动员部有关领导担任。国家国防动员委员会下设国家人民武装动员办公室、国家经济动员办公室、国家人民防空办公室和国家交通战备办公室。2000年经国务院、中央军委批准，国家国防动员委员会设立秘书长，成立综合办公室。《中华人民共和国国防教育法》出台后，设立国家国防教育办公室。

战区和省（自治区、直辖市）、地区、县（市、区）人民政府，设立相应的国防动员委员会，负责主管本区域的动员工作。县级以上各级国防动员委员会,设有综合办公室、国防教育办公室、人民武装动员办公室、经济动员办公室、人民防空办公室、交通战备办公室,负责承办相关国防动员工作。

国家国防动员委员会的主要职责是:贯彻党中央、国务院、中央军事委员会有关国防动员工作的方针、政策和指示;组织拟订国防动员工作的法律、法规和措施;组织编制国防动员规划、计划;检查监督国防动员法律法规的实施和国防动员计划的执行;协调军事、经济、社会等方面的重大国防动员工作;组织领导全国的人民武装动员、国民经济动员、人民防空和国防交通工作;行使党中央、国务院、中央军事委员会赋予的国防方面的其他职权。

(三)国防科研生产体制

1. 国家对国防科研生产实行统一领导和计划调控

国务院负责领导和管理国防科研生产,管理国防经费和国防资产。中央军事委员会批准武装力量的武器装备体制和武器装备发展规划、计划,协同国务院领导和管理国防科研生产,会同国务院管理国防经费和国防资产。国家实行军事订货制度,保障武器装备和其他军用物资的采购供应。国家对国防经费实行财政拨款制度,并根据国防建设和经济建设的需要,确定国防资产的规模、结构和布局,调整和处分国防资产。

2. 国防科技工业局

中华人民共和国国家国防科技工业局(简称国家国防科工局),是国务院管理国防科技工业的办事机构,是由中华人民共和国工业和信息化部管理的国家局。国防科工局前身是1998年成立的中华人民共和国国防科学技术工业委员会。2008年国务院机构改革组建国家国防科技工业局,由新组建的工业和信息化部管理,不再保留国防科学技术工业委员会。

国防科技工业作为国家战略性高技术产业,涵盖核、航天、航空、兵器、船舶、电子六大行业,肩负着强军和富国的双重使命。一方面,强军是国防科技工业的立业之本,保障军品供给,为能打仗、打胜仗提供物质条件是国防科技工业的第一要务;另一方面,国防科技工业要在先进制造领域发挥引领作用,在国家经济社会发展中发挥牵引、辐射和带动作用,把技术优势转化为产业优势。国防科工局作为中国主管国防科技工业的行政管理机关,其主要职责是为国防和军队建设服务、为国民经济发展服务、为涉军企事业单位服务。同时,国防科工局还负责组织协调政府和国际组织间原子能和航天活动方面的交流与合作。

国防科工局具体负责组织管理国防科技工业计划、政策、标准及法规的制定与执行情况监督。国防科工局的主要职责是:研究拟定国防科技工业和军转民的发展方针、政策和法律、法规;制定国防科技工业及行业管理规章;组织研究和实施国防科技工业体制改革;组织军工企事业单位实施战略性重组;组织国防科技工业的结构、布局、能力调整、企业集团发展和企业改革工作;研究制定国防科技工业的发展规划、结构布局、总体目标;组织编制国防科技工业建设、军转民规划和行业发展规划;组织管理国防科技工业质量、安全、计量、标准、统计、档案、重大科研及其推广;拟订核、航天、航空、船舶、兵器工业的产业和技术政策、发展规划,实施行业管理;指导军工电子的行业管理;负责国家核电建设、同位素生产和民用爆破器材生产流通的行政管理;负责组织管理国防科技工业的对外交流与国际合作;代表中国政府参加有关国际组织及其有关活动;负责军工企事业单位的军品出口管理。

六、中国的国防政策

我国始终把维护国家的主权统一、领土完整和安全放在第一位。保卫祖国、抵抗侵略、维护统一、反对分裂,是我国国防政策的出发点和立足点。

我国正处于社会主义初级阶段,国家的根本任务是集中力量进行社会主义现代化建设。目前,我国面临着极为繁重的经济建设任务,国防建设必须服从和服务于国家经济建设的大局。

我国的发展需要有一个长期的国际和平环境,特别是良好的周边环境。我国始终不渝地奉行独立自主的和平外交政策,主张从中国人民和世界人民的根本利益出发来处理国际事务,不同任何大国或国家集团结盟;主张通过协商和平解决国家间的纠纷和争端,反对诉诸武力或以武力相威胁,反对霸权主义和强权政治;主张在和平共处五项原则的基础上,建立公正合理的国际政治经济新秩序,同所有国家发展友好合作关系。中国永远是维护世界和平以及地区稳定的重要力量。中国即使将来强大了,也绝不走对外侵略扩张的道路。永远不称霸,是中国人民对世界的庄严承诺。

归纳起来,我国新时期的国防政策主要包括以下内容:

1. 巩固国防,抵抗侵略,制止武装颠覆,保卫国家的主权统一、领土完整和安全

我国的国防现代化建设完全是为了自卫,是保障国家现代化建设和安全的需要。这是中国国防政策的基本目标,也是我国宪法赋予中国武装力量的主要职责。我国始终奉行用和平的方式解决国际争端和历史遗留问题。然而,在霸权主义和强权政治依然存在的情况下,国家必须具有运用军事手段捍卫主权统一、领土完整和国家安全的能力。我国武装力量的规模是与保卫国家安全和利益的需要相适应的。我国独立自主、自力更生地建设和巩固国防。

2. 国防建设服从和服务于国家经济建设大局,国防建设与经济建设协调发展

国防现代化需要国家的经济力量和技术力量的支持,国防现代化水平只能随着国家经济实力的增强而逐步提高。国家坚持以经济建设为中心,国防建设必须服从和服务于这个大局,军队应当积极参加和支援国家的经济建设。国家在集中力量进行经济建设的同时,也应重视加强国防建设,促进国防建设与经济建设协调发展,确保有实力、有能力捍卫经济建设的成果。

3. 全面贯彻“积极防御”的军事战略方针

我国在战略上实行防御、自卫和后发制人的原则,坚持“人不犯我,我不犯人;人若犯我,我必犯人”。坚持全民自卫原则和人民战争的战略思想,增强全民国防观念,加强国防后备力量建设,完善国防动员体制;立足在现有武器装备的基础上,更好地研制适应信息化战争条件下全新的武器装备,继承、发扬优良传统与创新思想、战法相结合;适应世界军事领域的深刻变

革,做好现代技术特别是高技术条件下的信息化战争防卫作战准备。

4. 走有中国特色的精兵之路

在新的历史时期,军队努力加强质量建设,走新时代有中国特色的精兵之路,目标是建设一支有中国特色的革命化、现代化、正规化的人民军队。军队现代化建设的基本方针是减少数量,提高质量,依靠科技强军,实现军队由数量规模型向质量效能型、由人力密集型向科技密集型的转变;按照现代战争的特点,努力提高武器装备现代化建设的水平,改革和完善军队的体制编制,着眼于满足打赢未来信息化战争的新要求,改进部队的训练和院校教育的内容与方法,培养适应信息化战争的高素质优秀军事人才,全面提高部队的战斗力。

5. 维护世界和平,反对侵略扩张行为

我国坚持和平共处五项原则,独立自主地处理对外军事关系,开展军事交流与合作,不搞霸权主义,不搞军事集团,不进行军事扩张。我国反对军备竞赛,主张根据公正、合理、全面、均衡的原则,实行有效的军备控制和裁军。我国支持国际社会采取的有利于维护世界和地区和平、安全、稳定的活动,支持国际社会为公正合理地解决国际争端、军备控制和裁军问题所做的努力。

中国政府坚决反对任何国家向台湾地区出售武器或与台湾地区进行任何形式的军事结盟,反对任何形式的外来干涉。中国政府将尽一切可能争取和平统一,主张通过在一个中国原则基础上的对话与谈判来解决分歧。但是,如果出现台湾地区被以任何名义从我国分割出去的重大事变,如果外国侵占台湾地区,如果台湾当局无限期地拒绝通过谈判和平解决两岸统一问题,中国政府只能被迫采取一切可能的断然措施,包括使用武力来维护我国的主权和领土完整,实现国家的统一大业。

第四节　中国的武装力量建设

武装力量是国家或政治集团各种武装组织的总称,是国家机器的重要组成部分。一般以军队为主体,由军队和其他正规的和非正规的武装组织构成。武装力量建设,是指为建立和加强国家武装力量所采取的一系列举措,它以军队建设为主体,是国防建设的重要组成部分,目的在于提高武装力量的作战能力,为国家的根本利益服务。

一、我国武装力量的组成与体制

武装力量体制是构成武装力量战斗力的一个重要因素。体制是否科学合理,将决定着武装力量能否胜任其所肩负的使命。

中国人民解放军是中国共产党缔造和领导的,用马克思列宁主义、毛泽东思想、邓小平理论、“三个代表”重要思想、科学发展观、习近平新时代中国特色社会主义思想武装的人民军队，是中华人民共和国的武装力量，是人民民主专政的坚强柱石。紧紧地和人民站在一起，全心全意为人民服务，是这支军队的唯一宗旨。中国人民解放军必须始终不渝地保持人民军队的性质，忠于党，忠于社会主义，忠于祖国，忠于人民。中国人民解放军的任务是巩固国防，抵抗侵略，保卫祖国，保卫人民的和平劳动，参加国家建设事业。中国人民解放军在新时代的使命任务是坚决维护中国共产党的领导和中国特色社会主义制度，坚决维护国家主权、安全、发展利益，坚决维护国家发展的重要战略机遇期，坚决维护地区与世界和平，为实现“两个一百年”奋斗目标、实现中华民族伟大复兴的中国梦提供战略支撑。

（一）我国武装力量的组成

《国防法》规定：“中华人民共和国的武装力量，由中国人民解放军现役部队、预备役部队、中国人民武装警察部队和民兵组成。”

1. 中国人民解放军

中国人民解放军是中国武装力量的主体和骨干，是抵抗侵略、保卫祖国、维护国家主权和安全的主要力量。由现役部队和预备役部队组成。

中国人民解放军现役部队是国家的常备军，由陆军、海军、空军、火箭军和战略支援部队组成。主要担负防卫作战任务，必要时可以依照法律规定协助维护社会秩序。

中国人民解放军预备役部队是国防后备力量的重要组成部分，组建于 1983 年，是以现役军人为骨干，以预备役军官、士兵为基础，按规定的体制编制组成的部队。预备役部队实行统一编制，师、旅、团授予番号、军旗，执行人民解放军的条令、条例，列入人民解放军序列，平时隶属于省军区（卫戍区、警备区）建制领导，战时动员后归指定的现役部队指挥。所以，有些预备役的军官是地方党政领导干部。

预备役部队的基本任务：努力提高部队的军政素质，不断增强现代条件下快速动员和作战能力；切实做好战时动员的各项准备工作，随时准备转为现役部队，执行作战任务；积极参加社会主义建设，在物质文明和精神文明建设中发挥骨干带头作用。因此，组建预备役部队是实施成建制快速动员的好形式，是提高储备兵员质量的好办法，是节约军费开支、加强国防建设的好措施。

由于中国人民解放军主要担负反击外敌入侵的任务，需要统一调动、统一使用，因此，对其必须实施高度集中的垂直领导，由中央军委统一指挥。

2. 中国人民武装警察部队

中国人民武装警察部队是国家武装力量的重要组成部分，是保卫社会主义现代化建设的一支重要力量，是人民民主专政的重要工具之一。在党中央和中央军事委员会的领导指挥下，担负国家赋予的安全保卫、维护社会秩序的任务。

中国人民武装警察部队的前身是 1950 年组建的中国人民公安部队。1982 年，中国人民解放军将担负看押劳改犯、守护地方重要目标和省级党政机关，以及担任外国使馆警卫任务的部队移交公安部门，与公安部实行义务兵制的武装、边防、消防警察合并，统一组建了中国人民武装警察部队。1983年4月,武警总部成立,1984年5月,武警部队正式纳入武装力量新体制。

武警部队的基本任务:维护国家安全和社会稳定,保卫国家重要目标,保卫人民生命财产安全,战时协助人民解放军进行防卫作战。平时担负固定目标执勤、处置突发事件、反恐怖任务,并支援国家经济建设。

中国人民武装警察部队的任务决定了它具有军事性、公安性、地方性的特点,也决定了武警部队必然有不同于人民解放军的组织领导体制。人民武装警察部队由党中央、中央军委领导,实行统一领导管理与分级指挥相结合的体制。人民武装警察部队设总部、总队(师)、支队(团)三级领导机关。各省、自治区、直辖市设武警总队,地区(地级市、州、盟)设支队,县(旗、县级市)设中队或大队、站、所。部分武警总队编有直属支队,按支队、大队、中队、排、班的序列编制。武警部队不列入中国人民解放军序列。

3. 中国民兵

民兵是由不脱产的人民群众组成的武装组织,是中华人民共和国武装力量的组成部分,是中国人民解放军的有力助手和强大的后备力量,是进行现代条件下人民战争的基础。

民兵按年龄可分为普通民兵和基干民兵;按专业可分为普通兵和技术兵;按预备役可分为一类预备役和二类预备役。28岁以下退出现役的士兵和经过军事训练的人员以及选定参加军事训练的人员编入基干民兵组织。其余18~35岁符合服兵役条件的男性公民,编入普通民兵组织。女民兵编为基干民兵,人数控制在适当的比例内。陆海边疆、少数民族地区和城市有特殊情况的单位,基干民兵的年龄可适当放宽。民兵必须是身体素质好、政治可靠的人员。

《兵役法》规定:“实行民兵与预备役相结合的制度,把参加民兵组织和服预备役的年龄、政治、身体条件一致起来。有民兵组织的地方,在基层工作上把两者结合起来,使基层民兵组织成为预备役的基本组织形式。对于未编入民兵组织,但符合民兵条件的,进行预备役登记。”

全国民兵工作在国务院、中央军委领导下,由联合参谋部主管;各大战区按照上级赋予的任务,负责本区域的民兵工作;各省军区、军分区和县(市)人民武装部是本地区的民兵领导指挥机关;乡、镇、部分街道和企事业单位人民武装部,负责民兵和兵役工作。地方各级人民政府对民兵工作实施原则领导,对民兵工作实施组织和监督。

民兵在军事机关的指挥下,战时担负配合常备军作战、独立作战、为常备军作战提供战斗勤务保障以及补充兵员等任务,平时担负战备执勤、抢险救灾和维护社会秩序等任务。主要表现在三个方面:积极参加社会主义现代化建设,带头完成生产和各项任务;担负战备勤务,保卫边疆,维护社会治安;随时准备参军参战,抵抗侵略,保卫祖国。

(二)我国武装力量的领导体制

我国武装力量的领导体制是中央军委领导下的职能各部对各战区、各军兵种、武装警察部队和民兵实施领导指挥的领导体制。

1. 中央军委

中央军事委员会，简称中央军委，是中华人民共和国武装力量的最高领导机关和最高统帅部。其职权是：统一指挥全国武装力量；决定军事战略和武装力量的作战方针；领导和管理中国人民解放军的建设，制订规划、计划并组织实施；向全国人民代表大会或全国人民代表大会常务委员会提出议案；根据宪法和法律，制定军事法规，发布决定和命令；决定中国人民解放军的体制和编制，规定总部以及军区、军兵种和其他军区级单位的任务和职责；依照法律、军事法规的规定，任免、培训、考核和奖惩武装力量成员；批准武装力量的武器装备体制和武器装备发展规划、计划，协同国务院领导管理国防科研生产；会同国务院管理国防经费和国防资产。

中国共产党中央军事委员会与中华人民共和国军事委员会是一个机构，组成人员和对武装力量的领导职能完全一致，实行这种领导体制既能保证党对武装力量的领导，又能通过国家机构加强武装力量的建设，有利于加强国防现代化建设。中央军委由主席、副主席若干人、委员若干人组成，实行主席负责制。

2. 军委机关

中国人民解放军军委办公厅、联合参谋部、政治工作部、后勤保障部、装备发展部、训练管理部、国防动员部等厅局委办是中央军委的日常办事机构，同时又是中国人民解放军的领导机关。其基本职能：保障中央军委的战略决策和各项方针、政策的实现。

军委办公厅，职责是维护和贯彻军委主席负责制及其负责制的制度化、规范化、程序化，确保军委主席负责制更加有力有效全面落实。履行综合协调职能，为军委服务、为战区服务、为军种服务、为官兵服务，研究探索新体制新机构运行的特点规律，形成有利于军委机关顺畅运行的制度机制和工作模式。

军委联合参谋部，主要履行作战筹划、指挥控制和作战指挥保障，研究拟制军事战略和军事需求，组织作战能力评估，组织指导联合训练、战备建设和日常战备工作等职能。

军委政治工作部，主要履行全军党的建设、组织工作、政治教育和军事人力资源管理等职能。需要强调的是，军队党的建设是军队全部工作的基础和关键，政治工作是我军的生命线。我们毫不动摇坚持党对军队绝对领导的根本原则和制度，严格实行党委制、政治委员制、政治机关制等一系列制度，按规定编设政治干部、健全基层党组织，构建严密的权力运行制约和监督体系，使军队中党的建设和政治工作得到巩固和加强。

军委后勤保障部，主要履行全军后勤保障规划计划、政策研究、标准制定、检查监督等职能。调整优化保障力量配置和领导指挥关系，构建与联合作战指挥体制相适应，统分结合、通专两线的后勤保障体制。

军委装备发展部，主要履行全军装备发展规划计划、研发试验鉴定、采购管理、信息系统建设等职能，着力构建由军委装备部门集中统管、军种具体建管、战区联合运用的体制架构。

军委训练管理部，军事训练与部队管理，是部队的经常性、基础性工作。而训练管理部的职能就是加强对全军军事训练的统一筹划和组织领导，加强部队和院校管理，使军事训练与部队管理紧密融合，更好推进实战化训练和依法治军、从严治军。

军委国防动员部，主要是在军队精简常备军的同时，加强国防动员建设，履行组织指导国防动员和后备力量建设职能，领导管理省军区，从战略层面加强对国防动员和后备力量建设的组织领导。

3. 各大战区及军委直属的其他单位

(1)战区

战区是根据国家的行政区划、地理位置和战略战役方向、作战任务等设置的军队一级组织。战区机关是战略区域内合成军队的军事领导指挥机关。其主要职能是：在中央军委、军委各部的领导指挥下，根据总的战略意图，负责组织辖区内各军兵种部队的联合作战行动和演习，直接领导所属陆军部队的组织建设、军事训练、行政管理、政治工作和后勤保障等；领导辖区内的民兵、兵役、动员、人民防空和战场建设等工作。战区设有司令部、政治部、联勤部、装备部等领导指挥机关，下辖若干陆军集团军和省军区(卫戍区、警备区)。中国人民解放军战区的设置进行过多次调整，目前，经过新的军队建设改革后，依据“军委管总、战区主战、军种主建”的总原则，根据我国安全环境和军队担负的使命任务把我国国土确定为五大战区，即：北部战区、中部战区、东部战区、西部战区、南部战区。这种确定和划分，有利于我军健全联合作战指挥体制，构建联合作战体系，更好地维护国家主权、安全和发展利益，维护地区稳定和世界和平。

省军区(卫戍区、警备区)是我国行政区划的省(自治区、直辖市)的军队一级组织。它是中国共产党省(自治区、直辖市)委员会的军事工作部门和政府的兵役工作机构，受战区和省(自治区、直辖市)党委、政府的双重领导。设有司令部、政治部、后勤部、装备部等领导机关。其主要任务是：负责所在省(自治区、直辖市)的军事工作；领导预备役、民兵、兵役、动员工作和主要城市的警备工作。有的还担负边防、海防守备任务。省军区下辖若干个军分区和一定数量的部队。军分区是在行政区划的地区(省辖市、自治州)所设立的军队一级组织。其主要任务是：负责所在地区(省辖市、自治州)的军事工作以及民兵、兵役和动员工作。军分区下辖若干人民武装部。人民武装部既是中国共产党同级地方委员会的军事工作部门，又是军队的民兵、兵役和动员工作部门。

(2)军委直属的其他部门

军事科学院：军事科学院是中央军委领导下的全军高级军事研究机关，是全军军事科学研究的中心，是中央军委和军委各部机关从军事理论高度指导军队建设的助手。其任务是：进行军事基础理论和国防建设、军队建设重大问题的研究；为军委和军委各部决策提供战略性建议和咨询；组织协调全军的军事学术研究工作等。

国防大学：国防大学是中央军委直属院校，主要负责培养高级指挥人员、高级参谋人员和高级理论研究人员。它组建于1985年12月，由中国人民解放军军事学院、政治学院和后勤学院合并组成。

国防科学技术大学：国防科学技术大学是直属中央军委领导的综合性院校。主要负责培养高级科学和工程技术人才与专业指挥人才，培训军队高级领导干部，从事先进武器装备和国防关键技术研究。1999 年 4 月，根据中央军委的命令，长沙炮兵学院、长沙工程兵学院和长沙政治学院并入国防科学技术大学，组成新的国防科学技术大学。

二、我国武装力量建设的目标

武装力量建设的目标，是指武装力量建设在一定时期内所要达到的程度和标准。它决定着武装力量建设的规模和水平。我国宪法第二十九条规定："国家加强武装力量的革命化、现代化、正规化的建设，增强国防力量。"

（一）革命化

武装力量的革命化，主要是指武装力量要始终置于中国共产党的绝对领导之下，坚持无产阶级政治方向，坚持全心全意为人民服务的宗旨；掌握革命理论，继承和发扬优良的革命传统；培养严守纪律、自我牺牲、压倒一切敌人和压倒一切困难的精神；培养爱国主义和国际主义的精神，使我国的武装力量永远成为"党和国家的钢铁长城""永远是国家的捍卫者，永远是社会主义的捍卫者，永远是人民利益的捍卫者"。其中最根本的，就是确保政治上永远合格，绝对听从党的领导与指挥。为了实现武装力量的革命化，必须大力加强政治建设。

第一，必须认真学习和贯彻党的路线、方针、政策，使武装力量建设的政治方向同党的奋斗目标始终保持一致，保证武装力量永远忠于党、忠于人民、忠于社会主义国家，保证党指向哪里，部队就打到哪里。当前，我们正面临着新的历史转折，正面临着十分严峻的反"和平演变"斗争和改革开放的考验。在这种形势下，要实现武装力量革命化的目标，就必须牢记历史经验，与时俱进，加强以习近平新时代中国特色社会主义重要思想为主要内容的教育，把贯彻执行党在新时期的路线、方针、政策，化作广大官兵的自觉行动。

第二，必须坚持不懈地用马克思列宁主义、毛泽东思想和习近平以"中国梦""强军梦"为主旨的新时期军队建设思想教育部队，引导广大官兵树立无产阶级世界观，确保武装力量坚定不移地贯彻执行党的基本路线，挫败国内外敌对势力的阴谋，在思想上筑起抵御"和平演变"的"钢铁长城"。

第三，必须坚持和完善军队政治工作制度，加强政治建设，努力把各级党组织建设成统一领导和团结部队的核心。

（二）现代化

武装力量的现代化，主要是指三个方面的内容：一是武器装备的现代化，这是武装力量实现现代化的物质基础。要跟上世界新技术革命的发展，努力缩小同军事大国武装力量在武器装备方面的差距，发展和装备先进的尖端武器，并努力使我们能有几件有效制敌的"撒手锏"。二是人员素质的现代化。即培养能熟练使用现代化武器，能指挥并参与现代战争的人。要求广大官兵必须适应现代战争要求，掌握现代科学知识和技能，掌握先进的军事思想和理论，善于全面地研究和运用现代战争条件下的战略战术。三是人和武器的最佳组合。即精简机构，提高效率，建立科学的编制体制，保证人与装备所具有的潜力能得到最大限度发挥。

在上述三个方面的内容中,武器装备的现代化是武装力量现代化的外在标志。它一方面直接促进了军队战斗力的提高;另一方面使现代化战争在一定程度上成为现代技术的较量、现代武器装备的较量,进而推动和导致战争理论、战争方式、战争理念和作战方法的革命性变革。

人员素质的现代化是武装力量现代化的关键所在。武器装备的对抗和较量,毕竟只是现代战争的表现形式,就其实质而言,现代战争仍然是人的质量的竞争。然而,在某种意义上说,实现“人”的现代化相对于实现“物”的现代化更重要,也更困难。因此,必须把提高人的素质摆在武装力量现代化建设的突出位置,重点加以解决。这是因为:

第一,武器装备的现代化可以通过阶段性的质变来实现。如在科研、生产发展积累的基础上,国家可以集中财力在较短时间内实现武器装备的阶段性质变。但人的现代化,特别是与现代战争相适应的现代观念、现代军事技术素质、现代作战理论和战略战术、指挥现代战争的能力等,则只能是一个渐进的过程,不可能一蹴而就。

第二,提高人的素质必须经过专门、系统的培训。正如邓小平所说,过去是在战争中训练,从战争中学习,而且那个学习是最过硬的。但是现在,即使有战争,不经过学校学习也不行,因为装备不同了,指挥现代化战争需要多方面的知识。应当说,这些知识只有经过平时系统地学习和严格地训练才能掌握。

第三,武装力量有了现代化的武器装备,并非就代表其具有了现代作战的能力。这是因为再先进的武器装备,如果没有现代化素质的人来操纵使用,也只能是摆设而已;而只有当它被具有现代化素质的人所掌握时,才能转化为现实的战斗力。换句话说,武器装备的现代作战能力只有在人的素质现代化的基础上才能最终实现。因此,着力实现人的素质现代化,也是武器装备不断发展的客观要求。

(三)正规化

武装力量的正规化,就是要建立起与武装力量现代化建设相适应的科学合理的组织结构和高效周密的运行机制,实行统一指挥、统一制度、统一编制、统一纪律、统一训练,增强组织性、计划性、准确性、纪律性。

1. 统一指挥

即要统一服从党中央、中央军委的领导与指挥,保证政令、军令畅通,维护武装力量的高度稳定和集中统一。

2. 统一制度

凡属全国性的军事制度,必须由全国人大及其常委会、国务院、中央军委统一制定;中国人民解放军全军性的制度,必须由军委、军委各部统一制定,颁发全军执行;中国人民武装警察部队和有关民兵的基本制度,也由中央军委统一制定。要坚决纠正自立章法的现象和工作上的随意性,努力建立科学高效的运行机制。

3. 统一编制

中央军委、国务院统一颁发的编制,必须坚决执行,任何单位和个人都不得擅自决定超编超配。统一编制并非不分南北、不分任务和条件的“一刀切”。相反,编制体制要合理,军兵种的发展比例要科学、协调,就必须照顾到不同战区的具体情况。要认真论证,审慎定编,并保持相对稳定。

4. 统一纪律

武装力量纪律的内容,维护纪律的原则和措施,奖惩的项目、条件和程序等,在中央军委和国务院制定的军事法规中均有明确规定,必须坚决贯彻执行。

5. 统一训练

军队、武警和民兵应分别按照统一的训练方针和原则、统一的条令和条例、统一的训练大纲和训练标准,实行统一领导、分级管理,从难、从严、从实战出发进行训练。未经批准,不得改变训练任务、减少训练时间,更不得降低训练标准,以确保训练质量。

武装力量的组织性、计划性、准确性、纪律性是一个整体,核心是纪律性。科学的计划、严密的组织、准确的行动,都要有严格的纪律作保证。没有严格的纪律,武装力量就不可能达到高度集中和统一,就不可能真正实现正规化。加强正规化建设,就是要把我国武装力量的纪律提高到整齐划一、令行禁止的程度。

总之,武装力量的革命化、现代化、正规化建设,是处于一个有机系统中的三个基本要素,有着共同的出发点和归宿,最终都是为了全面提高武装力量的战斗力。在三个基本的要素中,革命化是统帅,现代化是中心,正规化是保障,三者相辅相成,不容割裂,不能孤立、片面、静止地强调某一个方面而忽视其他方面。

三、中国人民解放军军兵种体制及编成

军兵种体制是指军队按军种、兵种构成的组织体系。

中国人民解放军的前身是 1927 年 8 月 1 日南昌起义后留存的部队——中国工农革命军,经过土地革命战争、抗日战争、解放战争,在 1947 年原八路军、新四军、东北抗日联军等部队合并后改称为中国人民解放军。

中国人民解放军的最高军事机关为中央军事委员会,现役部队由陆军、海军、空军、火箭军、战略支援部队五大军种构成。每个军种都是一个多系统和多层次有机结合的整体,不仅有战斗兵种、战斗保障兵种及专业部队,而且设有各级领导机构、后勤保障系统和院校培训体系。各军种还建有相当规模的预备役部队。目前中国人民解放军现役兵力员额约 200 万人,是世界上现役兵员最多的国家军队之一。

(一)中国人民解放军陆军

中国人民解放军陆军成立于 1927 年 8 月 1 日,是人民解放军的主要军种,是陆地作战的主力,也是中国人民解放军的中坚力量。经过数次改革,目前,解放军陆军已由单一兵种发展成为诸兵种合成的现代陆军。

中国人民解放军陆军现由步兵(摩托化步兵、机械化步兵)、炮兵(地面炮兵、高射炮兵)、

装甲兵、工程兵、通信兵、防化兵、电子对抗兵等兵种和侦察、汽车、测绘、气象等专业部队组成。

2015 年 12 月 31 日,中国人民解放军陆军领导机构正式成立,标志着陆军单独作为一个军种正式亮相世界,从此迈入新的历史发展阶段。2017 年 4 月 27 日,陆军原有的 18 个集团军番号撤销,调整组建为 13 个集团军,新番号同时公布。全新的军旅营体制、崭新的合成作战力量,中国陆军正从“大陆军”时代走进“强陆军”时代。陆军全体官兵弘扬陆军光荣传统和优良作风,适应信息化时代陆军建设模式和运用方式的深刻变化,探索陆军发展特点和规律,按照机动作战、立体攻防的战略要求,加强顶层设计和领导管理,优化力量结构和部队编成,加快实现从区域防卫型向全域作战型转变,努力建设一支强大的现代化新型陆军。

(二)中国人民解放军海军

中国人民解放军海军的前身是 1949 年 4 月 23 日组建的中国人民解放军华东军区海军。目前,它已成为一支装备复杂、技术密集、由多兵种合成、具有现代化作战能力的近海防御力量。

中国人民解放军海军主要由水面舰艇部队、潜艇部队、海军航空兵、海军岸防兵、海军陆战队等兵种及各种专业保障部队组成。

(三)中国人民解放军空军

中国人民解放军空军成立于 1949 年 11 月 11 日。经过 70 年的建设,中国人民解放军空军已经发展成为一支由航空兵、地空导弹兵、高射炮兵、空降兵、雷达兵、电子对抗兵、气象兵等多兵种合成,由歼击机、强击机、轰炸机、运输机等多机种组成的现代化的高技术军种。其主要任务是担负国土防空,支援陆、海军作战,对敌后方实施空袭,进行空运和航空侦察。

空军作为有效塑造态势、管控危机、遏止战争、打赢战争的重要力量,正在向全疆域作战的现代化战略性军种迈进。2018 年,奋飞在强军路上的人民空军高擎新时代精神旗帜,深入学习贯彻习近平新时代中国特色社会主义思想,牢固确立习近平强军思想指导地位,坚决落实军委主席负责制,在强军路上笃定前行。维护国家主权、安全、发展利益,是人民空军 40 万官兵的神圣使命。人民空军近年来警巡东海、战巡南海、前出西太平洋、绕岛巡航,忠实履行使命任务,积极回应人民期待。“国字号”歼-20、运-20、歼-16、歼-10C、歼-11B 和轰-6K、空警-500 等新型战鹰,陆续列装空军部队,投入新时代练兵备战。改革强军,科技兴军,空军实战化训练正在向高原、大海和远洋拓展延伸。国家利益拓展到哪里,空军战略能力就延伸到哪里,空军正在为国家发展提供可靠的空天安全保障。

(四)中国人民解放军火箭军

中国人民解放军火箭军是中国人民解放军新的军种,由“第二炮兵”更名而来,于 2015 年 12 月 31 日正式成立。火箭军是我国战略威慑的核心力量,是中国大国地位的战略支撑,是维护国家安全的重要基石。

中国人民解放军火箭军的前身是第二炮兵,成立于 1966 年 7 月 1 日,受党中央、中央军委直接领导和指挥。主要担负遏制他国对中国使用核武器、遂行核反击和常规导弹精确打击任务。它与海军潜地战略导弹部队和空军战略轰炸机部队构成我国“三位一体”的战略核力量。

图 2-2　火箭军

火箭军在新时期的不断发展壮大,是我国综合实力和国防现代化的重要标志之一。它不仅展示了我国拥有强大的军事实力和尖端科学技术,同时也标志着我军现代化已进入了新的阶段。它对于提高我国的国际威望、遏止超级大国对我国发动战争、争取一个和平稳定的国际环境都具有重要作用。

1. 火箭军的编成

火箭军由地地战略导弹部队、常规战役战术导弹部队,以及工程、情报、侦察、测地、计算、气象、通信、防化、伪装等专业部队组成。编制序列为:火箭军、导弹基地(相当于军)、旅、营。火箭军领导机关设有司令部、政治工作部、后勤工作部、装备发展部。

2. 火箭军的主要任务

主要任务:平时发挥威慑作用和遏制敌人可能对我国发动的核战争;战时则主要遏制将常规战争升级为核战争,遏制核战争升级,实施核反击。

目前,火箭军已建成了一批不同型号和不同发射方式的作战阵地,初步形成了多种型号的导弹武器装备系统,快速机动作战能力和准确打击目标能力有了进一步的提高。

(五)中国人民解放军战略支援部队

中国人民解放军战略支援部队是继中国陆军、海军、空军、火箭军之后的第五大军种,于 2015 年 12 月 31 日成立。

中国人民解放军战略支援部队是维护国家安全的新型作战力量,是我军信息化战争形态下软实力大幅提高的突出体现,主要是将战略性、基础性、支撑性都很强的各类保障力量进行功能整合后组建而成的。成立战略支援部队,有利于优化军事力量结构、提高我军的综合保障能力。

新成立的战略支援部队担负情报、技术侦察、电子对抗、网络攻防、心理战五大领域内的支援保障任务。

(六)中央军委联勤保障部队

2016年9月13日,中央军委联勤保障部队成立。联勤保障部队是实施联勤保障和战略战役支援保障的主体力量,是中国特色现代军事力量体系的重要组成部分。构建具有中国军队特色的现代联勤保障体制,对把中国军队建设成为世界一流军队、打赢现代化局部战争具有重大而深远的意义。

在某种意义上讲,打仗就是打保障。从近几场现代战争看,联勤保障已经成为影响部队作战能力生成的重要因素。联勤保障是一体化联合作战的内在要求,也是世界各国军队实现后勤转型的普遍选择。中国军队的最新一轮改革,凝聚了我军多年来联勤保障实践探索经验,集中全军官兵智慧,着力推动军队后勤保障模式实现根本性转变,构建以联勤部队为主干、军种为补充,统分结合、通专两线的保障体制。不但与新的领导指挥体制相适应,而且有利于实现联战联训联保一体、平战一体,有利于解决后勤保障体制不顺、力量分散、管理粗放等问题,有利于全面实施体系保障、联合保障、精准保障。

第五节　国防动员

国防动员,简称动员,是国家或政治集团为应对战争或其他军事威胁,采取非常措施将社会诸领域全部或部分由平时状态转入战时状态,使国防潜力转化为国防实力而进行的准备、实施及其他相关活动。国防动员是国防活动的重要组成部分,是国家实现寓军于民、军民融合的国防发展战略,保持国防与经济社会协调发展,有效增强国防能力,维护国家主权、统一、领土完整和安全的重大举措,在国家安全与发展中具有重要地位。

一、国防动员的意义

习近平总书记在党的十九大报告中强调,“完善国防动员体系,建设强大稳定的现代化边海空防”。高效的国防动员实力就是战斗力,必须真正把国防动员的潜力转化为保障打赢的战争实力。

(一)国防动员是增强国防实力的一项重要措施

国防实力是指国家防御外来侵略的力量,是国家军事、政治、经济、科学技术等力量的总和。在和平时期,国家把国防动员纳入经济建设和社会发展的总体规划,贯彻“军民结合、平战结合”的方针,以增强战争潜力。同时通过动员准备,激发全国人民的强烈的爱国热情和牢固的国防观念,从而确保国家政局稳定、经济发达、科技进步,综合国力迅速增强。

再者,如果平时注重动员,牢固树立国防观念,一旦战争爆发,通过战时动员,就能迅速地把战争潜力转变为战争实力。例如,就武装力量建设而言,为了对付敌人的突然袭击和入侵,保持一定数量的常备军是必要的。然而,要在平时保持一支满足战争需要的庞大军队,任何国家，即使是经济发达国家也都无法做到，这是因为巨额的军费开支必然加重国家的经济负担，影响国民经济的发展，同时也影响部队武器装备的研制和更新。因此，要解决“平时养兵少、战时用兵多”的矛盾。采用常备军和后备力量相结合的原则，平时保持精干的常备军作为战时动员扩建部队的骨干力量，同时积极训练、储备后备力量，以便战时根据需要编组参战。这样既可以加速国民经济的发展，又可以从根本上增强国防实力。

（二）国防动员是增强国防威慑力的一种有效手段

一个国家的国防威慑力，不仅取决于常备军的数量和质量，而且还取决于军队后备力量和其他动员潜力，取决于常备军与后备力量动员准备的有机结合，以及动员机制的完善程度和运行效率。平时充分做好战时动员的准备工作，建立强大的后备力量和健全的动员体制，可以使敌人望而生畏，不敢轻举妄动，贸然发动进攻，以达到“不战而屈人之兵”的战略目的。特别是处于防御地位、反对侵略的国家，应该采取积极的对策，以充分有效的动员，显示应付战争的能力和拼死抵抗的决心，迫使敌人延缓或放弃侵略战争。我国的后备力量既是潜力又是实力。例如，我国的民兵是现实力量和后备力量的统一体。平时，加强国防后备力量建设，做好战争动员准备，无疑可以增大威慑力量，从而达到制止战争爆发、维护和平的目的。

（三）国防动员是夺取战争主动权的一个可靠保障

决定战争胜负的因素是多方面的，其中后备力量的强弱、兵员质量的优劣以及战时动员准备和实施的好坏是重要的因素。随着现代科学技术的飞速发展及其在军事领域的广泛应用，使现代战争的突发性和速决性更加突出，发动战争的一方往往先发制人，迫使对方在无戒备或准备不充分的情况下仓促应战，从而取得速战速决的效果。第二次世界大战以来，突然袭击、不宣而战已成为首先发动战争一方的惯用手法。处于防御地位的国家，如果战时动员工作准备和实施得不好，在战争初期往往处于被动地位，甚至来不及实施动员和完成战略展开，其武装力量和经济命脉就可能已陷于瘫痪。

历史表明，在现代战争中，谁能保持强大的后备力量，并能以最快的速度动员起来投入战争，谁就能取得战争的主动权。

二、国防动员的内容与要求

（一）国防动员的内容

1. 武装力量动员

武装力量动员是指国家将军队及其他武装组织由平时体制转为战时体制所采取的措施。通常包括解放军现役部队、武装警察部队、预备役部队、民兵以及相应的武器装备和物资等的动员。它是战争动员的核心，对战争的进程和结局，特别是对战争初期军队的迅速扩编和战略展开，掩护国家转入战时体制，争取战略主动，具有重要意义。

武装力量动员的具体措施：

（1）扩编现役部队。临战前使军队迅速转入战时状态，现役军人一律停止转业和退伍，外出人员立即归队;迅速组建、扩建新的作战部队和保障部队,实施战略展开。

(2)征召预备役人员。征召预备役军官和专业技术兵,按战时编制补充现役部队,使之达到齐装满员,随时处于临战状态。

(3)预备役部队调服现役。预备役部队是有别于现役部队的一种武装组织,主要由少数现役军人为骨干,以预备役军官和士兵为基础进行编组。预备役部队平时寓于民间,需要时一声令下,即可以整师、整团地转为现役部队。

(4)将地方部队升级为野战部队。地方部队是执行地区性军事任务的部队,包括武装警察、生产部队在内。平时主要担负内卫、守护、维护社会治安、生产建设等任务。在需要时,地方部队可迅速升级为野战部队,开赴战区,投入战斗。在我国,地方部队升级为野战部队,民兵升级为地方部队,源源不断,已成为一种独特的、完整的兵员动员体系。

(5)动员和组织民兵参军参战。

(6)征用急需物资。征用运输工具和工程机械、医疗器械、修理设备等,以满足军队扩编的需要。

(7)健全动员机构,加强组织领导。随着战争的发展,要进行持续动员,以保证军队不断补充和扩大,直至战争结束。

2. 国民经济动员

国民经济动员是指国家将经济部门、经济活动和相应的体制从平时状态转入战时状态所采取的措施。国民经济动员是战争动员的基础,目的是充分调动国家的经济能力,保障战争的需要,通常包括工业、农业、交通运输、财政金融、邮电通信、医疗卫生等方面的动员。

国民经济动员的具体措施:

(1)改组国民经济各部门,集中管理和使用战争潜力。

(2)调整国民经济比例,重新分配人力、物力、财力,统筹安排军需和民用。

(3)调整经济建设布局,搬迁、疏散重要工厂和战略物资。

(4)改组工业结构和产品结构,实施工业转产,扩大军工生产。

(5)调整科研和军工试验部门的任务,加速研制新式武器装备。

(6)调集交通运输、邮电通信、医疗卫生以及财贸、商业等各行各业的力量,为战争服务。

(7)加强能源生产和资源管理;改组农业,提高农业产量,加强粮食生产和储备,保障粮食供给;加强经济资源的开发利用,保障战争的需要。

3. 科学技术动员

科学技术动员是指战时由国家统一组织、调整科学研究部门,组织专家和工程技术人员从事战争所需要的科学技术的开发研究所采取的措施,是战争动员的重要组成部分。

科学技术动员的任务:开发应用新兴科学技术,利用科研设施和成果,研制先进的武器设备,为军队培养、输送专业技术人才,使军队在战争中保持科学技术和武器装备方面的优势。

科学技术动员的具体措施:战时,科学技术动员通常根据国家发布的动员令组织实施,按照科学技术动员计划，有组织、有步骤地将全国的科技力量转入战时轨道，强化国家对科技领域人力、物力、财力的投入，将科学技术转化为军事实力和战斗力；充分运用先进的科技成果和各种先进的科技手段，迅速改进和更新现有武器装备，使军队的武器和技术装备在整个战争进程中保持领先地位；加速为军队输送各类专业技术人才，保证战时扩编需要，保持参战人员与武器装备的有机结合，使之发挥最大效能；及时总结战争的经验教训；分析敌我双方的战时态势，针对战争的发展趋向，研究提出新的对策，开拓新的研究领域，充分发挥科学技术在战争中的作用。

4. 人民防空动员

人民防空动员是指国家战时发动和组织人民群众防备敌人空袭所采取的措施，也可简称为“人防动员”，有的国家称为“民防动员”。其主要任务：依据国家有关法律、法令，动员社会力量进行防空设施建设，组建防空专业队伍，普及防空知识教育，组织隐蔽疏散，配合防空作战，消除空袭后果，以保护居民、经济设施及其他重要目标的安全，减少国家及人民群众生命财产的损失，保存战争潜力。

随着现代科学技术的飞速发展，各种新式空袭兵器不断出现，空袭与反空袭已成为现代战争的主要作战形式，在现代战争中占有极为重要的地位。因此，搞好人民防空动员，对于增强国家的总体防御能力具有重要的战略意义。

5. 国防交通动员

国防交通动员是指在全国或部分地区调集交通力量，全力保障战争需要的紧急行动。

国防交通动员通常是在国家动员领导机构的统一领导下，由国防交通主管机构组织，协同政府、军队有关部门共同实施。

国防交通动员准备包括：在平时制定完备的国防交通动员的法规和计划，健全国防交通机构和机制，建立国防交通保障队伍，储备必要的国防交通物资和器材等。

国防交通动员的主要任务：根据战争规模和作战需要，有计划地将平时国防交通领导机构迅速按方案扩编为战时交通运输指挥机构，政府交通运输部门随即转入战时体制；根据作战保障需要，动员、征用社会运输力量，必要时对交通运输系统实行不同范围、不同形式的军事化管理；动员、组织各交通保障队伍和交通保障物资器材迅速到位，遂行运输、抢修、防护任务；根据统帅部的规定，做好对弃守地区的交通遮断准备，保障及时遮断。

6. 政治动员

政治动员是指国家从政治上、组织上、思想上发动人民和军队参加战争所采取的措施。旨在激发全体军民的爱国热情，动员军队英勇作战，动员人民踊跃参军参战，努力增加生产、厉行节约，全力支援战争。

政治动员可分为国内的政治动员和国际的政治动员。

(1)国内政治动员。平时，由政府、军队与社会团体等对全国各族人民进行国防教育，增强国防观念。战时，运用各种宣传教育手段，鼓舞人民斗志，增强胜利信心；鼓励参军参战、拥军优属，参加战时勤务工作；动员人民增加生产、厉行节约，积蓄财力、物力支援前线，为夺取战争胜利贡献一切。

（2）国际政治动员。国家通过各种外交活动和对外宣传，揭露敌人的阴谋和罪行，团结盟友、瓦解敌人，争取国际支援。

未来战争，无论战争形式、规模和武器装备怎样变化，都改变不了“战争是政治的继续”“决定战争胜负的是人而不是物”这些基本原理，因此，政治动员在整个国防动员体系当中仍占有重要的战略地位。世界许多国家特别重视政治动员，在平时就对人民群众和军队加强国防教育和爱国主义教育，培育公民的爱国主义精神，增强公民的国防观念，为战时实施政治动员奠定一个良好的基础。

（二）国防动员的要求

现代国防斗争复杂多样，尖锐激烈，对动员工作提出了更高的要求。因而，在现代条件下，要重点做好应付局部战争和突发事件的动员准备。

从总体上看，现代局部战争和现代国防对国防动员提出了以下五个方面的要求。

1. 速度要快

现代高技术局部战争越来越体现出其突发性、短促性、速决性的特点，从发现战争征兆到实施动员的时间十分短暂，可供动员利用的时间越来越短。

第一次世界大战中，各参战国军队完成动员的时间为5~21天；第二次世界大战中，各主要参战军队完成首批动员的时间为2~9天。1973年的第四次中东战争中，以色列在战争爆发后15分钟就通过电台向全国发布动员令，1小时后征用了大批民用汽车投入军事运输，48小时内动员了30万人开赴前线。

由此可见，战争动员所能利用的时间不断缩短，动员的速度比以往要求更快，即使在战争爆发之前进行动员，其时间也是极其有限的。因此，只有快速完成动员任务，才能获得战争的先机，取得战争的主动权。从另一方面来说，高速度的战争动员可在一定时期内弥补兵员数量上的不足，改变作战力量的对比关系，夺取战场主动权。反之，基础再雄厚、力量再强大，也将受到压制、分割而难以发挥作用。

2. 数量要多

数量多，就是动员的兵员和物资要有足够的数量，首先要保障战争初期的需要，同时还要保持持续的动员能力，以保障战争中后期的需要。纵观近期世界所发生的局部战争，尽管规模有限，然而体现出的一个突出特点是物力、财力消耗增加。海湾战争仅打了43天，美军及多国部队却消耗了611亿美元，平均每天消耗11.2亿美元。从海湾危机到海湾战争，美国动用了3 132艘大型舰船昼夜不停地往返于战区至美国本土和欧亚等地运送作战物资，出动1.1万架次军队和民航飞机向海湾运送武器装备、弹药给养，甚至动用了美国在世界各军事基地的战略储备。

综上分析，在现代高技术战争中，作战物资处于高强度、高速度的消耗状态，这就要求提高持续动员能力,并且在平时就必须打好动员的基础。

3. 质量要高

现代战争中,高技术武器装备的大量使用,使一线直接参战的士兵和指挥人员减少,而后方技术保障、设备维修人员成倍增加,这必然导致军队中专业技术兵员比例不断上升。据有关资料记载,第一次世界大战时军队的技术种类仅有 20 多种,第二次世界大战时发展到 160 多种。现在世界一些发达国家军队中的专业技术种类已达到几千种。

由此可见,现代战争对专业技术兵的需求量越来越大,例如,在海湾战争中,美军征召的后备役人员大都是专业技术兵;英军在海湾战争中动员的 1 500 名后备役人员,全部是专业技术兵。战争的现代化程度越高,参战的军兵种越多,专业技术兵的比例就越大,对动员的整体质量要求就越高。质量重于数量,已成为高技术局部战争动员的基本要求。

4. 范围要广

局部战争的实践证明,在高技术条件下,无论是进行小规模的局部战争,还是进行中等规模的局部战争,动员的范围非常广泛。例如,海湾战争中,美国在陆、海、空三军都征召了后备役人员,动员的范围几乎涉及全国各个方面。除兵员动员外,还动员征用了大批民船、车辆和大型民用运输机以及数万种作战和生活物资。伊拉克为应对以美国为首的多国部队,同样也进行了全国总动员,动员的范围涉及政治、经济、外交、民防等各个方面。

可见,现代局部战争规模虽有所不同,但动员中却要涉及整个国家的各个方面、各个领域、各种力量,其内容和范围十分广泛,组织工作也极其复杂。任何一个方面发生变化,都会对其他方面带来直接或间接的影响。因此,动员工作必须全面筹划,整体协调,从多方面做好准备,才能适应现代战争中对动员的需要。

5. 隐蔽安全

现代侦察情报手段先进,远程兵器打击精度高、破坏力大。战争初期,敌人必将依仗其先进的技术装备,采取各种手段,破坏和阻止我方的动员及战争准备。因此,在组织实施动员时,特别是兵力的集结与机动、军用物资的储备与运输,都应当力求隐蔽安全。在平时,要根据战时可能出现的情况进行必要的演练,以适应战时复杂情况下实施的快速动员。

三、国防动员的实施

(一) 国防动员实施的时机

准确、及时地把握国防动员的时机,就能掌握战争主动权;反之,则可能处于被动挨打的境地。过早动员会打乱自己的计划,影响国民经济正常发展,还可能成为敌人发动战争的借口;过迟动员,会造成军事上被动,并将造成损失。

因此,要根据国际战略环境、敌国战争准备的变化以及兵员动员工作的特点来确定兵员动员的时机。如应急动员,在战争即将爆发之前,风云变幻莫测,要迅速判断,抓住时机实施动员;临战动员,交战双方已经打响,态势高度紧张,必须全力以赴搞好人力、物力的动员;战争中、后期动员，要纵观全局，掌握节奏，保持后劲。

为尽可能地掌握战争的主动权，在准确把握国防动员的时机时，应注意以下几点：

加强预测。内容包括：国际战略环境；敌国军事战略思想发展趋势、军事实力、经济能力、武器装备技术水平；本国的军事实力、后备兵员和快速动员状况以及可能得到的援助。

加强战略侦察，做到知己知彼。除了动用现代化手段实行军事情报侦察外，还要通过政治、外交、经济、文化等多种渠道，广泛搜集资料，进行分析判断。

综合分析、果断决策。必须审时度势，从猎取情报、分析情报到动员令的下达，都要快速决断、及时反应。

（二）动员实施的程序

动员实施的程序是指按时间先后和流程次序，对兵员动员的实施过程所安排的工作步骤。通常包括以下四个程序：

1. 发布动员令

动员令是宣布全国或部分地区、某些部门转入战时状态的命令。动员令的发布关系着战争的胜负和国家的前途命运，各国大都由最高权力机关或国家元首、政府首脑发布。

根据我国宪法规定，发布动员令由全国人民代表大会及其常委会决定，以国家主席名义发布。发布动员令分公开发布和秘密发布两种。

公开发布一般是战争在即或战争已经爆发的情况下施行，可以运用一切宣传工具和通信手段，不受任何保密限制。这种方式传递速度快，能在短期内家喻户晓，迅速转入战时状态。秘密发布要有严格的保密限制，通常只下达给政府有关部门和军事机构、预备役部队、军工厂和需要转产的民用工厂。秘密发布动员令通常适用于战争已不可避免但尚未爆发的情况。

动员令的主要内容包括敌情、动员实施方式和任务、后备兵员集结、输送和补充、完成时限等。

2. 调整和加强动员机构

和平时期的动员机构，无论是人力还是权限都难以适应战时需要。因此，一旦战争爆发，必须及时调整和加强。

首先，要加强动员机构的力量。各行政区的动员机构要吸收与动员有关的工、商、贸、交通、燃料、公安、司法等部门的领导参加，形成一个科学合理、动员效率高效的机构。

其次，要赋予较高的指挥职权。动员事关国家安危，责任重大，如果权力有限、指挥无力、处处受制，就难以完成繁重的动员任务，最终影响战争的顺利进行。因此，各级战争动员机构都应由职务较高且精明强干的人来领导，并赋予较高的职权。各行政区的动员机构，必须由党政主要负责人担任领导；各部门、各行业的动员机构，必须由部门、行业的主要负责人担任领导。

最后，调整、扩大动员机构。可在其中建立指挥决策系统、组织计划系统、协调系统、政治工作系统、后勤保障系统等。

3. 修订战时动员计划

战时情况千变万化,计划的修订是完全必要的。战时计划修订由国家各级动员机构负责实施,吸收有关部门参加。

修订的基本原则:以平时制订的计划为基础,以国家发布的动员令和最高统帅部的战略战役计划为依据,以满足部队动员需要为目标。

对修订工作的要求:通盘谋划,抓住重点;内容全面,条文具体;注重效益,具有弹性。

4. 落实动员计划

动员令发布之后,负有动员任务的地区、部门和行业,应根据修订的动员计划,迅速转入战时体制。武装力量、国民经济、科教文化等部门和社会生活,都以保障战争胜利为轴心迅速进行调整。

武装力量要迅速转入战时状态。满编部队应迅速集结到指定地域,补充武器装备;有作战任务的部队,要迅速开赴前线。简编部队应迅速补充,齐装满员。预备役部队应根据情况,迅速集结、换装、发放武器装备,实施交接,转隶关系,明确任务,并抓紧时间进行整训。民兵应做好应征准备,同时启封民兵武器,成建制地组织起来并进行必要的训练。另外,视情况准备成立新的部(分)队。

地方政府各部门要根据上级下达的动员任务,积极实施动员计划。经济部门要迅速动员民用工厂转产,生产前线急需的武器弹药、服装和食品等;科研机关要抽出人力、物力,研制、开发新型武器装备;教育部门要组织地方有关的大专院校为军队培养和输送人才;宣传文化系统要搞好政治动员,加强爱国主义、革命英雄主义和参军参战的宣传教育;民政部门做好优抚工作;外事、外贸部门应积极争取外国的军事、经济援助,并通过各种途径广交朋友,打击敌人。

总之,各行各业都要动员起来,落实战争动员计划,有组织、有计划地转入战时体制,为战争服务。

第六节　国防法规

健全的国防法规是加强国防建设、实现国防现代化目标的客观要求,对于调节和发展国防机制、充分发挥国防威力和活力有着十分重要的意义。同时,国防法规也是一个国家的国防是否具备现代化水平的重要标志之一。

一、国防法规概述

(一)国防法规的含义

国防法规是指国家为了加强防务,尤其是加强武装力量建设,用法律形式确定并以国家强制手段保证其实施的行为规则的总称。

国防是国家的总防务。国防建设是国家总体建设的重要组成部分;武装力量建设是国防建设的核心。国防法规作为国防活动的基本法律规范,其主要任务:调整和规范国家在国防领域中的各种社会关系,维护国家的军事利益,保证国家关于国防和军队建设方针、政策的贯彻执行,保障和促进国防建设纳入法制化轨道,确保军队革命化、现代化、正规化建设总目标的实现。

国防法规的内容十分广泛,主要包括:国防领导体制、武装力量的体制编制、战争准备和动员、全面防御、国防建设、军费开支、国防教育、国防科研、国防生产、公民兵役义务、武装力量建设、军队人事管理、军事犯罪惩治等方面的法律规定。

(二)我国现行国防法规的层次

国防法规是以国家宪法为基础,根据国防建设的实际需要而制定的,其内容十分广泛。目前,我国现行的国防法规有:规范国防建设基本任务、方针原则、领导体制及制度的《中华人民共和国国防法》(简称《国防法》);规范兵役和兵役制度的《中华人民共和国兵役法》(简称《兵役法》);规范全民国防教育的《中华人民共和国国防教育法》(简称《国防教育法》);规范武装力量作战、训练、管理等内容的行政法规;规范军官和士兵服役、军衔等内容的军队人事法规;规范发展武器装备、保护军事设施的《中华人民共和国国防科技法》《中华人民共和国军事设施保护法》等。

根据宪法规定及立法的权力和立法的原则,我国现行的国防法规可以分为以下五个层次:

一是全国人民代表大会及其常务委员会制定颁布的法规。例如,《国防法》《兵役法》等是由国家最高权力机关——全国人民代表大会制定颁布的,处于国家基本法的地位;中国人民解放军《军官服役条例》《军官军衔条例》等是全国人大常务委员会制定颁布的,属于基本法之外的其他法律。

二是国务院、中央军委制定颁布的行政法规。例如,《军人优恤优抚条例》《退伍义务兵安置条例》等是由国务院制定颁布的;《征兵工作条例》《警官警衔制度的具体办法》等则是由国务院和中央军委联合制定颁布的。

三是国务院各部委和中央军委各部委局制定颁布的法规。例如,《应征公民体格条件》《交通战备科研管理暂行规定》等。

四是各军兵种和战区制定颁布的法规细则。例如,陆军颁布的《战斗条令》、海军颁布的《舰艇条令》、空军颁布的《飞行条令》等。

五是各省、自治区、直辖市人大和政府制定的地方性法规和规章。例如,《关于加强人武部建设意见》《征兵工作若干规定》《国防教育条例》等。

二、我国主要的国防法规

依法进行国防建设和依法治军是依法治国的重要内容。我国非常重视军事法制建设,始终把加强军事法制建设作为实现国防现代化和军队正规化的基本途径和重要保障。

（一）《中华人民共和国国防法》

1.《国防法》的地位与原则

为了适应社会主义民主与法制建设迅速发展的新形势，加快国防建设的步伐，保障改革开放和经济建设的顺利进行，保证国家长治久安，第八届全国人民代表大会第五次全体会议于1997年3月14日审议通过了《国防法》。

《国防法》是中华人民共和国第一部国防方面的基本法，是指导、规范国防和军队建设的基本依据，是调整国家及企事业单位、社会团体和公民之间在国防建设方面的法律关系的规范，在国家法律体系中占有重要位置。《国防法》明确规定了我国国防的方针、政策、性质、任务、制度、建设目标等一系列国防原则，并分别对国家机构的国防职权，公民、组织的国防权利与义务，军人的义务和权益，以及对外军事关系等问题均做了原则性规定。

《国防法》制定了以下一些关于国防和国防建设的基本原则：

（1）独立自主原则

国家独立自主、自力更生地建设和巩固国防，是国家主权的必然要求。历史经验证明，建设一个强大的社会主义现代化国防，不能靠金钱，更不能靠援助，必须结合国情，独立自主地决定国防建设的目标、重点、步骤、措施，提升综合国力，为国家安全提供可靠保障。

（2）积极防御原则

《国防法》总则中规定：国家“实行积极防御战略”，这是我国国防的基本方针。军事战略方针历来都是武装力量建设、战争准备和战争指导的基本依据，实行积极防御战略，在自卫的原则下坚持后发制人，把战略上的防御与战役、战斗上的进攻相统一，把威慑与制胜相统一，把遏止战争与赢得战争相统一，这是由我国社会主义性质所决定的。它既是中国革命历史经验的总结，也是对中华人民共和国成立后，我国国防建设的科学概括。

（3）全民自卫原则

《国防法》总则中规定：国家“坚持全民自卫原则”，这是我国从战争与和平的实践中得出的经验总结。战争年代，我们靠人民支援取得了战争的胜利；和平时期，我们依赖全民的力量建设现代化国防；未来高技术局部战争中，不论武器装备如何发展，作战形态如何变化，坚持人民战争，永远是我们克敌制胜的法宝。

（4）协调发展原则

《国防法》第四条规定：“国家在集中力量进行经济建设的同时，加强国防建设，促进国防建设与经济建设协调发展。”国防与经济是国家独立不可缺少的两个基本条件，经济力量是基础，国防实力是保证，二者互相联系、相辅相成。我国在坚持以经济建设为中心，加速发展和壮大经济力量的同时，必须根据国家可能面临的威胁，加强国防建设，使其协调一致地共同发展，走“富国强兵”之路。

（5）统一领导原则

《国防法》第五条规定：“国家对国防活动实行统一的领导。”国家是国防的主体，是国防的组织者和实施者。在我们国家,党是国家的领导核心,国家的领导与党的领导是统一的,因此,《国防法》规定:“中华人民共和国的武装力量受中国共产党的领导。”这种统一的领导体制具有中国特色,符合我国国情,它体现了党对武装力量的绝对领导与国家领导的统一性,有利于运用国家机器来加强国防建设,有利于武装力量的高度集中和统一指挥。

2. 主要内容

《国防法》共十二章七十条,重点对以下几方面的问题进行了规范:

(1)对一些重要的国防问题进行了规范

国防指国家为防备和抵抗侵略,制止武装颠覆,保卫国家的主权统一、领土完整和安全所进行的军事活动,以及与军事有关的政治、经济、外交、科技等方面的活动。国防的目的是保卫国家安全,维护国家权益,反对霸权主义,维护世界和平。国防的要素是国防政策、国防体制、国防力量、国防法规、兵役制度、国防教育、国防科技、国防工业、国防工程、人民防空、国防交通等。国防的特点是国防的社会公共福利性,国防是综合国力,特别是科技实力和经济实力的重要体现。国防是国家生存与发展的安全保障。国家加强武装力量、边防、海防以及空防建设,发展国防科研生产,普及全民国防教育,完善动员体制,实现国防现代化。当代各国综合国力的竞争,同样包括国防力量的竞争。正在世界范围兴起的综合国力竞争,集中体现着当代环境下国家生存与发展的根本利益。国强要以国富作基础,但国富并不等于国强。一个国家虽有雄厚的经济实力而无强大的国防力量,就不可能取得应有的国际地位,也难以巩固已有的经济建设成果,甚至在政治、经济、外交等方面受制于人。当今世界,尽管各国的社会性质、在国际战略格局中所处地位及国家利益目标不尽相同,但都在致力于增强包括国防力量在内的综合国力,以谋求新世纪的战略主动。

(2)对国家机关的国防职权进行了规范

全国人民代表大会依照宪法规定,决定战争及和平的问题。全国人民代表大会常务委员会依照宪法规定,决定战争状态的宣布,决定全国总动员或者局部动员。国家主席根据全国人民代表大会的决定和全国人民代表大会常务委员会的决定,宣布战争状态,发布动员令。同时,《国防法》还规定了国务院在国防方面的九项职权和中央军委的十项职权,从而规范了它们之间的关系。《国防法》还规范了地方各级人民代表大会和县级以上地方各级人民代表大会常务委员会以及地方各级人民政府的国防职权。

(3)对武装力量的组成、性质、任务,武装力量建设的要求和目标进行了规范

中华人民共和国的武装力量由中国人民解放军现役部队和预备役部队、中国人民武装警察部队、民兵组成。中华人民共和国的武装力量属于人民,受中国共产党的领导。它的任务是巩固国防,抵抗侵略,保卫祖国,保卫人民的和平劳动,参加国家建设事业,全心全意为人民服务。它的规模应当与保卫国家安全和利益的需要相适应。它应当适应现代战争的要求,加强军事训练,开展政治工作,提高保障水平,全面提高战斗力。国家加强武装力量的革命化、现代化、正规化建设,增强国防力量。国家禁止任何组织或者个人非法建立武装组织,禁止非法武装活动,禁止冒充现役军人或者武装力量组织。

（4）规范了有关边防、海防和空防的重要问题

《国防法》主要规定了边防、海防和空防的任务，边防、海防和空防的领导管理体制，边防、海防和空防设施的建设与保护等。

（5）规范了有关国防科研生产和军事订货的重要问题

主要规定了国防科研生产的目标、国防科技工业的方针、国防科研生产政策、国防科研生产管理、国防科学技术人才制度、军事订货制度等。

（6）规范了有关国防经费和国防资产的重要问题

《国防法》主要规定了国防经费的保障原则、国防经费拨款制度、国防资产的产权、国防资产的管理、国防资产的保护等。国防资产指国家直接用于国防的资金、资源、土地，以及由此形成的武器装备、设备设施、物资器材、技术资料等。

（7）规范了有关国防教育的重要问题

《国防法》主要规定了国防教育的地位和作用、国防教育的方针和原则、国防教育的组织实施、国防教育的保障等。

（8）规范了有关国防动员的重要问题

《国防法》主要规定了国防动员的条件和规模、国防动员的要求、国防动员的组织实施、国防征用、战争状态等。

（9）规范了有关战争状态的定义

交战双方或一方宣战或宣布战争状态，一方使用武力，另一方认为是战争行为，并继之以敌对行动，即为战争状态的开始。因此，战争状态是指战争正式开始至正式结束期间交战国之间关系的法律状态。

（10）规范了有关公民、组织的国防义务和权利

《国防法》主要规定了兵役义务、承担国防科研生产的义务、接受国家军事订货的义务、承担交通建设中的国防义务、接受国防教育的义务、保护国防设施的义务、保守国防秘密的义务、支持国防建设的义务、国防建设建议权、维护国防利益的权利、依法取得补偿等。

（11）规范了有关军人的义务和权益

《国防法》主要规定了军人履行职责、遵守法律、参加国家建设等基本义务，现役军人权利与利益的保护，退出现役军人的保障，伤残、死亡军人的优抚，军人家属的权益，预备役人员的义务和权益等。

（12）规范了有关对外军事关系

我国始终坚持“互相尊重主权及领土完整、互不侵犯、互不干涉内政、平等互利、和平共处”五项原则，独立自主地处理对外军事关系，开展军事交流与合作。支持国际社会采取的有利于维护世界及地区和平、安全、稳定的与军事有关的活动，支持国际社会为公正合理地解决国际争端、军备控制和裁军所做的努力。遵守同外国缔结或者加入、接受的有关条约和协定。

（二）《中华人民共和国兵役法》

《兵役法》经 1984 年 5 月 31 日第六届全国人民代表大会第二次会议通过，1984 年 5 月 31

日中华人民共和国主席令第14号公布；为加强国防和军队建设，依法开展兵役工作，依法保障军人的合法权益，2011年10月29日经第十一届全国人大常委会第二十三次会议对《兵役法》进行了修正。修正后的《兵役法》共12章74条，分总则、平时征集、士兵的现役和预备役、军官的现役和预备役、军队院校从青年学生中招收的学员、民兵、预备役人员的军事训练、普通高等学校和普通高中学生的军事训练、战时兵员动员、现役军人的待遇和退出现役的安置、法律责任等。其主要内容包括：

1. 兵役制度

兵役制度是《兵役法》的核心。我国现行《兵役法》规定："中华人民共和国实行义务与志愿兵相结合，民兵与预备役相结合的兵役制度。"这是我国现行兵役制度最突出、最鲜明的一个特点。

2. 兵员的平时征集

每年12月31日以前年满18周岁的男性公民，应当被征集服现役。当年未被征集的，在22周岁以前仍可以被征集服现役，普通高等学校毕业生的征集年龄可以放宽至24周岁。根据军队需要，也允许年满18周岁的女性公民服现役。

根据军队需要和本人自愿，可以征集当年12月31日以前年满17周岁未满18周岁的公民服现役。

国家实行兵役登记制度。每年12月31日以前年满18周岁的男性公民，都应当在当年6月30日以前，按照县、自治县、市、市辖区的兵役机关的安排，进行兵役登记。经兵役登记并初步审查合格的，称应征公民。

在征集期间，应征公民应当按照县、自治县、市、市辖区的兵役机关的通知，按时到指定的体格检查站进行体格检查。应征公民符合服现役条件，并经县、自治县、市、市辖区的兵役机关批准的，被征集服现役。

在征集期间，应征公民被征集服现役，同时被机关、团体、企业事业单位招收录用或者聘用的，应当优先履行服兵役义务；有关机关、团体、企业事业单位应当服从国防和军队建设的需要，支持兵员征集工作。

应征公民是维持家庭生活唯一劳动力的，可以缓征。

应征公民正在被依法侦查、起诉、审判的或者被判处徒刑、拘役、管制正在服刑的，不征集。

3. 现役军人和预备役军人

《兵役法》对士兵和军官的现役和预备役做了相应的规定：现役士兵包括义务兵役制士兵和志愿兵役制士兵，义务兵役制士兵称义务兵，志愿兵役制士兵称士官。义务兵服现役的期限为二年。这是根据各军种部队训练合格战斗兵员所需要的时间和我国兵员雄厚的实际情况确定的；同时也考虑到国家经济建设的全局以及照顾公民的切身利益，义务兵服役期满后，不再安排超期服役。义务兵服现役期满两年以后，根据军队需要和本人自愿，经团级以上单位批准，可以改为士官。根据军队需要，可以直接从非军事部门具有专业技能的公民中招收士官。

士官实行分级服现役制度。士官服现役的期限一般不超过30年,年龄不超过55周岁。这对稳定部队的专业技术力量,提高部队战斗力有十分重要的作用。

现役军官是指军队中被正式任命担任领导、指挥或相当的管理职务和技术职务的军人。一般是指授予少尉军衔和被任命为排长或相当排长以上职务的军人和军队文职干部。

现役军官由下列方式补充:

(1)选拔优秀士兵和普通高中毕业生入军队院校学习毕业的学员;

(2)选拔普通高等学校毕业的国防生和其他应届优秀毕业生;

(3)直接提升具有普通高等学校本科以上学历表现优秀的士兵;

(4)改任现役军官的文职干部;

(5)招收军队以外的专业技术人员和其他人员。

战时根据需要,可以从士兵、征召的预备役军官和非军事部门的人员中直接任命军官。军官退出现役时,符合服预备役条件的,转入军官预备役。预备役军官包括下列人员:

(1)退出现役转入预备役的军官;

(2)确定服军官预备役的退出现役的士兵;

(3)确定服军官预备役的普通高等学校毕业学生;

(4)确定服军官预备役的专职人民武装干部和民兵干部;

(5)确定服军官预备役的非军事部门的干部和专业技术人员。

士兵服现役期满,应当退出现役。退出现役时,符合预备役条件的,由部队确定服士兵预备役;经过考核,适合担任军官职务的,服军官预备役。

此外,《兵役法》还对高等院校、高级中学学生的军事训练做了如下规定:高等院校的学生在就学期间,必须接受基本军事训练。军事训练的主要内容包括:一是对学生普遍进行基本军事训练,主要学习基本的军事理论和军事技能,增强国防观念;二是培养预备役军官的训练,即在普遍训练的基础上,挑选部分符合担任军官职务条件的学生再进行短期集训,考核合格者服军官预备役,作为战时军官补充的一个来源。

4. 公民履行兵役义务的形式

《兵役法》还规定了公民履行兵役义务的形式:参军服现役是履行兵役义务,服预备役、参加民兵组织、高等院校和高级中学学生参加军事训练,也是履行兵役义务。《兵役法》对公民如何履行兵役义务提出了明确的要求:一是年满18周岁的男性公民要积极报名应征入伍;二是青年学生要积极报考军事院校;三是现役军人要安心服役,忠于职守,努力学习军事技术,积极参加国家社会主义建设,英勇作战,不怕牺牲,全心全意为人民服务;四是符合预备役条件的公民,要积极参加民兵组织,及时办理预备役登记,并按要求参加军事训练。战时,接到通知后,必须准时到指定地点报到;五是高等院校和高级中学的学生,要自觉接受军事训练,适合担任军官职务条件的高等院校学生,还要按照规定参加培养预备役军官的集训;六是各级领导要积极教育和支持公民履行兵役义务,认真做好本部门、本单位的兵役工作。

《兵役法》明确了由省军区、军分区和县、自治县、市、市辖区人民武装部兼各同级人民政府的兵役机关，在上级军事机关和同级人民政府的领导下，负责办理本区域的兵役工作。同时对公民服兵役而产生的权利、义务等各个方面都做了相应的规定。

总之，《兵役法》是加强我国现代化国防建设的重要法规之一。这对于进一步完善我国的社会主义法制，对加强国防建设，对我国公民自觉地履行兵役义务以及进一步加强民兵预备役建设和加强全民国防教育，增强全国各族人民的国防观念与国防意识，都有着十分重要的现实意义。

(三)《中华人民共和国国防教育法》

《国防教育法》于 2001 年 4 月 28 日正式颁布实施，标志着中国国防教育事业走上了法制化轨道。它规定了国防教育的性质、方针、地位和作用，进行国防教育应当遵循的原则；明确了主管国防教育的机构及其任务、权限，实施国防教育的步骤、途径及方法；规定了社会组织和公民在国防教育中的权利、义务及法律责任等。2001 年 8 月 31 日由第九届全国人民代表大会常务委员会第二十三次会议通过的《全国人民代表大会常务委员会关于设立全民国防教育日的决定》是对《国防教育法》的补充，确定每年 9 月的第三个星期六为全民国防教育日。

1. 国防教育的内容和要求

《国防教育法》具体规定了国防教育的内容、方针及原则。国防教育的内容包括：国防理论、国防精神、国防历史、国防常识、国防法制、国防科技、国防经济、国防外交与形势、国防体育等。国防教育实行“全民参与、长期坚持、讲求实效”的方针。国防教育的原则包括经常教育与集中教育相结合的原则、普及教育与重点教育相结合的原则、理论教育与行为教育相结合的原则。

此外，《国防教育法》明确了国防教育的具体要求：

(1)要求对民兵、预备役人员进行国防教育。

(2)要求学校将国防教育的内容纳入小学和初级中学的有关课程，实行课堂教学与课外活动相结合。同时，提倡有条件的中小学校组织学生开展以国防教育为主题的少年军校活动。高级中学和相当于高级中学的学校在有关课程中安排专门的国防教育内容，高等学校设置适当的国防教育课程，实行课堂教学与军事训练相结合。负责培训国家工作人员的各类教育机构，将国防教育纳入培训计划，设置适当的国防教育课程。

(3)要求从事国防建设事业的国家机关工作人员，必须学习和掌握履行职责所必需的国防知识；承担国防科研生产、国防设施建设、国防交通保障等任务的企业事业组织，应当根据所担负的任务，制订相应的国防教育计划，有针对性地对职工进行国防教育；文化、新闻、出版、广播、电影、电视等部门和单位应当采取多种形式开展国防教育；烈士陵园、革命遗址和其他具有国防教育功能的博物馆、纪念馆、科技馆、文化馆、青少年宫等场所，应当为公民接受国防教育提供便利，对有组织的国防教育活动实行优惠或者免费。

(4)要求中央和各省、市的电台、电视台、报刊要开设国防教育节目或者栏目，普及国防知识；其他的广播电台、电视台、报刊等新闻单位，应当根据本单位、本地区的实际情况搞好国防教育的宣传工作。

2. 国防教育的保障

《国防教育法》详细规定了国防教育的保障条件：

领导机构保障。国务院、中央军事委员会和省、自治区、直辖市的人民政府以及有关军事机关，应当采取措施，加强国防教育工作。

经费保障。各级人民政府应当根据开展国防教育的需要，在财政预算中保障国防教育所需的经费；国家机关、事业单位、社会团体和企业开展国防教育所需的经费分别在本单位预算经费或者职工教育经费中列支。

场所保障。《国防教育法》规定了国防教育基地的基本条件和命名制度，并要求各级人民政府为其发挥作用提供必要的保障。

教材保障。规定全民国防教育使用全国统一的国防教育大纲，各有关部门或者地方依据国防教育大纲组织编写适用于不同地区、不同类别教育对象的国防教育教材。

师资保障。规定了国防教育教员的选择范围及其培训、管理工作，切实地为开展国防教育活动提供合格的师资来源。

科技保障。例如，要求建立国防教育网络体系等。

（四）《中华人民共和国军事设施保护法》

1990 年 2 月 23 日经第七届全国人大第十二次常委会议通过并颁布的《中华人民共和国军事设施保护法》（简称《军事设施保护法》），是调整国家在保护军事设施活动中所产生的各种社会关系的法律规范，也是我国历史上第一部军事设施保护法。其内容共 8 章 37 条，主要规范了军事设施的保护范围，军事设施保护主管机关及其保护方针，军事设施保护区域的划定等级及其保护措施，军事禁区、军事管理区范围的划定或调整原则，对违反本法的处置，破坏、危害军事设施的各类违法犯罪行为的法律责任等。

1. 军事设施保护范围

军事设施保护范围包括：指挥机关，地面和地下的指挥工程、作战工程；军用机场、港口、码头；营区、训练场、试验场；军用洞库、仓库；军用通信、侦察、导航、观察台站和测量、导航、助航标志；军用公路、铁路专用线，军用通信、输电线路，军用输油、输水管道及国务院、中央军事委员会规定的其他军事设施。

2. 军事设施保护主管机关

军事设施保护主管机关是中国人民解放军联合参谋部，它在国务院和中央军事委员会的领导下，主管全国的军事设施保护工作；战区司令部机关主管辖区内陆军、海军、空军、火箭军及战略支援部队的军事设施保护工作。

3. 军事设施保护方针

军事设施保护方针是“国家对军事设施实行分类保护、确保重点”。军事设施改作民用的，军用机场、港口、码头实行军民合用的，需经国务院和中央军事委员会批准。

4. 军事设施保护措施

军事设施保护措施是:国家根据军事设施的性质、作用、安全保密的需要和使用效能的要求,划定军事禁区、军事管理处;没有划入军事禁区、军事管理处的军事设施,也应当采取保护措施。军事禁区和军事管理处,由国务院和中央军事委员会确定,或者由战区根据国务院和中央军事委员会的规定确定。

5. 军事禁区、军事管理区的划定或调整原则

军事禁区、军事管理区的划定或调整原则是:在军事设施安全保密和使用效能的前提下,兼顾经济建设、自然环境保护和当地群众的生产、生活。县级以上地方人民政府编制经济和社会发展计划时,应考虑军事设施保护的需要,并征求有关军事机关的意见;安排建设项目或者开辟新旅游点,应避开军事设施;确实不能避开的,需要将军事设施拆除;改作民用的,由省、自治区、直辖市人民政府和战区级军事机关商定,并报国务院和中央军事委员会批准。

6. 违反《军事设施保护法》的法律责任

(1)有下列行为之一的,依照《刑法》有关规定追究刑事责任:

① 破坏军事设施的;

② 盗窃、抢夺、抢劫军事设施的装备、物资、器材的;

③ 泄露军事设施秘密的,或者为境外机构、组织、人员窃取、刺探、收买、非法提供军事设施秘密的。

(2)有下列行为之一的,比照《治安管理处罚法》第十九条的规定处罚:

① 非法进入军事禁区,不听制止的;

② 在军事禁区外围安全控制范围内,或者在没有划入军事禁区、军事管理区的军事设施一定距离内,进行危害军事设施安全和使用效能的活动,不听制止的;

③ 毁坏军事禁区、军事管理区的围墙、铁丝网或者界线标志的。

扰乱军事禁区、军事管理区的管理秩序,情节严重的,对首要人员和直接责任人员比照《刑法》第一百五十八条的规定追究刑事责任;情节轻微,尚不够刑事处罚的,比照《治安管理处罚法》第十九条的规定处罚。

在军事禁区非法进行摄影、摄像、录音、勘察、测量、描绘和记述,不听制止的,比照《治安管理处罚法》第十九条的规定处罚或者没收所使用的器材、工具;情节严重的,比照《刑法》第一百五十八条的规定追究刑事责任。

(五)《中华人民共和国反分裂国家法》

《中华人民共和国反分裂国家法》(简称《反分裂国家法》)于 2005 年 3 月 14 日由第十届全国人民代表大会第三次会议表决通过并正式实施。该法共 10 条,主要内容是鼓励两岸继续交流合作,但同时也首次明确提出了在三种情况下中国大陆可用“非和平手段”处理台湾问题的底线,即第八条:“‘台独’分裂势力以任何名义、任何方式造成台湾从中国分裂出去的事实,或者发生将会导致台湾从中国分裂出去的重大事变,或者和平统一的可能性完全丧失,国家得

采取非和平方式及其他必要措施，捍卫国家主权和领土完整。”《反分裂国家法》旨在反对和遏制“台独”分裂势力分裂国家，促进国家和平统一，维护台湾海峡地区和平稳定，维护国家主权和领土完整，维护中华民族根本利益，具有重大而深远的意义。制定《反分裂国家法》，体现了党和国家以最大的诚意，尽最大的努力争取实现和平统一的一贯立场，表明了全中国人民捍卫国家主权和领土完整，绝不允许“台独”分裂势力以任何名义、任何方式把台湾从中国分裂出去的共同意志和坚定决心。它有利于团结包括台湾同胞在内的全中国人民共同推动中国的和平统一大业，有利于遏制“台独”分裂势力的分裂活动，有利于维护台湾海峡地区乃至亚太地区的和平稳定。

三、我国公民及组织的国防义务和权利

（一）公民的国防义务

我国国防法规赋予公民的国防义务主要有以下六个方面：

1. 履行兵役的义务

兵役义务是公民最重要的一项国防义务。它要求公民根据国家法律规定，在军队中服役或在军队之外承担有关军事方面的责任。我国《宪法》第五十五条规定：“保卫祖国，抵抗侵略，是中华人民共和国每一个公民的神圣职责。依照法律服兵役和参加民兵组织是中华人民共和国公民的光荣义务。”我国《兵役法》第三条规定：“中华人民共和国公民，不分民族、种族、职业、家庭出身、宗教信仰和受教育程度，都有义务依照本法的规定服兵役。”并对征集对象、免征对象、缓征对象、不征对象和征集方法做了原则规定；对拒不服兵役的规定了惩戒措施；还规定公民履行兵役义务有服现役、服预备役和参加民兵两种形式，其中，应征服现役是公民依法履行兵役义务的主要形式，服预备役和参加民兵组织是公民依法履行兵役义务的普遍形式。每个公民都应自觉履行兵役义务，为神圣的国防事业做出自己应有的贡献。

2. 维护国家统一和安全的义务

我国《宪法》第五十二条规定：“中华人民共和国公民有维护国家统一和全国各民族团结的义务。”第五十四条规定：“中华人民共和国公民有维护祖国的安全、荣誉和利益的义务，不得有危害祖国的安全、荣誉和利益的行为。”维护国家统一，主要是指维护国家领土的完整，任何公民都不得破坏、变更和以其他各种形式分裂肢解国家领土；维护国家政权的统一，不允许任何公民以各种方式分裂国家政权，破坏国家的统一，不允许任何人以任何方式把国家主权割让给外国。维护国家的安全，主要是指维护国家的领土、主权不受侵犯，国家各项机密得以保守，社会秩序不被破坏。公民履行维护国家统一和安全的义务，就要有高度的爱国主义精神和爱国主义行动，把国家利益置于至高无上的地位，自觉维护祖国统一、安全、荣誉和利益，绝不做危害国家安全、民族荣誉和祖国利益的事。

3. 保护国防设施的义务

国防设施包括军事设施、人民防空工程、国防交通工程设施和其他用于国防目的的设施。

国防设施是国防的物质屏障。在战时，它是打击敌人、抵抗侵略的重要依托；在平时，它具有制约敌对力量的威慑作用。因此，保护国防设施，确保其效能的实现，是巩固国防、维护国家安全利益的具体体现。我国《国防法》第五十二条规定："公民和组织应当保护国防设施，不得破坏、危害国防设施。"《军事设施保护法》明确规定："中华人民共和国的所有组织和公民都有保护军事设施的义务。禁止任何组织或者个人破坏、危害军事设施。任何组织或者个人对破坏、危害军事设施的行为，都有权检举、控告。"

公民在履行保护国防设施的义务中，首先，应当爱护国防设施。无论是使用、参观或者是管理维护，都应当以高度的主人翁精神和责任感予以爱护，特别是要注意保护国防设施的使用效能。其次，要遵守国家关于保护国防设施的有关规定。在从事经济、文化和其他活动时，公民应当严格遵守法律的规定，任何人不得破坏、危害国防设施；不得对军事禁区非法进行摄影、摄像、录音、勘察、测量、描绘和记述；不得非法进入军事禁区；不得进行影响人民防空工程使用或者降低人民防空工程能力的作业；不得向人民防空工程内排入废水、废气和倾倒废弃物；不得在人民防空工程内生产、储存爆炸、剧毒、易燃、放射性和腐蚀性物品；不得擅自拆除人民防空工程；不得影响国防交通安全工程设施的正常使用；不得危及国防交通工程设施的安全。再次，公民对于破坏、危害国防设施的行为，应当检举、控告或制止。最后，不履行国防设施保护义务的，将受到法律的追究或给予治安行政处罚。

4. 保守国家军事机密的义务

我国《宪法》规定："保守国家机密是每个公民应尽的义务。"《中华人民共和国保守国家秘密法》第三条规定："一切国家机关、武装力量、政党、社会团体、企事业单位和公民都有保守国家秘密的义务。"《国防法》第五十二条第三款规定："公民和组织应当遵守保密规定，不得泄露国防方面的国家秘密，不得非法持有国防方面的秘密文件、资料和其他秘密物品。"国防方面的国家秘密，主要是军事机密，不仅关系着平时政权的巩固，社会的稳定，而且关系着未来战争的胜败，领土的得失，影响着整个国家的生存、安全与发展。因此。保守国防方面的国家秘密，是公民的一项重要的国防义务。公民在履行这些义务时，必须牢固树立保密意识，在管理秘密载体、通信和办公自动化、新闻出版、对外活动等方面，严格遵循保密规定。公民发现国家军事秘密已经泄露或者可能泄露时，应立即采取补救措施并及时报告有关机关、单位；有关机关、单位接到报告后，应当立即做出处理。对于泄露国防秘密，危害国防安全与利益者，应当承担相应的法律后果；该追究刑事责任的要追究刑事责任；该给予行政处分的要给予行政处分。

5. 接受国防教育的义务

我国《宪法》第二十四条规定："在人民中进行爱国主义、集体主义和国际主义、共产主义的教育。"《国防法》第五十二条规定："公民应当接受国防教育。"《国防教育法》第五条规定："中华人民共和国公民都有接受国防教育的权利和义务。""普及和加强国防教育是全社会的共同责任。"在国防教育中，对于拒不履行接受国防教育义务的公民，要视情节追究法律责任。除《国防法》和《国防教育法》之外，我国已有 10 多个省、市、自治区颁布施行了国防教育条例。

这些地方性法规也对公民的国防教育权利和义务等做了明确规定。

6. 支持和协助国防活动的义务

《国防法》第五十三条规定："公民和组织应当支持国防建设，为武装力量的军事训练、战备勤务、防卫作战等活动提供便利条件或者其他协助。"公民履行支持和协助国防活动的义务时，应正确认识国防活动的意义，明确国防的战略地位和作用，不断提高履行国防义务的自觉性；正确处理国家安全利益与个人利益的关系，当两者发生矛盾时，要从国家安全大局出发，个人利益服从国家安全利益；在工作和生活中为武装力量提供力所能及的帮助，只要武装力量建设或作战需要，公民就应根据自己的能力和条件，自觉提供便利和协助。具体来讲：一是支持国防建设的义务。公民应当在政府的统一领导下，积极支持国防建设。例如拥军优属、拥政爱民，尊重、关心军人军属，切实做好优抚工作；切实做好征兵工作，保证兵员的数量和质量；妥善安置军队的转业干部和离退休干部；正确处理军地之间发生的矛盾；开展军民经济互助与协作；保质保量并按时完成军工生产任务等。二是为武装力量活动提供便利条件的义务。公民应当为武装力量的军事训练、战备勤劳、作战防卫等国防活动提供协助，必要时积极参与。三是支持民兵、预备役建设的义务。民兵、预备役人员应当做到服从组织领导，接受军事训练，掌握军事技术，爱护武器装备，学习政治文化，带头遵守法律、法规，保护群众利益，做自觉履行兵役义务的模范。四是支前参战的义务。包括踊跃参军、配合部队作战、服从征用、积极担负战备勤务、支援前线作战等。

（二）组织的国防义务

《国防法》规定，国家机关、社会团体和企事业单位应当依法完成民兵和预备役工作，协助兵役机关完成征兵任务。各类组织应当支持国防建设，为武装力量的军事训练，战备勤务、防卫作战等活动提供便利条件或其他协助。

根据《国防法》的规定，国家机关、社会团体和企事业单位的国防义务主要包括：协助完成兵役工作；接受国防科研生产和军事订货；交通建设应符合国防要求；应当为现役军人和军用车辆、船舶的通行提供优先服务并给予优待；保护国防设施；协助国防活动等。

《民兵工作条例》和国家七部委《关于企业民兵、预备役工作的规定》明确规定：企业事业单位应当按照当地人民政府和本地区军事领导指挥机关的要求，把民兵工作纳入管理计划，完成民兵工作任务。

企业必须根据国家法律法规的规定，完成民兵、预备役和兵役工作任务。其主要任务包括：

（1）建立和巩固民兵、预备役部队组织，进行年度组织整顿，适时开展活动。

（2）开展民兵、预备役部队政治思想工作。

（3）完成民兵、预备役部队军事训练任务。

（4）按规定管理、维修民兵、预备役部队的武器装备。

（5）组织民兵担负战备执勤，维护本单位正常秩序，配合公安部门维护社会治安。

（6）完成新兵征集任务，落实优抚政策，进行预备役军官、士兵和动员物资、车船登记，落实战时动员有关准备工作。

（7）按规定设立人民武装部，配备、管理专职人民武装干部和民兵干部。

（8）发动民兵、预备役人员带头参加社会主义物质文明和精神文明建设，带头发展生产，完成急难险重任务。

（9）战时，组织民兵、预备役人员参军参战，保卫生产，保护群众，支援前线，完成兵员动员和物资、车船等国防动员任务。

（10）企业必须坚持“党管武装”的原则，把民兵预备役工作作为企业工作的组成部分，纳入管理计划，实行“党政共管，分工负责”，并配备一名领导具体负责。

（11）企业的上级主管部门应当关心和支持民兵预备役工作。

（12）企业人民武装工作经费纳入企业财务管理计划，计入企业管理费用。

（三）公民的国防权利

按照《国防法》，公民在履行国防义务的同时也享有权利，他们的家属也享有某些特殊的权利和待遇。

1. 褒扬抚恤

革命烈士或因公牺牲、病故的现役军人的家属由政府发给一次性抚恤金，并对其无工作的父母、配偶和未成年的子女发给定期抚恤金。革命残废军人继续在部队服现役，或者退出现役参加国家党政机关、团体、企事业单位工作的，按照因战残废、因公残废的不同标准由部队或者地方人民政府发给残废金。对残废军人生活方面的特殊需要，要按规定抚恤。

2. 优待

对革命烈士家属、牺牲病故军人家属、现役军人及其家属，革命残废军人和退出现役的军人，从生产、生活和社会福利诸方面，给予照顾和优待，包括在和群众同等条件下，在参军、入学的录取、助学金待遇的取得、职工的录用、社会救济款的领取等的优先权；医疗、入学等费用和义务工等劳务的减免；生产、生活的妥善安置；精神上的慰问和关怀；义务兵从部队发出的平信，免费邮递；现役军人随军的配偶，驻地政府的劳动、人事部门应负责安排他们的工作，随军的子女需要在中小学上学的，当地政府教育部门应负责安排他们入学；乡、镇和城市街道办事处在公民接到入伍通知书，或接到军人在部队立功或获得荣誉称号的喜报时，应组织人民群众给他们的家属贺喜；春节期间，组织人民群众对军属进行慰问。

3. 安置

《国防法》规定，根据国家建设的需要和经济形势的发展，妥善组织和安排退出现役的军人，伤、病、残军人和离休退伍军人的生产、生活和休息。

（四）组织的国防权利

《国防法》规定，组织享有以下两项国防权利：

（1）维护国防利益的权利，组织有权对国防建设提出建议，有权对危害国防的行为进行制止或者检举。

（2）依法取得补偿的权利。组织因国防建设和军事活动在经济上受到直接损失的，有权依照国家有关规定取得补偿。

第三章　国家安全

国家安全是人民幸福安康的基本要求,是安邦定国的重要基石。维护国家安全是全国各族人民的根本利益所在。习近平总书记强调:“我们党要巩固执政地位,要团结带领人民坚持和发展中国特色社会主义,保证国家安全是头等大事。”

第一节　国家安全概述

一、国家安全的内涵

国家安全是指国家政权、主权、统一和领土完整、人民福祉、经济社会可持续发展和国家其他重大利益相对处于没有危险和不受内外威胁的状态,以及保障持续安全状态的能力。

图 3-1　国门卫士

国家安全的主体是指国家的政权、主权、统一和领土完整,是国家的核心利益。人民福祉,就是人民美满幸福的生活环境、稳定安全的社会环境、宽松开放的政治环境。经济社会可持续发展和国家其他重大利益是指对国家经济、民生有重要影响的行业、产业的正常运行,海外资源的获取和运输通道畅通,海洋、空间、电磁等关键领域的开发利用,对国家安全有重大影响的地区热点不失去控制等。国家的外部威胁和侵害主要是指处于一国之外的其他社会存在对本国造成的威胁和侵害。从威胁和侵害者看,这种外部威胁和侵害包括:一是其他国家的威胁;二是非国家的其他外部社会组织和个人的威胁,如某些国际组织或地区组织对某国的威胁和侵害；三是国内力量在外部所形成的威胁和侵害，如国内反叛组织在国外从事的威胁和侵害本国的活动。危及国家生存的力量不仅来源于国家的外部，而且还时常来源于一个国家的内部。国内的混乱、动乱、骚乱、暴乱，以及其他各种形式的疾患，会直接危害到国家生存，造成国家的不安全。因此国家安全必然包括没有内外威胁的要求。

保障持续安全状态的能力是指国家安全保障机制为保障国家安全所体现的执行力。国家安全保障机制包括承担国家安全保障职责的组织机构以及相关法律、法规、战略、观念等。其根本作用是防范、消除和打击对国家安全的威胁和危害，具有战时打击侵略、粉碎破坏的功能，也具有平时威慑敌国、化解威胁的防控功能。

二、新时代国家安全的主要内容

随着国家安全由主权安全日益扩展到经济、科技、文化、社会、环境、资源等诸方面，国家安全的观念必然产生新变化。国家安全内涵的扩展，使原有的仅局限于政治、军事安全角度的传统维护国家安全的观念在当今全球化条件下难以维护国家安全。因此，冷战结束后，传统安全观已转向维护政治、军事、经济、科技、文化、环境等诸多方面安全的综合安全。因此，政治安全、国土安全、军事安全、经济安全、文化安全、社会安全、科技安全、信息安全、生态安全、资源安全、核安全成为当今国家安全的重要内容，并由此构成新时代总体国家安全体系。其中，政治安全、国土安全和军事安全属于传统安全范畴，其他安全则属于非传统安全范畴。

（一）政治安全

政治安全是国家安全的根本，一个国家，如果政治安全得不到保障，就无法生存下去。政治安全是在政治方面免于内外各种因素的侵害和威胁的客观状态。当前的全球化趋势虽然没有改变国家主权的基本原则，但对国家主权提出了一系列挑战。在全球化中，规范各国之间的交往与合作的各种国际制度大都是由发达国家根据其利益和价值观制定的，在某些方面限制了其他国家主权的正常行使。因此，无论在发达国家，还是在发展中国家，全球化的进程都需要得到国家的支持和保护。当然也应该客观地看到，在全球化时代任何一个国家要融入国际社会，都需要享有同时又让渡某些国家主权。问题是在让渡和享有、权利和义务之间找到一个使国家利益最大化的平衡点。

（二）国土安全

国土安全指领土与领土主权不受侵犯和威胁，领土不被侵占、不被分裂、不被分割或兼并。一方面，国土安全是国家生存与安全的必要前提。国家领土是国家生存和发展的基石、是国家主权的物质载体，所以国土安全与否直接关系到国家的生死存亡；另一方面，国土安全是国家政治安全的一个重要标志。没有领土主权，国家在政治上不会拥有真正的独立自主权，也不可能得到独立平等的国际地位。因此，领土安全是整个国家安全体系的依托和基础，在国家安全中具有十分重要的地位和作用。

（三）军事安全

如今各国经济社会发展取得重大成就，维护国家安全的手段和选择增多了，但军事手段始终是维护国家安全,有效遏制、抵御外来侵略和颠覆的保底手段。军事安全是指国家的领土、领海、领空和主权乃至网络、太空等新维空间不受敌对国家或国家集团的威胁和侵犯的一种状态。军事安全直接关系到国家领土和主权完整,关系到国家生死存亡,是其他安全的重要保证。

(四)经济安全

经济安全是国家安全的核心指向,保证经济安全是一切安全的出发点和落脚点,维护国家安全必须以经济安全为基础。经济安全是指一国经济整体免受各种因素尤其是外部因素冲击,或即便遭遇冲击也能保持经济利益不受重大损害的状态。以经济安全为基础,不仅要保障我国自身的经济制度安全、国民经济安全、金融体系安全、国家能源资源安全等,而且对可能的外部经济冲击要出台应对之策,确保国家经济发展不受侵害,促进经济持续、稳定、健康发展,提高国家经济实力,为国家安全提供坚实的物质基础。

(五)文化安全

文化安全是确保一个民族、一个国家独立和尊严的重要精神支撑。文化安全是指保护本国优秀文化和价值观免遭异国有害文化的渗透和侵犯。文化是一个国家和民族的精神和灵魂,在经济全球化中如何保护文化的多样性是文化安全的重要使命。

(六)社会安全

从广义上讲,社会安全是指社会有序的运行状态。它强调协调的社会群体结构和有序的社会状态的统一。从狭义上讲,它包括对违法犯罪、突发事件和灾害(人为灾害和自然灾害)的有效控制。社会安全直接影响着人们的生活质量和生活水平,与国家安全互为因果。可见,对国家安全的威胁不仅来自外部,还来自社会内部,因而社会安全也是国家安全的重要组成部分。

(七)科技安全

在知识经济中,知识特别是科学技术将是最宝贵的资源和生产要素。国家科学技术实力及其安全状态对国家整体竞争力和国家安全的影响越来越大,科学技术直接成为国际关系中的重要武器与筹码,科学技术成为中央政府掌握的维系国家安全和发展的最重要战略资源。在知识经济时代,国家是否强大很关键的因素是科学技术的实力,因此保证科技安全便变得日益紧迫,科技安全的重要性也日益突出。随着科学技术在国家经济建设和社会发展中的作用愈益增强,科学技术也更加呈现出“双刃剑”的特性:一方面,作为具有第一生产力功能的科学技术已成为现代经济发展和社会进步的最关键因素,而且不仅是经济,其他领域也几乎都离不开科技的支撑,例如伊拉克战争,高技术对国家军事实力和军事安全的影响越来越大,没有强大的科学技术实力就谈不上国家安全;另一方面,科学技术又可以被来自外部乃至内部的破坏势力、敌对分子用来危及国家安全,包括攻击国家科学技术系统,而攻击国家科学技术系统必然殃及国家的军事和经济,对国家安全产生严重的影响。

（八）信息安全

随着互联网的发展，人们认识到信息安全是任何国家、政府、部门、行业都必须十分重视的问题，是一个不容忽视的国家安全战略。信息安全主要考虑对信息资源的保护。根据国际标准化组织的定义，信息安全的含义主要是指信息的完整性、可用性、保密性和可靠性。信息安全的实质就是要保护信息系统或信息网络中的信息资源免受各种类型的威胁、干扰和破坏，即保证信息的安全可靠。国外敌对势力为了窃取我国的政治、军事、经济、科学技术等方面的秘密信息，运用侦察平台、侦察船、侦察机、卫星等手段，形成固定与移动、远距离与近距离、空中与地面相结合的立体侦察网，截取我国通信传输中的信息。信息安全对于国家安全的重要性前所未有。

（九）生态安全

尽管世界各国在生态环境、生态安全战略建设上已取得不小成就，但并未能从根本上扭转环境逆向演化的趋势。生态安全是指生态系统完整性和健康的整体水平，尤其是指生存与发展的不良风险最小以及不受威胁的状态。保障生态安全的生态系统包括自然生态系统、人工生态系统和自然-人工复合生态系统，从范围上也可分成全球生态系统、区域生态系统和微观生态系统等若干层次。不管个人、聚落、住区的安全，还是区域和国家的安全，都面临着来自生态环境的挑战。生态安全与国防安全、经济安全、金融安全等已具有同等重要的战略地位，并构成国家安全、区域安全的重要内容。

（十）资源安全

资源就是人类生存与发展不可或缺的自然物质。资源安全是一个国家或地区可以持续、稳定、及时、足量和经济地获取所需自然资源的状态。资源安全分为战略性资源安全和非战略性资源安全，又可分为水资源安全、能源资源安全、土地资源安全、矿产资源安全、生物资源安全、海洋资源安全、环境资源安全等。资源安全在国家安全中占有基础地位。近年来，我国的资源配置方式从利用国内资源的“自我平衡”，转向基于全球资源的利用，建立起基于国内外资源的、实现资源安全永续利用的长期战略。

（十一）核安全

核安全与放射性污染防治关系到经济社会的发展和人民群众的切身利益，是全民关注的重大问题。广义的核安全是指与核材料及放射性核元素相关的安全问题，目前包括放射性物质管理、前端核资源开采利用、设施安全、核电站安全运行等问题。狭义的核安全是指在核设施的设计、建造、运行和退役期间，为保护人员、社会和环境免受可能的放射性危害所采取的技术和组织上的综合性措施。该措施包括确保核设施的正常运行、预防事故的发生、限制可能的事故后果。2014 年 3 月 24 日—25 日，习近平出席在荷兰海牙举行的第三届核安全峰会，阐述了中国关于发展和安全并重、权利和义务并重、自主和协作并重、治标和治本并重的核安全观，呼吁国际社会携手合作，实现核能持久安全和发展。这是中国首次公开提出“核安全观”，中国也是世界各国中第一个提出“核安全观”的国家。

图 3-2　日本福岛核事故现场

贯彻落实总体国家安全观，必须既重视外部安全，又重视内部安全，对内求发展、求变革、求稳定、建设平安中国，对外求和平、求合作、求共赢、建设和谐世界；既重视国土安全，又重视国民安全，坚持以民为本、以人为本，坚持国家安全一切为了人民、一切依靠人民，真正夯实国家安全的群众基础；既重视传统安全，又重视非传统安全，构建集政治安全、国土安全、军事安全、经济安全、文化安全、社会安全、科技安全、信息安全、生态安全、资源安全、核安全等于一体的国家安全体系；既重视发展问题，又重视安全问题发展是安全的基础，安全是发展的条件，富国才能强兵，强兵才能卫国；既重视自身安全，又重视共同安全，打造命运共同体，推动各方朝着互利互惠、共同安全的目标相向而行。

三、总体国家安全观的重要意义

2014 年 4 月 15 日，中共中央总书记、国家主席、中央军委主席、中央国家安全委员会主席习近平在主持召开中央国家安全委员会第一次会议时审时度势、高屋建瓴地提出要“坚持总体国家安全观，走出一条中国特色国家安全道路”。总体国家安全观创造性地提出了富有中国特色的国家安全价值观念、工作思路与机制路径，是新时代的“新国家安全观”，将会为破浪前行的中国航船，构筑更为坚固的安全屏障。

（一）总体国家安全观是中国国家安全理论的最新成果

总体国家安全观是新形势下党中央对我国面临的各种安全问题和安全挑战的系统回应，是马克思列宁主义时代化、中国化在安全领域的最新体现，标志着党和国家对国家安全问题的理论认识提升到了新的高度，具有系统性、全面性、持续性三个重要特征。

1. 系统性

总体国家安全观揭示了国家安全的整体性，即与国家安全相关的方方面面是相互联系的一个整体。例如，国家的政治安全同国土安全密切相关，领土不完整，国家就无政治安全可言。

再如，要实现经济安全，不但需要以政治安全、军事安全和社会安全为前提，而且需要以科技安全、网络安全和资源安全为支撑。事实表明，不同领域的安全是相互联系、相互影响和相互作用的。维护国家安全，不但要维护各个领域的安全，也要维护整体和系统的安全。

国家安全的不同领域相互联系、不可分割，维护安全就要统筹兼顾。总体国家安全观要求“既重视外部安全，又重视内部安全”，蕴含的就是一种系统性战略安排。例如，恐怖主义所导致的安全问题既是内部安全问题，也是外部安全问题。这类安全问题所体现的境内与境外安全威胁的交织是当代主权国家所面临的典型的全球性问题。由于恐怖主义活动可能发生在任何时间、任何地点，不受边界限制，因此解决这类安全问题需要系统应对。从系统的角度看，传统安全与非传统安全相互联系、相互影响，并在一定条件下能相互转化。例如，国家间的政治军事对抗是传统安全问题，而这种对抗所引发的货币战、贸易战、能源冲突则是非传统安全问题。

从系统的角度看，发展与安全也存在相互联系与相互影响。对国家来说，发展是根本，但发展又离不开安全。例如，社会不稳定，金融体系就会发生危机；科技不安全，发展就会出问题；发展出问题，社会就可能不稳定，国防力量的建设就会受影响，安全就会出问题，国家必须统筹兼顾，处理好它们的关系，以发展为本，以安全保发展，以发展促安全。

总体国家安全观要求“既重视自身安全，又重视共同安全。”我国所面对的安全问题，很多是全球性问题，或者是与别国利益相关的问题，如生态资源枯竭等。这些问题都不是我国可以独自解决的，必须开展国际合作，参与全球治理，谋求共同安全。当今时代，国际安全问题越来越多地需要通过多边机制和合作对话解决。事实上，即使是边界领土问题，要最终解决也需要基于共同安全的思维，照顾到相关国家的安全关切。

2. 全面性

科学的国家安全观必须是总体的、全面的。总体国家安全观体现了党中央对安全问题领域、影响安全因素和维护安全手段的全面认知和部署。

相比以前的安全观，总体国家安全观更具完整性。它所涵盖的领域，既包括政治安全、国土安全、军事安全等传统安全领域，也包括经济安全、文化安全、社会安全、科技安全、网络安全、生态安全、资源安全、核安全和海外利益安全等非传统安全领域。随着时代的进步，总体国家安全观的内涵将不断丰富。新形势下，讨论国家安全问题应有开放性的眼光，避免像过去那样只关注政治、军事问题而忽视经济、文化、社会、网络、生态等领域的问题，同样也要避免局限于当下的安全领域而忽视太空、深海、极地等新型安全领域。只有全面认知安全的问题领域，才能够真正理解国家安全的属性与特点。

对于影响安全的因素，按照总体国家安全观要求，既要关注战争冲突、政治颠覆、情报窃取、分裂破坏、恐怖袭击、文化渗透等人为因素，也要关注地缘环境、气候变化等自然因素；既要关注国际局势、时代主题、经济转型等宏观因素，也要关注实现安全的各种具体因素。

对于实现国家安全的途径，总体国家安全观强调工作体制机制和法制的建设，这就涉及军事、政治、外交、情报等领域的工作机构和相关法律制度建设，同时也要求经济、文化、教育、社会等领域建立相应的工作机制；既重视军事攻防、情报保障、外交活动等硬手段，也重视经济发展、社会和谐、文化交流、科技进步等软手段。

强调国内安全问题，也体现了总体国家安全观的全面性。当前国内各种社会矛盾和安全问题越来越突出，如果思考安全问题不重视国内安全问题，那么对国家安全的理解就是不全面的。综合考量内部和外部安全，是总体国家安全观作为一种“大安全观”的重要体现。

3. 持续性

总体国家安全观的持续性，首先体现在实现国家安全的总体设想上，即国家谋求安全不是权宜之计，而是为了长治久安。国家所面临的安全问题短期内不会消失，甚至可能会发生复杂变化，因此维护安全必定是一个持续的过程。这个过程不但要治标，也要治本；不但要有现实的应对措施，也要有后续的手段；不但要着眼于眼前，也要立足于长远。追求国家安全状态的可持续性是总体国家安全观的重要目标。统筹现在和未来的国家安全工作，实现国家安全状态的可持续，就不能只是被动应付，而必须有前瞻性地针对各种安全问题开展机制化和常态化的治理。总体国家安全观的持续性也体现在对可持续发展的重视。发展是安全的基础，要实现可持续安全，就必须实现可持续发展。总体国家安全观重视生态安全和资源安全，强调正确处理经济发展与生态环境保护的关系，主旨都是要以可持续发展促进可持续安全。为了实现安全的可持续，总体国家安全观强调对人民安全需求的持续回应和长久关注。这意味着，人民安全是一切国家安全工作的根本目的。实现经济发展可持续、社会稳定可持续、环境资源可持续，都是反映人民安全需求的体现。

（二）总体国家安全观是指导国家安全工作的强大思想武器

在新的历史条件下，要有效维护国家安全，必须以总体国家安全观为指导，走中国特色的国家安全道路。

1. 总体国家安全观强调国家安全工作必须有忧患意识和底线思维

在新形势下，我国国家安全和社会安定面临的威胁和挑战增多，特别是各种威胁和挑战联动效应明显。因此，必须保持清醒的头脑，强化底线思维，有效防范、管理、处理国家安全风险，有力应对、处置、化解社会安定挑战。

2. 总体国家安全观明确了国家安全工作的战略目标和工作思路

开展国家安全工作应统筹国内、国际两个大局。国内大局就是实现“两个一百年”奋斗目标，实现中华民族伟大复兴的中国梦；国际大局就是为我国改革的稳定发展争取良好的外部条件，维护国家主权、安全、发展利益。对内应增强全国人民对中国特色社会主义的道路自信、理论自信、制度自信，维护国家长治久安。对外要维护发展机遇和发展空间，坚决维护领土主权和海洋权益，维护国家统一，同时积极争取世界各国对中国梦的理解和支持，在坚持不结盟原则的前提下广交“朋友”，形成遍布全球的伙伴关系网络。

3. 总体国家安全观明确了国家安全工作“统筹兼顾”的基本原则

对内安全工作要聚焦重点，抓纲带目，紧紧围绕国家安全工作的统一部署狠抓落实。

对外安全工作，既要着力解决当前突出的地区安全问题，又要统筹谋划应对各种潜在的外部安全威胁，避免头痛医头、脚痛医脚的局面出现。按照总体国家安全观的要求，各地区、各部门要准确把握我国国家安全形势变化的新特点、新趋势，密切配合、通力合作，力争形成维护国家安全和社会安定的强大合力。加强对人民群众的国家安全教育，提高全民国家安全意识。

（三）总体国家安全观是保障实现中华民族伟大复兴的新理念

我国已经进入实现民族复兴的关键阶段，既面临重要发展机遇，也面临前所未有的困难和挑战。践行总体国家安全观，是实现中华民族伟大复兴的中国梦的坚强保障。

1. 保障国家安全是中华民族伟大复兴的基本前提

安全是国家生存与发展的必要条件。国内环境和谐稳定，国际环境和平安宁，是实现中华民族伟大复兴的基本前提。回顾历史，中华文明曾长期居于世界前列。但以鸦片战争为转折，中国急剧地衰落了下去。从被迫签订第一个不平等条约《南京条约》起，清政府先后被迫签订了数百个以割地赔款为主要内容的不平等条约。从鸦片战争到八国联军入侵的60年间，清政府的赔款，包括利息，约计13亿两白银。通过不平等条约，这些资本主义列强在我国攫取了一系列特权，如投资设厂、驻扎军队、内河航行、治外法权、控制关税。

历史经验表明，一旦国家安全失去保障，中华民族就无法掌握自己的命运。辛亥革命推翻了帝制，建立了“中华民国”，提出了“振兴中华”的口号。然而，由于内部军阀混战，民不聊生，外部遭遇侵略，民族灾难深重，我国始终没有走出积贫积弱的境地。直到中华人民共和国成立，我国才真正取得了民族独立的国际地位。但在改革开放之前，我国始终处于受战争威胁的国际和周边环境之中，国家建设并不顺利。直至20世纪80年代，随着国际形势的发展变化，我国对世界战争的威胁做出新的判断，确定了“和平与发展”的时代主题，并奉行独立自主和不结盟的外交路线，改变了与外部世界的安全关系，才有了实现经济起飞的大好前景。党的十一届三中全会以来的发展成就表明，只有保障好国家安全，中华民族才能更加顺利地走上复兴之路。目前，我国比历史上任何时期都更接近中华民族伟大复兴这个目标。越是在这样的历史关键时刻，越应该提高维护国家安全的意识，确保国家安全稳定。

2. 实现总体国家安全观以实现中国梦为重要目标

我国正处于由大向强发展的新起点，只有拥有全面的安全保障，才能有更大把握从“将强未强”跃入全面强盛。如果安全保障跟不上，中华民族伟大复兴的道路就会更加曲折和坎坷，甚至可能半途夭折。为此，必须构筑维护国家安全的铜墙铁壁。为实现民族复兴，建设中国特色社会主义的总体布局已由最初只包括经济建设、政治建设、文化建设的“三位一体”，经由包括社会建设的“四位一体”，发展为包括生态文明建设的“五位一体”。民族复兴涵盖的领域越全面，对国家安全的需求就越广泛。践行总体国家安全观，符合中华民族伟大复兴新阶段对安全的新需求。

从世界视野来看，国家的发展与世界的联系越密切，对国家安全的要求就越高。在全球化、信息化时代,对安全主体的认知已从人民、国家扩展到全球,对安全治理领域的认知已从经济、政治、文化社会等拓展到环境、网络、海洋、太空等全球公域,对安全关系的认知已从传统的零和逻辑、相互猜疑转向安全共享、安全共担、安全共建、安全共赢。这样的时代条件,要求我们更好地践行总体国家安全观,为实现中华民族伟大复兴的中国梦提供安全保障。

第二节 国家安全形势

随着国际形势的演变、国家利益全方位拓展和国内经济持续转型,我国面临的安全威胁日趋多元复杂,遇到的外部阻力和挑战逐步增多,生存安全问题和发展安全问题、传统安全威胁和非传统安全威胁相互交织,维护国家统一、领土完整和发展利益的任务复杂艰巨。

一、我国地缘环境的总体现状

我国与周边大国构筑了良好的双边关系,严重外部威胁已基本消除。我国与多数周边国家划定的边界,边界安全状况得到了较大改善。香港、澳门问题得到了妥善解决,重回祖国怀抱。与此同时,周边国家加大在军事领域的投入等问题却正在对我国国土安全产生消极影响。总体来看,冷战后随着国际政治格局的变化和我国综合实力的提升,我国国土安全面临的严重威胁已基本消除,呈现出整体有利的态势。

(一)严重外部威胁基本消除,和平稳定是我国目前周边安全环境的主流

冷战期间,我国面临的外部形势极为严峻,国土安全一度受到外部大国的严重威胁。20 世纪 60 年代至 70 年代,我国的地缘安全形势仍十分严峻,主要的威胁是美苏两个霸权国。

冷战终结和苏联解体后,我国的周边安全环境趋于缓和。随着我国经济持续快速发展,国际地位不断提升,加之我国把周边作为外交政策的重点之一,积极改善与周边大国的关系,目前,我国的周边安全形势已处于历史最好时期,国土安全不存在直接威胁。

近年来,我国与周边主要大国关系都处于稳步发展之中。中美关系虽然时有摩擦,但是整体上处于稳定发展之中,双边关系中的障碍性因素并没有阻碍两国合作的大趋势,双方积极构筑"新型大国关系"。苏联解体后,我国积极发展与俄罗斯的关系,在战略层面推动双边关系的深入发展,双方在经贸、能源、军事等领域的合作日益频繁。中日关系经历震荡后,逐渐回归到相对平稳状态,两国致力于发展双边经贸关系,其中尤为重视在经贸、金融等领域的协调与合作。我国还不断加强与印度的双边关系,已建立起包括孟中印缅地区合作在内的多层级对话平台,开展了战略经济对话,并在军事交流等方面做出不懈努力。

(二)与各邻国友好关系发展顺利,边界安全状况得到极大改善

中国自古就是亚洲东部疆域辽阔的大国。自鸦片战争后,中国遭受帝国主义的侵略、殖民主义的压迫,国土被割占,利益被掠夺。中国的许多邻国也沦为殖民地或半殖民地国家。

中华人民共和国成立后,中国本着友好协商、互谅互让的谈判原则,与邻国展开边界谈判工作。经过半个多世纪的努力,中国与绝大多数周边邻国的陆上边界勘界工作已取得重大成就。中华人民共和国成立后,最早与中国签订划界条约的国家是缅甸。1960 年,中缅两国签订边界条约,两国边界走向得以确认。中国妥善解决与缅甸存在的边界问题,为中国解决同其他国家的边界遗留问题提供了经验。在中缅边界问题得到顺利解决后,中国迎来了与周边国家边界勘定的第一波高潮。中国分别与尼泊尔(1961 年)、蒙古(1961 年)、朝鲜(1962 年)、阿富汗(1963 年)、巴基斯坦(1963 年)签署边界协定或条约,妥善解决了与这些国家的边界问题,为中国的建设和发展提供了良好的周边环境。

冷战结束后,中国与周边国家边界问题划界迎来第二波高峰。苏联解体后,原来长达 7 000 多千米的中苏边界变为中国与俄、哈、吉、塔四国边界,这种变化为中国解决边界问题带来了困难,但在中国与上述四国的共同努力下,边界问题最终得到了顺利解决。中国还与俄、哈、吉、塔四国达成边界撤军协议,这从根本上缓解了中国北方面临的军事压力。同时,中国与越南达成陆上边界协定,与老挝解决了边界分歧,这使一度困扰中国周边安全的南方边界获得长治久安。

(三)香港、澳门的顺利回归,为解决国际争端和历史遗留问题提供了新的思路

国土安全的重要标志是国土完整,国土不被其他国家侵占。旧中国国力衰微,在列强的武力逼迫下签订了一系列不平等条约割地赔款,这使中国国土安全根本无法得到保障。20 世纪 90 年代,香港和澳门重回祖国怀抱使中国洗刷了百年国耻,标志着中国在维护国土安全的征程中迈进新阶段。

国土完整和主权不可分割是一个国家生存和发展的基础,香港和澳门问题的成功解决展现了中华人民共和国维护国家领土安全的决心。在回归祖国怀抱后,香港地区和澳门地区继续保持繁荣,也为台湾与祖国大陆实现统一提供了有益借鉴。

二、我国国家安全面临的全球地缘环境

和平问题带有战略性和全局性,是因为它直接关系到人类的生存和世界的安全。20 世纪前半叶,人类遭受了两次世界大战的巨大浩劫。第一次世界大战席卷了 30 多个国家,超过 15 亿人卷入战争,造成 2 000 多万人死亡、2 000 多万人伤残。第二次世界大战规模更大,造成的损失更惨重。共有 60 多个国家、20 多亿人口卷入战争。仅中国和苏联损失的人口就达 6 000 万左右,对物质财富造成的破坏更是无法估量。

第二次世界大战结束不久,人类社会陷入了长达 40 多年的东西方冷战时期。在此期间,美国和苏联两个超级大国展开了激烈的军备竞赛,特别是核军备竞赛。它们各自建立了庞大的核武库和常规武库。双方投入了数千亿美元的资金,发展了从地面到海洋,再到空中的庞大的核武器系统,其核弹头总数达到 5 万余枚,足以毁灭人类好几次,成为悬在人类头上的“达摩克利斯之剑”,这是对世界和平与安全的最大威胁。到 20 世纪 80 年代末,全世界各国现役部队人数约 2 900 万人,占全球人口总数的 0.58%。年军费开支总额高达 1.1 万多亿美元,约

占全世界年生产总值的4.5%。这种激烈的军备竞赛不仅严重威胁世界的和平与人类的生存,也给国际社会的发展和人类的生存环境带来极为不利的影响。同时,美苏激烈争霸造成国际局势紧张动荡,导致局部战争和武装冲突不断。冷战时期,共有2 000多万人在各种局部战争和武装冲突中死亡。

冷战结束后,尽管世界上有利于和平与发展的因素在上升,但国际关系中多种矛盾交织,国际形势复杂多变,决定了当今时代的和平与发展是曲折的。国际政治经济秩序还有许多不公正不合理之处,影响和平与发展的不确定因素仍然存在。世界还很不安宁,人类面临着许多严峻挑战,世界安全形势仍然是复杂的。面对着严峻的挑战,中国走和平发展道路的意义更加深远。

(一)非传统安全威胁上升

非传统安全威胁又称为全球问题、跨国问题或低政治问题,包括环境污染、全球变暖、人口爆炸、毒品走私、国际犯罪、恐怖主义等。非传统安全威胁有两个重要特点:一是具有全球性和全人类性,这些问题不是某些国家和局部地区存在的个别问题,而是在世界范围内普遍存在并且关系到整个人类的问题;二是就其后果来说非常严重,它不是人类社会发展中遇到的一般困难和障碍,而是威胁人类生存和发展,决定人类命运的重大问题。

(二)国内政治国际化、国际政治国内化、民族主义强化、宗教政治化成为新的趋势

一些国家国内的政治矛盾和冲突,导致国际干预,出现国内政治国际化。由于经济全球化的发展,各国之间在许多领域的交流和接触大大增加。在许多国家,国内政治对外交政策的影响有很大上升。冷战结束后,过去被东西方对抗所掩盖的许多民族、宗教和文化矛盾重新抬头。

(三)未来冲突大部分仍将发生在发展中国家

有些发展中国家内部动荡加剧,冲击地区不稳定。中国的陆上与海上邻国有20个,其中绝大部分是发展中国家,有相当一部分还是最不发达的国家。因此中国必须以双边关系和多边地区合作来减缓周边可能造成的冲击。

(四)冷战残余和传统安全威胁仍然存在

冷战或内战所造成的有些民族和国家的分裂仍然存在,如朝鲜半岛、中国台湾等。特别是近年来,这些分裂地区已经或曾经成为矛盾热点。同时,美国为维持其"世界领导地位",企图保持其军事力量"无与伦比的优势"。因此,它不允许其他国家谋求军事优势或与其平起平坐。

总之,和平与发展作为时代的主题将是长期的,但是世界政治经济形势将表现出"总体和平,局部战争;总体稳定,局部动荡;总体缓和,局部紧张"的特点,这也将是长期的。

三、祖国必须统一,也必然统一

台湾问题的产生和演变同近代以来中华民族命运休戚相关。1840年鸦片战争后,西方列

强入侵,中国陷入内忧外患、山河破碎的悲惨境地,台湾更是被外族侵占长达半个世纪。1945年,中国人民同世界各国人民一道,取得了抗日战争暨世界反法西斯战争的伟大胜利,台湾随之光复,重回祖国怀抱。其后不久,由于中国内战的延续和外部势力的干涉,海峡两岸陷入长期政治对立的特殊状态。

中华人民共和国成立初期,根据国际形势的变化,将解决台湾问题的着眼点放在了争取用和平的方式上。但由于外国势力的干预,这些主张未能付诸实践。自20世纪70年代末开始,鉴于国际和国内形势的变化,中国政府对解决台湾问题的方法进行了调整:海峡两岸的中国人、港澳同胞以及海外侨胞、华人携手合作,共同振兴中华;提出了"和平统一、一国两制"的方针;1979年1月1日,发表《告台湾同胞书》,郑重宣告"尊重台湾现状和台湾各界人士的意见,采取合情合理的政策和办法";1981年9月30日,全国人民代表大会常务委员会委员长叶剑英发表谈话,进一步阐明了解决台湾问题的方针政策,表示"国家实现统一后,台湾可作为特别行政区,享有高度的自治权",并建议由两岸执政的国共两党举行对等谈判。1982年1月11日,邓小平就叶剑英的上述谈话指出,这实际上就是"一个国家,两种制度",在国家实现统一的大前提下,国家主体实行社会主义制度,台湾实行资本主义制度。1983年6月26日,邓小平进一步发挥了关于实现台湾与内地和平统一的构想,指出问题的核心是祖国统一,他还就两岸统一和设置台湾特别行政区问题,阐明了中国政府的政策。1995年1月,江泽民发表了题为"为促进祖国统一大业的完成而继续奋斗"的重要讲话,提出了关于现阶段发展两岸关系、推进祖国和平统一进程的八项主张。八项主张获得了海内外全体中华儿女的衷心拥护。

2005年3月,胡锦涛就新形势下发展两岸关系提出了四点意见,体现了和平解决台湾问题的善意和诚意,有力地推动了两岸关系的发展。

党的十七大报告指出:"解决台湾问题、实现祖国完全统一,是全体中华儿女的共同心愿。我们将遵循'和平统一、一国两制'的方针和现阶段发展两岸关系、推进祖国和平统一进程的八项主张,坚持'一个中国'原则决不动摇,争取和平统一的努力决不放弃,贯彻寄希望于台湾人民的方针决不改变,反对'台独'分裂活动决不妥协,牢牢把握两岸关系和平发展的主题,真诚为两岸同胞谋福祉、为台海地区谋和平,维护国家主权和领土完整,维护中华民族根本利益。……两岸同胞要共同反对和遏制'台独'分裂活动。中国主权和领土完整不容分割。任何涉及中国主权和领土完整的问题,必须由包括台湾同胞在内的全中国人民共同决定。我们愿以最大诚意、尽最大努力实现两岸和平统一,绝不允许任何人以任何名义、任何方式把台湾从祖国分割出去。"

习近平在十九大报告中指出,解决台湾问题、实现祖国完全统一,是全体中华儿女共同愿望,是中华民族根本利益所在。要坚持"和平统一、一国两制"方针,推动两岸关系和平发展,推进祖国和平统一进程。一个中国原则是两岸关系的政治基础。体现一个中国原则的"九二共识"明确界定了两岸关系的根本性质,是确保两岸关系和平发展的关键。十九大报告郑重指出:一切分裂祖国的活动都必将遭到全体中国人坚决反对。中国人民有坚定的意志、充分的信心、足够的能力挫败任何形式的"台独"分裂图谋。我们绝不允许任何人、任何组织、任何政党、在任何时候、以任何形式、把任何一块中国领土从中国分裂出去!

台湾问题不能也不会无限期拖延下去。我们党和政府完全有能力而且必然要解决台湾问题,没有任何力量能够阻止中国实现国家的完全统一和中华民族的全面复兴,台湾问题终将得到解决,祖国统一大业一定能够实现。

四、新兴领域的国家安全

近年来,我国积极参与南极和北极事务,高度关注太空和网络空间安全,在国防白皮书中就明确提出军队要维护国家在太空和网络空间的安全利益。这些新领域战略价值日益突显,我国必须要积极面对这些领域的新挑战。

(一)太空将成为未来战争的主战场

随着航天技术的飞速发展,人们越来越深刻地认识到太空的重要战略地位,以及对一个国家的经济发展与技术牵引的巨大作用。当前人类主要利用的空间是距地球表面100~400千米的近地空间,这个空间拥有极其丰富的人类可用资源,其中包括高度资源、真空资源、微重力资源、太阳能资源以及其他资源等。这些资源使近地空间具有诱人的经济效益、科学价值和特殊的军事用途,已成为世界强国争夺和开发利用的新领域。太空资源的争夺,已经成为世界经济与安全的争夺焦点。随着外层空间重要性的不断上升,外层空间已成为当今维护国家安全和发展利益的战略制高点。外层空间的军事存在和有效控制,不仅直接影响其他战场上夺取制地、制空、制海、制电磁权的军事行动,而且将最终影响战争全局和国家的安全利益。俄罗斯于2000年制定的新军事学说中明确指出:“未来战争将以天基为中心,制天权将成为争夺制空权和制海权的主要条件之一”。由此可见,太空既是军事上的制高点,又是国家安全的高边疆。对太空的控制和空间资源的有效利用,不仅决定未来战争主动权的得失,而且关系到国家的安全与发展。

(二)网络空间成为未来战争的新战场

当今时代,信息技术革命蓬勃发展,互联网成为创新驱动发展的先导力量,深刻改变着人类社会的生产和生活。受其影响,网络空间开始成为经济社会发展的新支柱和国家安全的新领域。受大国加速发展网络空间军事力量的推动,夺取和保持网络空间优势,相对于工业时代夺取制海权、制空权更为重要。如何有效维护国家网络主权、确保网络系统安全,日渐成为国防和军队建设需要关注的重大课题。

随着网络空间对军事安全影响的上升,并成为军事对抗的新战场,我国不断加强核心技术的自主创新和基础设施的建设,提高网络空间态势感知、网络防御、支援国家网络空间斗争和参与国际合作的能力,以有效控制网络空间重大危机,保障国家网络与信息安全。同时,我国还在积极推动国际社会共建网络规则和开展网络治理。

(三)极地将成为未来战争的竞争地

极地是指南极和北极,位于地球轴端,战略资源丰富,军事价值重大。全球气候变暖为北极资源开发提供了重大机遇，也使得北极的地缘重要性迅速凸现。据测算，北极地区拥有世界煤炭资源的9%，石油和天然气含量占世界未开发油气资源的25%，另外还有大量金刚石、金、铀等矿藏和水产资源，其丰富的淡水资源也蕴含巨大的商业和经济价值。另外，北极近海大陆架的主权归属、航道管理权竞争、科研价值利用、军事制高点争夺以及话语权等问题，也是各国关注的焦点。北极航道具有距离短、通行能力强、附带费用少等优点，一旦真正开通，将给全球海运格局带来革命性影响。此外，北极是世界的“航空要冲”，部署在北极的洲际导弹只要射程达到8 000千米，就可以覆盖美、欧、中、俄等大国的战略要地，而且飞行距离短，从而大大增加了突防能力。在激烈的竞争中，先后形成了“北极五国”(俄罗斯、美国、加拿大、丹麦、挪威)和“北极八国”(“北极五国”加上芬兰、瑞典和冰岛)以及“近北极国家”(欧洲的英国、爱尔兰、德国、荷兰等国，亚洲的中国、韩国、日本等国)，欧盟、北约等国家集团也参与其中。处理北极问题的主要政府间国际机制是北极理事会，参与其中的主要是“北极八国”。近年来，俄罗斯、美国、加拿大等国加大进军北极力度，不断加强主权宣示、政策规划、经济开发和军事存在。

南极是地球上最后一块“无主地”。独特的地缘位置、丰富的资源储备、极高的军事和科学价值，决定了南极具有极为重要的战略地位。随着北极主权争端加剧，越来越多的国家也将目光投向南极，着手制订战略规划，这些因素导致维护南极秩序的南极条约体系受到了挑战。

从发展的角度看，北极已成为我国国家利益向海外和新远边疆拓展的重要方向。如在北极方向，我国不仅获得北极理事会永久观察员国的资格，建立“黄河”科考站，我国商船也已经过东北航道驶达欧洲，这标志着我国日益成为北极事务的重要参与方和利益攸关方。特别是北极所拥有的航道和资源价值，未来将极大影响我国的海外运输和能源进口。在南极方向，经过多年艰苦努力，我国已发展成为南极科考的“第一方阵国”，并先后建立了多个科学考察站，这些都为扩展南极活动奠定了较好基础。为了确保国家利益得到有效维护并持续拓展，未来我国必须进一步关注极地事务，确保相关地区和平稳定。

(四)海外利益将受到前所未有的挑战

随着国家推进全方位对外开放，“一带一路”倡议深入实施，走出去的深度、广度、节奏前所未有，我国国家利益快速向海外扩展和延伸，国际市场、海外能源资源、战略通道和资产安全以及海外机构、人员面临的恐怖袭击风险明显上升，维护国家安全和发展利益的压力增大。

我国是世界能源资源进口大国，原油、天然气、铁矿石甚至部分粮食等能源资源需要从海外大量进口，国内工业化的高速发展进一步强化了这种需求。一般来说，当一国的资源对外依存度达到20%~30%时，就会面临较高风险。近年来，我国石油对外依存度已达到60%，天然气对外依存度也达到32.2%。一段时间以来，我国能源进口的主要区域和对象国政治动荡局势有所加剧，不同国家间、教派间、民族武装派别间冲突频发，地区恐怖活动更为猖獗，能源资源的生产安全、储备安全和运输安全问题日益突出，给我国经济发展带来较大冲击。

近年来，我国企业开始大量“走出去”，在海外从事的投资、并购、承包、零售等商业活动日渐频繁，商业利益存在更加多样化。据外交部领事司统计，现有2万多家中资企业遍布世界近200个国家和地区。近年来我国公民因公务、商务、求学、旅游、探亲等原因大批走向海外，

2014 年出境的内地居民人次首次破亿。另外,我国还在海外拥有数以千万的华侨。随着境外人员数量的攀升,伴随而生的安全问题也日益突出。为有效维护我国海外利益,近年来开展的海上护航、撤离公民、应急救援等行动,已成为军队维护国家利益和履行国际义务的重要方式。

第三节　国际战略格局

国际战略格局是国际战略环境的总体框架,表现了世界力量的分布、组合和对比。在国际战略格局中,拥有强大军事实力和政治影响力的国家和地区,在世界事务中扮演着主要角色,起着主导作用,通常被称为“极”或“力量中心”。“格局”就是力量对比的结构和态势。

一、国际战略格局的含义和内容

国际战略格局,是指对国际事务具有重要影响力的力量,在一定历史时期内相互联系、相互作用而形成的较为稳定的力量结构。它又分为国际政治格局、国际经济格局和国际军事格局,国际战略格局是这几种格局的综合,也称“国际格局”。国际战略格局形成、发展和变化的物质基础是各国政治、经济和军事力量间的相互对比。国际战略格局形成、发展和变化的政治基础是各国在战略利益上的矛盾和需求。

国际战略格局,既是国际政治的核心内容,也是一定时期国际关系特点的集中表现;既是各国生存和发展的基本外部环境,也是制定内外战略和策略方针的主要依据之一;同时,还是正确认识和判断国际战略环境的一个关键因素。它有助于从总体上了解世界各主要国家在世界全局中的地位以及战略利益方面的矛盾和需求。

国际战略格局的样式是由力量对比关系所决定的,由于各个历史时期新生力量的形成与变化,起主导作用的“力量中心”也随之变化,从而形成单极格局、两极格局以及多极格局。国际战略格局同经常变动的国际战略形势有所不同,它在一个相应的历史时期内具有相对的稳定性。新旧战略格局的交替转换,通常发生在涉及世界主要国家的剧烈的社会大动荡之后,其根本原因在于世界基本矛盾的不断发展变化。真正具有世界意义的国际战略格局是在近代资本主义发展的基础上形成和发展起来的。19 世纪以后,欧洲列强统治和影响着世界上的广大地区,从而形成了以欧洲为中心的国际战略格局。这一格局的特点是几个大国都想争夺欧洲和世界的霸权,列强内部争夺剧烈发展,导致了 20 世纪上半叶发生了两次世界大战。第二次世界大战以后建立的“雅尔塔体系”,改变了以欧洲为中心的旧的世界格局,建立了以美苏两极为主导地位的国际战略格局。

20 世纪 80 年代末,苏联解体,以美苏两极为主导的“雅尔塔体系”彻底崩溃。由于日本、德国、西欧在经济上迅速崛起,海湾战争以后,美国的单极世界格局计划破产。随着世界形势的大动荡、大分化、大改组,国际战略格局开始向多极化方向发展。可以相信,一个新的以多个力量中心为基本结构的多极化国际战略格局正在形成。

二、国际战略格局的结构类型

国际战略格局的结构是指它所表现出的基本形态。它是包括国际政治、经济、军事关系在内的国际战略关系的表现形式,是国际战略力量对比的结构形态。区分国际战略格局的不同类型,主要应当依据格局的内部结构和外在形态。内部结构是指构成一定格局的战略力量的特征,以及各种力量之间相互组合的状况。外在形态是指战略力量之间相互作用的形式与存在状态。据此,国际战略格局可以区分为四种基本类型:

(一)单极格局

单极格局即某一个大国在国际战略格局中占据主导地位,形成一国独霸的局面。这种情形在历史上曾经出现过,如资本主义初期的西班牙、荷兰和英国都曾有过独霸世界的历史,英国的世界霸权地位甚至维系了近 200 年。当然,这种格局状态是资本主义刚刚形成时期的特定产物。这个时期,由于资本主义刚刚在局部地区出现,近现代意义上的国际社会正在逐步形成,因而资本主义发展最早的国家往往能够确立独霸地位,但这种霸权在很大程度上局限于欧洲地区,真正的世界霸权并未建立起来。

(二)两极格局

两极格局即两大战略力量之间的相互对立和相互斗争,对整个国际事务起着决定性影响的局面。这种类型的格局在历史上曾多次出现过。第一次世界大战期间的同盟国和协约国,第二次世界大战期间的法西斯轴心国和反法西斯同盟国,第二次世界大战后初期的社会主义和资本主义两大阵营以及随后的美苏两极对抗,都是历史上的两极格局。从中可以看出,“两极”主要是两大对立的国家集团,而不完全是两个国家之间或某个国家单独与另一个国家集团之间的对立。同时,在两极之外总有不从属于两大集团的其他国家存在。第一次世界大战前的两大集团之外有美国和日本;第二次世界大战期间也存在一些没有卷入战争的国家,战后初期则存在着广大的“中间地带”国家。当然,以上所分析的两极格局,除了冷战时期两个超级大国和两大政治军事集团的对抗具有较典型的两极特征并延续了较长时间外,其他都是在新旧格局过渡时期形成的具有一定特殊性的两极体制。

(三)多极格局

多极格局即多种战略力量既相对独立又相互联系、既相互合作又相互制约而形成的一种相对平衡的战略关系。在多极格局中,作为格局构成要素的战略力量,可以是单个的国家,也可以是国家集团。这种格局类型在 20 世纪 70 年代以后已见端倪,即中、美、苏、日、西欧和第三世界这六大力量的竞相发展。冷战结束后,多极化趋势呈现出更加强劲的发展势头,目前已经形成了初步的轮廓。

(四)多元交叉格局

多元交叉格局这是一种由两极向多极或由多极向两极的过渡性格局。在这种格局状态下,一方面存在着两大战略力量或多种战略力量之间的对立,这是格局的主导方面;另一方面也存在着独立于上述力量之外的其他战略力量。这些战略力量既在一定程度上受到现有格局中的支配力量的影响，又能够在国际事务中发挥自身的独特作用，从而构成国际战略格局中潜在的一极。冷战结束后，在向多极格局的过渡时期，多元交叉格局表现得更为明显。欧美虽是盟友关系，但欧洲正在成为新的一极；美日同盟也有新的发展，日本的政治独立性也有很大增强，很可能在多极格局中占有一席之地；中、俄既与其他战略力量保持着联系，同时又坚持自身的独立地位。这种多元交叉格局无疑构成了未来多极格局的基础。

三、近代国际战略格局的几个重要发展阶段

（一）1815—1871 年的“维也纳格局”

拿破仑战争结束后，欧洲建立了“维也纳体系”，英国、法国、俄国、普鲁士和奥地利五个欧洲强国相互制约、相互斗争，共同主宰国际事务。各国为了维持均势，一方面联合镇压了欧洲的革命浪潮和民族独立运动，干涉拉美事务，积极保持大国主宰国际事务的局面，不允许新的力量出现；另一方面，五大国之间相互争斗，维持着欧洲大陆的均势。

（二）1871—1918 年的“欧洲两大军事侵略集团的对峙格局”

德国的迅速崛起，粉碎了欧洲的均势格局，德国、奥地利和意大利等国建立了以德国为中心、以法国和俄国为主要打击目标的联盟体系。随着德国“世界政策”的推行和英德之间争夺非洲、近东和海洋霸权的矛盾达到白热化程度，英国走上了与法国、俄国结盟的道路，共同对抗德奥意集团。于是，20 世纪初欧洲出现了同盟国和协约国两大军事集团对峙的局面，并最终引发了第一次世界大战。

（三）1918—1945 年的“世界法西斯集团和反法西斯同盟的战争格局”

第一次世界大战后，为了瓜分战败国德国、奥匈帝国和土耳其帝国的遗产和划分势力范围，帝国主义列强先后召开了巴黎和会和华盛顿会议，形成了“凡尔赛—华盛顿体系”。1929—1933 年的世界经济危机使帝国主义国家间的矛盾再度激化。日本首先在亚洲发动了对中国的侵略战争，破坏了帝国主义各国在远东的均势。德国法西斯上台后不久，就使凡尔赛体系瓦解。1936 年，德、意联合对西班牙进行武装干涉。同年年底，德、日缔结《反共产国际协定》，第二年意大利加入该协定，从而结成了法西斯轴心国集团。而英、法、美等帝国主义国家则与苏联、中国等国在反法西斯的旗帜下联合起来，形成了反法西斯同盟，双方进行了长期的激烈战争。

（四）1945—1991 年的“美苏争霸的两极格局”

第二次世界大战后形成了“雅尔塔体系”。第二次世界大战粉碎了以欧洲为中心的传统格局，英国和法国虽然取得胜利，但是战争创伤严重，实力大大削弱，德、日、意等战败国退出了国际政治舞台的中心。而美国和苏联通过战争成长为两个最具影响的超级大国。第二次世界大战后，美苏两国的战时同盟关系迅速破裂，形成了长期的冷战局面。1949 年 4 月，美国同英、法、意、加等欧美 12 个国家在华盛顿签订了《北大西洋公约》，以建立其控制欧洲的防务体

系。“北约”的建立标志着资本主义国家实现了军事上的战略同盟。1955 年 5 月,苏联和东欧社会主义国家针对“北约”组织的建立,在华沙签订了《友好合作条约》,并通过了建立武装部队联合司令部的协议。至此,形成了以美国为首的帝国主义阵营和以苏联为首的社会主义阵营全面对抗的两极战略格局,世界进入了一个新的历史时期——冷战时期。

(五)20 世纪 90 年代以来的“多极化世界格局”

20 世纪 90 年代以来,随着东欧剧变和苏联解体,冷战结束。两极格局结束后,世界出现了“一超”和“多强”并立的态势,大国关系在不断变化与调整,几场局部战争的爆发以及 2008—2009 年全球金融危机的蔓延,加快了世界各种政治力量及主要经济体的分化组合,加剧了国际战略与安全形势的变化。当前国际战略格局的主要特点是:

1. 多极化的世界格局在危机与动荡中深化

2009 年是进入 21 世纪 10 年和柏林墙倒塌 20 周年。从全球范围看,发达国家与新兴经济体力量此消彼长态势更加突出:经济上,发达国家经济总量缩水,新兴经济体则保持了增长;政治上,西方主导权遭受冲击,在应对国际金融危机、温室气体减排、朝核、伊核等全球和地区问题上的话语垄断和影响力下降,对新兴大国的倚重明显加大;主要战略力量之间的力量对比上,“一超”与“多强”综合实力差距持续缩小,“多强”整体实力趋强。多极化趋势的发展,有利于世界的和平、稳定和繁荣,有利于推动建立公正合理的国际政治经济新秩序。

2. 多极格局中的机制变革逐步推进

就全球而言,促进大国合作和应对全球性挑战的机制建设得到加强;就地区而言,各种区域合作机制为了共同应对挑战和地区治理也在不断加强合作。在经济领域,节能、低碳、绿色等理念得到越来越多的认同;在政治领域,全球治理思想从“管理全球化”向“全球新政”扩展;在安全领域,“无核世界”理念持续发酵。

3. 国际安全形势更加错综复杂

世界格局转换和国际机制变革加速,加上金融危机的负面效应,使国际安全形势变得更加复杂严峻,主要表现在:主要大国战略竞争加剧、核问题显著上升、非传统安全问题突出、多国政治与社会矛盾加深、恐怖主义威胁不减。

4.“国际权力中心向东方转移”,亚洲越来越成为焦点

2009 年,亚洲不仅以超过世界平均水平 2.75%的增速成为稳定世界经济发展的主引擎,而且展示了国际战略与安全形势中的动荡、重组和不确定。受亚洲地缘战略地位提升、政治影响力和经济拉动力显著增强的牵引,主要大国纷纷调整战略,加大对亚洲的关注和投入。美国奥巴马政府明确表示要纠正前任小布什政府忽视亚洲的错误,强调美国“是太平洋国家,与亚太地区的关系比以往任何时候都密切”。

5. 中国综合国力稳步上升,国际影响力不断提高

中国经济持续保持快速增长,综合国力迈上新台阶。中国的经济已经成为带动世界经济

增长的主要动力源之一。在综合实力和对世界和平与发展的贡献显著提升和增大的基础上，中国在外交上不断开拓进取，国际地位和作用明显增强，在地区和世界事务中日益发挥重要的影响。中国在改革开放几十年来保持了持续发展的强劲势头，经济总量明显增大，与世界经济的关系更加紧密。中国的发展和开放，为世界商品和资金提供了广阔市场，为许多国家的企业创造了商机，也为世界创造了众多的就业机会。作为当今世界经济重要的拉动力，中国经济发展状态已与全球息息相关。中国坚持走和平发展的道路，努力与世界各国平等互利合作，不单纯追求己方利益，而是力主双赢，并积极加强区域合作，推动共同发展，不断为促进全球发展和繁荣做出重要贡献。中国高举和平、发展、合作的旗帜，坚持原则，伸张正义，更加积极参与国际事务，在力所能及的范围内支持和援助其他国家，充分发挥出一个负责任大国的作用，国际影响日益增大。

四、国际战略格局的现状与特点

2001 年的“9·11”事件和全球范围内反恐战争的爆发，国际战略格局发生了深刻变化，特别是俄罗斯的复苏和中国的崛起，使当前的国际格局面临新的重组和分化。目前的国际战略格局的特点可以用“三个总体”“三个局部”来概括，即：总体和平、局部战争，总体缓和、局部紧张，总体稳定、局部动荡。具体表现在：世界和平与发展仍是时代的主流，世界多极化、经济全球化大趋势仍未改变，对大多数国家而言，国际形势中机遇大于挑战的态势继续存在。

（一）和平与发展仍是时代主题

时代主题是指人类社会某一发展阶段中带有全球性、战略性和关乎全局的核心问题，它是某一时代基本特征的集中反映，代表着这个时代的本质和发展趋势，规定着该时代各国相应的主要任务。

早在 20 世纪 80 年代，邓小平就指出：“现在世界上真正大的问题有两个，一个是和平问题，一个是经济问题或者说发展问题。和平问题就是反对霸权主义，维护世界和平，就是争取维护世界整体的非战争状态；发展问题主要是南北问题，即发展中国家的经济发展问题，也是全人类的经济发展问题，这是当今世界的核心问题。”冷战结束后，国际形势发生了深刻而又巨大的变化，但和平与发展的时代主题并没有发生根本性改变。形成目前时代主题的原因主要有以下几个方面。

1. 经济全球化已成为当今时代的主流

在信息技术和知识经济的推动下，经济全球化已经成为当今世界最主要的发展趋势之一，加深了各国之间的相互依存关系。特别是信息技术的应用和普及，不仅创造出了新的劳动工具，生产出了更多的产品，迫使人们到国外去寻找市场、寻求投资，而且为人类社会提供了更先进快捷的交往工具，保证了国际间经常的相互联系和交往，再加上发达国家对落后国家能源和资源的依赖以及落后国家对发达国家技术的依赖，就使得当今世界各国相互的依存度大大提高。这种情况客观上不允许再恢复到与世界生产力发展水平不相适应的国家间敌对或大国对峙的国际关系格局，从而推动着和平与发展的潮流继续前进。

2. 大国间的力量趋于平衡

冷战后特别是近年来，尽管美国等西方国家在国际关系中推行霸权主义和使用武力的倾向在增长，但主要大国之间尚没有形成敌对和对抗关系，特别是类似于苏联及华约集团那样的美国的全球战略性对手还不可能出现。对中、俄等世界大国，美国的基本战略仍将是主要通过接触或“伙伴关系”，把俄、中纳入美国、西方主导的国际体，同时对中、俄实施长期战略防范。美国与欧洲大国之间尽管基本能够维护其同盟关系，但在许多重大问题上，如北约与欧盟东扩、北约作用的发挥、部署弹道导弹防御系统以及朝核问题、伊核问题，甚至反恐问题上，有各种各样的矛盾分歧，但“有斗有和、斗而不破”的模式仍将是今后相当长一段时期大国关系的基本模式和特征。

3. 发展经济和科技仍是世界各国国家战略的核心

美国和欧盟在经济方面将展开更加激烈的竞争，日本在努力重新恢复其经济发展势头，俄罗斯已确立了以发展经济为中心的国家政策，中国将继续保持经济高速增长，各国更加重视科技和国际市场的竞争。美国虽然已不满足于仅在经济上与其他各大国展开竞争，企图以发动对外战争刺激国内经济增长，但由于其战争政策受到各国抵制，美国与世界大多数国家的矛盾都在激增，其靠战争刺激国内经济复兴的企图不会实现。21 世纪的世界格局仍取决于各国以经济和科技实力为中心的综合国力的较量。

4. 南北矛盾更加突出，核心仍然是经济发展问题

第一次世界大战后帝国主义宗主国与殖民地半殖民地的矛盾，随着第二次世界大战后二十世纪五六十年代民族解放运动的兴起和大批民族国家的诞生，已在政治斗争的层面上得到了总体解决。由此演变而来的南北矛盾主要集中在经济发展问题上，尤其是发展中国家的经济发展问题，根本任务是摆脱贫困，摘掉落后的帽子。几十年过去了，发展中国家经过艰苦的努力，已经取得了辉煌的成就。但在整个世界经济中，大多数发展中国家仍很贫穷，发展问题刻不容缓地提到发展中国家的优先日程上来。

以上这些都说明，在当今时代条件下，国际形势尽管有风浪、有起伏，但和平与发展的时代主题没有改变，并将是当前和今后一个时期国际战略格局的基本态势。

（二）国际战略格局多极化趋势在曲折中发展

1. 国际战略格局多极化是大势所趋

多极化起始于冷战时期。早在 1971 年美国总统尼克松就提出了美、苏、西欧、日本、中国五大力量的观点，认为“这五大力量将决定世界在 20 世纪最后三分之一的时间里的前途”。冷战结束后，尽管美国成为唯一的超级大国，基辛格依然承认世界的多极化格局，他在《大外交》一书中这样写道：“冷战结束，制造出观察家所说的‘单极世界’……美国比十年前更占优势，可是具有讽刺意义的是，权力更加分散。因此，美国能够用来改造世界其他地区的力量，实际上也减弱了。”“虽然军事上是个超级大国，美国却不再能够随心所欲，因为它的力量和意识形态都不容许它有帝国野心。”并表示，“无论是美国，还是联合国，大概都不可能建立新的世

界秩序。美国、欧洲、俄罗斯、中国，还有日本，或者可能还有印度，大概将会起主导作用”。冷战后，多极化发展更为加速。多极化既是世界发展的客观趋势，也是除美国之外世界绝大多数国家的普遍要求，因而是不可阻挡的。

首先，未来的世界不可能是美国一家独霸。从冷战结束后的 1999 年开始，美国经济持续增长，年总量 17 万亿美元以上，尽管如此，美国的国家实力占世界的比重比起第二次世界大战后的一段时期还是下降了很多，尤其是在小布什政府上台后，经济出现明显的衰退征候，“9 · 11”事件之后更加剧了这一趋势。美国经济即使在未来几年内有所恢复，其总产值占全球经济总量的比重，也不会再有大的增加，紧随其后的中国、日本、德国、俄罗斯、印度都对美国的经济霸主地位提出挑战。

美国在国际政治上推行强权主义政策，对别国事务横加干涉，在道义上树敌颇多。在当今世界上，确实有许多国家“怕”美国，但更多的国家却不赞成美国，美国越来越成为孤家寡人。就北约与美国的关系来看，虽然科索沃战争期间双方表现出一致性，阿富汗战争时双方又实行合作，但由于北约对美国的单边主义倾向越来越不满，加之对北约的地位和作用等问题的看法也与美国出现重大分歧，北约的凝聚力将大为减弱，美国难以通过北约长期维持其在欧洲的主导地位，尤其难以驱使北约成为其称霸世界的马前卒，这在伊拉克战争中非常明显地表现出来。在这场战争中，其他许多国家也持反对态度。受伊拉克战争的影响，美国所领导的国际反恐联盟也已处于分化状态。

在当今世界上，约有五分之一的国家有美军的基地，有四分之一的国家有美军在进行各种各样的军事行动，而且美国还得时刻提防着俄罗斯，念念不忘遏制中国，目前还得收拾阿富汗和伊拉克的残局，这势必造成其力量的分散使用和过度消耗。

其次，其他国际力量中心也在成长壮大。除美国外，其他力量中心主要是指欧盟、俄罗斯、日本和中国。

欧盟方面，从 2002 年 1 月 1 日起，欧元正式流通，目前对美元的汇率正一路走高，已与美元、日元一起构成世界三大货币体系。随着欧盟经济政治一体化的加深，其综合实力还会进一步增长，未来欧盟将可能成为国际社会中最具影响力的一极。

乌克兰危机是冷战后欧洲地区最严峻的地缘政治挑战。围绕乌克兰危机，俄与美、欧激烈博弈，其外部环境明显恶化，经济增长濒临衰退，内政虽总体保持平稳但暗流涌动。可以说，普京的难题大多因乌克兰危机而生，但其影响与后果则更广泛、更长远，导致普京推动的俄大国复兴步伐受阻。为适应世界局势变革，全面应对军事威胁，针对新武器、新热点、新对手和新盟友的发展变化，俄罗斯积极修订军事宪法，出炉新版军事学说，明确提出了与西方国家的新型对抗方式，同时指明了俄罗斯未来的优先发展方向。

作为当今世界第三大经济强国的日本，随着经济实力的增长，早已不甘心“经济上的巨人，政治上的侏儒”的地位。冷战结束后，日本加快了谋求世界政治大国地位的步伐，力求成为亚太地区的领导者，进而成为联合国安理会常任理事国，在国际事务中争取有更多的发言权和参与权；同时，日本近年来还不断加快发展军事力量，其海军实力已超过英、法，雄踞世界第三，已成为名副其实的军事大国。

中国坚持改革开放政策，经济持续强劲增长，国家综合实力有了很大的提高，与美国国内生产总值相比，由 1988 年是美国国内生产总值的 5.6%发展为 2018 年达到美国国内生产总值的 70%。

随着中国经济的进一步发展，中国在国际事务中将发挥越来越重要的作用。1990 年 3 月邓小平就指出："所谓多极，中国算一极。中国不要贬低自己，怎么样也算一极。"

再次，多极化有利于世界的和平与稳定。多极化反映了大多数国家的意愿。法国前总统希拉克曾说过："只有一种主导力量的世界是危险的，这就是我为什么支持一个多极化世界，欧洲也必将在其中占有一席之地。"他的说法代表了许多国家的意愿，这些国家尤其是各大国致力于推动世界多极化，是由于未来世界的多极化，与之相伴随的是各主要力量及其影响力的相对均衡化，是走向摒弃强权政治的国际关系民主化，是承认世界各国发展道路和模式的多样化。同时，也是美、欧、日、俄、中等各大战略力量相互借重、相互制衡，没有任何一种力量能够操纵控制世界，也没有任何一个大国能够为所欲为、独断专行的多极化。

可以预言，随着各大战略力量的成长壮大以及它们对世界格局多极化的合力推动，21 世纪不可能是美国的世纪，而是各种国家、各个地区共处、合作与竞争的多极化世纪。

2. 多极格局的形成将面临长期斗争

一方面，美国建立单极世界的图谋严重迟滞了多极化的发展。冷战后，美国经济再度走强，这使得它在政治上的野心也再次膨胀。美国前总统克林顿明确向世界宣布，"要使世界免遭过去的灾难，必须有一个领导，而且只能有一个领导"，美国"最具有领导这个世界的能力"。小布什在他的竞选纲领中也明确宣称，"强盛的经济"为美国带来了一个"无与伦比"的机会，美国应当凭借强大的实力地位"追求更高的目标"，"繁荣应当有目的"，这个"目的"就是"恢复受人尊重的美国领导地位"。从小布什总统的所作所为来看，他比克林顿有过之而无不及。可以肯定，美国的这种霸气和进攻态势还会持续一个时期。

从实践上看，也确实是这样。美国凭借其唯一"超级大国"地位，不断谋局布势，大肆推行全球霸权战略，企图尽量长久地维持其"全球领导地位"。克林顿时期，美国主要抓两个战略重点方向，即在大西洋推进北约东扩，在太平洋方向则强化美日同盟，大力推行"西挤东压"战略。小布什政府上台后，更加强调军事利益优先，又拓展了两个战略方向，即中亚方向和中东方向，大肆推行"布什主义"的单边政策。这表明，美国正在朝着"一超独霸"的单极世界的目标冲刺，势必严重迟滞多极化的发展。

另一方面，主要战略力量之间的平衡需要一个较长的过程。从现实情况看，国际力量对比不但没有实现从美国向其他大国转移、从大国向中小国家转移，反而出现了反常的"逆转移"现象。就美国与全世界而言，美国实力不降反升。在直接组成多极框架的五大力量中，俄罗斯经济、政治动荡局面不会很快结束，它短期内难以恢复实力，军力较强、经济虚弱的"跛脚大国"地位不会有根本改变；日本在经历了 20 世纪 90 年代以来的经济衰退之后，弱点暴露无遗，在世界经济总量中的份额不可能重新大幅度增长；欧盟政治整合远未完成，其内部又矛盾重重，尚不完全具备大国的行为特征；中国仍是发展中国家，硬实力一时难以与美欧日相提并论，软实力也有待进一步“培育”。种种情况表明，美国经济虽陷入衰退，但其综合优势仍然明显，在未来十余年甚至更长一段时期，仍将保持“一超独强”的基础。建立在各大战略力量对比均衡结构基础上的多极格局不可能在短期内实现。

3. 世界格局多极化的机制尚未形成

两极格局之所以长期维持下来，原因之一是有稳定而强有力的机制，即“华约”和“北约”的保障。同样，多极化格局的最终形成也需要有稳定的机制来保障。从长远来讲，或许只有联合国及其安理会才能充当这样的机制，但联合国的地位和作用却一直受到美国的挑战与冲击。到底多极化格局的机制应当如何建立，是完善和利用现有机制，还是进行彻底的机制创新，这都有待于全世界爱好和平与发展的人们去探索。

总之，多极格局的形成是一个长期复杂的过程。从长远看，美国的单极世界之路是行不通的，但是由于国际战略力量的失衡难以在短期内趋向均衡，美国凭借其强大的实力进行种种干扰和阻挠，多极化的趋势不会一帆风顺，其间仍将经历重大甚至激烈的斗争。

（三）世界安全形势不容乐观

世界安全形势是指当前世界安全的总体状况以及战争与和平的发展趋势，它是整个国际形势的重要组成部分，是研究国际战略环境必须关注的重要内容。

当前影响世界安全形势主要有两个因素：恐怖主义和霸权主义。受其影响，从 1990 年至 2013 年，全世界共发生局部战争和武装冲突 150 多起，平均每年约 13 起。

1. 恐怖主义对国际社会的威胁依然严重

恐怖主义活动是极端势力为了达到政治目的而采取的有组织、有目的的暴力破坏活动，其主要特征是动机的政治性和行为的残暴性。近年来，恐怖主义活动十分猖獗，美国成为恐怖主义的最大目标。“9・11”就是恐怖主义分子袭击美国的一个典型事件，使美国的经济损失高达 830 亿~950 亿美元。实际上，虽然恐怖主义活动有将近一半是针对美国的，但无论是在发达国家还是在发展中国家，无论是在稳定的国家还是在动荡的国家，都有恐怖主义在活动。

针对日趋猖獗的国际恐怖主义，国际社会加强了反恐合作。特别是“9・11”事件以后，国际社会迅速地在反恐问题上达成共识，开展了对恐怖主义的打击。以美国为首的一些国家在 2001 年 10 月发动了阿富汗战争，之后又在阿富汗继续围剿“基地”组织。2002 年，美国还在世界各地扩大反恐空间，开辟新的反恐战线。目前，美国有 7.4 万多名军人部署在世界各地执行反恐任务，或参与其他国家的反恐行动。美国还扩大反恐外延，将所谓的“邪恶轴心国”和“大规模杀伤性武器的扩散”纳入反恐范畴，其突出表现就是以“反恐”和“消除大规模杀伤性武器”为借口，于 2003 年发动了伊拉克战争。虽然伊拉克战争已结束，但针对美国的恐怖主义袭击活动不会结束。国际恐怖主义活动不停止，美国就总会找到到处用兵的借口，其他各国和人民也就要蒙受其害，这是引发地区动荡的一个重要原因。

2. 霸权主义和强权政治是引发世界局部动荡的主要根源

与恐怖主义一样，霸权主义和强权政治也是威胁世界和平与安全的一个重要原因，而且是主要原因。冷战结束之后，美国成为当今世界上唯一的超级大国。为了达到永久称霸世界的目的，美国在政治上推行其所谓的“民主”与“人权”，把自己的意识形态强加给其他国家；在经济上，以它自身的利益为标准，动辄制裁其他国家；在军事上，奉行干涉主义，表现为就使用武力或以武力相威胁，置国际公约和联合国准则于不顾，肆意干涉别国内政。据美国国防部称，自 1989 年“柏林墙”倒塌，至 2003 年，美国对外使用军事力量已达 62 次，平均每年对外用兵 4.8 次以上，大大超过其在冷战时期对外用兵年均 2.8 次的水平。其中，最严重的事件就是 1999 年以美国为首的北约对南联盟进行的军事打击，以及 2003 年美国发动的伊拉克战争。

北约对南联盟进行的军事打击发生在 1999 年 3 月至 6 月，又称科索沃战争，其直接导火索是科索沃危机。科索沃是南联盟塞尔维亚共和国的一个自治省，面积 1 万多平方千米，人口约有 200 万。阿族分离主义分子主张成立“科索沃共和国”，并且想与阿尔巴尼亚合并。他们的非法武装“科索沃解放军”残酷虐杀塞族军民，塞政府当然不能坐视不管，坚决镇压了阿族分离主义分子，由此引发了科索沃危机。南联盟科索沃地区发生民族冲突，这本来是南联盟的内部事务，但是，以美国为首的北约却以保护“人权”和“维护欧洲地区的和平”为名，绕过联合国，对南联盟进行了长达 78 天的狂轰滥炸，使南联盟和南联盟人民遭受了巨大的战争创伤，仅经济损失就高达 2 000 多亿美元，居民生活水平倒退了 20 年。

第四章　军事思想

在人类漫长的历史长河中,战争始终伴随着人类而不断爆发。为了赢得战争的胜利,人们不断总结人类所进行的战争及有关的军事活动。经过千百年来的历史积淀,人类逐渐认识了战争的根源、特点和规律,形成了对于战争及有关军事活动具有指导意义的理论体系,即军事思想。

第一节　军事思想概述

一、军事思想的概念

军事思想是关于战争、军队和国防的基本问题的理性认识,是人们长期从事军事实践的经验总结和理论概括。

不同阶级、国家或政治集团有不同的军事思想。同一阶级、国家或政治集团的军事思想,在不同历史时期或发展阶段也有区别。军事思想可按社会历史发展阶段、阶级、国家和不同历史时期主导兵器的特征等分类。军事思想是一种社会意识形态,既受其他社会意识形态的制约和影响,也影响和作用于其他社会意识形态。军事思想是军事科学的综合性基础理论门类,对军事科学其他门类的研究与发展具有总体指导作用,又从军事科学其他门类中汲取营养,使自身不断发展。

二、军事思想的分类

军事思想可以按照社会历史阶段、阶级、国家和不同历史时期主导性兵器的特征来进行分类。

(1)按阶级来划分,军事思想可分为:奴隶主阶级军事思想、封建地主阶级军事思想、资产阶级军事思想和无产阶级军事思想。

(2)按国家来划分,可分为:外国军事思想和我国军事思想。

(3)按阶段来划分,可分为:古代军事思想、近代军事思想和现代军事思想等。

三、军事思想的形成与发展

人类对军事问题的认识,是随着社会生产力的发展,战争规模的扩大,以及科学文化水平的不断提高,经历了一个由浅入深的演进过程。同样,军事思想也经历了一个由简单到逐步提高和发展的过程。

(一)古代军事思想

原始社会末期和奴隶社会初期,战争已开始频繁发生,促使了奴隶主阶级军事思想的萌芽和产生。人类进入了奴隶社会后,战争的规模、样式、性质、作用等发生了根本性变化。战争具有了鲜明的政治目的而成为政治斗争的工具,同时,出现了专门的军队组织和相应的军事制度,战争的规模也越来越大。与此同时,战争决策已涉及战前力量的组织与准备,并有了心理战和间谍战等。正是这些客观情况的发展变化,使得人们对战争和军队建设的认识由感性逐渐上升到了理性,从而产生了最早的军事思想——奴隶主阶级军事思想。其主要代表著作有:《希腊波斯战争史》《伯罗奔尼撒战争史》《军政》《军志》《周易》等。

随着生产力的发展和社会制度的变革,战争的频繁发生和改朝换代的加剧,军事方面的许多因素发生了变化。铁制兵器代替了铜制兵器,实行了征兵制和募兵制,由单一兵种发展到了步、车、骑、水多种兵种并进。封建社会比奴隶社会更为先进的社会政治、经济、军事的发展,为封建地主阶级军事思想的发展打下了坚实的基础。人们对战争和军队的认识有了更大的提高。与此同时,反映军事思想的一大批兵书相继问世。其中,最杰出的代表著作就是被称为“世界兵书鼻祖”的《孙子兵法》。

这一时期的军事著作,基本上概括了冷兵器时代一般战争的战略战术、战争理论和原则;同时,对战争的本质、起源、战争与政治、经济、外交、自然条件等因素的关系等也有了一定的认识。体现了朴素的辩证法和唯物主义思想。例如:

(1)对战争的起源已从“自然存在”的认识上升到从“争名、争利、仇恨、内乱、饥荒”等社会现象的角度加以分析,具有了朴素的唯物主义思想。

(2)对战争的性质有了正义与非正义之分,提出了战争是镇压暴乱、制止不义行为的有利手段。

(3)对战争和军队的重要性,有了“兵者,国之大事,死生之地,存亡之道,不可不察也”的认识,提出了“慎战”的思想;揭示了战争的本质,指出了“兵者,以武为植,以文为种,武为表,文为里”;还提出了“以战养战”“用兵攻战之本,在乎重民”的思想。

(4)在军队建设方面,揭示了“以治为胜”“以教为先”的思想,重视军队的作战训练,重视选拔将才。例如,对组织军队士兵的训练有“不教民战,是谓弃之”“士不生教,不可用也”之说;对选拔将帅,《孙子兵法》提出了“智、信、仁、勇、严”五条标准。

(5)在作战指挥方面,《孙子兵法》提出“知己知彼,百战不殆”“不战而屈人之兵”“兵贵胜,不贵久”以及“多算胜、少算不胜”的思想,要求做好充分的战前准备。同时,还提出“致人而不致于人”的争取主动,力避被动的作战思想。

(6)在后勤保障方面,初步建立了经济是战争的物质基础的思想。《孙子兵法》提出“善用兵者,役不再籍,粮不三载。取用于国,因粮于敌,故军食可足也”;同时,还提出了多备财物的最好办法是使用敌人的所有财物,丰富和发展了“以战养战”的思想。

在古代，世界其他国家的军事思想，尤以古代希腊军事思想和古代罗马军事思想为典型代表。例如，希罗多德的《希腊波斯战争史》、色诺芬的《远征记》等，都反映出古代欧洲一些国家的军事思想。在他们的军事活动和军事著作中，对战争与政治、外交的关系，对作战谋略、指挥艺术、战略战术，对军队建设等，都有较明确的论述，对军事思想的发展做出了贡献。

（二）近代军事思想

近代军事思想发展的总体特征，一是资产阶级军事思想体系得到确立；二是以马克思列宁主义军事理论为代表的无产阶级军事思想宣告诞生。

资产阶级军事思想产生于欧洲，历经三个世纪的时间，随着资产阶级革命战争实践而逐步形成，并随着战争的发展而发展。

文艺复兴时期，欧洲军事思想领域出现了近代化的萌芽。主要代表作是意大利思想家马基雅弗利为总结他领导的反对西班牙入侵的战争，于 1521 年发表的《论军事艺术》一书。书中提出了为了巩固自己的统治，必须致力于战争，真正掌握军事实力，要普遍实行义务兵役制。

17 世纪，英国发生的资产阶级革命具有世界影响。资产阶级革命打破了封建地主阶级的生产关系，极大地解放了生产力，使经济得到很大发展。资本主义制度建立后，大英帝国实力倍增，开始在北美、亚洲、非洲进行野蛮的掠夺殖民地的战争。英国经济的发展，科学技术的进步，社会思想的前进，极大地推动了资产阶级军事思想的发展。

17—18 世纪，欧美各国资本主义迅猛发展，发达的工场手工业生产出了大量新式火器，文艺复兴和资产阶级革命风暴促进了新的阶级关系和民族关系的形成，促使战争和军队建设从形式到内容发生了巨大变化，欧美军事思想的近代化过程随之达到高潮。

18 世纪末到 19 世纪前期，法国爆发了资产阶级革命和拿破仑战争；19 世纪中叶，德国、奥地利等国也爆发了资产阶级革命；1861 年，俄国废除农奴制。在资产阶级革命过程中，一批资产阶级的军事思想家和军事思想的变革成果涌现出来，集中体现在拿破仑的战争艺术上，以及克劳塞维茨的《战争论》和若米尼的《战争艺术概论》等著作中。

克劳塞维茨在《战争论》中提出了“战争无非是政治通过另一种手段的继续”的著名论断，比较系统地探讨了战争的目的、战争的本质、战争与政治的关系、军队建设、战争艺术、消灭敌人和保存自己的关系、民众战争的作用与使用原则、精神和物质的关系、集中兵力和积极防御的思想等。若米尼在《战争艺术概论》中，论证了军事领域的许多基本原理和规则，提出了决定战争胜败的各种因素，指出全民参加的民族战争具有最可怕的巨大力量。

这两部著作均是在总结拿破仑战争经验的基础上产生的，标志着欧洲和世界近代资产阶级军事思想体系的基本确立。

无产阶级军事思想，作为一种崭新的军事思想体系，也是在近代确立的。1848—1849 年，无产阶级以特殊身份参加了欧洲资产阶级革命。在这场大革命中，无产阶级一方面与资产阶级一道反对封建地主阶级的统治，推翻封建制度；另一方面，在革命中举行反对资产阶级的大规模起义。例如，巴黎六月起义、柏林三月起义、维也纳三月和十月起义、德国西南地区五月起义以及意大利和匈牙利等国的民族解放运动等。上述起义为无产阶级军事思想的产生奠定了基础。

马克思和恩格斯及时总结了无产阶级斗争的经验,发表了许多文章和评论。在这些文章和评论中,对人民战争、战争与政治的关系、战略战术和武装起义的思想进行了阐述,体现了马克思和恩格斯早期的军事思想。

19 世纪中后期,世界各地的战争和武装起义频繁发生。例如,东方战争(1853—1865 年)、西班牙革命(1854—1856 年)、中国太平天国革命运动(1851—1856 年)、美国内战(1861—1865 年)、普法战争(1870—1871 年)、巴黎公社革命(1871 年)等。

为适应当时工人运动发展的需要和迎接即将到来的无产阶级革命,马克思和恩格斯针对这些战争和起义,撰写并发表了数百篇文章及评论,系统地阐述了关于战争、军队和作战指导方面的基本思想。例如,战争的产生与消灭、战争与经济的关系、无产阶级对待战争的态度、无产阶级在战争与革命问题上的理论和策略等,形成了马克思列宁主义关于战争、军队和作战理论的军事思想体系。这些思想体系应用辩证唯物主义和历史唯物主义确立了军事问题的认识论和方法论的科学原则,创立了马克思列宁主义军事理论;建立了城市工人武装起义、无产阶级军队和人民战争及其战略战术原则的学说,为无产阶级军事科学奠定了理论基础。

中国在 1840 年的鸦片战争之后,传统兵学受到西方军事思想的严重冲击。林则徐、魏源是变革传统军事思想的先驱。

随着中国近代军事工业的建立,国防建设思想、作战指导思想和作战方式又向前迈进了一步。以孙中山为代表的资产阶级革命党人,在共产国际和中国共产党的帮助下,提出"以党治军""军队与国民相结合""在军队中建立党代表和政治工作制度",在建军思想上又迈出了一大步。

(三)现代军事思想

1917 年俄国十月革命的成功,标志着人类文明跨入现代历史一个新的时期。19 世纪中叶之后,世界列强竞相利用产业革命所提供的新型的技术、物质手段,在全球加剧争夺势力范围,相应的军事理论开始产生。德国首相俾斯麦提出,德国的一切重大问题只能通过"铁与血"的手段来解决。日本首相山县有朋宣布,以朝鲜和中国等邻国国土为日本的"利益线"。此外,英国斯宾塞的"社会达尔文主义"、德国拉采尔的"强存弱汰"的"自然法则"论、美国马汉的"海权论"等军事理论促进了资本主义的侵略扩张,发展到垄断资本主义(帝国主义)进行全球扩张,终于爆发了第一次世界大战。

第一次世界大战结束后,帝国主义纷纷抢先发展坦克、飞机、潜艇、航空母舰等军事装备,各种新的战争理论也应运而生。例如,麦金德的"大陆心脏论"、鲁登道夫的"总体战"理论、古德安的"闪击战"理论等。这些理论在后来的第二次世界大战中得到一定程度的应用和发展。

从 19 世纪后期到 20 世纪 40 年代中期第二次世界大战结束的一段时期,是资产阶级军事思想的丰富和发展时期。

19 世纪末至 20 世纪初,资本主义经济得到了迅速发展,随着许多新技术被应用于军事领域中,现代作战理论和作战原则发生了重大变革。与此同时,战争的规模愈来愈大,战争对经济的依赖程度越来越强，卷入战争的人员也越来越多，国际政治、经济、外交斗争日益复杂激烈。这些重大变化推动了资产阶级军事思想的发展，相继出现了“制空权”理论、“小型职业军队”理论、“机械化战争”理论、“坦克制胜”理论等。尤其是“总体战”理论为希特勒发动第二次世界大战奠定了军事理论基础。

1. 资产阶级军事思想

第二次世界大战后，以美国为首的资产阶级军事思想得到了进一步的发展。主要体现在以下几个方面：

一是“总体战争”和“联盟战争”的思想进一步确立。经过两次世界大战后，资产阶级军事理论家普遍认为，今后战争的胜利不但取决于整个国家和全体国民的参与程度，还取决于是否有许多国家结成联盟的参与以及联盟国家的政治、经济和军事的综合力量。在这种理论指导下，资本主义国家相继成立了“北大西洋公约”“东南亚条约”“里约热内卢条约”“美澳新条约”和“美日条约”等组织，促使资本主义国家结成了空前规模的世界性军事同盟。

二是“火箭核战略”思想。第二次世界大战时，德国研制了 V-1、V-2 火箭。第二次世界大战后期，美国研制成核武器。核武器的出现使资产阶级军事思想发生了更为显著的变化。该思想认为未来世界战争必然是核战争。因此，对战争的样式、作战行动和作战原则都提出了相应的理论，例如，未来的世界大战必然是核战争；核武器成为完成战略任务的基本手段；所有作战行动将围绕核突击而展开；核力量的建设应放在军队建设的首位等。当他们单方拥有核武器时，奉行“核遏制战略”；当他们的核垄断被打破时，奉行“灵活反应战略”；当核优势丧失时，应奉行“现实威慑战略”“相互确保摧毁战略”“新灵活反应战略”等。

三是“大战略”思想。资产阶级军事家认为，现代战争对经济和科学技术的依赖程度越来越大，经济和科学技术的现代化程度是战争取胜的最主要条件。因此，发展经济和科学技术是国家研究大战略必须考虑的重要问题。

四是重点准备“核威慑条件下的常规战争”。随着核武器库的储量趋于饱和，世界上拥有核武器国家的增多，资产阶级军事家认为，“核战争没有胜利者”，核战争已经没有意义，它只不过是互相残杀，交换自杀而已，核武器已失去了推行政治的工具作用。因此，出现了“核威慑条件下的常规战争”和“有限战争”理论。

人类进入 20 世纪 80 年代以来，大批高新技术的出现并在军事上的应用，已经取得了替代核武器的作用。特别是海湾战争之后，资产阶级的军事思想提高到了一个崭新的阶段。资产阶级军事思想非常活跃，军事著作大量涌现，在对战争规律的认识，战争与政治、经济、科技、精神、文化等关系方面的认识，以及军队建设、战略战术理论等方面，都取得了令人瞩目的成就。

2. 无产阶级军事思想

在这一阶段，无产阶级军事思想在世界范围内蓬勃发展。列宁在领导俄国十月革命和反对帝国主义武装干涉及国内战争中，创立了关于战争与革命、武装起义和建设工农红军、实行全民战争等无产阶级的军事理论和军事思想。斯大林在反对法西斯侵略，捍卫无产阶级政权和国家现代化建设中,继承和发展了马克思、列宁主义关于无产阶级的军事理论,全面建立了苏联军事思想体系。世界其他一些国家的无产阶级政党在领导本国人民的革命武装斗争中,创立了各具特色的军事思想。

毛泽东在全面、深刻地分析中国革命特殊规律的基础上,创造性地把马克思、列宁主义的军事理论与中国革命斗争的实践相结合,创立了指导中国革命战争、军队建设、国防建设不断走向胜利的毛泽东军事思想。毛泽东军事思想中的人民战争思想、人民军队思想、人民战争的战略战术思想、国防建设思想和关于战争论、方法论的学说,不但深刻揭示了中国革命的特殊规律,而且反映了军事领域的一般规律,是无产阶级军事思想史上的一个里程碑。在毛泽东军事思想的指导下,中国国防战略思想也发生了阶段性变化。

中国在20世纪60年代核武器试验成功后就宣布,中国发展核武器完全是为了自卫,决不首先使用核武器,承诺不向无核国家使用核武器。20世纪70年代末,邓小平继承和发展了毛泽东军事思想,提出了"和平与发展是世界两大主流""霸权主义是现代战争的根源"的论断;把中国在指导思想上准备"早打、大打、打核战争"的临战状态,转到和平时期的经济建设轨道上,明确提出了"建设一支强大的现代化、正规化、革命化军队"的军队建设总目标。

毛泽东军事思想、邓小平新时期军队建设思想,是当今中国军队建设、国防建设和未来反侵略战争的理论基础与行动指南。

四、军事思想的内容与地位、作用

(一)军事思想的主要内容

军事思想的内容大体可以分为两个层次:

1. 军事哲学

主要包括:战争观、军事问题的认识论和方法论。

2. 军事实践的基本方针和原则

主要包括:战争指导的基本方针和原则、军队建设的基本方针和原则,国防建设的基本方针和原则等。

(二)军事思想的地位、作用

军事思想在军事科学中居于重要的地位,对军事实践具有宏观和根本的指导作用。

(1)为认识军事问题提供基本观点。

(2)为进行军事预测提供思想方法。

(3)从事各项军事实践活动提供全局性指导。

由于军事思想对于军事实践具有重要的指导作用,所以人们越来越重视研究和发展军事思想。20世纪80年代以来,世界一些军事强国普遍认为,在高技术战争条件下,既需要大力推进军队体制编制和武器装备等方面的现代化,更需要实现军事思想的现代化,并把积极发展军事思想作为争夺21世纪军事斗争制高点的一个重要方面。美国陆军强调,在变化的现实世界上，重要的挑战来自理论方面，军事理论的发展是美国的前进动力。俄罗斯、英国、法国、日本、德国、印度等国军队，对研究和发展军事思想也非常重视。

五、主要代表著作

在浩瀚的军事历史长河中，有许多精彩的战争画卷和闪光的军事篇章。在这些闪光的军事篇章中，最耀眼的是中国公元前500年孙武的《孙子兵法》和18世纪德国军事家克劳塞维茨的《战争论》。它们在整个人类历史长河中显得光彩夺目经久不衰，对尔后的战争和军事思想领域都产生了巨大而深远的影响。

（一）《孙子兵法》简介

1. 孙子生平及历史背景

孙武，中国古代军事家，春秋末期吴国将军。原为齐国乐安（今山东惠民）人，生卒年不详，约在公元前500年前后。其祖父田书因立战功，封地安乐，赐姓孙，以示奖励。

公元前532年，齐国发生“四姓之乱”，孙武及部分族人离齐投奔吴国，在都城姑苏附近过着半自耕农式的隐居生活，在此结识了吴国大臣伍子胥。公元前516年，吴公子光派人刺杀吴王，自立为王，即吴王阖闾。公元前512年，吴王决心攻打楚国，但愁无良将。在伍子胥的七次荐举下，吴王决定召见孙武。孙武用兵法十三篇为吴王讲解用兵之道。他那惊世骇俗的议论，新颖独到的见解，才华横溢的军事能力，备受吴王赏识，他当即被任命为将军。孙武就任将军后，与伍子胥一起协助吴王三次伐楚，一次败越，夺取舒、六、潜和居巢。公元前506年，取得了柏举大战的胜利，打败了强大的楚国，使吴国成为“西破强楚，北威齐晋，南服越人”的强盛之国。

春秋时代是中国由奴隶社会向封建社会转型的过渡时期。随着手工业的发展和铁器的广泛运用，生产工具有了质的飞跃，促进了农业和商业的发展。生产力的发展使原有的奴隶分封制度开始瓦解，奴隶起义和诸侯国之间兼并争霸的战争连绵不断。据《春秋》记载，在242年间，有483次规模不等的战争。孙武正是在这样的时代背景下，总结前人的战争规律和特点，撰写出了《孙子兵法》。《孙子兵法》是中国古代军事思想形成的主要标志，是中国古代军事思想发展的高峰和里程碑，也是后世兵书的典范和近代资产阶级军事思想的一个思想源泉。

2. 主要观点

《孙子兵法》共13篇，6 100余字，内容完整，立论有序，在一定程度上反映了战争的一般规律。在对战争本质、军队建设、战略战术以及谋略和哲学方面都取得了辉煌成就。其主要观点，同时也是其在理论上的贡献如下：

（1）揭示了战争制胜之本

孙子在开篇写道：“兵者，国之大事，死生之地，存亡之道，不可不察也。”指出战争是国家之大事，关系到国家的生死存亡，必须慎重考察。通过对“道，天，地，将，法”五个方面的分析，以及对“主，将，天地，法令，兵众，士卒，赏罚”七种情况的比较，即可知道战争的胜负。他认为,“道”乃政治也,是制胜之首。上下同心,生死与共,乃制胜之本。

(2)揭示了战场制胜之道

孙子的“知彼知己,百战不殆”以及“知天知地,胜乃无穷”都揭示了战场制胜之道,也成为人们耳熟能详的至理名言。孙子指出:“如知胜有五:知可以战与不可以战者胜;识众寡之用者胜;上下同欲者胜;以虞待不虞者胜;将能而君不御者胜”。进一步揭示了“知”与“胜”的辩证关系。

(3)提出了作战制胜之要

孙子提出了一系列作战指导原则,即:“速战速决”的作战原则,“先胜而后求战”的求战原则,“致人而不致于人”的力争主动原则,“我专而敌分”的集中用兵原则,“避实而击虚”的攻击原则,“因敌而制胜”的灵活用兵原则。孙子在《谋攻篇》中提出了“不战而屈人之兵”的全胜原则,也成为后人追求的最高目标。

(4)反映了朴素的唯物论和辩证法

孙子的朴素唯物论主要表现在:一是主张无神论,反对天命论;二是从主客观条件探索战争的胜负。在唯物的基础上也表现出辩证思想。

3. 历史地位及局限性

《孙子兵法》的问世,标志着独立的军事理论著作从此诞生,在世界军事史上具有划时代的意义。它比古希腊第一部军事理论专著——色诺芬的《远征记》早上百年。其理论体系涉及军事理论的各个分支,其科学价值不仅对当时军事理论的发展起着巨大的推动作用,也成为历代军事家们的思想源泉,即使在今日仍具有宝贵的借鉴和指导意义。不仅对中国,而且对世界的军事思想都产生了极为深远的影响。

《孙子兵法》是一部“舍事而言理”的军事专著,从战略高度来论述军事问题,具有高屋建瓴的气势,历来被尊称为“兵经”,号称“兵学鼻祖”。中国历代军事家曾引证和注释多达上百家。明代学者茅元仪在《孙子兵诀评》一书中对孙子的评价是:“先秦之言者六家,前孙子者,孙子不遗。后孙子者,不能遗孙子。”美国的约翰·柯林斯在《大战略》中曾评价:“孙子是古代第一个形成战略思想的伟大人物。……今天没有一个人对战略的相互关系、应考虑的问题和所受的限制比他有更深刻的认识。他的大部分观点在我们的当前环境中仍然具有和当时同样重大的意义。”

任何社会成就都有其时代特征和历史的局限性。2 500 年前的《孙子兵法》正是由奴隶社会向封建社会过渡时期,也必然带有那个时代的深刻烙印和时代的局限性。其主要表现:在军队内部关系上和作战指导思想上,存在着封建剥削阶级的思想;在作战指导上,存在着片面性;在将帅作用上、君臣关系上存在唯心史观。

(二)《战争论》简介

1. 作者生平及历史背景

《战争论》作者克劳塞维茨,普鲁士人,1780 年出生于一个贵族家庭。1792 年在一个步兵团当士官,1793 年参加普法战争,1795 年升为少尉,1801 年入柏林军官学校学习,成绩优异,深受校长沙恩霍斯特的赏识。1803 年毕业后,担任奥古斯特亲王的副官,经常参加沙恩霍斯特主办的军事协会的活动。1806 年在对法作战中被俘,释放回国后曾担任军事改革委员会主席办公室主任,两年后进入总参谋部工作,1810 年被授予少校军衔。后任柏林军官学校战略战术学教官,同时为王太子讲授军事课。1812 年因反对普鲁士同拿破仑结盟而辞职,去俄国参加反拿破仑战争。两年后回国,1815 年任军参谋长,同年任军团参谋长。1818 年任柏林军官学校校长,同年 9 月晋升将军。在任 12 年间,研究过 130 多个战例,撰写文章总结战争经验,致力于《战争论》的写作。1831 年 11 月 16 日病逝,他的妻子整理出版了《战争论》(1、2、3 卷)及其他遗作。

18 世纪末至 19 世纪初是欧洲从封建制度向资本主义制度过渡时期。1789 年,法国开始了资产阶级革命,摧毁了法国的封建制度,建立了资产阶级政权,但遭到了欧洲大陆上封建列强的联合进攻。法国新政府依靠人民群众,采取新的征兵制和新的战术,打退了欧洲强国的联合进攻。拿破仑执政后,对外进行了一系列的掠夺战争,曾多次打败有数量优势的封建国家军队。法国资产阶级军队与欧洲封建列强的激烈碰撞,充分显示出资产阶级军队的巨大生命力,促进了资产阶级军事思想的形成和发展,也宣告了封建阶级军事理论的破产。与此相对照,德意志在经济上是一个工业落后的农业国,政治上是一个四分五裂的封建国家,军事上仍保留着雇佣制。在 1806 年普法大战中,普鲁士大败于法军,割地投降,以惨败告终。克劳塞维茨正是通过这些亲身经历,总结了法国革命和拿破仑发动的数次战争经验,反思普鲁士等国的失败教训,运用唯心主义的辩证法,进行抽象的哲学推究,对战争进行了较全面的论述,撰写出《战争论》的宏伟论著。

2. 主要观点

《战争论》共 3 卷 8 篇 124 章,69 万余字。主要论述了战争的性质、战争理论、战略战术及军队等四个方面的内容,其主要观点如下:

(1)战争是政治通过另一种手段的继续

战争是迫使敌人服从我们意志的一种暴力行为。从属性是它的三大属性之一,即战争"是由政治产生的",它从属于政治,"是政治通过另一种手段的继续",是以剑代笔的政治。"战争与政治的关系是手段与目的的关系"。这一论断深刻揭示了战争的本质。

(2)战争理论应该是一种考察,而不是死板的规定

战争是一种特殊的实践活动,具有三个特点:一是精神活动及其作用,二是活的反应和由此产生的相互作用,三是一切情况的不确定性。正是这些特点,使严谨的理论体系难以给战争进行完整抽象的概括。

不同时代的战争有其特有的条件,也应有其特有的战争理论。战争理论是对战争活动的考察而总结出来的,它应随着战争的发展而不断发展,不应成为死板的原则。战争理论是一门艺术,而不是严谨的科学,它应给从事战争的人们"确定思考的基本线索,而不应像路标那样指出行动的具体道路"。

(3)攻防是相互作用、相互促进的,且防御是比进攻强的一种作战形式

进攻与防御是相互区别的,即企图不同、强弱不同、方式不同、任务不同;两者又是相互依存、互为根据的。正是两者的相反相成,才导致两者的相互作用、相互促进。两者不断地通过对方的措施,改进各自的对策,如此循环往复,以致无穷,促进了进攻和防御的不断发展。在战场上,进攻与防御也常常在不知不觉中相互转换。

进攻和防御不是单纯的形态,而是相互包容的,攻中有防,防中有攻。正是这种防中有攻,才是积极的防御,它"绝不是单纯的盾牌,而是由巧妙的打击组成的盾牌"。防御中应有进攻和反攻,迅速而猛烈地转入进攻是防御的最精彩的部分。

防御是比进攻强的一种作战形式。其优势在于:一是可以赢得时间,二是有待敌之利,三是有地形之利,四是有民众支持,五是有同盟者。

(4)善于运用民众战争

民众战争是不容忽视的战争现象,是战争整个"发酵"过程的扩大和加强。西班牙的民众战争充分显示出这种巨大力量,使不可一世的法国军队变得无可奈何。

民众战争是战争发展的必然趋势。这主要表现在,一方面是法国革命在各国产生了影响,另一方面是各国人民遭到了法国的威胁。作者进一步阐述了民众武装的任务及使用原则,提出:不宜对抗敌军主力,只能蚕食敌军;不宜形成核心,但要相对集中;应与正规军相结合;只做战略防御手段,不能用于战术防御。作者第一个把游击战理论纳入军事理论中,提出了较完整的人民战争思想。

(5)强调集中兵力,速战速决

作者在作战指挥上提出了一系列的原则和要求。

集中兵力,打敌重心。作者认为,战略上最重要而又最简单的准则是集中兵力,要在时间和空间上同时集中兵力。强调集中数量优势,认为数量优势无论在战术上还是在战略上都是普遍的制胜因素。

在集中优势的基础上要打击敌人的重心,即敌人的力量核心、要害和关键部位等。当敌有多个重心时,要进行归并,最好选取一个。

速战速决,迂回包围。作者认为,速战速决是进攻的重要原则,"进攻的唯一优点几乎只在于揭开战争序幕的出敌不意,突然性和不断前进是进攻的最有力的两个翅膀"。迂回包围是进攻战斗的主要特点,并强调在情况不明和大兵团作战的情况下,应集中兵力多迂回少包围。不能超越进攻顶点(指进攻一方只能进攻到它的力量还足以进行防御时为止的这一时刻),这成为后人行动的一条原则。

3. 历史地位及局限性

《战争论》是封建社会向资本主义社会转变时期的军事著作,是近代西方资产阶级军事思想的奠基之作,是资产阶级军事理论的经典著作。它代表了近代资产阶级军事思想的最高成就,对军事思想的发展起过巨大的作用,在世界军事发展史上具有重要的地位。克劳塞维茨及其《战争论》受到后人的高度评价,也受到无产阶级革命导师的高度赞扬。

像《孙子兵法》一样,它也带有那个时代的烙印和时代的局限性。其主要表现是:没有揭示战争和政治的阶级本质;对战争的偶然性和盖然性有些夸大,陷入战争的不可知论;偏重于统帅的作用,对人民群众的作用估计得不足;对进攻和防御的认识有些片面性,过于夸大防御的优势。

第二节　当代中国军事思想

没有革命的理论,就不会有革命的行动。我们党在创建和领导人民军队的长期实践中,坚持把马克思列宁主义军事思想同中国革命战争和人民军队建设实践相结合,创造了具有中国特色的马克思列宁主义军事理论成果,形成了毛泽东军事思想、邓小平新时期军队建设思想、江泽民国防和军队建设思想、胡锦涛国防和军队建设思想,以及习近平强军思想。这些理论成果,既一脉相承又与时俱进,是各个历史时期我们党建军治军经验的凝练升华,集中体现了我们建设强大人民军队的一贯主张,是指引我军战胜一切险阻、不断发展壮大的强大思想武器。

一、毛泽东军事思想

在长期的革命战争中,毛泽东运用他的聪明才智,凝聚了他和他的战友以及全党全军的智慧,将马列主义的普遍原理和中国革命战争的具体实践相结合,创造性地形成了毛泽东军事思想。毛泽东军事思想是毛泽东思想中最丰富、最完善、最系统的部分,是我党我军军事理论的基础和核心,是新的历史条件下我国一切军事工作及军事斗争准备的根本指导思想。

(一)毛泽东军事思想的科学含义

毛泽东军事思想是以毛泽东为主要代表的中国共产党人关于中国革命战争、人民军队和国防建设以及军事领域一般规律问题的科学理论体系,是毛泽东思想的重要组成部分,是马克思列宁主义普遍原理与中国革命战争和国防建设实践相结合的产物,是中国共产党领导中国人民及其军队长期军事实践经验的科学总结和集体智慧的结晶。同时,它还从多方面汲取了古今中外军事思想的精华,是中国共产党领导中国革命战争、军队建设、国防建设和反侵略战争的指导思想。这一定义不仅科学地揭示了毛泽东军事思想的基本内涵,而且充分反映了毛泽东军事思想的本质特征。

1. 毛泽东军事思想是马克思列宁主义普遍原理与中国革命战争实践相结合的产物

马克思列宁主义是毛泽东军事思想产生和发展的直接理论来源。毛泽东军事思想的根本性质属于马克思列宁主义范畴,其基本立场、观点、方法、内在逻辑、整个体系都体现着马克思列宁主义的内在规律性。以毛泽东为代表的中国共产党人在领导中国革命的实践中,把马克思列宁主义同中国革命战争的具体实践相结合,正确地解决了在一个以农民为主要成分的半殖民地半封建国家里如何组织革命军队、进行革命战争的问题,形成了具有中国特色的、发展了的马克思列宁主义军事理论——毛泽东军事思想。

2. 毛泽东军事思想是对中国共产党领导中国人民及其军队长期军事实践经验的科学总结

中国革命武装斗争和国防建设的伟大实践是毛泽东军事思想赖以产生和发展的基础。中国共产党领导的中国革命武装斗争主要有国共合作的北伐战争，独立领导的有土地革命战争、抗日战争、解放战争以及中华人民共和国成立后的抗美援朝战争和其他自卫战争。其时间之长、规模之大、道路之曲折、情况之复杂、内容之丰富、形式之多样、胜利之辉煌，在中外战争史上都是罕见的。既有同国内反动派作战的经验，又有同国外帝国主义作战的经验；既有小部队分散进行游击战的经验，又有大兵团进行运动战、阵地战的经验；既有“小米加步枪”战胜敌人的经验，又有“飞机加大炮”战胜敌人的经验；既有战争年代武装斗争的经验，又有和平时期国防建设的经验。伟大的军事实践必然产生伟大的军事理论。毛泽东军事思想是中国革命战争和国防建设丰富经验的理论升华。

3. 毛泽东军事思想是具有中国特色的马克思列宁主义军事理论

马克思列宁主义是指导世界无产阶级革命的科学。马克思列宁主义必须同各国的具体国情相结合，才能发挥作用。以毛泽东为代表的中国共产党人，运用马克思列宁主义的立场、观点和方法来研究中国历史，分析中国的社会特点，探求中国革命战争的特点和规律，解决了在半殖民地半封建的中国组织人民军队、进行人民战争的一系列根本问题，创立了具有中国特色的马克思列宁主义军事理论。毛泽东军事思想不是在学院里推究出来的，而是诞生于革命战争的枪林弹雨之中。毛泽东等老一辈无产阶级革命家把战争的实践与辩证思维紧密结合起来，通过对战争不断地实践、认识、再实践、再认识，逐步地深化和完善对战争规律的认识，使主观指导符合客观实际。美国国防部前部长助理菲利普·戴维逊在其所著《毛泽东战略》中说，毛泽东是“一切战略家中最重实效、最主张批判地接受经验的一个”。毛泽东军事思想既不是书院式的学究文章，也不是照葫芦画瓢地照搬外国的军事条令，而是中国革命战争经验的理论升华。

4. 毛泽东军事思想是一个开放的体系

马克思列宁主义军事理论由马克思、恩格斯建立后，列宁、斯大林为这一理论增添了新内容。毛泽东把马克思列宁主义的普遍原理与中国革命战争的具体实践相结合，极大地发展了马克思列宁主义军事理论。这种具有中国特色的马克思列宁主义军事理论，就是毛泽东军事思想。而毛泽东军事思想本身，随着时代的发展，也必然在实践中继续发展。邓小平新时期军队建设思想、江泽民国防和军队建设思想、胡锦涛国防和军队建设思想、习近平强军思想，都是对这一理论体系的继承和发展。

(二)毛泽东军事思想的形成与发展

毛泽东军事思想的形成与发展是一个历史过程，它是在中国革命战争的发展过程中逐步形成的一个科学体系。

1. 初步产生

从 1921 年中国共产党诞生到遵义会议的这一段时期，是毛泽东军事思想产生的时期。

在俄国十月革命的影响下，中国共产党从接受马克思列宁主义学说开始，逐步认识到军事工作在中国革命中的重要性。第一次大革命失败的严酷现实，使中国共产党进一步认识到武装斗争和掌握军队的重要性。1927 年 8 月 1 日的南昌起义，打响了武装反抗国民党反动派的第一枪，标志着中国共产党独立领导武装斗争、创建革命军队的开始。同年 8 月 7 日，毛泽东在党的八七会议上，提出了“枪杆子里面出政权”的著名论断，正式确定实行土地革命和武装起义的总方针。毛泽东军事思想就是在这样的时代条件下，为适应指导中国革命战争的历史需要而逐步形成发展起来的。

1927 年 9 月 9 日，毛泽东亲自发动和领导了湘赣边界的秋收起义。在起义遭受挫折时，毛泽东毅然放弃了攻打长沙的计划，率领秋收起义的部队进军井冈山，建立了第一个农村革命根据地，实行“工农武装割据”，开辟了一条以农村包围城市的崭新的革命道路。

从“三湾改编”到“古田会议”，毛泽东提出并制定了一套较为完整的人民军队的建军原则。在反围剿的斗争中提出并实践了“动员群众、依靠群众和武装群众”的人民战争思想；总结出了游击战争的“十六字诀”（敌进我退，敌驻我扰，敌疲我打，敌退我追）和“诱敌深入、集中兵力、运动战、速决战、歼灭战”等红军的作战原则。

这一时期，毛泽东的主要著作有《政权是由枪杆子取得的》《中国的红色政权为什么能够存在》《井冈山的斗争》《关于纠正党内的错误思想》《星星之火，可以燎原》等。在这些军事著作中，毛泽东关于武装斗争思想、农村根据地思想、人民军队思想、人民战争思想、人民战争的战略战术思想均已初步产生，为其科学体系的形成奠定了坚实的基础。

2. 基本形成

从 1935 年 1 月遵义会议到抗日战争结束的这一阶段，是毛泽东军事思想基本形成的时期。

遵义会议纠正了王明“左”倾冒险主义在军事领导上的错误，重新肯定了毛泽东为代表的正确军事路线，确立了毛泽东在红军和中共中央的领导地位。这是中国革命由挫折走向胜利的一个伟大的历史转折点，也是毛泽东军事思想由产生到形成发展的起点。

1935 年 10 月，在党中央和中央军委的领导下，各路红军克服长征中的艰难险阻，胜利到达陕北。此时，日本帝国主义加紧侵略中国，中国民族矛盾上升为主要矛盾，全国抗日民主运动出现新的高潮。为了解决抗日战争中的战略战术等问题，毛泽东开始总结土地革命以来的经验，并把土地革命战争时期产生的军事思想创造性地运用于抗日战争，制定了抗日民族统一战线的政治路线和军事战略方针，并完成了他一生中最辉煌的军事理论巨著。主要著作有《中国革命战争的战略问题》《实践论》《矛盾论》《论持久战》《战争和战略问题》等。在这些著作中，毛泽东阐明了无产阶级对待战争的根本立场、观点和研究指导战争的基本方法，深刻地分析了中国革命战争，特别是抗日战争的特点和规律，确立了指导战争的方针、原则及战略和策略问题，把游击战提到战略地位，创立了系统的游击战争理论；还全面阐述了人民军队的建军宗旨、原则和人民战争的基本内容。至此，毛泽东军事思想所涉及的无产阶级战争观和方法论、人民军队、人民战争、人民战争的战略战术等方面，都已发展成为系统的理论，形成了比较完整的军事理论科学体系。

3. 全面成熟

解放战争时期，是毛泽东军事思想的全面成熟时期。

抗战胜利后，国内阶级矛盾上升为主要矛盾。国民党军队向解放区发动了大规模进攻，企图一举消灭中国共产党领导的人民军队，毛泽东为代表的中国共产党人领导我军和广大人民群众与国民党的军队进行了针锋相对的斗争。

解放战争是我军和全国人民在中国共产党的领导下，同帝国主义、封建主义和官僚资本主义三大敌人进行的一场大决战。在这场大决战中，我军经历了战略防御、战略进攻、战略决战和战略追击等阶段，采取了以运动战为主并配以攻坚战、阵地战等多种形式，进行了数以千计的战斗，其规模之大，情况之复杂多变是空前的。毛泽东以其雄才大略和高超的军事艺术，运筹于帷幄之中，决胜于千里之外，创造了战争史上的奇迹。这一时期，毛泽东的主要著作有：《抗日战争胜利后的时局和我们的方针》《以自卫战争粉碎蒋介石的进攻》《集中优势兵力，各个歼灭敌人》《大举出击，经略中原》《解放战争第二年的战略方针》《目前的形势和我们的任务》《评西北大捷兼论解放军的新式整军运动》《关于三大战役的作战方针》《将革命进行到底》《十大军事原则》等。由此看出，毛泽东军事思想不但有了战略防御的系统理论，而且有了关于战略进攻、战略决战和战略追击的系统理论，标志着毛泽东军事思想有了重大发展，进入了全面成熟时期。

4. 新的发展

夺取全国政权后，经过抗美援朝和社会主义建设时期，毛泽东军事思想得到不断发展。毛泽东根据新的历史条件，及时提出了建设现代国防、抵御外国入侵的战略任务，并领导我军进行正规化、现代化建设，使我军进入了建军的高级阶段。

1949 年 9 月 21 日，毛泽东就曾指出："我们将不但有一个强大的陆军，而且有一个强大的空军和一个强大的海军。"

抗美援朝战争是一场挫败现代化武器装备之敌的反侵略战争。毛泽东先后发表了《给中国人民志愿军的命令》《采取轮番作战的方针》《对美英军目前应实行战术的小包围、打小歼灭战》《祝贺中国人民志愿军的重大胜利》《抗美援朝的伟大胜利和今后的任务》等著作和电文，提出了一系列现代条件下进行反侵略战争的理论与原则。

在社会主义建设时期，毛泽东强调指出，我们的陆军、空军和海军都必须有充分的机械化的装备和设备。要在大力发展国民经济、增强国家经济实力的基础上，建立完整的国防工业体系，发展现代化的技术装备，独立自主地建设强大的国防。在加强我军现代化、正规化建设的同时，毛泽东还领导并制定了积极防御的战略方针；强调要加强后备力量建设；强调现代条件下的人民战争;指出帝国主义是现代战争的根源;提出了“三个世界”划分的理论和建立反帝统一战线的策略:要求平战结合,加强三线建设,做好反侵略战争的准备等。

(三)毛泽东军事思想的基本内容

毛泽东军事思想提示了中国革命战争和国防现代化建设的客观规律,是具有中国特色的发展了的马克思列宁主义军事理论,是一个完整的科学体系。其内容非常丰富,主要包括无产阶级的战争观与方法论、人民军队思想、人民战争思想、人民战争的战略战术等。无产阶级的战争观与方法论,是毛泽东研究和指导战争的基本立场、观点和方法,揭示了中国革命战争的指导规律,是毛泽东军事思想的理论基础;人民军队思想是人民军队建设的指南,是毛泽东军事思想的重要内容;人民战争思想是我军从事战争的根本指导思想,是毛泽东军事思想的核心内容;人民战争的战略战术是进行人民战争的战略原则和作战方法,是人民战争胜利的重要保证。

1. 战争观与方法论

战争观是人们对待战争的看法和态度,是研究和指导战争的立场与观点。战争方法论是人们在认识战争规律基础上,依据战争规律确定指导战争的根本方法。毛泽东在指导中国革命战争的全部实践活动中,始终坚持运用无产阶级战争观和方法论来研究战争、指导战争。毛泽东的战争观是全面发展了的马克思列宁主义的无产阶级战争观,毛泽东的战争方法论是建立在历史唯物主义和辩证唯物主义基础上的科学的战争方法论。

(1)精辟地阐述了战争的起源和根源

马克思列宁主义认为,战争起源于私有财产和阶级,私有制和剥削阶级的存在是战争的主要根源。战争不是人类有史以来就有的,而是在人类社会出现私有财产、分化为不同的阶级之后所特有的社会现象,它不是由偶然因素导致的,而是由社会的必然因素决定的。原始社会初、中期,没有剩余产品,没有私有财产,没有阶级,也没有常设的军事组织和专门的武器,那时部落之间为了一时的争夺生存空间或复仇,发生过一些暴力冲突,但这仅仅是偶然发生的现象,与实质上的战争有着本质的区别。到了原始社会末期,剩余产品出现,社会生产有了分工,形成了专门管理和分配的“特权阶层”,从而出现了私有财产,产生了阶级和阶级矛盾。此时,为了掠夺财产和奴役被征服者的暴力活动也就成为必然的现象,实质上的战争开始出现。列宁简明而深刻地指出:“私有制引起了战争,而且永远会引起战争。”“在生产资料私有制还存在的这种经济基础上,帝国主义战争绝对不可避免的。”

毛泽东继承和发展了马克思列宁主义关于战争理论的学说,总结了古今中外一切战争和中国革命战争的经验,给战争做了一个科学、精辟的定义,即“战争——从有私有财产和有阶级以来就开始了的,用以解决阶级和阶级、民族和民族、国家和国家、政治集团和政治集团之间,在一定发展阶段上的矛盾的一种最高的斗争形式。”这一定义,对战争的起源、实质、形式做了精辟的概括。首先,它指明了战争的起源是私有财产和阶级,说明战争是一个历史范畴,结论是只要人类存在私有制和阶级,就有发生战争的土壤。其次,提示了战争的本质是解决阶级之间、民族之间、国家之间、政治集团之间矛盾的一种最高斗争形式。最后,它明确了战争的表现形式是一种暴力行为。

战争的起源和根源不是同一个概念,它们既有联系,又有区别。只有认清战争的起源,才能理解战争的根源。私有制是战争的起源,私有制导致了阶级的出现。压迫者阶级为了贪图更多的私有财产,使以掠夺、奴役为目的的战争变成其经常性的职业。因此,压迫者、剥削者阶级是人类战争的根源。当今世界战争的主要根源是霸权主义。

(2)科学完整地阐述了战争与政治的关系

克劳塞维茨在《战争论》中揭示了战争的本质:“战争无非是政治通过另一种手段的继续。”列宁也曾指出:“任何战争都是同产生它的政治制度分不开的。某个国家即该国某个阶级在战时所推行的政治,必然是而且一定是它在战前长时期内所推行的政治的继续,只不过在行动方式上不同罢了。”

毛泽东则继承和发展了他们的观点,指出:“‘战争是政治的继续’,在这点上说,战争就是政治,战争本身就是政治性质的行动,从古以来没有不带政治性的战争。”“但是战争有其特殊性,在这点上说,战争不即等于一般的政治,战争是政治的特殊手段的继续”。“政治发展到一定的阶段,再也不能照旧前进,于是爆发战争,用以扫除政治道路上的障碍。”“政治是不流血的战争,战争是流血的政治。”

由此可以得出:首先,战争是从属于政治,并为政治服务的;它是为了达到政治目的的一种手段。其次,战争又不等于一般的政治。当使用经济的、外交的、文化的等手段达不到政治目的时,就采用了战争的方式,去扫除政治道路上的障碍,于是和平转化为战争。最后,当经过战争达到了政治目的之后,战争便告结束,战争又转化为和平。

(3)准确地说明了战争与经济的关系

马克思列宁主义认为,战争与经济的关系有三个方面的含义:一是战争作为一种暴力行为,起源于一定的生产方式;二是战争的目的是为了一定的经济利益:三是以暴力为特征的战争依赖于社会的经济力量。

毛泽东认为,革命战争的出发点和目的,最终原因都是经济原因,都是为解放生产力、发展生产力和为改变生产关系的。就革命战争自身而言,经济是革命战争的物质基础。在井冈山斗争时期,毛泽东就把“有足够给养的经济力”作为工农武装割据的存在和发展的最主要的条件之一,并规定:打仗除消灭敌人外,还有一个重要任务是筹款子。毛泽东指出:“现在我们的一切工作,都应当为着革命战争的胜利,首先是粉碎敌人第五次‘围剿’战争的彻底胜利;为着争取物质上的条件去保障红军的给养和供给;为着改善人民群众的生活,由此更加激发人民群众参加革命战争的积极性;为着在经济战线上把广大人民群众组织起来,并且教育他们,使战争获得新的群众力量;为着从经济建设去巩固工人和农民的联盟,去巩固工农民主专政,去加强无产阶级的领导。”接着,毛泽东强调:“只有开展经济战线方面的工作,发展红色区域的经济,才能使革命战争得到相当的物质基础,才能顺利地开展我们军事上的进攻,给敌人的‘围剿’以有力的打击,才能使我们有力量去扩大红军……也才能使我们的广大群众都得到生活上的相当的满足，而更加高兴地去当红军，去做各项革命工作。”

（4）指出了人与武器的关系

“武器是战争的重要因素，但不是决定的因素，决定的因素是人不是物。力量对比不但是军力和经济力的对比，而且是人力和人心的对比。军力和经济力是人去掌握的。”毛泽东的这一论述，科学地阐明了人与武器在战争中的不同地位及其辩证统一的关系。

“人是决定的因素”是指在战争全体上，人是对战争的胜负经常地、长远地、普遍地起作用的因素。它包括人力、人心和人的主观能动性。人力是物质力量，人心和能动性是精神力量；人既有物质的属性，又有精神的属性，是物质和精神的统一体。

“武器是重要的因素”是指武器是构成军队战斗力的要素之一，对战争的进程和胜负有着重大影响，是取得战争胜利不可缺少的条件；没有武器不可能进行战争，当然也就没有战争的胜利。

（5）科学划分了战争的性质

分析战争的性质，对战争采取的正确态度，是无产阶级战争观的一个重要组成部分，它是研究战争的起源和本质的继续。

战争在阶级社会中，特别是到了帝国主义时代，它是一种错综复杂的政治现象。无论战争形式和战争规模如何，交战双方的力量对比和胜负如何，在马克思列宁主义看来，既然战争是政治的继续，那么，从战争的性质来分析，就有正义和非正义战争之分。

毛泽东指出：“历史上的战争分为两类，一类是正义的，一类是非正义的。一切进步的战争都是正义的，一切阻碍进步的战争都是非正义的。”还指出：“战争的性质是根据战争的政治目的而定的。”同时，毛泽东还对如何判定战争性质，进行了科学的划分，奠定了无产阶级对待战争的根本态度——那就是拥护正义战争，反对非正义战争。对于正义战争的拥护，视情况而定，或者直接参加，如对朝鲜人民的抗美援朝救国战争；或者给予政治声援和物质援助，如对柬埔寨人民的抗越救国战争。对于非正义战争的反对，战争爆发前，应想尽一切办法，采取一切措施极力阻止或推迟其爆发。战争爆发后，则通过声援、支持、参加正义战争，反对非正义战争。

（6）指明了战争的最终目标与消灭战争的途径

毛泽东指出：“战争——这个人类互相残杀的怪物，人类社会的发展终究要把它消灭的。但是消灭它的办法只有一个，就是用战争反对战争，用革命战争反对反革命战争，用民族革命战争反对民族反革命战争，用阶级革命战争反对阶级反革命战争。”并且指出：“我们是战争消灭论者，我们是不要战争的，但是只能经过战争去消灭战争，不要枪杆子必须拿起枪杆子。”

毛泽东的这一论述不仅为无产阶级和革命人民指明了消灭战争的最终目标，而且指明了实现这个目标的根本途径和方法。例如，当抗日战争刚结束，蒋介石磨刀霍霍时，毛泽东和党中央提出和平民主建国纲领，并且不畏风险亲赴重庆，在重庆谈判中力主和平协议的达成，当蒋介石在谈判期间调动百万大军企图进攻我解放区之时，毛泽东又及时地揭露了蒋介石的阴谋；当蒋介石发动大规模反人民内战后，毛泽东则因势利导，将战争导向中国人民的全面解放战争,并取得了伟大胜利。

毛泽东还指出:“人类社会进步到消灭了阶级,消灭了国家,到了那时,什么战争也没有了,反革命战争没有了,革命战争也没有了,这就是人类的永久和平时代。”从而进一步指明了达成消灭战争的途径,必须消灭阶级,必须铲除产生和滋养阶级的私有制。战争是随着私有制和阶级的产生而产生,最终也必将随着私有制和阶级的根除而消亡。

2. 人民军队思想

人民军队是人民群众自发地或在先进阶级领导下建立的并为人民群众利益而战斗的军队。以毛泽东为代表的老一辈无产阶级革命家、军事家,运用马克思列宁主义的原理,把创建人民军队作为进行武装斗争的首要问题和实现革命理想的最主要手段,强调:“没有一支人民的军队,便没有人民的一切。”在革命战争年代,主要的斗争形式是战争,而主要的组织形式是军队。为了把以农民为主要成分的军队建设成为无产阶级性质的新型人民军队,毛泽东在长期的战争实践中,总结和提出了一整套建军的理论和原则。

(1)确立了中国共产党对军队的绝对领导地位

中国人民军队从诞生之日起,就置于中国共产党的绝对领导之下。早在井冈山和中央苏区时,毛泽东就指出:“我们感觉无产阶级思想领导的问题,是一个非常重要的问题。”他认为,军队中存在的机会主义、盲动主义、地方主义、单纯军事观点、极端民主化、非组织观念、绝对平均主义、流寇思想等都是非无产阶级思想,是军队的腐蚀剂,并对其表现、根源和危害,以及纠正方法都做了系统说明。1927 年 9 月底,毛泽东在“三湾改编”中,根据斗争的实际情况设立了党代表制度,规定了班有党员,排有党小组,连有党支部,营有党委,使起义军从一开始就置于中国共产党的绝对领导之下。1928 年 12 月,毛泽东在古田会议上又一次强调,一定要加强党对军队的绝对领导。1938 年 11 月 6 日,毛泽东在延安指出:“我们的原则是党指挥枪,而决不容许枪指挥党。”因为,只有坚持和实施党对军队的绝对领导,才能保证人民军队的无产阶级性质,才能坚持全心全意为人民服务,才能完成党交给的各项艰巨任务,才能捍卫我们的国家利益。

(2)指明了人民军队的性质

毛泽东从“军队是国家政权的主要成分”“是阶级压迫的工具”的原理出发,提出了“枪杆子里面出政权”和“我们的原则是党指挥枪,而决不容许枪指挥党”的思想。指明我军是中国共产党领导下的执行无产阶级革命政治任务的武装集团。坚持中国共产党对军队的绝对领导,是确保人民军队的无产阶级性质的根本原则。

(3)规定了人民军队的宗旨

毛泽东指出:“我们的共产党和共产党所领导的八路军、新四军,是革命的队伍。我们这个队伍完全是为着解放人民的,是彻底地为人民的利益工作的。”在井冈山斗争时期,毛泽东就指出:“要教育我们军队的士兵明确为人民去打仗。”在古田会议决议中,毛泽东又指出:“红军的打仗,不是单纯地为了打仗而打仗,而是为了宣传群众,组织群众,武装群众,并帮助群众建立革命政权才去打仗的,离开了对群众的宣传、组织、武装和建设革命政权等项目标,就是失去了打仗的意义,也就是失去了红军存在的意义。”

1945年4月,毛泽东在党的七大报告中,对我军的宗旨做了最完整的概括:“为着广大人民群众的利益,为着全民族的利益,而结合,而战斗的。紧紧地和中国人民站在一起,全心全意地为中国人民服务,就是这个军队的唯一的宗旨。”

全心全意为人民服务的宗旨,是我军建军原则的核心,是我军区别于其他任何军队的本质特征。我军在革命战争和保卫祖国的长期斗争中,正是始终遵循这一宗旨,从而赢得了人民群众的拥护和爱戴。

(4)规定了人民军队的三大任务

毛泽东根据我军的性质和建军宗旨,创造性地规定了我军的三大任务,即:战斗队、工作队、生产队。

人民军队三大任务的提出,有一个不断丰富和发展的过程。一般情况下,作战任务是第一位的,但三大任务的执行不是平列的,而是因时因地有所侧重。例如,红军时期,我军执行的是打仗、做群众工作、筹款三大任务。抗日战争时期,毛泽东把我军的三大任务称为三套本领:第一,打仗;第二,做群众工作;第三,生产。将三大任务中的筹款改为生产,是一个新的发展。解放战争时期,我军的三大任务发展成为战斗队、工作队和生产队。

军队的战斗队任务,在三大任务中居于主要地位。在战争年代,我军要为推翻旧的国家机器、建立新中国而奋斗。中华人民共和国成立以后,要保卫祖国社会主义革命和建设,随时准备为粉碎敌人的入侵、武装挑衅和颠覆行动而战斗。因此,我军永远是一个战斗队。在和平建设时期,战斗队的职能主要由训练来体现。训练是为了提高部队战斗力,更好地履行战斗队的职能。

(5)实行了人民军队的三大民主

旧中国时期,国家处于半殖民地半封建的状态,在旧军队,实行的是封建主义压迫,不允许有民主生活,形成了军阀主义的统治,也影响到人民军队内部;由于旧中国是一个小生产的家长制占优势的国家,这些就使得我军内部产生了民主生活不足的现象。因此,在我军创建之初,毛泽东就着手实行军队内部的民主制度,在连、营、团成立了士兵委员会,实行官长不打士兵,经济公开等几项办法,收到了积极的效果。毛泽东指出:“红军的物质生活如此菲薄,战斗如此频繁,仍能维持不败,除党的作用外,就是靠实行军队内部的民主主义。”“中国不但人民需要民主主义,军队也需要民主主义。军队内部的民主主义制度,将是破坏封建雇佣军队的一个重要的武器。”

在抗日战争时期,毛泽东全面地说明了军队中的民主生活,他指出:“在我们军队中的党组织,也须增加必要的民主生活,以便提高党员的积极性,增强军队的战斗力。但是军队党组织的民主应少于地方党组织的民主。无论在军队或地方,党内民主都应是为着巩固纪律和增强战斗力,而不是削弱这种纪律和战斗力。”

在解放战争时期,部队的民主生活经过新式整军运动有了不少新的创造。1948年1月,毛泽东在《军队内部的民主运动》的党内指示中,把部队的民主生活概括为“政治民主”“经济民主”“军事民主”三个方面,称之为“三大民主”。

政治民主,即实行有秩序的、有领导的、由全体战斗员和指挥员一起参加的民主运动。这种民主运动实际上是部队中一种广泛的批评与自我批评运动,主要是评党员、评干部。经济民主,即士兵参与经济生活的管理,公开账目,防止贪污、浪费和干部侵占士兵利益。军事民主,即在战时,通过火线开大小“诸葛亮会”,广泛发动士兵参与战斗方法的研究,在平时练兵时实行“官兵互教、兵兵互教”的群众性练兵运动。

部队实行三大民主运动之后,呈现出新的气象,并且达到了政治上的高度团结、生活上获得改善、军事技术和战术大提高的三大目的。三大民主是新型人民军队的生动体现。

(6)坚持了人民军队政治工作的三大原则

毛泽东为人民军队建立了强有力的政治工作制度,推行进步的政治教育思想,造成生动活泼的政治局面,以保证中国共产党的路线、方针、政策的贯彻执行,保证军队各时期任务的顺利进行,保证军政首长命令、指示的付诸实施,保证全体官兵充分发挥为人民而战的积极性和创造性,保证军队各项任务的顺利完成。

1937年10月,毛泽东对我军政治工作做了系统的总结,指出:“八路军的政治工作的基本原则有三个,即:第一,官兵一致的原则,这就是在军队中肃清封建主义,废除打骂制度,建立自觉纪律,实行同甘共苦的生活,因此,全军是团结一致的。第二,军民一致的原则,这就是秋毫无犯的民众纪律,宣传、组织和武装民众,减轻民众的经济负担,打击危害军民的汉奸卖国贼,因此军民团结一致,到处得到人民的欢迎。第三,瓦解敌军和宽待俘虏的原则。我们的胜利不但是依靠我军的作战,而且依靠敌军的瓦解。”

这三大原则是我军无产阶级性质和全心全意为人民服务的建军宗旨的具体体现。它要求必须从尊重士兵,尊重人民和尊重已经放下武器的敌军俘虏的人格这种根本态度出发。军队政治工作的三大原则,是我军团结内部、团结人民、团结友军、瓦解敌军和保证战斗胜利的强大武器。

在井冈山斗争时期,毛泽东就指出:“对敌军的宣传,最有效的方法是释放俘虏和医治伤员。”在解放战争时期,毛泽东号召必须加强瓦解国民党军队的工作,开展高树勋运动,并明确规定:“对于放下武器的蒋军官兵,一律不杀不辱,愿留者收容,愿去者遣送。对于起义加入本军的蒋军部队和公开或秘密为本军工作的人们,则给予奖励。”我军的这项政策,收到了很大的成效。整个解放战争四年里,共歼敌807万余人,其中投诚、起义、改编的为177万余人,俘虏为458万余人,仅解放战争前两年,我军即消化了大约80万从国民党军队来的俘虏兵,使他们变为解放军战士,掉转枪口打国民党。

(7)制定了人民军队铁的革命纪律

中国共产党领导的人民军队,是为了维护人民群众的根本利益而建立、而战斗的,为了保证完成党和人民赋予的任务,就必须有铁的纪律作保证。

毛泽东高度重视人民军队的纪律建设,他认为,纪律的意义在于执行路线的保证,是完成我军各项任务,提高部队战斗力的重要保证。在红军初创时期,就要求部队对待群众说话和气,买卖公平,不拉夫,不打人,不骂人。1927 年 10 月,毛泽东制定了《三大纪律六项注意》;1930 年,在瑞金把六项注意改为十项注意;解放战争时期,当人民解放军转入战略进攻的转折时期,毛泽东及时地总结了我军在土地革命、抗日战争时期所执行军事纪律的经验,于 1947 年 10 月 10 日重新颁布了“三大纪律八项注意”的训令,并将“三大纪律八项注意”的内容做了统一的规定:“三大纪律:一切行动听指挥;不拿群众一针一线;一切缴获要归公。八项注意:说话和气;买卖公平;借东西要还;损坏东西要赔;不打人骂人;不损坏庄稼;不调戏妇女;不虐待俘虏。”在同一天颁布的《中国人民解放军宣言》中,要求全军指战员“必须提高纪律性,坚决执行命令,执行政策,执行三大纪律八项注意,军民一致,军政一致,官兵一致,全军一致,不允许破坏纪律的现象存在。”

(8)明确了人民军队顽强作风和勇敢牺牲精神

作风是思想、意志、士气等精神因素在行动上的集中反映。它体现持久性、一贯性,非长期磨炼不能形成。我军的养成教育,就是教育引导官兵通过经常持久的磨炼,以塑造牢固的不易改变的良好的战斗风格。我军从诞生之日起,就面临着强大敌人的围追堵截和十分艰苦的生活环境,在这种条件下,要能坚持下去,并夺取最后胜利,必须有一个顽强的作风和不怕牺牲的精神。从创建红军起,毛泽东就十分重视人民军队的作风建设,以清除自私自利、贪图享受思想,树立远大革命理想;清除怕苦怕累、贪生怕死思想,培养艰苦奋斗和勇敢牺牲精神。引导我军在长期艰苦复杂的环境中经受考验,培养一种不怕任何艰难险阻的大无畏精神,养成一种压倒一切困难、压倒一切敌人的顽强作风。

毛泽东把人民军队的作风建设与保持人民军队的政治方向结合起来,他指出:“没有坚定正确的政治方向,就不能激发艰苦奋斗的工作作风;没有艰苦奋斗的工作作风,也就不能激发坚定正确的政治方向。”为此,毛泽东要求人民军队“必须发扬勇敢战斗、不怕牺牲、不怕疲劳和连续作战的优良作风”;必须“具有一往无前的精神,它要压倒一切敌人,而决不被敌人所屈服。不论在任何艰难困苦的场合,只要还有一个人,这个人就要继续战斗下去。”这种顽强的作风和勇敢牺牲精神,概括起来,就是一不怕苦,二不怕死。

(9)确定了人民军队的建设方向

毛泽东指出:“我们的国防将获得巩固,不允许任何帝国主义者再来侵略我们的国土。在英勇的经过了考验的人民解放军的基础上,我们的人民武装力量必须保存和发展起来。我们不但有一个强大的陆军,而且有一个强大的空军和一个强大的海军。”他要求军队不断加强正规化、现代化建设,不断用现代化的武器和新的技术装备部队,提高战斗力。人民军队要不断加强教育训练,全面提高指战员的军政素质。人民军队要加强军事科学研究,注重把自己的战争经验上升为理论,批判地接受古今中外军事思想的有益成分,发展中国现代化的军事科学。

3. 人民战争思想

人民战争是中国共产党历来坚持的指导战争的根本路线,是毛泽东军事思想的核心内容,也是毛泽东军事思想区别于其他军事理论的主要标志。建立在辩证唯物主义和历史唯物主义理论基础上的人民战争思想,不仅在过去历次革命战争中显示出了强大的威力,而且在现代条件下仍然是革命军队克敌制胜的法宝之一。

(1)毛泽东人民战争思想的基本含义

人民战争是指人民群众为反抗阶级压迫或民族压迫而组织和武装起来进行的战争。属于人民战争性质的战争必须同时具备下列三个基本特征:

第一,正义性。即人民战争是为了反抗阶级压迫或民族压迫而进行的正义战争,而不是为了侵略或掠夺的非正义战争。正义性是人民战争的政治基础。

第二,群众性。即人民战争是广大人民群众为了解放自己而依靠自己的力量进行的,不是靠少数人进行的,更不是由少数压迫者、剥削者进行的。群众性是人民战争的重要标志。

第三,组织性。即人民战争是有组织并武装起来的人民群众进行的,而不是乌合之众或一盘散沙。组织性是人民战争的必要条件。

在中国历史上,曾发生过无数次农民战争,其中不少应属于人民战争的范畴。然而,由于当时历史条件和阶级地位的限制,使它又不可避免地带有一定的局限性。这种局限性主要表现在:首先,战争政治目的的不彻底;其次,发动群众不广泛;第三,胜利果实不能完全归劳动人民所有。所以,这些农民战争是一种不全面、不彻底的人民战争。只有无产阶级登上历史舞台并有了马克思列宁主义之后,人民战争才进入一个崭新的阶段,而成为全面、彻底的人民战争。

毛泽东人民战争思想的基本含义是:从广大人民的利益出发,在中国共产党的领导下,以人民军队为骨干,充分依靠和动员人民群众,建立农村革命根据地,实行主力兵团与地方兵团相结合,正规军与游击队和民兵相结合,武装斗争与非武装斗争相结合,并使武装斗争与各种斗争形式紧密配合的全面彻底的人民战争。

(2)毛泽东人民战争思想的理论基础

①人民群众是战争胜利的决定力量

人民群众在历史上的作用问题是历史唯物主义中的一个重大问题。马克思列宁主义的基本观点认为,人民群众是人类历史的创造者。毛泽东指出:“人民,只有人民,才是创造世界历史的动力。”毛泽东把这一基本观点应用到中国革命战争,论述了人民军队和人民群众在战争中的作用,提出了“兵民是胜利之本”等著名论断,从思想上武装了参加革命战争的广大指战员和人民群众。

例如,在抗日战争时期,正当失败主义的亡国论和悲观主义的妥协论者,为敌强我弱或国民党腐败现象所迷惑的时候,毛泽东在《论持久战》中指出了一条真理:“兵民是胜利之本。”他解释说:“战争的伟力最深厚的根源,存在于民众之中。日本敢于欺负我们,主要的原因在于中国民众的无组织状态。克服了这一缺点,就把日本侵略者置于我们数万万站起来的人民之前,使它像一匹野牛冲入火阵,我们一声唤也要把它吓一大跳。这匹野牛非烧死不可。”他又说:“动员了全国老百姓,就造成了陷敌于灭顶之灾的汪洋大海,造成了弥补武器等等缺陷的补救条件,造成了克服一切战争的困难的前提。”

群众是真正的英雄,兵民是胜利之本,这是毛泽东的一贯思想。一方面,必须实行真正的民主政治和切实改善人民生活,才能造成人民战争的真正基础;另一方面,也只有全军全民总动员才能实现真正的人民战争。因为动员全军全民参加战争，在政治上才能获得革命战争胜利的最基本的条件；在经济上才能建立起革命战争的雄厚的物质基础；在兵源财源上才能取之不竭；在军事上才能机动灵活地执行人民战争的战略战术，使敌军处于被动挨打的地位。

②人是战争胜负的决定因素

在战争中，武器是重要的因素，它是战争的重要物质基础，但它必须通过人的能动性作用于战争。即通过人在战争中有意识、有目的的实践活动而起作用。人是能动的物质力量，无论武器再先进都不能代替人的意志、经验和才能。马克思列宁主义唯物辩证法告诉我们，战争胜负的决定因素是人，而不是一两件新式武器。这是由于：

首先，武器是人造的。人的智慧和知识始终驾驭着武器的发展，人能制造进攻性武器，也能制造防御性武器。有飞机就有高射炮和防空导弹，有坦克就有反坦克炮和反坦克导弹。两种类型的新武器总是交替出现。毛泽东指出："世界上的事情，总是一物降一物，有一个东西进攻，也有一个东西降它……只要依靠人民，世界上就没有攻不破的'法宝'。"不论古代战争，还是现代战争，都足以证明这个原理是普遍正确的。

其次，武器是死的，它要靠人去使用。恩格斯在《德国战争短评》中说："枪自己是不会动的，需要有勇敢的心和强有力的手来使用它们。"毛泽东也明确地指出："武器是战争的重要因素，但不是决定的因素，决定的因素是人不是物。力量对比不但是军力和经济力的对比，而且是人力和人心的对比。军力和经济力是要人去掌握的。"

恩格斯提到的"心"和"手"与毛泽东说的精神力量的"人心"和物质力量的"人力"，都是讲人的作用，武器只有通过人的能动性才能发挥作用。人不单是物质力量，而且是精神力量，它是物质和精神的结合体。人力、人心和武器稳固地结合在一起，不但能创造出新战法，充分发挥武器的效能，而且也会创造出敢打敢拼的奇迹。

最后，人的主观能动性在战争实践活动中对武器的反作用，具有决定性意义。人的主观能动性的发挥，是要以客观物质条件为基础，但是，在一定物质条件的基础上，当人的主观能正确反映客观规律，制定正确的战略战术去指导战争和实行战争的时候，又能改变条件，创造条件，产生巨大的物质力量，即使是武器装备处于劣势的弱者，也能打败武器装备占优势的强者，而赢得战争的最后胜利。所以毛泽东指出："战争是力量的竞赛，但力量在战争过程中变化其原来的形态。在这里，主观的努力，多打胜仗，少犯错误，是决定的因素。客观因素具备着这种变化的可能性，但实现这种可能性，就需要正确的方针和主观的努力。这时候，主观作用是决定的了。"

③战争的正义性是人民战争的基础

正义战争是革命的、进步的战争，它能推动社会向前发展。战争的正义性是唤起民众、激发民众参与人民战争的政治基础。革命战争的目的与民众的根本利益是一致的，因而，它能得到人民群众的拥护和支持，最终必定胜利；而非正义战争则正好相反，因此，它必然遭到人民的反对，最终必定失败。这正所谓"得道多助，失道寡助"。也正由于此，非正义战争是不可能实行人民战争的。

④马克思列宁主义政党的正确领导是实行人民战争的必要条件

中国的人民战争，就其参战成分而言，基本上是农民战争。毛泽东指出："中国共产党的武装斗争，就是在无产阶级领导之下的农民战争。"周恩来也指出："中国的战争实际上就是农民战争。"

在中国农民战争的问题上，毛泽东首先充分肯定了古代农民战争的作用和无产阶级领导下的农民战争的伟大作用。毛泽东在认真分析和研究了自秦朝陈胜吴广起义到近代太平天国止，总计数百次农民起义，特别是几十次著名的农民大起义之后，说："中国历史上的农民起义和农民战争的规模之大，是世界历史上所仅见的。在中国封建社会里，只有这种农民的阶级斗争、农民的起义和农民的战争，才是历史发展的真正动力。"中华人民共和国的成立，这是一个伟大的胜利，是中国从古未有的大胜利，也是"十月革命"以后一个带世界性的大胜利。但是，溯本求源，胜利来自无产阶级政党领导之下的人民战争。

毛泽东在肯定中国农民战争的伟大作用的同时，又在理论上严格区分了古代农民战争和无产阶级领导下的农民战争所属的两个不同历史范畴，论证了农民战争成败的关键在于是否有无产阶级政党的领导。

古代农民战争的作用是应该肯定的，但最终都以失败而告终。从这个意义上说，一部古代农民战争史，乃是一部古代农民战争失败史。这是一个严峻的、不容回避的问题。毛泽东指出，古代"农民起义和农民战争得不到如同现在所有的无产阶级和共产党的正确领导，这样就使当时的农民革命总是陷于失败，总是在革命中和革命后被地主和贵族利用了去，当作他们改朝换代的工具"。

我国的革命战争，从星星之火开始，逐步形成燎原之势，最后战胜国内外强大的敌人，取得中国革命战争的彻底胜利，从根本上说，就在于我们所进行的革命战争，有以毛泽东为代表的中国共产党的正确领导，这是实行人民战争的必要条件。

⑤以人民军队为骨干的"三结合"武装力量体制是实行人民战争的最好组织形式

毛泽东在指导中国人民革命战争中，为了适应实行人民战争的需要，创造了"三结合"的武装力量体制。然而，在不同的历史时期，"三结合"武装力量体制的表述有所不同。例如，土地革命时期，实行主力红军、地方红军和赤卫队"三结合"体制；抗日战争时期，实行主力兵团、地方兵团和人民自卫军"三结合"体制；解放战争时期，实行野战军、地方军和民兵"三结合"体制；新的历史时期，实行中国人民解放军现役部队与预备役部队、人民武装警察部队和民兵"三结合"体制。

"野战军、地方军、民兵三结合"的武装力量体制，是实行人民战争的最好的组织形式。"三结合"的武装力量体制，它们虽各有分工，但又互相配合，这就发挥了一个统一整体的巨大威力。

实行人民战争，采用野战军、地方军和民兵"三结合"的武装力量体制，对于建军、作战、开展群众工作都具有很大的优越性。

一是有利于发展和扩大人民军队。中国共产党领导下的人民军队，在进行革命战争的过程中，每到一地，即帮助人民建立武装组织，不但组织以本地干部为领导的民兵组织和自卫军，而且还组织与斗争形势相适应的地方部队和地方兵团。在这个基础上，不断产生新的主力部队和主力兵团。我军由抗日战争初期的 4 万多人，发展到抗日战争结束时的 120 万人，后来又发展到解放战争时的 400 万人，基本上都是通过这种机制完成的。

二是有利于迅速提高人民军队的军政素质。我军是以农民为主体的人民军队，成员绝大部分是来自于农民。他们在自愿的基础上，通过民兵组织、地方部队、地方兵团再到野战军。这样，当他们成为野战军的一员时，就已经具备了一定程度的军事素质和政治素质，为迅速提高全军军政素质打下了基础。

三是有利于协调一致地执行作战任务。野战军执行超地方性的作战任务；地方军则固守在一定区域内，在民兵协同下执行作战任务；民兵通常不远离家乡，或配合正规军作战，或单独开展游击活动，保卫生产，保卫家乡。三者各有分工又互相配合，协调一致地整体活动，是战胜敌人的有力举措。

四是有利于稳定后方。由于有地方军和民兵固守在一定区域内，就使后方相对稳定。如果对敌斗争任务的需要，还可以实行“主力地方化”，将主力部队的相当部分，分散执行发动群众，进行土地改革、建立政权、组织游击队、民兵和自卫军等任务，配合主力部队粉碎敌人的进攻。

在“三结合”的武装力量体制中，人民军队是实行人民战争的骨干力量。毛泽东说：“没有一个人民的军队，便没有人民的一切。”如果没有一支强大的人民军队作骨干，就不能有效地消灭敌人的有生力量，粉碎敌人的大规模进攻；就不能使人民群众的斗争得到有力的支持；就不能开辟、巩固和发展革命根据地和战略后方；就不能使人民战争生动活泼、蓬蓬勃勃地开展起来并坚持下去；就难以取得决定性的胜利。

(3) 人民战争的战略战术思想

人民战争的战略战术，是体现毛泽东人民战争思想的战略指导原则和作战方法，是毛泽东高超的战争指挥艺术的总结，它揭示并客观地反映了中国人民战胜国内外强大敌人的战争指导规律，是毛泽东军事思想中十分精彩的部分。

毛泽东人民战争的战略战术的基本精神是：一切从敌我双方的实际情况出发，你打你的，我打我的，有什么枪打什么仗，对什么敌人打什么仗，在什么时间地点打什么时间地点的仗；灵活机动，不拘一格，扬长避短，力争主动，利用矛盾，各个击破；进攻时反对冒险主义，防御时反对保守主义，退却时反对逃跑主义，有效地达到保存自己、消灭敌人的战争目的。毛泽东人民战争的战略战术的主要内容包括以下 7 个方面。

①实行积极防御的战略思想

毛泽东主张积极防御，反对消极防御。他指出：“积极防御，又叫攻势防御，又叫决战防御。消极防御，又叫专守防御，又叫单纯防御。消极防御实际上是假防御，只有积极防御才是真防御，才是为了反攻和进攻的防御。”这也是毛泽东对两种不同性质的防御概念做的科学概括。

毛泽东积极防御的战略思想又主要包括以下四个基本观点：

充分准备。毛泽东指出："'凡事预则立，不预则废'，没有事先的计划和准备，就不能获得战争的胜利。"历史经验证明，战争准备的程度直接影响着战争的主动与被动，胜利与失败。

后发制人。战略上的后发制人，是指不首先挑起战争，战略上不打第一枪；而敌人一旦挑起了战争，就应根据当时具体情况，采取相应的军事行动，去努力争取战争的胜利。这是积极防御战略的基本指导原则。

攻防结合。毛泽东始终强调：要把战略上的防御与战役战斗上的进攻、战略上内线作战与战役战斗上的外线作战有机地结合起来。要做到防中有攻；同时，要适时地将战略防御导向战略反攻和进攻。

持久胜敌。这是指在敌强我弱、举国迎敌的条件下，坚持持久战（如抗日战争）。通过持久战，不断消耗敌人的有生力量，改变敌我力量对比关系，扭转战争局势，最后战胜敌人。战略上的持久战与战役战斗上的速决战是辩证统一的，实行战略上的持久战，必须采取战役战斗上的速决战。毛泽东指出："'外线的速决的进攻战'，这对于我之战略方针'内线的持久的防御战'说来，是相反的：然而，又恰是实现这样的战略方针之必要的方针。"

②战略上藐视敌人，战术上重视敌人

毛泽东指出："从战略上看，必须如实地把帝国主义和一切反动派，都当成纸老虎。从这点上，建立我们的战略思想。另一方面，它们又是活的铁的真的老虎，它们会吃人的。从这点上，建立我们的策略思想和战术思想。"毛泽东还指出："如果我们在全体上过高估计敌人力量，因而不敢推翻他们，不敢胜利，我们就要犯右倾机会主义错误。如果我们在每一个局部上，在每一个具体问题上，不采取谨慎态度，不讲究斗争艺术……我们就要犯'左'倾机会主义错误。"毛泽东关于帝国主义和一切反动派既是"纸老虎"又是"真老虎"的论断，奠定了人民战争战略战术的基本原则——即：在战略上，敌人是纸老虎，我们要藐视它。在战术上，敌人又是真老虎，我们要重视它，注意斗争的策略和方法。

③保存自己，消灭敌人

"保存自己，消灭敌人"是兵家公认的原则，是同一战争目的的两个方面。首先，二者是对立统一的，它们紧密联系，相互制约。其次，二者的关系有主次之分。毛泽东指出："战争目的中，消灭敌人是主要的，保存自己是第二位的，因为只有大量地消灭敌人，才能有效地保存自己。"第三，二者的主次关系并不是固定不变的，在一定的条件下会发生转化。例如，在敌我力量悬殊的情况下，不能与敌人硬拼，需要后退，需要摆脱敌人，这时保存自己就处于优先考虑的地位。这样做的目的是为了等待时机更好地消灭敌人。

因此，作为战争指挥者必须通观全局，适时、灵活地变换消灭敌人与保存自己的主次关系。只有这样，才能掌握战场的主动权。

"保存自己，消灭敌人"是战争的基本原则。毛泽东指出："一切军事行动的指导原则，都根据于一个基本的原则，就是尽可能地保存自己的力量，消灭敌人的力量。"一切技术的、战术的、战役的、战略的原理，都离不开"保存自己，消灭敌人"这个原则。它普及于战争的全体，贯彻于战争的始终。

需要特别注意的是，在实际的战争中，既要反对片面强调消灭敌人而不注意保存自己的蛮干行为，又要反对片面强调保存自己而不努力消灭敌人的逃避行为。毛泽东深刻地指出："保存自己"的"自己"概念是全局的整体概念，而不是局部的小整体概念，更不是个人的概念。为了整体的保存，就不可避免地要付出局部的不保存和牺牲。在战争中，一部分担负阻击的部队，就是以少抗多，不让敌援兵靠拢，保证我主力顺利歼灭被围之敌，因此，担负阻击敌援任务的部队，就要发扬"人在阵地在"的勇敢牺牲精神，即使拼到最后一个人，也要坚守阵地。这种部分的牺牲就是为了保存整体。

④歼灭战是基本的作战方针

歼灭战、消耗战与击溃战，是从消灭敌人的客观效果衡量的不同的概念。歼灭战是指消灭敌人全部或大部的作战；消耗战是逐渐消耗敌人力量的作战；击溃战是打跑敌人迫使敌人溃退的作战。毛泽东在指导战争中，为我军确定的作战方针是歼灭战。毛泽东指出："击溃战，对于雄厚之敌不是基本上决定胜负的东西。歼灭战，则对任何敌人都立即起重大的影响。"他更形象地比喻；"对于人，伤其十指不如断其一指；对于敌，击溃其十个师不如歼灭其一个师。"

歼灭战是实现战争目的的最有效手段。首先，歼灭战能有效地达到"保存自己，消灭敌人"的战争目的；其次，歼灭战能极大地打击敌人的士气，鼓舞我军斗志；再次，歼灭战能大量利用敌方人力、物力等资源，补充、发展、壮大自己的力量。

实行歼灭战方针，并不排斥必要的消耗战。在战役的总体指导上，以歼灭战为主，而以消耗战为辅。例如，辽沈战役第一阶段首战锦州时，担负塔山地区和黑山、大虎山地区阻击蒋军东进和西进两路援兵的部队，是执行消耗的任务，官兵们就像钉子一样钉在那里，使蒋军援兵在逐渐消耗的过程中无法前进，以保证我合围锦州守敌的部队打好歼灭战。战役的歼灭战在战争总体上又是起到战略上消耗敌人的目的。毛泽东指出："抗日战争是消耗战，同时又是歼灭战。……没有战役和战斗的歼灭战，就不能有效地、迅速地减杀其强的因素，破坏其优势和主动。我之弱的因素也依然存在，战略上的劣势和被动还未脱离……因此，战役的歼灭战是达到战略消耗战之目的的手段。"抗日战争中，日军就是在被我们逐渐消耗下崩溃的。解放战争中，蒋介石庞大的军队，也是在我们一系列的战役歼灭战后，力量逐渐消耗，最终形成 807 万军队被我消耗的结局。

因此，将战略上的消耗战与战役上的歼灭战结合起来，将主要作战方向上的歼灭战与其他方向上的消耗战结合起来，是毛泽东具有高超的战争指导艺术的具体体现。

⑤集中优势兵力，各个歼灭敌人

"集中优势兵力，各个歼灭敌人"原则，是古今中外军事家都十分强调的一条原则，毛泽东也极为重视集中优势兵力。他认为，只有集中优势兵力，才能最有效地打击敌人，既能全歼，又能速决；既能使我迅速转移兵力各个歼敌，又不致因敌援军云集而使自己陷于被动地位。正如毛泽东指出的："主动地位不是空想的，而是具体的、物质的。这里最重要的，是保存并集结最大而有活力的军队。"

在敌强我弱的情况下,要使我军由战略上的劣势变为战役战斗上的优势,最根本的办法就是集中优势兵力,各个歼灭敌人,以战役战斗上实行的外线速决的进攻战,达成以多打少,以强胜弱、速战歼敌之目的。然后转移兵力,再击他路。随着时间的推移,逐渐改变敌我力量对比,使我变为战略上的优势和主动。

集中优势兵力,看似容易,实行颇难。因此,要不为复杂的环境所迷惑。要把主要兵力、兵器集中用于主要作战方向,反对军事上的平均主义。如果主次方向发生了变化,集中使用兵力、兵器的方向也应随之改变。至于集中兵力的程度,则视具体的情况而定,以有把握歼灭敌人为原则。各个歼灭敌人,就是在向敌人发动进攻时,为形成和保持真正的优势,要拣弱的打,先弱后强,由小到大,逐个予以歼灭。

⑥慎重初战,不打无把握之仗

这条战术原则不仅适合于人民战争,而且也适用于其他战争,是一条具有普遍意义的战略战术原则。如果盲目地去打无准备无把握之仗,必将导致战争的失败。这对于初期极为弱小的人民军队而言,关系尤为重大。因此,毛泽东十分强调:“不打无把握之仗,也不打只有准备但无把握之仗。”毛泽东还指出:“每战都应力求有准备,力求在敌我条件对比下有胜利的把握。”

“准备”与“把握”是紧密相连的,作战胜利的把握是建立在事先有充分准备的基础上的。正如毛泽东指出的:“没有事先的计划和准备,就不能获得战争的胜利。”“优势而无准备,不是真正的优势,也没有主动。……劣势而有准备之军,常可对敌举行不意的攻势,把优势者打败。”“准备”的内容,包括人力、物力的准备,包括对敌情的侦察和了解,包括作战对象、作战地域、作战时机和作战方向的选择,包括兵力的部署和展开以及作战方法的确定,包括预做几套作战方案和临机处置的措施等。准备的立足点,要从最困难处着眼,要充分估计到最困难、最复杂、最危险的情况可能发生,并预先做好应对的处置方案。这样,万一在作战过程中,遇到困难和危险,才能做到从容自如,解困排险,争取最好的结局。

⑦三种作战形式密切配合并适时转换

人民战争所实行的“三结合”的武装力量体制,在作战上是通过多种作战形式来实施的。运动战、阵地战和游击战,历来是我军的三种传统的作战形式。

运动战,是指正规兵团在长的战线和大的战区内进行战役和战斗的外线速决进攻战的作战形式。其特点是:正规兵团,战役和战斗的优势兵力,进攻性和流动性。运动战是大量歼灭敌人,决定战争命运的主要作战形式。

阵地战,是指军队依托阵地进行防御或对据守阵地之敌实施进攻的作战形式。其特点是:作战相对稳定,准备充分,各种保障比较严密。阵地战是消耗敌人和歼灭敌人的重要作战形式。

游击战,是指分散流动的作战形式。其特点是:具有更大的主动性、灵活性、进攻性、速决性和流动性。游击战是从战略、战役和战斗上配合正规战的不可缺少的作战形式。

运动战、阵地战、游击战虽然各有其不同的作用和特点,但在实现战争目的上则是完全一致的。三者相辅相成、互为作用，是互相紧密联系在一起的统一整体。毛泽东指出，“我们从来就主张运动战、阵地战、游击战三者的配合”“在军事上我们若能运用运动战、阵地战、游击战三种方式互相配合，必能使敌军处于极困难地位”。

因此，正确运用三种作战形式，是战争指导中一个十分重要的问题。毛泽东特别重视主要作战形式的转换问题，对运动战、阵地战、游击战三种作战方式的特点问题，以及三者相互配合问题进行了深入研究，有着大量的精辟论述。

在20多年的中国革命战争中，人民军队的主要敌人在不断变化着，战争情况更是复杂多变的，因此，战争的主要作战形式要适应各种战争情况的需要与可能，而不断地变换。例如，在以运动战为主要作战形式的时期（十年内战中期和解放战争战略防御时期），仍然发动民兵和游击队坚持游击战争，以辅助运动战；同时运动战中又包含有阵地攻击和阵地防御在内。在以游击战为主要作战形式的时期（抗日战争的战略防御和战略相持阶段），也不放松有利条件下的运动战。同时游击战本身还担负着向运动战发展的任务，一旦增加新式武器装备，在有利的条件下还要执行阵地攻击任务。在大规模运动战和大规模阵地战并重时期（解放战争战略决战和战略追击阶段），有时运动战中有阵地战，有时阵地战中有运动战，有时运动战转化为阵地战，或阵地战转化为运动战，先后交错，亦不少见，即使这个时期也未废弃游击战。

根据战争不同情况，在保存自己，消灭敌人的战争目的下，毛泽东善于巧妙、灵活地同时运用三种作战形式，但又有主有辅，互相配合，并视具体情况适时转换三种作战形式，充分发挥了三种作战形式的整体作用，显示了人民战争的巨大威力，从而有力地推动了革命战争的顺利发展并取得了革命战争的伟大胜利。

人民战争的战略战术是毛泽东在中国人民革命战争的历史条件下总结出来的科学方法，它充分体现了毛泽东指导战争的灵活机动性，故又称之为“灵活机动的战略战术”。随着历史条件的变化，科学技术的进步，战争样式的演变，人民战争的战略战术，必将随着这些客观条件的变化而发展，会不断产生新的内容，增添新的活力。

（4）国防建设思想

中华人民共和国成立后，毛泽东等老一辈无产阶级革命家，为了适应新的形势和任务的需要，总结了国防建设和军事斗争的实践经验，创立了国防建设的理论。它对国防现代化建设的重要性，对人民军队的革命化、正规化、现代化建设，对坚持独立自主的方针，对国防建设指导思想的战略转变，对军事改革的思想和原则，以及对战争准备等问题做了系统的阐述。这是毛泽东军事思想在中华人民共和国成立以后的重大发展和重要组成部分。其主要内容包括：

根据国家安全利益的需要，以积极防御的战略方针为指导，从国际形势和我国的具体情况出发，确立国防建设的目标和方针：

国防建设必须与国家经济建设相适应，必须服从、服务于经济建设大局，军队要积极参加、支援国家经济建设，使国防建设和经济建设协调发展。

国防建设必须以现代化建设为中心，这是现代战争的必然要求，也是我军向高级阶段发展的必由之路。国防现代化的最主要标志是武器的现代化、高科技化。

国防建设必须坚持独立自主、自力更生的方针。我们希望并争取外援，但我们不依赖外援。国防建设的现代化必须放在自己力量的基点上，独立自主地解决军队现代化建设所需的武器装备，建设具有中国特色的国防。

国防建设必须坚持改革开放，坚持四项基本原则，坚持建设具有中国特色的社会主义。要实行精干的常备军与强大的后备力量相结合，搞好军队体制改革和精简整编，加强军队的法制建设，保持武装力量的高度统一和集中。

国防建设要走军民兼容、平战结合、寓兵于民的道路。加强全民国防教育，提高全民的国防观念。发展军事科学，发挥先进的军事理论在国防建设中的先导作用。

国防建设必须要坚持共产党对军队的绝对领导，不断加强和改进思想政治工作，保持无产阶级军队的性质，把教育训练摆到战略地位，努力提高部队的战斗力，建设一支具有中国特色的现代化、正规化、革命化的军队。

国防建设必须要加强战略后方和战场建设；加强国防后备力量建设；坚持现代条件下的人民战争，立足现有装备战胜优势装备的入侵之敌。

二、邓小平新时期军队建设思想

进入改革开放和社会主义现代化建设时期，邓小平在开创中国特色社会主义道路的历史进程中，正确把握战争与和平历史演进的客观规律，立足于中国的国情、军情和时代特征，以巨大的政治勇气和理论勇气，对国防和军队建设做出具有战略意义的重大决策，创造性地提出了一系列建军治军的方针原则，形成了邓小平新时期军队建设思想。邓小平新时期军队建设思想内容十分丰富，从不同侧面揭示了新时期军队建设和军事斗争的规律，构成了一个科学的军事思想体系。

（一）邓小平新时期军队建设思想的形成过程

任何一种理论都是随着实践需要而产生的，又随着实践的发展而发展。邓小平新时期军队建设思想的形成也经历了一个渐进的历史过程，其形成大体经过了以下几个阶段：

1. 初步形成阶段（1975 年至 1978 年党的十一届三中全会召开之前）

1975 年 1 月，邓小平出任中央军委副主席兼总参谋长，主持军委日常工作，提出军队要整顿的方针。邓小平说："我们这个军队有好传统，从井冈山起，毛泽东同志就为我军建立了非常好的制度，树立了非常好的作风。我们这个军队是党指挥枪，不是枪指挥党。……"邓小平强调，要按照毛泽东提出的"军队要整顿"，对军队加以整顿，"要按照毛泽东制定的军事路线、建军原则，好好地清理一下"。上述的实质，就是邓小平要恢复我军优良传统，使军队的各项工作重新回到毛泽东军事思想的正确轨道上来。

1977 年 7 月，党的十届三中全会决定恢复邓小平 1975 年初担任的全部职务。恢复工作后的邓小平做的第一件事就是抓具有决定意义的思想路线上的拨乱反正。邓小平指出，"两个凡是"不符合马列主义，一定要坚持实事求是的正确路线。

同年 8 月 28 日，邓小平在军委座谈会上提出了解决林彪、"四人帮"对军队破坏问题的思路，首先调整各级领导班子，然后抓教育训练，接着学习现代战争知识，通过办院校，解决干部指挥现代化战争能力不够的问题。这本身就是在坚持恢复毛泽东军事思想的前提下，着眼于发展了。12 月 28 日，邓小平又向全军提出了十项任务：揭批“四人帮”；做好战争准备；加强干部队伍建设；加强党的建设；把教育训练提到战略地位的高度，大抓国防科技；继续精简整编；加强后勤建设；坚持“三结合”武装力量体制；恢复和发扬我军的优良传统。同时通过了《关于加强部队教育训练的决定》等 9 个决定和条例。

1978 年 9 月，邓小平提出：“理论要通过实践来检验。”同时，他还说：“世界天天发生变化，新的事物不断出现，新的问题不断出现，我们关起门来不行，不动脑筋永远陷于落后不行。”

2. 全面成熟阶段（1978 年 12 月—1985 年 6 月）

1978 年 12 月，党的十一届三中全会召开，这是我党历史上的又一个伟大转折。在这次大会上，邓小平发表了《解放思想，实事求是，团结一致向前看》的重要讲话，提出：“全党的工作重心要转到四化建设上来，这是一场新的长征。”并且指出：“首要的任务是解放思想，坚持实践是检验真理的唯一标准。如果一切从本本出发，思想僵化，迷信盛行，那它就不能前进，事物的生机就停止了，这就要亡党亡国。”实事求是是无产阶级世界观的基础。在这一思想的指导下，军队建设进入了一个新的发展时期。1980 年 1 月，邓小平提出了 20 世纪 80 年代的三件事：反对霸权主义、台湾回归祖国、加紧经济建设，核心是现代化建设，再次要求军队“要消肿”。

1981 年 6 月，在十一届六中全会上，邓小平当选为中央军委主席。同年 9 月 19 日，邓小平在华北某地阅兵时，发表了《建设强大的现代化正规化的革命军队》的讲话，提出了一系列重大决策和重要理论原则：实现我军装备现代化的途径和方法；军队调整的方针；第三世界是维护和平，反对霸权主义的主力；我国 80 年代的三大任务；台湾回归祖国，“一国两制”；我国的对外政策；加强国防建设等。

在这一时期，邓小平本着解放思想、实事求是的精神，分析了我军建设所处的国际、国内环境，对新时期军队建设进行了总体设计，提出了军队建设的总目标和总任务以及基本指导思想。同时，对毛泽东军事思想的发展做了提纲挈领的概括和归纳。至此，邓小平新时期军队建设思想形成了一个完整的、科学的理论体系。

3. 丰富发展阶段（1985 年 6 月军委扩大会议以后）

在这一阶段，为使我军在国家改革开放不断深入的新形势下更好地履行自己的职能，邓小平提出了关于军队建设的重大理论原则并进一步明确了军队的性质、任务和地位作用；进一步辩证地论述了战争与和平；重申了解决两种社会制度矛盾和“一国两制”；1989 年，邓小平在接见驻首都戒严部队军以上干部时发表的重要讲话，为新时期军队建设进一步指明了方向。同年召开的党的十三届五中全会批准邓小平辞去军委主席的请求之后，邓小平仍然继续关心军队的建设。在 1992 年 10 月召开的党的十四大上，江泽民同志正式提出“邓小平新时期军队建设思想”的概念，确立了邓小平新时期军队建设思想对军队建设的根本指导地位。

(二)邓小平新时期军队建设思想的主要内容

邓小平新时期军队建设思想是一个完整的科学体系。它以"实事求是"为总的指导原则,以马克思的战争与和平的理论、社会主义初级阶段的理论、国防建设、军队建设与国家经济建设关系的理论为依据,明确提出了建设一支具有中国特色的、强大的现代化、正规化、革命化的军队,阐明了新时期军队建设的一系列基本原则。

邓小平新时期军队建设思想的主要内容概括起来包括三个方面:一是关于战争与和平;二是新时期人民军队建设;三是建设有中国特色的现代化国防。

1. 关于战争与和平问题的理论

战争与和平问题是军事领域里的一个基本问题。邓小平站在历史的高度,运用马克思列宁主义辩证法,科学地观察和分析了国际形势的发展变化,对当代战争与和平问题做出了新的战略判断,科学地回答了当代战争提出的新问题。

(1)霸权主义是现代战争的主要根源

战争根源问题是马克思列宁主义战争观的一个重要问题。马克思、恩格斯认为,私有制和阶级的存在是战争的主要根源。列宁提出:"现代战争产生于帝国主义。"毛泽东认为,这个世界上只要存在着帝国主义制度,战争就不可避免。邓小平在分析现代战争的根源时指出:"当今世界不安宁来源于霸权主义的争夺""战争是同霸权主义联系在一起的"。经过多年的冷静观察与审慎思考,邓小平又进一步完善为:"无论是世界性霸权主义,还是地区性霸权主义,都是当代战争的根源。"邓小平这一新的论断,丰富了马克思列宁主义战争观,具有丰富的内涵,是对马克思列宁主义战争根源理论的重大发展:第一,任何社会制度的国家,只要对外推行霸权主义,都是产生战争的根源。社会主义国家搞霸权主义,同样成为战争的策源地。第二,霸权主义既有世界性的,也有区域性的,两者表现形式虽有区别,但侵略扩张的本质相同。地区霸权主义也是引发现代战争的重要根源。第三,霸权主义在新的历史条件下,突出表现为国际事务中的"强权政治"。第四,苏联解体,两霸相争消失,但绝不意味着霸权主义也随之消失。

邓小平对现代战争根源的揭示,丰富和发展了马克思列宁主义的战争观,是对马克思列宁主义战争观的重要贡献。

(2)在特定条件下世界大战是可以避免的

在世界大战问题上,邓小平研究了军事活动的历史和现状,得出了一个新的结论:如果工作做得好,世界大战是可以避免的,但霸权主义仍然是对世界和平的最大威胁,局部战争已成为当今世界的主要战争形态。

邓小平做出这一基本判断的主要依据是:第一,有资格打世界大战的只有美苏两个超级大国。但是美苏两国原子弹多、常规武器多,都有毁灭对手的力量,因此谁也不敢动手。进入20世纪90年代,苏联解体,冷战结束,酿成世界大战的重要一极不复存在,一时还难以形成新的能打世界大战的对立面。第二,世界和平力量的增长超过战争力量的增长,特别是以第三世界国家为代表的和平力量明显增长,第二世界国家也不希望爆发战争,连苏联和美国人民也都反对战争。世界人民要和平、反对战争的呼声日益高涨，迫切希望有一个和平环境来发展经济。正如邓小平所说：“世界很大，复杂得很，但你一分析起来，真正支持战争的没有多少。”第三，经济、科技日益成为世界各国竞争的重点。世界新技术革命蓬勃发展，经济、科技在世界竞争中的地位日益突出，世界主要大国都在进行战略调整，把发展经济和科技放在优先地位。

邓小平以辩证唯物主义的观点分析世界战争与和平的形势，既指出世界大战可以避免，又反复强调战争的危险依然存在。战争可以避免，主要是说世界大战可以避免，但局部战争随时都有可能发生。所以，他说：“大战固然可以推迟，但是一些偶然的、局部的情况是难以完全预料的”。20 世纪 80 年代以来的历史进程已证实了邓小平的论断是完全正确的，局部战争已成为当今世界战争的主要形态。

邓小平关于“世界大战是可以避免”的论断向我们指明：大战可以避免不是无条件的，而是有条件的，主要条件是“如果我们搞得好”，就是要“争取”。一句话，就是要使和平力量不断发展，阻止霸权主义全球战略部署的完成。大战可以避免，绝不是说小战也不会发生。因此，不能笼统地说现在是战争转化为和平，从而放松对一切战争的警惕性。大战可以避免，也不是说战争根源已不复存在，不要把战争根源与战争现实等同，但也不要忽视“世界战争的危险依然存在”。

（3）战争不是解决国家、民族、阶级间利益矛盾的唯一手段

在阶级社会中，战争尽管被亿万人所痛恨，但它绝不会自动退出历史舞台。战争总是以流血的方式去贯彻政治的意志。但是，人类社会的前进，使科学技术迅速发展，国家间的利益冲突，不一定必然导致战争。因为只有当争端一方诉诸武力，战争才可能爆发，而双方如果都选择政治解决方式，战争就可以避免。也就是说，在解决国际争端问题上，军事手段与政治手段都是可能的选择。然而，问题在于，各国在选择解决问题的方式上，更偏重于军事手段，而仅仅把政治手段作为军事手段的补充。因此，运用政治方式解决争端没能构成主要的手段。

邓小平针对新的现实指出：“维护世界和平，应当放弃利用暴力解决国家间冲突和争端的方式，而代之以政治解决。”冲突双方应相互克制，求同存异，灵活地通过协商、对话等一系列政治方式，加以和平解决。邓小平认为，国家间的利益冲突、领土争端和历史遗留的许多问题，都应当本着双方受益、合情合理的原则化解“热点”，同时还主张加强联合国调解和仲裁国际争端的功能。邓小平还成功地运用了“一国两制”的和平方式，解决了香港、澳门回归祖国的问题，为国际争端的和平解决做出了典范。

（4）和平与发展是当今时代的两大主题

关于时代主题的判断是新时期战争与和平以及制定国防建设指导思想的理论依据。

20 世纪 80 年代前，我们党和国家对世界形势和发展趋势的基本判断是战争与革命。进入 80 年代后，国际形势出现了一些新情况：第一，资本主义国家之间经济上的相互依存和合作越来越强，其矛盾远未达到引发战争的程度。第二，两大社会制度体系之间，以美苏为首的两大军事集团之间，力量大体平衡，尽管双方在进行激烈的军备竞赛和意识形态斗争，但也没有发展到爆发世界大战的地步。第三，资本主义本身加强了对经济的国家干预和自我调节能力，

生产力得到很大提高,从而缓和了国内的阶级矛盾,因而革命的条件尚不成熟。第四,广大发展中国家与发达国家之间的差距越来越大,发展中国家要求和平与发展的呼声日益高涨。第五,国际竞争的重点已经由军事竞争转向经济与技术的竞争,各国都在制定新的经济发展战略,推行新的科技发展计划,力争在国际竞争中占据有利地位。第六,随着苏联的解体,以美苏对抗为特征的两极格局已经结束,世界开始向多极化格局发展,这是不可抗拒的历史潮流。

邓小平以战略家的敏锐眼光,及时洞察了这些重大变化,提出了"和平与发展是时代主题"的著名论断。1985 年 3 月,邓小平在会见日本朋友时指出:"现在世界最大的问题,带全球性的战略问题,一个是和平问题,一个是经济问题或者说发展问题。和平问题是东西问题,发展问题是南北问题。概括起来,就是东西南北四个字。南北问题是核心问题。"1992 年,邓小平在我国南方视察时指出:"世界和平与发展这两大问题,至今一个也没有解决。"和平问题没有得到解决,发展问题更加严重。因此,对霸权主义和强权政治不能掉以轻心。要实现世界的持久和平和人类的共同繁荣,任重道远,还需要世界各国人民进行长期的艰巨斗争。

2. 新时期人民军队建设理论

建设一支强大的现代化、正规化、革命化的军队,是邓小平通过对国际形势、我国现代化建设以及我军实际进行科学分析后提出的,是新时期我军建设的纲领和实际工作的指南。

(1)积极防御思想

邓小平强调,我们的战略方针是积极防御,以国家利益为最高准则来处理问题。邓小平指出:"我们未来反侵略战争,究竟采取什么样的战略方针就是积极防御四个字。"我国对战争的基本原则是:人不犯我,我不犯人,人若犯我,我必犯人。贯彻积极防御的战略方针,是为了维护国家的主权、领土完整、安全和稳定,为我国改革开放和经济建设提供坚强有力的安全保障。坚持积极防御的战略方针,是由中国的社会主义制度所决定的。永远不称霸,永远不扩张,坚持和平共处五项原则,通过政治、外交途径解决历史遗留问题,维护世界的和平与稳定,是中国的一贯主张。我们真心实意地希望避免战争、不打仗。

因此,实行"积极防御"的方针,对我国来说,不仅军事上有利,而且政治上也有利。但是,对于霸权主义的侵略扩张,对于企图以武力侵略我国领土、主权的任何行为,我们将予以坚决还击,直至最后胜利。

(2)现代条件下的人民战争思想

邓小平强调,在现代条件下,毛泽东的"坚持人民战争""用劣势装备打败优势的敌人"依然是我们重要的战略思想。邓小平多次指出,我们的战略是毛泽东主席制定的,毛泽东主席的战略思想就是人民战争,现在我们还是要坚持人民战争,毛泽东人民战争的基本精神和主要原则并没有过时,仍然是我们克敌制胜的锐利武器。邓小平说:"只要我们坚持人民战争,敌人就是现在来,我们以现有武器也可以打,最后也可以打胜,我们有这样多人口,军民团结一致,敌人要消灭我们的人民是不可能的。"

邓小平强调指出:现在的人民战争与过去不同,装备不同,手段也不同;条件不同,人民战争的表现形式也不同。因此,邓小平特别强调:一是现代条件下的人民战争要与时代发展的脚步相适应;二是战争的内容要与现代军事斗争和国防建设的任务相一致;三是战争的形式要与现代战争的特点相吻合;四是从事现代战争条件下的人民战争的人必须具有很高的素质。以上观点,是邓小平对毛泽东人民战争思想的发挥和新发展。

(3)新时期常备军和后备力量建设的思想

1975 年邓小平指出:“搞好军队的编制整顿、体制整顿,可以适当解决军队的其他问题。”1977 年他又指出,军制建设“是整顿军队、准备打仗所必需的,有了这些章程,我们就有章可循,就能够统一认识,统一行动。”

邓小平不仅反复强调编制体制改革的必要性、重要性,而且还从提高战斗力的目的出发,采取了一系列措施加强常备军的建设:一是通过裁军 100 万,减少数量;合并大军区,减少机关人员,使军队指挥系统日益精干、日益小型化,提高了部队和指挥的整体效能。二是将陆军的军改为集团军,增大特种兵比例,提高合成程度和独立作战的能力。在邓小平合成思想的指导下,通过 1985 年的精简整编,组编了兵种基本齐全的陆军合成集团军,并从战略上提高了陆、海、空三军与战略导弹部队之间的协同作战能力,使我军在建设现代化的合成军队的道路上迈出了具有历史意义的一步。三是形成初、中、高三级院校体系,加强了军队的教育训练。

此外,邓小平还确定了后备力量建设“减少数量,提高质量,突出重点,打好基础”的 16 字方针,建立了预备役制度与民兵制度相结合的后备力量体制。实践证明,预备役制度是实施成建制快速动员的好形式,是提高储备的好办法,是节约军费开支、加强国防建设的好措施。

(4)建设一支强大的现代化、正规化的革命军队

早在 1981 年,邓小平就指出,我军是人民民主专政的坚强柱石,肩负着保卫社会主义祖国、保卫“四化”建设的光荣使命。因此,邓小平明确提出“必须把我军建设成为一支强大的现代化、正规化的革命军队”的伟大目标。

现代化、正规化、革命化是互相联系、互相促进,缺一不可的。革命化体现人民军队的本质、军队的政治素质和传统作风;正规化体现军队组织、管理和军制水平;现代化体现军队的武器装备、指挥、作战和协同等方面适应现代高技术战争的能力。“三化”不是并列的,而是以现代化为中心。邓小平深刻指出:“要承认我们军队打现代化战争的能力不够,要承认我们军队的人数虽然多,但是素质比较差。”

以现代化为中心,就是要建设一支现代化的合成军队,这支合成军队不仅需要按照正规的编制、体制将各类人员和武器装备加以科学组合和配备,而且需要在正规的教育训练中提高协调行动的能力,建立有序、高效的组织指挥系统。显然,正规化保证着现代化,现代化离不开正规化。革命化是现代化、正规化建设的灵魂和方向,是人民军队的革命性质和正确方向的根本保证。

(5)提高军队的战斗力

1988 年 12 月,军委扩大会议根据邓小平的指示,明确提出,必须把提高战斗力作为军队改革和建设的出发点和落脚点,作为检验军队各项工作的根本标准。现代战争条件下军队的战斗力,主要表现为五种战斗能力,即协同作战能力、快速反应能力、电子对抗能力、后勤保障

能力和野战生存能力。我军在这五种战斗能力方面与西方军事大国的差距,已经进一步缩小。

(6)加强新时期军队政治工作

邓小平指出:“对军队来说,由长期的战争环境转入和平环境,这是个最大的不同。我们政治工作的根本任务、根本内容没有变,我们的优良传统也还是那一些。但是,时间不同了,条件不同了,对象不同了,因此解决问题的方法也不同”“要研究和解决在新的历史条件下,怎样恢复和发扬政治工作的优良传统,提高我军战斗力的问题”。

为此,邓小平十分重视新时期军队政治工作,提出了许多关于新时期加强和改进我军政治工作的理论,归纳起来主要包括以下几个方面的内容:

为适应军队建设的新形势、新情况,必须保证人民军队的性质,忠于党、忠于国家、忠于人民,保证我军政治上永远合格,这是军队政治工作的根本任务。

坚持用马列主义、毛泽东思想和新时期“一个中心和两个基本点”教育并统一全军思想,把忠实维护国家建设和改革开放,反对资产阶级自由化与“和平演变”作为政治工作的重点。

把培养有理想、有道德、有文化、有纪律的“四有”军人列为政治工作的目标。

坚持党对军队的绝对领导,把发挥军队内党组织的战斗堡垒作用和党员的先锋模范作用作为政治工作的核心内容。

树立永远是战斗队的观念,加强精神文明建设,把发扬“五种革命精神”作为政治工作的着眼点。

在实践中继承和创新,把充分发挥政治工作的优势作为新时期军队政治工作的动力。

3. 建设中国特色的现代化国防理论

国防建设指导思想直接关系着国防建设的成效。邓小平通过对国际形势的长期观察和深思熟虑,对我国国防建设提出了一整套切实可行的原则、政策和措施,主要包括以下几个方面:

(1)国防和军队建设指导思想实行战略性转变

20世纪60年代,国际形势和我国安全环境严重恶化,中苏关系从破裂走向对抗,美国把中国看作主要敌人之一,我国周边的敌对势力伺机而动。这促使中国共产党对战争的形势做出严峻的估计,确立“立足于早打、大打、打核战争”的指导思想,“备战、备荒、为人民”,整个国家和军队长期处于临战和备战状态。

党的十一届三中全会后,邓小平以他战略家的眼光和胆略,通过对世界战争与和平的分析后,明确指出,战争的危险仍然存在,但和平力量的发展超过了战争力量的发展,世界大战至少在20世纪末打不起来,我们有可能争取到一个较长时期的和平环境。我们要充分利用大仗一时打不起来的这段和平时期,放心大胆地一心一意搞现代化建设。为此,邓小平提出,国防和军队建设的指导思想要进行战略性转变,即:在立足点上,要从临战状态转到和平建设上来;在工作重心上,要着眼于未来战争的需要,突出现代化在国防和军队建设中的中心地位,着重抓好国防科研和现代化武器装备的发展以及现代化军事人才的培养;在军队数量与质量上,要由偏重规模转到减少数量、提高质量上来;在国防科技和国防工业功能与体制上,要由军民分割、自成体系转到使军队和国防建设融入国家经济建设的大体系中。

(2)国防建设必须服从国家经济建设大局

国民经济建设是军队建设依赖的基础,这是马克思列宁主义的一个基本观点。邓小平根据马克思列宁主义关于经济建设是军队建设基础的观点,联系当前相对和平的国际环境,在正确分析我国社会主义初级阶段的基本国情和古今中外军队建设的历史经验以及新时期我军建设的客观实际的基础上,明确提出了"军队要服从国家建设的大局"的重要思想。邓小平指出,"经济建设是全党、全国和全军的大局""先把经济搞上去,一切都好办。现在就是要硬着头皮把经济搞上去"。因此,军队的一切都要服从国家经济建设这个大局,这是加速我军现代化建设的根本途径。但是,国防建设并不是被动地依附于经济建设,它不仅可以为经济建设提供良好的安全环境,而且还可以成为推动社会经济发展和科学技术进步的强大动力。所以,必须在国家经济发展的同时,积极创造条件,集中可能的力量,有重点、有计划、有步骤地大力加强国防建设。

(3)军民结合、平战结合地发展国防工业

针对国防工业基本上还是单一的军品生产体制和国家经济建设对它的需要,邓小平提出:"国防工业设备好,技术力量雄厚,要充分利用起来,加入整个国家建设中去,大力发展民用生产。"根据邓小平的这一思想,党中央制定了国防科技和国防工业实行"军民结合、平战结合、军品优先、以民养军"的发展方针。

——军民结合,即军品与民品生产兼顾,把国防建设纳入国家总体建设之中,将单一生产军品改为在保证军品的前提下,大力开发民用产品,提高军转民的能力。

——平战结合,即兼顾平时与战时的需要,国家的各项经济建设既要有利于和平时期的经济建设,又要有利于战时的需要。除了国防工业外,不论是城市规划、农田水利,还是交通运输、国家大中型建设项目,都要在定点布局和效益上,兼顾平时和战时的需要。国防工业在平时多生产民品,在战时又要迅速民转军用。

——军品优先是指在国防工业生产中要优先确保军品订货任务的完成。

——以民养军则是指国防工业企业通过发展民品生产来支持军品的生产。

在这一方针的指引下,国防科技和国防工业改革产品结构,发挥军事工业设备和技术上的优势,积极为民用工业的技术改革做贡献,挖掘军事工业的生产潜力,生产民用工业品,为城乡人民服务,成为促进经济建设和科学技术发展的一支重要力量。

目前,我国国防建设得到了全面加强,支持和参与国防建设正成为亿万人民的自觉行动,国防建设纳入了国家总体建设的轨道,在国家经济不断发展的同时,求得国防事业的协调发展。

(4)引进技术与自力更生相结合,发展国防科技

邓小平强调:"过去也好,今天也好,将来也好,中国都必须发展自己的高科技,在世界高科技领域占有一席之地。"他主张"在国民经济不断发展的基础上,改善武器装备,加速国防现代化",并提出了一系列新时期发展国防科学技术的方针和原则。

邓小平指出:"关起门来搞建设是不能成功的,中国的发展离不开世界。当然,像中国这

样大的国家搞建设,不靠自己不行,主要靠自己,这叫作自力更生。但是,在坚持自力更生的基础上,还需要对外开放,吸收外国的资金和技术来帮助我们发展。"我国的革命和建设,包括国防现代化建设在内,不是也不可能独立于世界之外,我们在任何时候都需要争取外援,特别需要学习外国一切对我们有益的先进事物。但是,同样重要的是,在任何时候,我们都要保持清醒的头脑,不能抱不切实际的幻想。因为,国防科学技术牵涉到战争胜负、国家安危,是国家最高利益之所在,当前国际形势虽然趋于缓和,但并没有改变西方国家企图垄断和把持高技术和敏感技术的实质,这已成为他们推行强权政治乃至对社会主义国家实行"和平演变"战略的重要手段。因此,要立于不败之地,尽快地发展国防科技,就一定要始终如一地坚持引进技术与自力更生紧密结合起来的方针,并且把基点建在艰苦奋斗、自力更生的基础上,只有这样,我们才能胜利。

(5)加强国防教育

强国必须强民,强民必须强心。邓小平针对新时期国防建设的实际,强调要把国防教育作为增强国防观念,树立国防意识,重视国防建设的主要环节。通过全民国防教育,增强全国人民捍卫国家、民族和社会主义现代化建设的责任感、凝聚力,调动全国人民热爱祖国、保卫国防的社会主义积极性。

(三)邓小平新时期军队建设思想的历史地位

邓小平新时期军队建设思想在无产阶级军事理论中占有十分重要的地位,对指导新时期我军建设和军事斗争具有重大的现实意义。

1. 邓小平新时期军队建设思想是毛泽东军事思想的继承和发展,是最富有时代精神的马克思列宁主义军事理论

在新的历史时期,邓小平作为我们党第二代领导集体的核心,以马克思列宁主义实事求是的科学态度、无产阶级革命家的创新精神和战略家的远见卓识,对国内外大势和新的历史条件进行了深谋远虑的思考,在实践中探索和规划了我国新时期国防建设和军队建设发展的总体战略。他把个人创造与集体智慧融为一体,把毛泽东军事思想与新时期的客观实际结合起来,提出了新时期国防与军队建设的一系列新论断,极大地丰富和发展了毛泽东军事思想。具体体现在:

——对战争与和平问题提出了新的论断。

——与社会主义现代化建设的要求相适应,确定了国防建设的总目标是实现现代化。

——提出并实行国防与军队建设指导思想的战略性转变,使国防与军队建设真正走上和平时期建设的轨道。

——贯彻党在社会主义初级阶段的基本路线,确定了国防建设、军队建设要服从国家建设大局的基本原则。

——根据新的历史条件,提出了军队建设的一系列新观点、新原则。

——提出军事改革是国防现代化的根本出路,是社会主义国家制度自我完善的重要方面。

——根据现代科学技术的发展和国际战略形势的变化,重新明确了我军在新的历史时期

要继续坚持积极防御的战略方针。

总之,邓小平新时期军队建设思想产生和形成于我国社会主义改革开放和现代化建设的伟大实践中,既是邓小平对当今国际形势冷静观察和正确判断的结果,又是他对新时期我国国情和军情进行实事求是科学分析的产物,创造性地解决了新时期我国国防与军队建设的基本理论问题,是毛泽东军事思想在新的历史条件下的重大发展,具有鲜明的时代特征和强大的生命力,是当代具有中国特色的马列主义军事理论。

2. 邓小平新时期军队建设思想是邓小平理论的重要组成部分

邓小平新时期军队建设思想是邓小平理论的基本内容在军事领域的延伸和具体化。例如,"解放思想,实事求是"是邓小平理论的精髓,也是邓小平新时期军队建设思想的理论基础和精髓。正是在这一思想的指导下,我们恢复和发展了党的建军传统,冲破了世界大战不可避免的观点,提出了"和平与发展"的时代主题,实现了军队建设指导思想的战略性转变,突破了各种旧的传统观念的束缚,认识到高技术对军队建设的影响,在战略方针上提出了立足于打赢现代技术特别是高技术条件下局部战争问题,开辟了建设有中国特色的精兵之路。"一个中心、两个基本点"的基本路线,是邓小平理论的核心,也是邓小平新时期军队建设思想的灵魂,指明了我军在服从国家经济建设大局的同时积极搞好自身建设,确定了以现代化为中心,建设一支强大的现代化、正规化的革命军队的总目标、总任务。

3. 邓小平新时期军队建设思想是我军和国防建设的科学指南

邓小平新时期军队建设思想,科学揭示了和平时期军队和国防建设的基本规律。他坚持把当今世界各国军队和国防建设一般规律及原则,同新时期我国我军实际情况相结合,把我军传统的经验原则同新时期新情况相结合,紧紧抓住我军建设的主要矛盾,创造性地回答和解决了新时期我军建设亟待解决的一系列重大理论和实际问题,为我军建设指明了方向。

三、江泽民国防和军队建设思想

20 世纪 90 年代,世界形势风云变幻,我国改革开放和现代化建设全面推进,给国防和军队建设带来许多前所未有的崭新课题。江泽民深入思考新的历史条件下,建设什么样的军队、怎样建设军队,未来可能打什么样的仗、怎样打仗的问题,对国防和军队建设一系列新的重大理论和实践问题做出了科学回答,形成了江泽民国防和军队建设思想。江泽民国防和军队建设思想,科学阐明了新的历史条件下国防和军队建设的地位作用、目标任务、指导方针、总体思路、发展动力和政治保证等,是关于新时期军事战略、军队建设和国防建设等基本问题的科学理论体系。

(一)解决好"打得赢、不变质"两个历史性课题

江泽民鲜明提出,"打得赢、不变质"是新的历史条件下我军建设必须着力解决好的两个历史性课题。"打得赢",就是要把我军建设成为一支具有强大实战能力和威慑能力的现代化军队,能够打赢现代条件特别是高技术条件下的局部战争。"不变质",就是我军始终坚持党

对军队的绝对领导,永远保持人民军队的性质、本色和作风,经得起任何政治风浪的考验。坚持“打得赢”与“不变质”相统一,反映了人民军队建设的本质要求,是我军存在和发展的全部意义与价值所在。

(二)制定和完善新时期军事战略方针

军事战略是军事斗争和军事斗争准备的总依据,是统揽国防和军队建设的“总纲”。以正确的军事战略指导国防和军队建设,是我党领导军队开展工作的出发点和立足点。江泽民根据国际战略格局、我国安全环境以及军事斗争任务的重大变化,提出要继续坚持实行积极防御的军事战略方针。他特别强调:“做好打赢一场现代技术特别是高技术条件下的局部战争的准备,正是为了尽可能防止和避免这种战争,也是确保一旦发生这种战争我们能够夺取胜利的根本性措施。我们在战略指导上早已从立足于早打、大打、打核战争,转到了重点准备应付局部战争和突发事件上来。现在根据国际形势的发展变化,我们要重点准备应付现代技术特别是高技术条件下的局部战争,这是我军战略指导思想的进一步发展和完善。”新时期军事战略方针,正确解决了军队建设和军事斗争准备的目标和任务问题,指明了新时期国防和军队建设的方向,是对以往积极防御战略方针的充实和发展,为“打得赢”提供了正确的战略指导。

(三)把“五句话”作为军队建设的总要求,全面加强部队“三化”建设

江泽民提出,军队建设的总要求是“政治合格、军事过硬、作风优良、纪律严明、保障有力”。他强调,党对军队的绝对领导是我军永远不变的军魂,要把思想政治建设摆在全军各项建设的首位,确保党从思想上、政治上、组织上牢牢掌握军队;要具有牢固的战斗队思想、精湛的军事技术、良好的军事素质和快速高效的反应能力;要有良好的思想作风、工作作风、战斗作风和生活作风;要严格遵守法律法规和条令条例,做到令行禁止,一切行动听指挥;要及时、准确、高效地保障军队建设和作战需要,建立和完善三军一体、军民兼容、平战结合的联勤保障体制。

(四)积极推进中国特色的军事变革

江泽民强调,要按照“三步走”的战略构想,争取在21世纪前50年逐步实现国防和军队的信息化;要积极推进中国特色的军事变革,走以信息化带动机械化、以机械化促进信息化的跨越式发展道路,通过深化改革,实现军队建设的整体转型;要实施科技强军战略,把依靠科技进步提高战斗力摆在国防和军队建设的战略位置,增强国家的军事科技实力,全面提高军队建设的科技含量,调整改革体制编制,抓好人才战略工程,加快我军武器装备现代化建设步伐,实现我军由数量规模型向质量效能型、由人力密集型向科技密集型的转变。

江泽民国防和军队建设思想是“三个代表”重要思想的组成部分,主要回答了在世界新军事变革蓬勃进行、我国社会主义市场经济深入发展的历史条件下,如何积极推动中国特色军事变革,保证人民军队“打得赢”“不变质”的问题,是当代中国军事领域实践经验的科学总结,是新的历史条件下国防和军队建设基本规律的集中体现,实现了党的军事指导理论的与时俱进。在江泽民国防和军队建设思想指引下,我军经受住了政治斗争、军事斗争和同严重自然灾害斗

争的严峻考验，向全面建设一支强大的人民军队迈出了新的步伐。

四、胡锦涛国防和军队建设思想

胡锦涛指出，当今世界正在发生广泛而深刻的变化，当代中国正在发生广泛而深刻的变化，机遇前所未有，挑战也前所未有。新世纪新阶段国防和军队建设也面临前所未有的挑战和机遇。十六大以来，面对前所未有的挑战和机遇，以胡锦涛为总书记的党中央，以科学发展观为指导，开创了国防和军队现代化建设新局面，提出一系列关于国防和军队建设的重要论述，形成了胡锦涛国防和军队建设思想，进一步回答和解决了国防和军队建设以及军事力量运用的问题，推进了党的军事指导理论的进一步创新和发展。

（一）在全面建设小康社会进程中实现富国和强军的统一

胡锦涛强调，坚持和发展中国特色社会主义，必须大力加强国防和军队建设，不断提升国家战略能力特别是军事能力；实现富国和强军相统一，关键是科学统筹经济建设和国防建设，必须坚持以经济建设为中心，在经济发展的基础上努力推进国防建设，使国防和军队现代化进程与国家现代化进程相一致；要坚持走中国特色军民融合式发展路子，建立和完善军民结合、寓军于民的武器装备科研生产体系，军队人才培养体系和军队保障体系，完善国防动员体系。

（二）全面履行新世纪新阶段军队历史使命

胡锦涛提出，军队要为党巩固执政地位提供重要的力量保证，为维护国家发展的重要战略机遇期提供坚强的安全保障，为维护国家利益提供有力的战略支撑，为维护世界和平与促进共同发展发挥重要作用。军队的各项建设都要围绕提高履行历史使命的能力来进行；要牢固树立与履行历史使命相适应的思想观念；要坚持把捍卫国家主权、安全、领土完整，保障国家发展利益和保护人民利益放在高于一切的位置，努力做到忠于使命、献身使命、不辱使命；要不断提高履行历史使命的能力，使我军真正做到适应新形势、肩负新使命、完成新任务、实现新进步。

（三）在国防和军队建设中贯彻落实科学发展观

胡锦涛强调，国防和军队建设贯彻落实科学发展观，必须全面准确把握科学发展观的深刻内涵和基本要求，把科学发展观贯彻落实到国防和军队建设的各个领域和全过程；坚持以推动国防和军队建设科学发展为主题，以加快转变战斗力生成模式为主线；按照革命化、现代化、正规化相统一的原则加强军队全面建设；把以人为本作为重要的建军治军理念；提高军队建设的整体质量和效益，努力走出一条投入较少、效益较高的国防和军队现代化建设的路子。

（四）围绕“三个确保”时代课题加强军队思想政治建设

胡锦涛强调，军队思想政治建设要从思想上、政治上、组织上确保我军始终成为党绝对领导下的人民军队，确保国防和军队建设科学发展，确保有效履行新世纪新阶段我军历史使命。要始终坚持党对军队绝对领导的根本原则和人民军队的根本宗旨，坚持把用中国特色社会主义理论体系武装全军作为首要任务，把培育忠诚于党、热爱人民、报效国家、献身使命、崇尚荣誉的当代革命军人核心价值观作为基础工程，把发展先进军事文化作为重要任务，把我军优良传统教育作为建军育人的战略措施。坚持紧贴时代发展、紧贴使命任务、紧贴官兵实际,着力增强思想政治建设的科学性。

胡锦涛国防和军队建设思想是科学发展观的重要组成部分,主要回答了在世界大发展大变革大调整、我国全面建设小康社会的历史条件下,如何推进国防和军队建设科学发展,全面履行新世纪新阶段历史使命的问题。在胡锦涛国防和军队建设思想的指导下,中国特色军事变革取得了重大成就,军队革命化、现代化、正规化建设协调推进、全面加强,军事斗争准备不断深化,履行新世纪新阶段我军历史使命的能力不断提高,国防和军队建设取得了历史性成就。

五、习近平强军思想

(一)习近平强军思想产生的历史背景

1. 当今世界形势正在发生前所未有之大变局

习近平以宽广的马克思列宁主义视野,高瞻远瞩,敏锐地判断:当今世界形势正在发生前所未有之大变局。国际政治格局、地缘政治、国际竞争等均发生了重大变化,使我国的安全与发展的国际环境更趋严峻复杂。一些西方国家从意识形态、社会制度、大国兴衰出发,不愿意看到社会主义中国在东方的发展与强大,想尽各种办法进行阻挠、遏制和围堵。在此背景下,我国周边的领土主权、海洋争端、地缘竞争、民族宗教、暴力恐怖主义等矛盾问题日益突出甚至激化,家门口生乱生战的可能性大大增加,维护国家领土主权安全的任务十分艰巨。在国际形势处于前所未有的大变局中,军事领域的发展变化深刻而广泛。新军事革命迅猛发展,其特征有:武器装备智能化、编制体制精干化、指挥控制自动化、作战空间多维化、作战样式体系化、作战行动无人化等。习近平高度重视世界新军事革命,他强调,这场世界新军事革命是全方位、深层次的,关系到国家的战略主动权,对国家的军事实力和综合国力具有重大而深远的影响。

2. 我国改革开放和现代化建设进入发展的关键期和矛盾的凸显期

习近平认为,我国正处于由大向强发展的关键阶段。中国从未像现在这样接近世界舞台中央,从未像现在这样接近实现中华民族伟大复兴的目标。但是,越靠近这个目标,越接近世界中心,面临的阻力和挑战也会更多,长期积累的深层次问题、矛盾日益凸显。诸如经济发展中的不全面、不平衡、不可持续的矛盾,三股势力的威胁、国际反华势力的阻遏等,这些都会影响甚至打乱中国和平发展的道路,使维护国家安全稳定、实现国家和平统一的任务更加艰巨。所以,必须认识到,没有军队的强大,没有巩固的国防,就无法为中国梦的实现提供安全支撑和保障。基于此,习近平强调,中国梦是强国梦,对于军队来说就是强军梦。他要求把强军兴军放在实现中华民族伟大复兴这个大目标下来认识和推进,服从和服务于这个国家和民族的最高利益。

3. 我国国防和军队现代化水平与其所面临的挑战和承担的任务不相适应

改革开放以来,我国国防和军队建设随着经济的发展和综合国力的增强,不断迈上新台阶,取得重大建设成就。但与此同时,我国国防和军队的现代化建设水平与我国所面临的严峻形势、与世界先进军事水平、与所承担的维护国家安全统一的重大任务相比,差距仍然很大。特别是我国军队长期处于和平环境下,军队数十年没有打过大仗,尤其是未经过现代高技术条件下实战的锻炼和洗礼,军队各级指挥员打赢信息化战争的能力不足。这种情况下,如何保持军队战斗力,解决不会打、不敢打、不能打的问题?如何提高信息化条件下的实战能力和水平?如何保持军队应有的政治立场和觉悟、优良传统与作风?要加快强军兴军,这些都是需要回答和解决的时代课题。

4. 中国近代历史悲剧的总结与启示

历史经验表明,国富并不代表国强,国家的真正富强必须以强大的军事力量做后盾。在我国漫长的历史上,国家富有,但由于军事实力羸弱不堪或者疏于军备,导致国家衰败覆灭的例子屡见不鲜。如清王朝,经济总量曾经长期居世界第一,GNP 曾占到全球的三分之一,但由于军备废弛,技术落后,闭关自守,导致鸦片战争中被英军击溃,国家逐步陷入半殖民地半封建社会的苦难深渊。习近平曾说:“我经常看中国近代的一些史料,一看到落后挨打的悲惨场景就痛彻肺腑。”他将甲午战争称之为“剜心之痛”。习近平常把近代以来中华民族苦难、国家悲剧与当时的中国国防与军队的落后、衰败相联系。他强调,要吸取历史上闭关锁国、故步自封的经验教训,绝不让历史悲剧重演。

(二)习近平强军思想的主要内容

1. 强军使命

强军使命:为实现“两个一百年”奋斗目标、实现中华民族伟大复兴提供战略支撑。

习近平准确把握新时代国防和军队建设新的历史方位,依据实现中华民族伟大复兴中国梦的安全需求,在这个大目标下认识和推进国防和军队建设,把强军使命置于服从和服务于国家和民族最高利益之上。历史和现实都告诉我们,没有一支强大的军队,没有一个巩固的国防,中国梦就难以真正实现。巩固的国防和强大的军队,对保证党的执政地位、坚持和发展中国特色社会主义、实现国家长治久安,具有特别重要的作用。习近平提出总体国家安全观,提供了大视野大格局中的国防安全观,要求构建捍卫总体国家安全利益的国家安全力量,依靠强国强军保持维护和平、遏制战争的军事安全态势。今天,我们比历史上任何时期都更接近中华民族伟大复兴的目标,比历史上任何时期都更需要建设一支强大的人民军队。

2. 强军目标

强军目标:党在新时代的强军目标是建设一支听党指挥、能打胜仗、作风优良的人民军队,把人民军队建设成为世界一流军队。

建设强大的人民军队,是我们党的不懈追求。当今世界,各主要国家纷纷加快军事变革,抢占军事战略制高点,争夺国际军事竞争新优势。我军现代化水平与国家安全需求相比差距还很大,与世界先进军事水平相比差距还很大。习近平深刻总结中国近代以来落后挨打、弱军失败的沉痛教训,敏锐把握当今世界军事技术和战争形态出现的革命性变化,清醒认识我军建设存在的差距和不足、矛盾和问题，鲜明地提出党在新时代的强军目标，为新形势下国防和军队建设指明了方向。强军目标对我军建设目标做出新概括新定位，听党指挥是灵魂，决定军队建设的政治方向；能打胜仗是核心，反映军队的根本职能和军队建设的根本方向；作风优良是保证，关系军队的性质、宗旨、本色。习近平在提出强军目标之后，又将建设世界一流军队作为强军目标的水准明确提出，发出了加快把人民军队建设成为世界一流军队的伟大号召，由此明确了人民军队建设的核心内涵和标准尺度。

3. 强军形态

强军形态：军事理论现代化、军队组织形态现代化、军事人员现代化、武器装备现代化。

富强、民主、文明、和谐、美丽是社会主义现代化的基本内涵，强军必然要以一定的形态存在和出现，这就是军事理论形态、军队组织形态、军事人员形态、武器装备形态的现代化。

习近平在党的十九大报告中明确提出国防和军队"四个现代化"，赋予国防和军队现代化全新的内涵。军事理论现代化就是推进军事理论创新，坚持和发展党的军事指导理论，不断开拓马克思列宁主义军事理论发展新境界，努力建立起一整套适应信息化战争和履行我军使命要求的军事理论；军队组织形态现代化，就是随着战争形态和作战方式的变化，推进军队组织架构和力量体系革命性重塑，实现精干化、一体化、小型化、模块化、多能化，建设强大的现代化陆军、海军、空军、火箭军和战略支援部队，打造坚强高效的战区联合作战指挥机构，构建中国特色现代作战体系；军事人员现代化，就是培养有灵魂、有本事、有血性、有品德的新时代革命军人，加强军事人才培养体系建设，塑造高素质新型军事人才；武器装备现代化，就是构建适应信息化战争和履行使命要求的武器装备体系，完善和优化武器装备体系结构，加快军事智能化发展。

4. 强军进程

强军进程：

第一步确保到 2020 年基本实现机械化，信息化建设取得重大进展，战略能力有大的提升。

第二步力争到 2035 年基本实现国防和军队现代化。

第三步力争到 21 世纪中叶把人民军队全面建成世界一流军队。

强军是在一个发展过程中实现的历史使命，这就要依据强军规律，做出强军兴军的战略安排。

党的十九大提出国防和军队"新三步走"的战略安排，适应世界新军事革命发展趋势和国家安全需求，提高建设质量和效益，同国家现代化进程相一致。强军时间表愈益精准，强军路线图愈益清晰。

5. 强军标准

强军标准：提高基于网络信息体系的联合作战能力、全域作战能力，有效塑造态势、管控危机、遏制战争、打赢战争。

习近平在党的十九大报告中强调，军队是要准备打仗的，一切工作都必须坚持战斗力标准，向能打仗、打胜仗聚焦。战斗力标准是现代标准，战斗力是历史的、具体的，战争形态不同，战斗力的内涵和标准也就不同。当今世界的战争已经进入信息化战争形态，就要用打赢信息化战争作为战斗力的衡量标准。战斗力标准是系统标准，越是现代战争，系统性就越强。战斗力标准是竞争标准，是在竞争、较量、对抗、战争中体现和检验出来的。

党的十九大报告对我军的军事能力，提出了塑造态势、管控危机、遏制战争、打赢战争这四句话，把战斗力标准具体化了。塑造态势，就是在国家安全局势中，并不是消极被动地接受现实、适应现状，而是要以国家利益为最高准则，采取多种举措，统筹军事力量运用，推动安全态势朝着有利于我国的方向发展，牢牢把握战略主动权和军事主动权；管控危机，就是在威胁国家安全危机的情况出现时，不能任其发展、蔓延、扩大、恶化，而是要主动出手、有效应对，缩小危机范围、控制危机程度、降低危机危害；遏制战争，就是战争控制，通过武装力量的使用、国家意志的显示、军事实力的威慑，不战而屈人之兵，让对手不敢动武；打赢战争，这是最根本最重要的军事能力。塑造态势、管控危机、遏制战争，都是以打赢战争能力为前提和条件的。

习近平在党的十九大报告中铿锵有力地发声："我们绝不允许任何人、任何组织、任何政党、在任何时候、以任何形式、把任何一块中国领土从中国分裂出去！"这是以人民军队打赢战争能力为底气的。

6. 强军布局

强军布局：坚持政治建军、改革强军、科技兴军、依法治军。

习近平紧紧围绕加快把人民军队建设成为世界一流军队这一重大课题，精细定略、科学布局，为全面提高国防和军队现代化水平制定了战略方针，为实现强军目标、建设世界一流军队确立了基本路径。政治建军铸牢强军之魂。坚持党对军队的绝对领导，用马克思列宁主义政党的先进思想武装官兵，是政治建军的灵魂，是人民军队的特有政治优势。政治建军决定世界一流军队的性质，确定世界一流军队的方向，塑造世界一流军队的魂魄，是我军从胜利走向胜利的根本法宝。改革强军锻造强军之骨。适应世界新军事革命的发展要求，大力推进改革强军，设计和塑造军队未来，谋的是民族复兴伟业，布的是富国强军大局，立的是安全与发展之基。坚定不移深化国防和军队改革，就是要深入解决制约国防和军队建设的体制性障碍、结构性矛盾、政策性问题，完善和发展中国特色社会主义军事制度。科技兴军厚植世界一流军队之翼，创新能力是一支军队的核心竞争力，也是生成和提高战斗力的加速器，必须建设创新型人民军队，从主要依靠数量规模转向创新驱动，全力增强创新对于强军兴军的推动力度，着力提高创新对于战斗力、制胜力增长的贡献程度，系统培塑创新对于国防建设质量、军队运行效率的促进功能。依法治军夯实世界一流军队之基，深入推进依法治军、从严治军，是我军治军方式的一场深刻变革。

7. 强军机制

强军机制：练兵备战。和平时期，军事斗争准备是军队的基本实践活动，是维护和平、遏制危机、打赢战争的重要保证。练兵备战就是强军的磨刀石、淬火炉。

习近平强调,军队战斗力是练出来的,不是喊出来的。必须提高军事训练实战化水平,从实战需要出发从难从严训练部队,坚持仗怎么打兵就怎么练,打仗需要什么就苦练什么。强军思想把实战化训练作为贯彻战斗力标准、增强军队制胜能力的基本机制,要求以作战的方式训练,推进训练与实战一体化,切实把部队实战化水平搞上去;要求养兵千日、用兵千日,兵力运用常态化,锻造招之即来,来之能战,战之必胜的精兵劲旅。

8. 强军路径

强军路径:更加注重聚焦实战,更加注重创新驱动,更加注重体系建设,更加注重集约高效,更加注重军民融合。

习近平提出"五个更加注重"的军队建设发展战略指导,指明了强军兴军的基本路径。

(1)聚焦实战标定资源指向。要更加注重聚焦实战,把全部心思向打仗聚焦,使各项工作向打仗用劲。坚持战斗力这个唯一的根本的标准,坚决纠正同实战要求不符的一切思想和行为,确保部队建设发展经得起实战检验。强化作战需求牵引,把作战需求搞准搞透,以需求牵引规划,以规划主导资源配置。

(2)创新驱动提供新型动力。要更加注重创新驱动,全力增强创新对于强军兴军的推动力度,把创新摆在军队建设发展全局的核心位置,着力提高创新对于战斗力、制胜力增长的贡献程度,推进军事理论、技术、组织、管理、文化等各方面创新,培养集聚一大批高素质创新型军事人才。

(3)体系建设注重总体效应。要更加注重体系建设,以对作战体系的贡献率为标准推进各项建设,全面提高我军体系作战能力,把各种作战力量、作战单元、作战要素融合为一个有机整体,在提高战斗力上下功夫,努力打造以精锐作战力量为主体的军事力量体系。

(4)集约高效提高强军效率。要更加注重集约高效,加快推进以效能为核心的军事管理革命,健全以精准为导向的管理体系,精准谋划、精准规划、精准部署、精准落实、精准检验,提高国防和军队发展精准度,在构建新型军事管理体制上迈出实质性步伐。

(5)军民融合扩展发展土壤。要更加注重军民融合,促进国家战略竞争力、社会生产力、军队战斗力的耦合关联,加深国防经济和社会经济、军用技术和民用技术的融合程度,加快形成全要素、多领域、高效益的军民深度融合发展格局,促进经济建设和国防建设协调发展、平衡发展、兼容发展,加快把军队建设融入经济社会发展体系。

9. 强军主体

强军主体:培养有灵魂、有本事、有血性、有品德的新时代革命军人。

强军伟业依靠新时代革命军人来实现。有灵魂就是要信念坚定、听党指挥,这是强军兴军进程中我军官兵应当具备的理想抱负,是对新时代革命军人的政治要求。有本事就是要素质过硬、能打胜仗,这是强军兴军进程中我军官兵应当具备的素质本领,是对新时代革命军人的能力要求。有血性就是要英勇顽强、不怕牺牲,这是强军兴军进程中我军官兵应当具备的精神特质,是对新时代革命军人的精神要求。有品德就是要情趣高尚、品行端正,这是强军兴军进程中我军官兵应当具备的道德情操，是对新时代革命军人的本色要求。

党的十九大后，习近平在军队领导干部会议上指出，我军高级干部是强军事业的中坚力量，身上千钧重担，身后千军万马，必须对党忠诚、听党指挥；必须善谋打仗、能打胜仗；必须锐意改革、勇于创新；必须科学统筹、科学管理；必须厉行法治、从严治军；必须作风过硬、做出表率，以饱满的精神状态和奋斗姿态为党工作，忠实履行好职责。军队在新时代要有新气象，更要有新作为，高级干部的思想和行为至关重要，要把习近平和中央军委的行动纲领贯彻好，把国防和军队现代化战略安排实现好。

10. 强军思维

强军思维：把强军课题转化为强军的理论逻辑和实践逻辑。

习近平创造性地运用马克思列宁主义世界观方法论，敏锐发现强军前进道路上的问题，深刻洞察强军实践过程中的矛盾，将强军问题的逻辑转化为理论的逻辑、规律的逻辑、实践的逻辑，蕴含着强军思维方式和方法。习近平强军思想，既抓住问题又反映规律，集军事发展规律、战争制胜规律、军队建设规律、人民军队建设规律、国防和军队现代化规律于一体，包含着丰富的军事辩证法思想，为更新军事思维方式和思想观念提供了科学指导。随着我国开启全面建设社会主义现代化国家新征程，我军也要踏上实现强军目标、建设世界一流军队新的征程。

（三）习近平强军思想的时代意义

习近平强军思想，立意高远，思想深邃，深刻阐述了国防和军队建设方面带有根本性、方向性、全局性的重大问题，丰富发展了党的军事指导理论，为加快推进国防和军队现代化、实现强军梦提供了根本遵循。

1. 是以历史新起点为立论基点的重大战略思想

习近平指出，把国防和军队建设推向前进，首先要正确把握国防和军队建设的历史方位和阶段性特点。习近平关于国防和军队建设的重要论述，以新的历史起点为立论基点，对强国强军的时代课题做出了新的科学回答。

2. 开拓了党的军事指导理论发展的新境界

习近平强军思想与毛泽东军事思想、邓小平新时期军队建设思想、江泽民国防和军队建设思想、胡锦涛国防和军队建设思想，既一脉相承又与时俱进，鲜明回答了在新时代条件下为什么要强军、怎样强军，打什么仗、怎样打胜仗，为什么要深化改革、如何深化改革等重大问题。习近平强军思想，涵盖了国防和军队建设的各领域，是党的军事指导理论创新发展的最新成果。

3. 是马克思列宁主义立场观点方法在军事领域的生动体现

立场、观点、方法是马克思列宁主义理论的精髓。习近平强军思想，坚持和发展了马克思列宁主义的立场、观点、方法，闪耀着辩证唯物主义和历史唯物主义的真理光芒，体现着鲜明的政治立场、价值追求和思想风范。

习近平强军思想，进一步丰富和发展了党的军事指导理论，体现了我党对世界军事变革和发展规律的深刻认识,对国家安全形势强烈的忧患意识和对加快中国特色军事变革的重大责任意识,这对不断提高我国的战略能力尤其是军事能力,进而夺取国际竞争的战略主动权,具有重大的理论和实践意义。

第五章　现代战争

据统计，从公元前3200年到公元1964年，在这5 164年的时间内，全世界共发生约14 513场战争，没有战争的年份断断续续加起来也只有329年。这些战争给人类带来了严重的灾难，使得36.4亿人丧生，损失的财富若折算成黄金，可以围绕地球筑一座长4万千米、宽150千米、高10米的黄金城。第二次世界大战结束后的1945—2005年的60年中，世界上又爆发了500多起局部战争和武装冲突，大约有200多万人死于战火，无战争的日子只有26天。战争与和平问题是人类社会最大的问题，如何认识战争，遏制战争，实现人类的永久和平，是全人类共同奋斗的目标。

第一节　战争概述

战争是一种相当常见的特殊的社会历史现象。我们通过探索战争产生的根本原因，揭示战争的本质特征，从而为防止战争、制约战争提供科学的理论依据。

一、战争的含义

战争是国家或政治集团之间为了一定的政治、经济等目的，使用武装力量进行的大规模激烈交战的军事斗争。战争是解决国家、政治集团、阶级、民族、宗教之间矛盾冲突的最高形式。战争对于人类的安危、民族的兴衰、国家的存亡、社会的进步产生了直接重要的影响。

二、战争的分类

战争按政治属性可分为正义战争和非正义战争；按规模可分为全面战争和局部战争；按使用的主要武器可分为常规战争和核战争；按战争起源可分为宗教战争、民族战争、反恐战争、资源战争；按主战兵器属性可分为冷兵器战争、热兵器战争、机械化战争和信息化战争。

三、战争的发展历程

(一)冷兵器战争的发展历程

冷兵器战争是指大量使用主要依靠人的体能效应发挥杀伤作用的兵器及相应作战方法进行的战争。冷兵器战争跨越了人类社会的石器、青铜器、铁器三个时代，虽然石器时代在人类

图 5-1　冷兵器

历史的长河中占据了很长时间，但是石器时代的生产力水平极低，石器作为武器的杀伤力也极为有限，这就制约了这一时期的战争规模。

在冷兵器战争的各个发展阶段，战争中使用的武器、战术及思想理论有如下特点：

1. 初始形成阶段

首先，中国的冷兵器可分为手持兵器（刀、矛、剑等）和投射兵器（弓、弩和抛石机等）。人类在早期的氏族战争中所使用的武器是作为狩猎和原始农业生产的工具，通常是石刀、石斧和弓箭等。其次，到原始社会后期，兵器逐渐从狩猎和农业生产工具中分离出来，冶金技术的出现使兵器发生了革命性变化。石兵器逐渐被铜兵器、铁兵器所代替，产生了金属的枪、戟、矛、刀、剑、斧、锏、锤以及匕首等长短兵器。再次，随着生产力的提高，导致进攻性武器的产生和发展，防御性技术也得到了发展，出现了盔、甲、盾等防护器具。

冷兵器的制造和使用，形成了古代战争以人力为主、面对面白刃格斗的战争形态。

2. 丰富成熟阶段

首先，铁制兵器取代青铜兵器。铁的质地更为坚硬，其比重也比铜轻。古希腊人在作战中首先使用了铁制兵器，占据了很大优势。其次，建立起组织完备的中央集权帝国，从公元前518 年开始波斯对原有政治、军事、经济等进行一系列改革，并建立了高度的中央集权的军事领导体制。再次，从春秋时期开始逐步形成了系统的军事思想。中国的军事理论开始迈向第一个发展高峰，产生了《孙子兵法》《司马法》《孙膑兵法》《尉缭子》《六韬》等一大批兵书，逐步形成了比较完善的中国古代军事思想体系。

综上所述，随着铁器取代青铜器成为主要的工具和武器，军事革命在冷兵器战争初期所取得成就的基础上得到了进一步的发展和深化。这表明随着生产力的发展和人类社会的进步，人类的军事形态正日益走向成熟。

3. 深入发展阶段

首先，骑兵取代步兵成为战争的决定性力量。东西方国家纷纷发展弓箭、长矛、剑等适合马上作战的武器，创新骑兵战术。骑兵作战由单打独斗向步骑协同发展，强调长矛与弓弩的配合使用,骑兵的作用也从先前的侦察、突袭等上升为战场的主要力量。其次,主要国家军事变革的核心都是围绕封建生产关系,确立了符合本国、本民族的封建军事体制。再次,随着战争实践的发展以及人们进行战争的手段方式和组织的不断完善,军事主体对战争的认识愈加深化,军事理论得到进一步发展。

(二)热兵器战争的发展历程

热兵器战争是指使用以火药、炸药发生燃烧、爆炸或发射弹丸进行杀伤和破坏的热兵器装备及相应的作战方法进行的战争。热兵器战争是火药时代的军事革命,是人类历史上的第二次军事革命的结果。

在热兵器战争发展阶段,战争中使用的武器、战术及思想理论有如下特点:

1. 初始形成阶段

首先,随着火药的出现,武器的制造趋于复杂,其主要杀伤手段也从冷兵器战争的物理方式(刺、砍、劈、投掷)变为化学方式(爆炸、燃烧),武器的杀伤力有了质的改变。其次,武器的变化必然导致战术发生相应的变化,人们对原始的火器进行了改进,使其威力更大,逐步成为军队的重要武器,并且推动了作战样式和战术的发展。再次,随着文艺复兴和西方近代自然科学的兴起,人们思想上的禁锢开始被打破,加之火器的运用使作战越来越复杂,人们认识到军事理论研究的重要性。

2. 丰富成熟阶段

首先,近代科学中的火炮制造理论发展很快,产生了新的学科——弹道学,为火炮的炮身制造、膛内设计、火药性质、药量形状、弹道表的制定等提供了科学依据。其次,以火器为核心的新战术表现为线式战术。线式战术所追求的目标是充分发挥火器的威力,最大限度地杀伤敌人有生力量。再次,从军事理论发展上看。这个时期欧洲的许多军事思想家是军事统帅和将领,具有丰富的实战经验,其军事思想对军事实践的指导性和针对性更强。

3. 快速发展阶段

首先,武器生产工业化,这就使生产出来的武器在性能和质量上与过去相比有所提高。其次,英国、法国、俄国、美国等主要国家总结战争的经验教训,摒弃不适应战争发展的战略战术,提出了进攻性运动战。再次,近代资产阶级军事科学开始形成,18 世纪至 19 世纪末的法国资产阶级革命及其一系列战争,导致军事上发生了巨大而深刻的变化,形成了新战法、新理论。由此,推动了资产阶级军事科学的形成与发展,而且其中一些基本原则和规律仍然适用于现代战争。

(三)机械化战争的发展历程

机械化战争从坦克问世至今已经发展了 90 余年,正在以高标准逐步向信息化转型。机械化是信息化的基础,机械化装备仍是现代战争中的主要装备。

在机械化战争发展阶段,战争中使用的武器、战术及思想理论有如下特点:

1. 初始形成时期

机械化战争形成时期开始于第一次世界大战时期。最早、最基本的机械化装备是坦克,坦克的问世和运用是开创陆军机械化新时代的里程碑,对其他装甲装备的发展、装甲兵的运用及机械化战争理论的提出均起到积极的促进作用。但当时主要问题是规模小、处于配属步兵的地位,装甲兵也未成为独立战术单位,只是配合步兵作战的辅助兵种,作战运用的局限性较为明显,仅能担负战术突破任务。

2. 快速发展时期

机械化战争快速发展时期是在第一次世界大战结束至第二次世界大战结束时期。在这一时期,机械化战争形态快速发展,并不断得以完善。主要标志是:军队的机械化程度迅速提高,机械化作战理论空前繁荣,始于机械化战争的军事结构得以确立,大规模机械化战争得到实践。特别是第二次世界大战期间,各主要军事强国将现代化的陆海空军及其具有高度机动力、突击力的机械化作战平台大量运用于战争,推动了机械化战争的高速发展,使战争进入了真正的机械化时代。坦克突击兵器的地位得到确认,战争形态由平面战发展为大纵深立体战。

3. 丰富成熟时期

在这一阶段,军队机械化走向成熟,并由于核武器的出现而发展到一个新阶段。原子弹、导弹的大量涌现,使机械化战争又发展到了一个新的阶段。这一时期的战争形态沿着机械化战争和核战争两个方向急速演进。世界各国常规力量的组织结构沿着增强突击力的方向发展,装备了威力强大的战役、战术导弹,各种火炮性能也大为提高,部队全部实现了机械化。它不仅使得陆军机械化装备发展达到了最高峰,也为信息化装备的发展奠定了坚实的基础。为了应对世界机械化发展,我军也在这一时期开始了自身武器装备的机械化、数字化发展。

(四)信息化战争的发展历程

1. 初始形成时期

信息化战争萌发于20世纪70年代的越南战争,其标志是精确制导武器的首次使用和第一套C^3I指挥自动化系统的出现。

2. 快速发展时期

经过20世纪80年代英阿马岛战争中的电子战和精确制导武器对抗,再到90年代的海湾战争、科索沃战争,以及21世纪初期的阿富汗战争和伊拉克战争,信息化武器装备越来越多地发挥了主导作用,战争形态发生了显著变化。

一是战场范围增添了外层空间和网络电磁空间两个新领域,战术性和战役性太空战得到开发。

二是天基系统在综合信息保障上开始发挥主力军作用。

三是全天候远程精确打击成为主要打击手段,隐形武器和无人操作系统等新型作战手段异军突起。

四是基于网络和联合部队的一体化作战崭露头角。

五是战场军事胜利往往不能单独决定战争胜利,战后经济社会稳定成为制约战争政治目的实现的重大因素。

第二节　新军事革命

当今世界,在以信息技术为核心的高技术推动下,军事领域正在发生着一场新的军事变革。这场军事变革的实质,是一场以信息化为主要特征的军事信息化革命,其产生的主要动因与高技术的发展密切相关。随着高技术的进一步发展,当前这场新军事变革已进入一个新的质变阶段,并将发展成为一场遍及全球、涉及所有军事领域的深刻革命,将对世界军事形势、国际战略格局乃至战争形态的演变产生深刻影响。

一、新军事革命的含义

新军事革命是指当代军事领域内军队组织体制建设训练和军事技术、战争形态、军事理论、作战方式、后勤保障等方面在整体上同时发生的根本性变化。其基本内容包括:军事技术革命、武器装备革命、军事组织体制革命、军事理论革命和军队建设思想革命。其基本目标为:建立小型、高能量的信息化作战力量,实施有区别的精确的作战。其中,建立小型、高能量的信息化作战力量,是现代科学技术高度发展的物化的结果,也是人类一种具有划时代意义的主观要求;实施有区别的精确的作战,既是新技术革命的最终成果的表现形式,又是新军事革命追求的根本目标。新军事革命已成为塑造信息时代的新式装备、新型军队、新型战争等新的战争机器和新的战争机制,以及各国谋求未来战争主动权和维护世界和平的时代命题。

二、新军事革命的发展演变

当今世界军事革命大致可以分为三个阶段,即观念转变阶段、战略更新阶段、体系调整阶段。

冷战结束至20世纪90年代中期为观念转变阶段,即从传统的冷战思维转向冷战后思维,其中包括对新安全环境的认知、对新安全威胁的判断、对新安全需求的思考等。

20世纪90年代中期至20世纪末为战略更新阶段,各主要国家纷纷针对新的安全态势,根据高新技术在军事领域所产生的效用,竞相对各自的军事战略、军事理论、建军方略、军备方针进行了跨世纪的全面更新,至新世纪初,此次重大战略更新暂告结束,但某些小的调整仍在继续。

进入21世纪,世界军事革命开始进入第三阶段,即体系调整阶段。与第二阶段相比,世界军事革命的重心开始出现三个转化:一是从军事战略的更新转向军事体系的调整,二是从高新技术的研发应用转向军备体系的调整,三是从军事理论的研究转向实战体系的调整。这三个转化、三大体系的调整，是世界新军事革命的必然发展趋势，展示出世界新军事革命正在不断走向深化、细化、精化，预示着世界新军事革命将掀起又一个新高潮。

三、新军事革命的基本内容

新军事革命的本质与核心是信息化。其目的是建设信息化军队，打赢信息化战争。基本内容可概括为“四新”。

（一）创新军事技术，实现武器装备的信息化

武器装备的断代性发展，是军事领域出现革命性变化的重要标志。现阶段，主要是应用信息技术成果对现有武器装备进行改造，同时研制和发展新型信息化武器系统，从而实现武器装备的信息化、智能化和高效化。目前，发达国家军队已经实现了高度机械化和部分信息化。同时，在战争中大量使用经过信息化改造的精确制导武器。

（二）创新体制编制，重组军队组织结构

一场军事革命的完成，是以军队组织结构调整的最终实现为标志。调整改革军队的体制编制，是实现人与武器有机结合，最终完成军事革命的关键。世界各国为适应世界新军事革命的发展，高度重视优化军队的内部结构，使军队的体制编制向着精干、高效、合成的方向发展。总的趋势是，压缩常备军规模，裁减一般部队，增编高技术军兵种部队，使军队向小型化、多能化、一体化方向发展。现阶段，主要是建设便于灵活组合的中小型模块式部队，建立适合信息快速流通的扁平式作战指挥体制。伊拉克战争中，美军在指挥上，改变了以往各军兵种分别指挥的方式，由联合作战中心实行一体化指挥；在保障上，改变了以往逐级实施的方式，由后方基地统供，直接投送到前沿部队和分队，这就是所谓的“聚焦后勤”。

（三）创新军事理论，推动军队建设转型

随着高新技术武器装备的发展，传统的战争理论、作战原则以及战略、战役、战术之间的关系等都随之发生变化，出现了一些建立在新的物质基础之上的军事理论。比如，信息化战争理论、信息战理论、联合作战理论、精确化作战理论、非对称作战理论、空间作战理论、非接触作战理论和网络中心战理论等。在伊拉克战争中，美军所使用的“快速决定性作战”作战理论，就是一种全新的作战理论。它强调作战行动必须充分利用信息化装备优势，采取远程精确打击加小规模地面快速突击的新战法，尽快由有限规模的战役行动达成战略目的。通过实战检验，这一理论得到了充分验证，说明适应信息化战争要求的创新军事理论是完全必需的，并要根据新的军事理论完成军队由机械化向信息化转型。

（四）创新作战方式，适应新的战争形态

20 世纪 90 年代以来，非接触、非线式作战日益成为重要作战方式。网络中心战、太空攻防战等也将在不久的将来登上实战舞台。美军在伊拉克战争中所采用的基本作战方式就是非接触、非线式作战。这种作战方式不再是逐次突破推进，而是一开始就超越防御地带和自然地理屏障，直接对敌战役和战略纵深目标实施中远程精确打击，通过瘫痪对方的整个作战体系、

摧毁对方的战争潜力和国家意志来达成战略目的。2003 年 3 月 20 日凌晨伊拉克战争一打响,美军第三机步师就从科威特出动,第二天便深入伊拉克腹地 160 千米,5 天内急进 400 多千米,直插巴格达外围。不少人认为,这样用兵是孤军冒险。其实,这是为了以最快的速度推翻萨达姆政权。这种"闪电"行动,使伊拉克军队来不及点燃油井、炸毁桥梁、设置交通障碍,更来不及组织坚强有力的巴格达防御战。因此,创新作战方式是适应战争形态发展的需要,必须灵活多变。

四、新时代我军军事革命面临的机遇和挑战

当今世界,以信息技术为龙头的新的军事革命浪潮汹涌而至。面对这场波澜壮阔的革命浪潮,应从实际出发,大力推进有中国特色的军事革命。中国特色的军事革命是指在人类社会由工业时代向信息时代转型的条件下,在世界新军事革命的大环境中,中国按照自身特点和规律积极推进的根本性、整体性军事转型。

(一)完成"双重使命"的军事革命

中国特色军事革命的推进,既要完成信息化建设任务,也要完成机械化建设任务。当今世界军事革命,是以信息技术的飞速发展及其在军事领域的广泛应用为直接动力的。这些技术一旦广泛应用于军事领域,便不以人的意志为转移地使机械化军队产生诸多神奇的"功能"。比如,感测技术的应用,可使机械化军队在瞬息万变的战场上,实时感知战场各方面情况,及时洞悉战场的变化,犹如为机械化军队安上了一双"火眼金睛",不仅"看得远",而且"看得清";数字通信技术的应用,不仅可以极大提高机械化军队长距离、大容量、高速度传递战场信息的能力,而且还能确保信息传递的高质量和保密性,使机械化军队的"传输神经"变得更加敏捷、畅通;计算机技术和控制技术的应用,则为指挥员及时处理大量信息、全面把握战场态势、科学做出各种决策,进而迅捷地引导和控制火力实施精确打击提供了可能,从而使机械化部队的"大脑"更加智慧,火力也变得"聪明"。

由此不难看出,信息技术的广泛运用不仅使机械化军队产生了巨大的作战效能,也使其发生了质的变化,即机械化军队转化成为信息化军队,而机械化战争也随之蜕变成信息化战争。在这种战争中,起决定作用的不再是机械化的物质和能量,而是信息,是"信息流"主导着"物质流"和"能量流"在发挥作用,信息已经跃升为战斗力的决定性要素。

我国已经建设拥有自主知识产权的全球卫星导航系统——北斗卫星导航系统,这也是我国自主建立的第一代卫星导航定位系统。该系统可在服务区域内任何时间、任何地点,为用户确定其所在的地理经纬度信息,并提供双向短报文通信和精密授时服务。目前,该系统已在测绘、电信、水利、公路交通、铁路运输、渔业生产、勘探、森林防火和国家安全等诸多领域逐步发挥重要作用。

通过信息技术的改造和广泛运用,促使机械化军队质变为信息化军队,这就是当今世界军事革命的实质,也是世界各国军队孜孜以求的目标。同样,我军也不能例外。而达成这一目标的唯一办法就是:无论我军目前处于机械化建设的哪一阶段,都必须开始着手进行"智脑明

目”的信息化建设。因为“胜利女神总是青睐那些期待战争特性发生变化的人,而不是那些等待变化发生后被动调整的人”。着力进行信息化建设,不能忽视发展和提高我军现有的机械化水平。正如一个有着明亮双眼、敏捷头脑的拳击手,如果不具备强健的四肢和灵活的步伐同样也难以战胜对手一样,任何一支军队在谋求“耳聪目明”时,也必须“强壮四肢”。目前我军的机械化水平与发达国家军队相比尚有较大的差距。因此,在推进中国特色的军事革命时,就不能一味照搬发达国家军队的发展模式,要依据我军的实情,在着力进行信息化建设的同时,还要继续积极进行机械化的建设,在双重使命的完成中来推进变革的实现。

(二)谋求“后发争先”的变革

中国特色军事革命的推进,既要完成“追赶”的“补差”任务,还要完成“跨越”的“争先”任务。当前,我军的现代化建设正是处于这样一个时代背景下,其困难和挑战不言而喻。我军进行新军事革命,是从较低的起点开始的:机械化程度不高,某些领域甚至处于半机械化状态。而许多发达国家军队目前的机械化程度已接近或超过80%,如美国、俄罗斯已达到100%;信息化装备比例在不断上升,有些国家军队的武器装备主体已基本实现了信息化。比如美国陆军53%的装备已实现信息化,海空军装备的信息化程度已达到70%以上。我军要从现在的低起点,达到追赶世界军事革命的目标,本身就意味着艰难的挑战。

1.“后发争先”是我军的优势所在

先发者固然可占先机之利,但后发者也有自身的优势。一方面,我们可以汲取先行者的教训,避免他们走过的弯路。比如,汲取美军在信息化建设初期三军“各自为战”,导致各系统互不兼容,最后不得不重新进行一体化改造的教训,就能使我军在自身建设中少走或者不走弯路。另一方面,我们还可借鉴先行者的有益经验,加快我军建设的进程。目前,一些发达国家军队已形成了一套较好的信息化建设理论,比如“以信息为基础”“系统集成”的建设思路、“虚拟实践”的建设方法等,借鉴这些有益的经验,经过加工改造为我所用,就能极大提高我军信息化建设的速度。有研究表明,后发者往往只需十分之一的代价,就能仿制出前人开发的整套系统。

2. 我国用于军队现代化建设的资金有限

当前,为实现全面建设和谐社会的宏伟目标,经济建设仍将是我国今后很长一个时期建设和发展的重中之重,其他各项工作都要围绕这一中心展开。因此在今后一个时期内,我国能提供用于军队建设的资金必然有限。如何利用有限的资金,实现我军建设从低起点到高目标的历史性跨越,这是对我军提出的又一大挑战。但是,正如任何事物发展都有其两面性一样,世界新军事革命在对我军提出严峻挑战的同时,也给我们实现跨越式发展提供了难得的机遇。

3. 信息技术的通用性,为加快我军发展提供了物质条件

信息技术与以往的冶炼技术、火药与机械加工技术相比,有着更强的通用性,是一项军民通用的技术。从我军目前信息技术水平看,与外军相比虽有较大差距,但我国民用信息技术水平并不逊色,在某些领域甚至还处于世界先进水平。只要我们加大军民兼容的力度,走好平战

结合的道路,就会使我军现有的信息化水平大大提高。

(三)满足“两个需要”的变革

中国特色军事革命的推进,既要满足我军应付未来战争的需要,又要满足遏制现实威胁的需要。军事革命是一个长期的、渐变的过程,不可能一蹴而就。而我国面临的安全威胁不只是未来的,还有现实的。这就需要我军在推进自身的军事革命过程中,各项要素的改革都要以既有利于未来军事斗争准备需求,又有利于部队现实战斗力成长为基本原则。

1. 武器装备转交发展

武器装备的更新是新军事革命的重要内容,也是实现新军事革命的基本前提。为了既能快速推进我军跨越式发展,又能提高部队现实的战斗力,在武器装备的发展上,可在重点研发新一代高性能武器装备,特别是信息化装备的同时,对机械化程度较高的重点部队实施信息化改造,以应对可能的现实威胁。一旦新型的信息化武器装备研制成功,便适度装备于重点部队,重点部队的原有装备转交一般部队,一般部队的原有装备再转交民兵、预备役部队,形成良性互动、整体提升的局面。

2. 军事理论超前研究

目前,我军的军事理论研究已取得了不少成果,比如联合作战理论、登陆作战理论、边境反击作战理论等。但我军正处于世界新军事革命的时代,武器装备在不断更新换代,需要有相应的超前性理论来指导我军的作战和训练。再者,军事理论的创新本身就是新军事革命的灵魂,引导着武器装备、体制编制、作战方法等方面的进一步发展与革命。当然,超前研究也不能脱离我军可能发展的实际去搞研究。

3. 体制编制优化调整

人与武器能否有效结合、部队编成能否形成整体作战能力,关键在于体制编制是否合理。因此,能否及时调整体制编制以适应新的武器装备、新的作战理论,直接关系到军事革命的成败。目前,虽然人们还难以准确地预测未来信息化军队的体制编制,但从世界新军事革命的总体走向中,我们还是能感触到它的一些基本“形状”:如军队编成趋于小型化、一体化、多能化;指挥体制由纵长形树状向扁平形网状转变。我军应从现在开始,积极、稳妥地进行体制编制的改革,以便通过结构的改善来促进战斗力的提高。

第三节　机械化战争

机械化是工业时代社会生产力和军队战斗力水平的主要标志。18 世纪之后,随着近代科技革命所导致的工业革命的兴起,蒸汽机和内燃机的发明,将人类带入工业时代,为军队的机械化创造了物质和技术基础,引发了以机械化为核心的军事革命,催生了机械化战争。

一、机械化战争的含义

机械化战争是主要使用机械化武器装备及相应作战方法进行的战争，具有机动速度快、火力毁伤强、战场范围广、战争消耗大等特点。它是工业时代战争的基本形态。

二、机械化战争的产生与形成

战争作为一种特殊的社会形态，每一次形态转换都不是一蹴而就的，都需要经历一个曲折、漫长的过程。机械化战争从热兵器战争中逐渐发展成为一个独立的作战形态，同样也经历了漫长过程。

（一）近代工业化革命是机械化战争萌发的物质基础

军事工业化革命建立了以机器大生产为基础的、能够满足大型军队需求的军事工业体系。这一重大进步不仅实现了武器装备生产的标准化，而且使武器的大规模更新换代成为可能，如1859年创建的英国恩菲尔德兵工厂具备年产10万支线膛枪的生产能力，仅此一家的年产量就可以满足英国陆军对枪械的大部分需求。总之，军事工业化革命的不断发展，在军事领域的方方面面都是在按照工业化的要求转变，军队的物质基础发生了显著变化，成为一支用机器大生产武装起来、完全按照工业化方式运行的军队。

（二）新式武器、新技术的出现是催生机械化战争的直接动因

新型陆战武器坦克的出现，是战争史上首次出现的集火力、机动力和防护力于一身的具有划时代意义的创造性发明。这种新式陆战武器的出现，立即在战场上发挥出独特的作用，进而对传统的陆战样式造成极大冲击，坦克也因此成为战争历史步入机械化战争的重要标志之一。自1916年第一辆坦克装备部队开始，各主要国家坦克部队的规模迅速扩张，短短不到2年时间里，世界各国就生产了各类坦克9 200辆。

图 5-2　苏联 T-34 坦克

与坦克出现的意义相类似，飞机的出现也是机械化战争产生和发展的重要标志之一。1901年，意大利人马可尼首次实现了跨越3 600千米大西洋的无线电通信。此后，在技术进步

和战争需要的双重作用下，无线电技术迅速应用于军事领域，无线电通信成为与有线电话、电报并立的基本通信手段。第一次世界大战期间，无线电技术的发展速度加快，无线电引导、无线电侦察、无线电干扰等功能在战争中普遍应用，并逐渐发展成为一种专业兵种。无线电技术及其军事应用，满足了战争规模和作战空间不断扩大的需要，为大范围、多空间的机动作战提供指挥保障。

（三）第二次世界大战的爆发是战争形态转型为机械化战争的重要标志

坦克、飞机、无线电等武器装备在第一次世界大战中开始大量应用，标志着机械化战争开始初露端倪。此后，持续不断的局部战争使机械化战争不断成熟发展，世界主要军事强国都在探索武器装备、军队编制、作战样式的不断变革以适应战争的需求。然而，第二次世界大战的爆发，加快了各主要国家按照新的机械化战争的要求去进行相应军事变革的步伐。在整个战争期间，呈现出以往没有的整体性、综合性和系统性。在这场深度动员所有力量的总体战争中，各参战国在军事科学技术领域展开激烈竞争，并不断予以深化。短短几年内发生在不同国家的这些军事变革，推动了世界性机械化军事革命高潮的到来，意味着机械化战争形态已基本形成。

三、机械化战争的主要作战样式

第二次世界大战的爆发，对机械化战争的成熟起到了巨大推动作用。战争期间，德国、苏联等大陆型国家完成了向机械化陆战模式的转变，英、美等海洋或海陆综合型国家实现了海、空及登陆等领域作战样式的创新。

（一）闪击战

闪击战是以闪电般的形式突然发动战争，又以最快的速度完成战争任务的一种战争行动。闪击战拥有如此巨大的威力，其主要特点主要有：

一是作战突然。采取种种佯动以欺骗敌方，隐蔽己方作战意图。整个作战行动都是以缜密、细致、隐蔽、完善的战争准备和各种欺骗为基础的。

二是打击致命。将火力、机动力、防护力集于一身的坦克集中使用，在最有利的地区发动大规模坦克突击，给予对手致命一击。

三是空地协同。利用航空兵速度快、作用范围广的优势，实现空军与装甲部队之间的空地协同作战。

四是行动快速。传统的步兵、炮兵成为具备摩托化机动能力，能与装甲坦克部队同步行动的支援力量。

第二次世界大战结束以后，军事高技术在战争的大量应用，闪击战得以快速发展，电子战形成的“软压制”使闪击战的隐蔽性更强、作战节奏更快、袭击范围更广。

（二）空袭战

空袭战是指使用航空器、导弹等兵器从空中对地面、地下、水面、水下目标进行袭击的战争行动。分为战略空袭、战役空袭和战术空袭。空袭战在战争中发挥着极其重要的作用，概括起来主要有以下几个方面：

一是空袭战是获取制空权的有效途径之一。利用飞机或精确制导导弹对敌机场、雷达站等防空目标进行空袭，以小的代价夺取制空权。

二是空袭战对协同地面部队作战有着极其重要的作用。通过空袭破坏敌方桥梁、隘口、道路等重要军事目标，使敌方的地面军队的集结、机动和展开以及后勤运输严重受挫，从而消除己方地面部队进军的障碍。

三是空袭战是破坏敌方重要经济目标的重要手段。第二次世界大战期间，在盟军航空兵卓有成效的打击下，德国石油和铁路系统基本陷入瘫痪，并由此造成了石油、煤炭、煤气、电力等能源供应极度短缺，不仅使各个生产部门无法正常运转，生产急剧恶化，导致德国战时经济全面崩溃，而且还直接影响到德国空军部队和装甲部队的作战与训练，从而加速了战争的进程。

随着航空兵器突飞猛进的发展，空袭战真正实现了现代战争的三维立体化作战模式，完成了机械化战争的革命性变化。

（三）空降战

空降战是指空降兵或其他部队搭乘空中输送工具，降落到预定区域进行的战争行动。按照空降形式划分，分为伞降作战和机降作战。空降兵又称伞兵，是指通过运输机、滑翔机、直升机从空中输送到敌后遂行各种战斗任务的伞兵或受过专门训练的步兵。空降作战呈现出以下几个特征：

一是周密性。在实施空降之前，必须对空降地域进行侦察，并对空降地域周边的机场、防空阵地进行密集轰炸，确保空降部队安全降落。

二是突然性。这种突然性不仅是指空降战本身所具有的特性，更是被进攻方根本无法做出任何反空降准备，出其不意，攻其不备。

三是震撼性。突然出现在被进攻方纵深的空降部队，会造成对方军队士气低落、民心不稳、社会混乱，从而达到使对方防御体系迅速崩溃，不战而胜的目的。

第二次世界大战结束后，直升机的出现，又对空降作战进一步拓展延伸，真正实现了空中机动联合作战。

（四）封锁战

封锁战是指为隔断敌与外界联系或拦阻、限制其机动而进行的战争行动。按照空间和领域，分为地面封锁战、海上封锁战、空中封锁战和信息封锁战等。封锁作战由于既可以对敌方的军事、经济造成严重破坏，削弱对方战争潜力，对敌军士气、国民的心理形成强大的心理压力，又可不用冒很大的战争风险便可实现本国的政治目的或战略战役企图，达到以小的代价换取大的胜利。1962 年的古巴导弹危机中，美国为了达到既能让苏联主动从古巴撤出部署的导弹，又能避免与苏联发生武装冲突的目的，就是依靠海空部队对古巴实施的海空封锁。

海上封锁战在现代战争中一直被广泛应用，并发挥了重大作用。第二次世界大战末期，美军发动的举世闻名的“饥饿战役”，就是对日本本土的主要海峡、海湾实施大规模的水雷封锁战。经过“饥饿战役”四个半月的海上封锁，基本上切断了日本的海上交通线，断绝了海外原料的供给，迫使日本众多的工厂停产，极大地削弱了日本的战争潜力，使其国民经济濒临崩溃。美军“饥饿战役”所取得的显赫战果，是日本宣布投降的主要原因之一。

（五）登陆战

登陆战亦称两栖作战，是指对据守岛屿、海岸之敌进行的渡海上陆进攻作战。目的是突破敌方海岸或岛屿的防御，夺占登陆场，为之后作战创造有利条件。登陆作战成功的关键要点主要有四个方面：

一是需要改善登陆部队的运送工具，使得后续人员和物资能够及时到达作战地点。世界各国先后研发多种登陆装备，如水陆两用车辆、坦克登陆艇等，确保将人员物资及时运输到滩头阵地。

二是需要切断登陆地点敌军的交通线，阻止其增援力量到达。空降兵、特种兵的使用，可以突袭敌军桥梁、铁路、机场等重要交通枢纽，起到阻敌增援或断敌退路的作用。

三是需要大力加强两栖登陆战的统一指挥机制，参加两栖登陆作战的军种增加了，协调不同军种和部队之间的行动也就变得日益重要，因而必须建立诸军兵种合成指挥系统对登陆行动进行统一指挥。

四是要获取登陆海域的制海权和制空权。登陆战是陆海空联合立体作战，用占据绝对优势的海空力量夺取登陆地点的制空权和制海权是确保登陆作战成功的基本条件。

第二次世界大战结束后，世界主要国家对两栖登陆战的技术装备、战略战术和体制编制的不断改革，以及空中力量的迅速发展和军种协调能力的改善，两栖登陆战在此后的局部战争中得到完善，逐渐发展成陆海空联合作战的典型的立体化作战样式。

四、机械化战争的经典战例

（一）库尔斯克会战

库尔斯克会战是第二次世界大战的欧洲东线战场中上德国与苏联于库尔斯克爆发的一场战役，是在苏德战场的决定性战役之一。双方共投入了超过 268 万名士兵和 6 045 辆坦克，空军部队参战飞机超过 2 000 架，是史上规模最大的坦克会战和单日空战。

1. 库尔斯克会战的战役背景

1943 年初，苏联红军在斯大林格勒战役中取得了决定性胜利后乘胜进攻，收复了大量失地，但德军在溃败的同时，其南方集团军群司令曼施坦因元帅也开始计划向苏联红军反扑。他主动放弃了一些重要据点，诱使苏联红军深入，苏联红军在不断进攻中，战线越拉越长，而德军却趁机完成了兵力的集结。曼施坦因指挥刚组建的南方集团军群向顿涅茨河和第聂伯河之间的苏联西南方面军发起反击，西南方面军遭到了重创，其第五集团军被歼灭，德军开始向哈尔

图 5-3　库尔斯克坦克会战

科夫进攻,苏联红军被迫放弃一个月前刚刚攻占的哈尔科夫,后撤至库尔斯克南面的奥博扬地区,为防止战线的彻底崩溃,苏最高统帅部把第一坦克集团军从列宁格勒南调,此外第二十一和第六十四集团军也被从斯大林格勒调至这些方向,此后,战线趋于稳定。

曼施坦因的这次反击造成的一个后果就是以库尔斯克为中心的突出部的形成。在其北部,德国中央集团军群控制了奥廖尔一带。在其南面,曼施坦因的南方集团军群控制了别尔哥罗德地区。在突出部内的是苏联中央方面军和沃罗涅日方面军。苏德双方在此形成僵持,一场规模宏大的战役即将展开。

2. 库尔斯克会战的战前准备

(1)德国战前准备

①将帅意见不一,错失最佳时机

一是在作战目标上的分歧。曼施坦因希望通过一次诱敌进攻后的防守反击,实施亚速海岸围歼战来歼灭苏军。希特勒却选择比较传统的"城堡行动"消灭位于库尔斯克突出部的苏军。最后,曼施坦因接受了希特勒的作战计划。

二是在作战时机的分歧。曼施坦因提出等待苏联红军先行进攻,待其疲惫,能量耗尽之后,德军再行反攻,并抄击苏联红军后路。但希特勒拒绝了后者,认为让苏联红军抢先进攻过于冒险。

三是在作战计划上的分歧。库尔斯克突出部犹如一个拳头从苏联红军的战线中延伸出来,其正面长约 250 英里,而底部却不到 70 英里,而且经过严密侦察,在该突出部发现了众多成建制的部队驻地,曼施坦因计划通过一次南北两翼协调的钳形攻击,合围并歼灭整个突出部内的苏联红军重兵集团。但该计划遭到第九集团军司令莫德尔上将和装甲兵总监古德里安上将的反对。古德里安认为对库尔斯克的进攻将使坦克遭受很大损失,他的改编装甲兵的计划也将破产。

最终,希特勒决定采纳曼施坦因的计划,他发布第 6 号作战命令,决定德军以中央集团军群和南方集团军群联合发动一个钳形攻势以摧毁在库尔斯克突出部的苏联军队。作战代号为"堡垒"。但由于这年雨季结束得较晚,作战计划不得不一再延期。苏联红军在德军计划的进攻路线上,已经构筑了大量的防御工事,德军进攻的最佳时机已经失去了。

②装备损失巨大,战力严重不足

1943 年春,德国在欧洲东线坦克损失巨大,到 1943 年 5 月,东线 18 个装甲师只剩 495 辆坦克,平均一个师只剩 27 辆。虽然改进过的三、四号长身管型坦克能够压制 T-34/76,新式“虎”式和“豹”式坦克性能更是大大高出 T-34/76,但数量差距短期内无法弥补。德军为“堡垒”作战集结了进攻总兵力达到 90 余万人,火炮和迫击炮约 1 万门,坦克和自行火炮 2 700 辆,飞机 2 050 架。德军为这次进攻还投入了大量新式兵器,包括“虎”式、“豹”式坦克和“费迪南”重型突击炮以及“胡蜂”等自行火炮,以及 FW-190A“百舌鸟”战斗机和 HS-129“飞行开罐刀”攻击机。但此时的苏联红军已经恢复了元气,德军没有任何优势。此时的希特勒再次显示出犹豫,但在克鲁格、蔡茨勒和曼施坦因等的坚持下以及对于“闪电战”的自信,“堡垒”作战最终被确定在 7 月 5 日发动。

(2)苏联战前准备

①防守反击,以逸待劳

前线的侦察和间谍情报都预示德军将对库尔斯克突出部的苏联红军展开大规模进攻,朱可夫、华西列夫斯基等高级将领认为苏联红军应先保持防御状态,以坚强的防御消耗掉德军的进攻能量,摧毁其装甲兵力,然后再发动反攻。

②集结重兵,构筑坚固防御工事

苏军总共集结 22 个强大的诸兵种合成集团军、5 个坦克集团军和 6 个空军集团军以及大量远程航空兵部队。共计 191 万人,坦克 5 128 辆,火炮 25 013 门,飞机 2 792 架参加战役。在前沿阵地,苏联红军精心地设计他们的防御,构筑了数道防线,防御纵深超过 100 英里,整个防御体系由大量互相紧密配合的战壕、铁丝网、反坦克火力点和反坦克壕以及雷区组成,在德军最可能的进攻方向上,聚集了大量的兵力和火力。

3. 库尔斯克会战的过程

(1)德国南线的进攻

第一阶段:德军开始发动猛烈攻击。

为了打乱德军进攻步骤,朱可夫于 1943 年 7 月 5 日 2 时 20 分下达向德军阵地实施了炮火反准备的命令,库尔斯克会战的序幕由此拉开。苏联红军的炮击完全出乎德军的意料,给德军造成很大损失,虽然实际进攻时间比原计划推迟了 3 个小时。

德南方集团军群的第四装甲集团军根据预定计划发动进攻,在损失 36 辆坦克后,德军艰难地越过了苏联红军的反坦克雷区,猛攻苏第六十七近卫步兵师的防线,面对德军 3 个师的进攻,苏第六十七近卫步兵师难以抵挡被迫后退,德军猛烈攻击,在苏联红军第二道防线上打开了一道缺口,并强渡了佩纳河。这一天,德国空军出击了超过 1 000 架次,完全压制住了苏联空军。经过一天激战,双方都受到了很大损失。最高统帅部将草原方面军第五近卫集团军和第五近卫坦克集团军调往沃罗涅日方面军加强南线防御,阻挡住了德军的猛烈进攻。

第二阶段:普罗霍罗夫卡坦克大战。

苏军继续在正面抵挡德军向库尔斯克突出部南部的奥博扬推进,同时在两翼连续发动反击，虽然这些反击一次又一次地失败，但却使德军无法全力以赴地攻击他们的主要目标。德第四装甲集团军司令霍斯将军见无法从正面突破奥博扬，便决定先从右翼突破，他命令第二党卫装甲军转向东北的普罗霍罗夫卡。

普罗霍罗夫卡坦克大战拉开序幕，苏德双方千余辆坦克和自行火炮几乎同时发动进攻，德军“虎”式坦克的88毫米炮与四号坦克的75毫米坦克炮优势明显，而苏联红军T-34坦克的76毫米炮在同样距离下无法对德军造成威胁，大量的苏联红军坦克在交战距离以外就被德军击毁。苏联红军近卫第五坦克集团军基本丧失进攻的能力。在这天的坦克大战中德军虽然以相对较小的损失摧毁了更多的苏联红军坦克，但随后源源赶到的苏联红军援兵稳固住了他们的防线，德军没有能攻占普罗霍罗夫卡。普罗霍罗夫卡战役的结果转变为红军在心理及实质上的胜利，德军本来预计苏联红军需要转入防御及没有更多的反坦克炮。但相反，苏联红军仍然拥有超过1 000辆坦克，苏联红军有更大信心发起大规模攻势将德军赶回德国境内。

战后很长时间，史学家们认为苏德双方共有1 500余辆坦克和自行火炮在普罗霍罗夫卡激战，普罗霍罗夫卡坦克大战也因此被认为是人类战争史上最大规模的坦克战。

(2)德国北线的进攻

第一阶段：德军佯攻失败，进攻举步维艰。

在北线，苏联红军的炮击也使德军的进攻比计划推迟了2个半小时，在几十分钟的炮火准备和空中轰炸之后，德第九集团军按计划开始了进攻。德军为了把苏联红军的注意力从其主攻方向上引开，先在左翼以3个步兵师实施佯攻，但被苏联红军阻止住了。在主攻方向，德军集中了4个装甲师和3个步兵师的兵力，经过激烈的战斗，突破了苏第十三集团军的第一道防线，艰难地向前推进了5千米。但在两翼，苏联红军顽强地守住了阵地。在地面激战的同时，双方的空军也在进行激战，这一天德军出动了1 000架多次，苏联空军也出动了600余架次。双方战至终了时，德军只向前突破不足10千米，却至少损失了70辆坦克。

第二阶段：城镇攻坚，进攻失败。

德军将预备队投入战场，于是一次大规模坦克战展开了。经过激战，苏联红军的两个坦克旅遭到重创，损失了约70辆坦克，德军一路乘胜前进，杀到苏联红军第二条防线前，但被苏第十七近卫步兵军以及赶来增援的苏第十七坦克军阻止住了。德军企图夺取交通枢纽波内里，战斗异常激烈，德军数次攻入市区，但都被顽强的苏联红军赶了出来，而苏联空军经过激战，夺取了库尔斯克北部地区的制空权，从此给德国地面部队以很大威慑。

德军虽给苏联红军造成很大损失，但苏联红军依靠数量上的优势，坚守住了阵地，在波内里城内，德军付出惨重的代价后，占领了大半个波内里，但苏联红军仍控制着市内一些重要据点，使德军无法继续推进。1943年7月9日，德军以300辆坦克向苏联红军阵地发动了最后一次进攻，结果仍然是失败的，此时德第九集团军的攻击能量已耗尽，10日被迫转入防御。

(3)苏联的反攻

北线反击战——奥廖尔战役

苏联红军的进攻率先在库尔斯克北部发起，当德军的攻势被阻止后，苏联红军决定发动进攻,并以打败拿破仑入侵的俄国元帅库图佐夫的名字作为此次战役的代号。苏联红军向奥廖尔突出部的德军阵地实施了长达两个多小时的炮击,随后苏军开始进攻。德军则进行着顽强的抵抗,给苏联红军造成重大伤亡。

此时苏联空军已完全控制了制空权,法国“诺曼底”航空大队也在库尔斯克上空与苏联空军并肩作战。面对坦克和兵力都占优势的苏联红军,德军无力阻止其进攻,失去奥廖尔只是时间问题。德军指挥官莫德尔向希特勒请求放弃奥廖尔,将德军后撤至“哈根”防线。希特勒最终同意弃守奥廖尔,并调第二党卫装甲军去稳定意大利的局势。德军向布良斯克方向的“哈根”防线撤退,撤退途中,德军实行了残酷的焦土政策。苏联红军攻克了奥廖尔,并继续追击退却中的德军,解放了霍特涅茨,进入卡拉切夫,苏联红军的进攻基本结束,战线逐步稳定了下来。

南线反击战——哈尔科夫战役

这次作战的代号以七年战争中俄国名将鲁缅采夫的名字命名。担当此次进攻任务的是沃罗涅日方面军和草原方面军,总兵力为 90 万人,拥有 2 800 多辆坦克和自行火炮。

苏联红军近万门大炮齐鸣,大量炮弹倾卸到德军阵地上,炮击持续了两个多小时,最后以一阵喀秋莎火箭炮的齐射作为结束,随后坦克和步兵开始发起攻击。在炮击中幸存的德兵无力阻挡苏联红军的前进,苏联红军很快就突破了德军第一道防线,经过一天的战斗,苏联红军各突击集团平均向德军纵深推进了 10~15 千米。

在随后几天的战斗中,德军的防守异常顽强,苏联红军的坦克虽然继续向前突破,但步兵却被德军缠住,进展缓慢。苏联红军的坦克部队和步兵已开始脱节了。曼施坦因抓住苏联红军这个弱点,他开始有计划地撤退以赢得时间来集结兵力,苏联红军对德军的进攻未有察觉。苏联红军正在重犯 5 个月前在哈尔科夫战役的错误。苏第一坦克集团军的第四十九坦克旅和第十七坦克团被德军围歼,由于苏第五近卫坦克集团军的及时赶到,避免了第一坦克集团军的全军覆灭。在德军的进攻下,苏联红军被迫后退,随后苏第六近卫集团军的第六坦克军被德军包围遭到全歼。

苏、德双方都遭受了巨大损失,德军的反击虽然给苏联红军以重创,但曼施坦因却没有力量进一步扩大战果,而苏联红军数量上的优势再次起到了决定性的作用,他们很快又恢复了进攻。进攻哈尔科夫的战斗异常激烈,强大的苏第五近卫坦克集团军最后只剩下了 50 辆坦克。苏第五十三集团军率先攻入城内,德军开始全面撤出哈尔科夫,退向第聂伯河的防线,沿途他们破坏了所有公路、铁路和桥梁,污染了水源,焚烧一切农作物,毁坏了建筑物。苏联红军收复哈尔科夫。

4. 库尔斯克会战的重要意义

德军对苏联发动的战略性进攻,欲从南北两端自中央夹击,合围歼灭中央突出部的苏联红军,重夺战略主动权,但由于苏联红军已做好严密防务和驻守数量极为庞大的兵力,德军进攻步调缓慢且损失惨重。又因为盟国意大利被盟军登陆了西西里岛,希特勒调兵力防卫意大利而被迫撤退。此次战役后,苏联红军发动一连串猛烈攻势,歼灭德军大批有生力量,并将德军赶出苏联领土,德军再也无法对苏联红军产生致命威胁,永久性地丧失了苏德战场主动权,此后德军再也没有在欧洲战场的东线发起有威胁的攻势。苏军完全掌握了苏德战场的主动权。

第四节 信息化战争

当人类步入崭新的21世纪,在以信息技术为核心的高技术迅猛发展的推动下,一场被人们称为信息革命的变革大幕随之拉开,使人类的战争形态衍生出诸多重大变化,一种新型的、信息时代所特有的信息化战争正日新月异地展现在我们面前,这些战争有许多不同于以往战争的特点和规律,具有明显的时代特征。

图5-4 信息与空天时代

一、信息化战争的含义

信息化战争是依托网络化信息系统,使用信息化武器装备及相应作战方法,在陆、海、空、天和电磁网络等空间及认知领域进行的以体系对抗为主要形式的战争,是信息时代战争的基本形态。

二、信息化战争的产生与发展

战争是一种社会现象,它的产生总是与一定的社会政治、经济和科学技术的发展联系在一起的。信息化战争也不例外,它的产生有着深刻的时代背景,概括起来主要有以下三个方面:

(一)社会形态的转变是信息化战争产生的根本原因

社会是军事的母体,军事是社会的一个重要领域,战争形态的转变是与社会形态的转变紧密联系在一起的。战争形态是社会形态在军事领域的反映,有什么样的社会形态,就会孕育出什么样的战争形态;军事形态是社会形态的一部分,“整体”的社会形态变了,作为其“部分”的战争形态也必然会发生变化,而且是根本性的变化。对此,美国未来学家阿尔文·托夫勒进行过精辟的阐述,他在《战争与反战争》一书中说:“重要的军事革命只能出现在这样的时期,即新文明兴起并向旧文明挑战，整个社会发生转变，促使武装力量从技术和文化到编制、战略、战术、训练、条令、后勤等各个方面都发生变化。"

迄今为止，人类社会已经经历了农业社会形态、工业社会形态，目前正在向信息社会发展。与社会形态的转变相适应，战争也呈现几种不同的形态。

在农业社会，工业基础非常薄弱，只有木材加工、铜铁冶炼等简单的技术，因此，战争中主要使用的是冷兵器，如手工制作的金属大刀、长矛、弓箭等。冷兵器运用主要依靠的是人的体能，也就是说，谁的体能好、力量大、武艺精，谁就在作战中占有上风。因此，战争所呈现的是一种体能释放的形态。

到了工业社会，机械化、电气化的生产方式，快速推动着社会发展，也推动着战争的发展。随着机枪、坦克、飞机、大炮和舰艇等机械化武器装备的出现，以及有爆炸杀伤威力的各种弹药的应用，出现了机械化战争的形态。机械化战争所强调的是火力和机动力，运用强大的火力来杀伤敌人是机械化战争的基本对抗手段。人们对武器的要求是火力越强越好，杀伤力越大越好，往往在一个不大的地幅上就可以倾泻成千上万吨的弹药。而火力实质上是一种热能释放。这种战争与体能释放的战争相比有了质的飞跃，战争所重视的已不仅是士兵的体能，而是士兵的体能与士兵掌握武器的熟练程度。

目前，人类社会正在由工业社会向信息社会过渡。信息社会的基本特征是生产活动和社会活动的信息化、计算机化和自动控制化。人类要完全进入信息社会还要很长的时间，但目前信息社会的特征已开始显露，信息产业已经成为社会基础性产业，信息成为维持生产活动和社会活动的重要资源。社会形态的这一转变反映到军事上，就是战争形态的转变，即由机械化战争转变为信息化战争。信息化战争是一种处在信息时代的战争。机械化战争可称为"倾泻钢铁"的战争，而信息化战争则是"控制信息"的战争。信息化战争没有使工业时代的机械化战争退出历史的舞台，通过物质能量的释放，去消灭敌人的有生力量和摧毁敌人的军事装备，仍然是军事对抗的重要内容。以信息技术为核心的大量高技术在军事领域的应用，使传统的机械化战争发生了崭新的变化，武器能量的释放已不是只通过机械的作用，而是由信息来控制，最大限度地发挥机械的作用释放武器能量。比如，一枚普通的炮弹，发射以后是自然的运行和爆炸，而导弹和制导炸弹，发射前和发射后都受信息程序的控制。在信息系统的主导下，武器的能量得到了成百倍上千倍的"放大"。

（二）科学技术的发展是信息化战争产生的物质基础

科学技术的发展对战争和军队建设具有直接重大影响。战争是军力和经济力的竞赛。军队建设的改革与发展，部队战斗力的提高，有赖于吸收和应用先进的科学技术。一部人类社会的战争史，实际上也是一部科学技术不断应用于军事领域的历史。历史经验证明，最新的科学技术成果总是首先运用于军事领域，使战争赖以存在的物质基础发生变革，从而推动战争的发展。信息化战争的产生就是当代新技术革命直接推动的结果。

二十世纪五六十年代以来，一大批高新技术群陆续涌现，如信息技术、精确制导技术、航天技术、新能源技术、生物技术、海洋开发与应用技术、新材料技术以及隐形技术等。这些新技术群相互联系、相互作用、相互支撑、迅猛发展，使相关技术领域发生了革命性变革，从而发展成为波及人类社会活动各个领域的新的技术革命，进而推动社会政治、经济、科技、军事和文化等各个领域的深刻变革。在军事领域，科学技术特别是以信息技术为核心的高新技术的迅猛发展，成为新军事变革的“催化剂”，并为新军事变革奠定了坚实的技术基础。军事技术的发展，导致武器装备发生了质的变化。以军事信息技术为核心的军事高技术群的广泛应用和物化，使人类进行战争的工具发生了断代性的飞跃，即由机械化武器装备阶段进入了信息化武器装备阶段。从而导致作战方式、作战理论和军队编制体制等发生了根本性变革，推动战争形态由机械化战争向信息化战争演变。

（三）军事斗争的需要是信息化战争产生的直接动力

战争是一种用暴力手段来获取某种利益的行为。自有战争以来，人类一直追求的理想境界是能够以小的代价获取更大的利益，甚至能够“不战而屈人之兵”。如果某种战争付出的代价大于其所获得的利益，那么这种战争就会被战争的决策者所否定。

机械化战争在第二次世界大战中已发展到相当高的程度，在战后仍有发展，但从总体趋势看，它已走向了历史的尽头。在以往战争中，由于作战飞机没有信息探测系统、夜视技术和自动化指挥系统，没有精确制导弹药，飞机的投弹命中率非常低。

在朝鲜战场上，美军平均出动 8 架飞机投弹 8 吨才能炸毁一个目标。因此作战的基本方式仍然只能是以地面战争为主。而这种机械化的地面作战使作战双方都付出很大的代价。在机械化战争发展的同时，核战争的阴影也一直笼罩着世界。从 1945 年美国在日本投下两颗原子弹后，美苏两国的核军备竞赛愈演愈烈，两国势均力敌，谁也不敢发动核战争，所以不得不在常规战争上做文章。在这种情况下，迫切需要新的技术、新的战争形态，而迅速崛起的信息技术适应了这一需要，这就导致了信息化战争的出现。

近年来几场局部战争的实践，使人们已经感悟到新的战争形态所具有的深刻内涵。它促使人们更加自觉地接受信息化战争，适应信息化战争，并且更加主动地选择和设计信息化战争。

三、信息化战争的基本特征

（一）作战力量数字化

信息化战争需要一支信息化的军事力量。目前，世界各国都没有建立起一支真正意义上的信息化战争作战力量。比较接近的是数字化部队，即作战单元（武器平台）、装备系统、单兵装备和指挥系统高度网络整合的部队。但仅有此还不能算作信息化作战力量，只有当这支力量的作战和保障人员具有新的科技知识，能够熟练掌握和操作各种信息装备和系统，这样一支知识化人员武装起来的数字化部队就是初步的信息化部队。

（二）武器系统信息化

武器系统的信息化就是我们通常所说的智能化，这是一个整体概念，包括硬杀伤、软杀伤和新概念武器三方面：

第一，硬杀伤——直接杀伤，破坏直至确保摧毁以信息技术为依托的精确制导武器与遥感武器（不是传统武器）。代表武器：激光等精确制导炸弹（JDAM）、军用无人机、新一代巡航导弹。

第二，软杀伤——对敌方信息化系统渗透，干扰，压制的手段。旨在破坏敌方的信源、信宿、信道，间隔敌方的通信和指挥系统，对对方的精确制导武器致盲。代表武器：黑客武器和计算机病毒。

第三，新概念武器——以新的毁伤机理为目的、以高新科技手段和信息技术为依托设计的不同于传统武器的全新作战单元。代表武器：定向高能粒子武器、动能电磁武器、微机电纳米武器和机器人。

（三）指挥系统自动化

拥有完善的 C^4ISR 甚至更高级别的系统，可以实时远程侦察和预警，及时快速更新情报，指挥网络化即时化，一体战场控制。作战命令可直达单兵作战单元。通信达到近乎无阻碍的标准，可全方位武器平台单兵单元战场定位。以前那种宝塔式的逐级指挥体制将不附存在。

（四）战场空间多维化

涵盖海陆空天电的战术数据链连接至单兵，故能及时刷新单兵或基层指挥员作战电脑上的战场资讯，更加方便更新战场时时动态，从而确保直接指挥权在特殊情况下的顺利传递。鉴于信息作战空间超大多维、领域无限广阔，作战手段也呈现出非线性混沌。

（五）毁伤武器常态化

信息作战不代表伤亡和战损小，而恰恰比传统战争残酷。大面积的毁灭性武器被高技术手段改造，作战意图明显，针对性强。这就是说在战争初期就使用这种武器的可能性反而大大增加了，如三代核武器中的中子弹、三相弹，中子弹当量都很小，但效果是致命的；再如电磁脉冲弹，很可能在战争一开始就被使用；四代的反物质弹和再聚变弹更小，效果更凶狠，也更方便战术使用。

四、信息化战争的作战模式

随着以信息技术为代表的高新技术的发展及其在军事领域的广泛应用，新的作战模式层出不穷，充分体现了战争形态的时代特征，是信息化战争的外在表现。目前，由于不同的军事力量共存、不同的经济发展速度、不同的技术水平等因素导致了多种作战样式共存的状态，信息化战争的作战模式主要有网络战、电子战、情报战、太空战、精确战、心理战等。

（一）网络战

网络战是指在信息网络空间，为破坏敌方网络系统和网络信息、削弱其使用效能，保护己方网络系统和网络信息而实施的作战行动。虽然网络战主要是指瘫痪网站的行为，但也有配合透过网上评论员来实施心理战的做法，甚至来影响选举结果与发布重大丑闻，有时被视为等同于常规战争,因为存在有配合物理破坏手段,甚至是协同实施恐怖攻击等战法。网络战已经成为一种新的战争形式,在未来战争中,是陆战、海战、空战以及太空站之外的能够造成威胁的一种新的军事行动。

网络战的主要作战力量是网络战部队,它是执行网络战(网络对抗)任务的部队,主要任务包括网络侦察、网络攻击和网络防御。网络战部队主要由计算机、信息安全、密码学方面的专业技术人员组成,因此,它是一支知识密集型、技术密集型的高技术部队。

(二)电子战

电子战是利用电磁能来确定、削弱或阻止敌方使用电磁频谱的行动和保护己方使用电磁频谱的行动。就是说,电子战是在确保己方能充分利用电磁频谱的同时,阻止敌军利用电磁频谱的一系列活动,是为削弱、破坏敌方电子设备的使用效能和保障己方电子设备正常发挥效能所进行的电子斗争。

电子战的主要目的在于使敌方得不到信息,或只能得到少量信息或迟到的信息,或制造假象,使敌军采取错误的行动。主要作战手段包括电子攻击(EA)、电子防御(EP)、电子支援(ES)三部分组成。在电子攻击中,运用电子干扰、电子欺骗或电磁能和定向能控制电磁频谱武器,对敌方使用的电磁频谱进行破坏、摧毁或利用;电子防御是指对己方使用电磁频谱能力的保护,即全面保护己方的有关人员、设备和设施。实施电子防御,就是利用各种防护系统干扰敌目标捕捉与攻击系统,以防止敌军摧毁己方系统和消灭己方部队;电子支援,是指利用有关信息,在战场指挥官的直接控制下,搜寻、侦听、定位有意和无意发射的电磁能发射源,以查明敌方采取的直接威胁己方的行动。

(三)情报战

情报战是指敌对双方采取各种手段,侦察和运用对方情报,并防止对方侦察、获取己方情报的行动。

情报战的主要作用是让指挥官明了敌军部署、位置和意图的情况,以提供制订作战计划的依据和参考。随着信息技术的发展,情报获取手段、传输速度、准确程度已有了极大的提高,情报的作用已从准备作战变为控制战场,其主要服务对象已由过去的高、中级指挥官变为战场的各级人员,甚至是单兵。

情报战的主要作战手段分为进攻性情报战和防御性情报战两类。进攻性情报战是利用多种手段,主要是具有各种有效作用距离和分辨率的探测器材,实时地获取、传输、使用情报信息。防御性情报战包括两个方面:一是采取施放烟幕、使用防雷达涂料和保持无线电静默等伪装、欺骗措施;二是用多种手段对敌情报信息系统实施的攻击行动。

(四)太空战

太空战亦称天战或外层空间战。以军事航天力量为主,在外层空间进行的对抗活动,包括外层空间的攻防行动,以及外层空间与空中、地面、海上之间的攻防行动。

按照作战区域分,太空战可分天地对抗战、天际对抗战和天地一体战等三种作战模式;按照作战行动的性质，太空战可分为太空动摇战、太空攻击战、太空封锁战、太空电子战和太空威慑战等四种作战模式。准确地说，太空战还是一个雏形。目前，我们所进行的高技术局部战争是陆海空天电一体的战争，虽然作战行动已涉及太空领域，但也仅仅是利用太空和军用航空器为空战、陆战、海战和电子战提供军事保障，还远远不是真正意义上的太空战。

（五）精确战

精确战是建立在精确的导航、定位等信息获取技术基础上，力求零误差、无任何附带性副作用地达成作战目的作战模式。

精确战的主要作战样式包括精确打击、精确运动（战术和后勤两个方面）和精确防护三个方面的内容。精确打击，即"通过高度精确的信息获取，对种种目标优先等级的排序，以及通过联合部队的指挥控制，对敌目标实施精确的攻击"。这里所说的"精确"有两个方面的含义，一是精确获取信息和情报的方法和手段，二是精确的活动和结果。从某种意义上说，未来的作战活动都是建立在"精确"的基础之上的。因此，精确战是未来战争的重要的作战方式之一。

第六章 信息化装备

人类社会由游牧社会、农业社会走向工业社会,由此而产生两种技术社会形态转型。当今,人类技术社会正在发生第三次大变革,军事形态正在由机械化军事形态向信息化军事形态发展。以信息化为核心的新军事变革首当其冲。为了在新军事变革浪潮中把握主动,抢占未来战争的制高点,世界各国军队纷纷加快以信息化建设为主要内容的发展步伐,形成了以加速发展信息化装备为核心的竞争态势。

第一节 信息化装备概述

20 世纪 70 年代以来,随着以信息技术为核心的高新技术群的崛起和迅猛发展,人类社会技术形态逐步由机械时代向信息时代转变。以科学技术为重要推动力的武器装备发展,也逐步开始了由机械化向信息化的跨越。信息化装备的发展与运用,对现代战争产生了深刻的影响。

一、信息化装备的概念

信息化装备是指采用现代信息技术,具有单一或多种信息功能的装备。如精确制导武器、综合电子信息系统及加装数据链和相关信息系统的飞机、舰船等。

物质、能量和信息是构成世界的三大要素,也是现代科学技术利用的三大资源。军事信息是指应用于军事领域的信息及具有军事价值的信息。人类的战争史中,利用信息的手段长时间局限于对自身信息器官的应用。信息获取主要是依靠实地侦察,信息处理主要依靠指挥员的大脑,战场信息传递局限于视距传输。

二、信息化装备的分类

信息化装备有多种分类方法。根据武器装备的性质,分为进攻类信息化武器装备、防御类信息化武器装备和支援类信息化武器装备;根据所处或所使用的空间,分为地面(含地下)信息化武器装备、海上(下)信息化武器装备、空中信息化武器装备和太空信息化武器装备等;根据机动方式,分为固定式信息化武器装备和机动式信息化武器装备,其中机动式又可分为车载式、机载式、舰载式和便携式信息化武器装备等;根据武器与信息的关系,分为信息探测类、信息传输类、信息处理、信息制导类、信息干扰类和信息攻防类信息化武器装备等；根据武器装备的功能，分为信息化作战平台、信息化武器弹药、信息化电子系统等；根据杀伤效应，分为“硬杀伤”类信息化武器装备和“软杀伤”类信息化武器装备，或杀伤性信息化武器装备和非杀伤性信息化武器装备等。

三、信息化装备的特征

（一）作战信息共享

信息共享是实现战场透明的前提条件，也是信息化装备体系进行体系对抗的基础。随着信息技术的飞速发展和广泛应用，信息化装备体系广泛采用部署在陆基、海基、空基、天基的各类光电、雷达、声呐探测系统，严密监视整个战场范围内的作战动态和打击目标，使得战场变得空前透明。同时，在信息网络和强大的信息处理与分发系统的支持下，使得各种探测系统、武器系统、指挥控制系统联系在一起，能够实现快速和大容量的信息传递和共享，实时高效地传输、处理、存储、分发、管理整个战场范围内的各种信息，使各级指挥机构、作战与保障部（分）队，直至每一个士兵都拥有共同的综合数据库、战场态势图和信息“高速路”，从而在分级、按需共享信息和互联互通的基础上融为一体，实现战场透明、态势可视，清晰地显示敌、我、友的部署和行动，有效克服空间、距离对指挥控制和作战行动所造成的障碍，为各级指挥员和部队行动提供信息优势、决策优势和打击优势，从而获得战场的作战优势。

（二）作战空间一体

机械化装备体系作战主要集中在陆、海、空三维空间内进行，彼此独立，配合较少。信息化装备体系的交战空间已经拓展为陆、海、空、天、电（磁）等多维战场，各维作战空间需要相互配合、相互支援，任一维空间的作战都需要其他维作战空间的支持。空间和信息对抗的地位不断提高，陆上、海上和空中的作战都离不开天基和电磁空间的支援保障。同时，随着一体化联合作战的不断发展，三维作战空间对制天权和制信息权的依赖程度也会越来越大，各维作战空间的一体化趋势将更加明显。

（三）软硬打击兼容

在传统的武器装备体系中，由于武器装备的准确度不高，能量的释放缺乏有效的控制，因而只能采取面杀伤的方式实施火力覆盖，作战效能集中于物理域的实体摧毁。随着各类精确制导武器和信息对抗装备的发展，其精度不断提高，成本不断下降，可以在战场上大量使用，使得软硬互补的精确打击成为非接触、非线式作战的主要毁伤手段。

（四）多维平行作战

在信息化装备体系中，各种作战力量在一体化信息网络的支撑下，借助先进的情报侦察和指控系统，各级作战单元可以在第一时间掌握战场态势的变化，同步决策和行动，平行处置多种情况。通过各作战单元之间的快速的信息流动，能够根据战场总体态势自主决定力量运用与协同方式，实现自适应协同和自同步行动，即在发现并确定攻击目标后，各作战实体能够着眼实现最佳效益,自主地决定用什么力量,以什么方式遂行作战任务,从而使整个作战体系达到实时联动的作战要求,确保整体作战效能得到最大限度发挥。

四、军事高技术在信息化装备中的应用

军事高技术是指处于科学技术前沿或尖端地位,应用于军事领域并对增强军事实力有巨大推动作用的技术。主要包括军用微电子技术、军用光电子技术、军用计算机技术、军用生物技术、军用新材料技术、军用新能源技术、军用海洋技术、军用航天技术等。军事高技术是信息化装备的基础,信息化装备则是军事高技术综合集成的物化形式。

(一)军用微电子技术

微电子技术是使用电子元器件和由它组成的电子设备微型化的技术,其核心是集成电路技术。通常用集成度或速度来标志微电子技术的发展水平。从 1959 年生产集成电路以来,集成度每 10 年增大 250 倍、速度每 10 年加快 30 倍。微电子技术的出现和发展,不仅使民用电子技术发生了根本性的变化,也使军用电子技术及装备发生了极其深刻的变化。一方面,军用电子设备的性能,诸如小型和微型化、多功能化、系统化、智能化方面,不断获得突破。如战斗机中的电子系统,采用一般的集成电路需要 7 500 块,而使用超大规模专用集成电路,只需 25 块,重量由 450 千克下降到 4. 5 千克,功耗由 5 千瓦减到 25 瓦。另一方面,在电子技术与军事武器系统的结合上,从现有武器装备的改进到新概念武器的出现,几乎都依赖于微电子技术的发展和广泛应用。如机载火控雷达采用这种专用集成电路后,可以使信息处理能力提高 10 倍。美国的“战斧”巡航导弹、“爱国者”导弹、“铺路石”激光制导炸弹,都是由超大规模集成电路把导弹、炸弹的信息存储、处理、控制等功能部件缩小到能够装在导弹这个小小的空间上。又如,采用了大规模集成电路建造的超高分辨率合成孔径雷达,放到卫星上,进行高精度对地侦察。美国国防部制订并实施“超高速集成电路”计划,投资了数十亿美元,加速发展超大规模集成电路,对提高武器装备性能起到了很大作用。

微电子技术是军用高技术的核心和基础。军用高技术的迅猛发展,武器装备的巨大变革,在某种意义来说就是微电子技术迅猛发展和广泛应用的结果。微电子技术的渗透性最强,对国民经济和现代科学技术发展起着巨大的推动作用,其发展水平和发展规模已成为衡量一个国家军事、经济实力和技术进步的重要标志。正因为如此,世界各国都把微电子技术作为最关键的技术列在高技术的首位,使其成为争夺技术优势的最重要的领域。目前,微电子技术在制导武器系统、军事通信和军用计算机等方面都有广泛的应用。

(二)军用计算机技术

电子计算机是由电子器件及相关设备和系统软件组成的自动计算系统。它具有极强的数据处理能力、较强的记忆能力和一定的思维能力。军用计算机技术是军用高技术中具有战略意义、竞争最激烈的关键技术之一。它使军事系统向着高性能、高质量、高速度、多功能和智能化方向不断迈进。高技术武器装备的作用范围、反应灵敏度、精度、杀伤破坏力、自我保护能力等都与计算机有着极为密切的关系。同时计算机技术已成为军事技术进一步发展不可或缺的

必要手段。它大大缩短了武器装备的研制周期,节省了研制经费。

计算机在给军事机器注入强大的生命力的同时,也使自己成为重要的作战武器,并成为战场上、战争史上一个新的军兵种——网络部队。随着建立在计算机技术之上的网络技术的发展,未来战争的范围越来越广泛,参战人员的界限越来越模糊。

(三)军用光电技术

光电技术,是以光电子传感技术和激光技术为基础,由光学技术、电子技术、计算机技术和精密机械技术等密切结合而成的一项高技术。由于光电子固有的优良特性,光电子技术具有探测精度高、传递信息快、信息量大、抗电磁干扰和保密能力强等优点,因而在军事上得到广泛的应用,成为武器装备发展的关键性技术之一。军用光电子器件主要有红外探测器、电荷耦合器件(CCD)、激光器、光纤、集成电路等。红外探测器就是利用制冷的锑化铟、碲镉汞等半导体芯片对物体辐射出的红外波进行接收和探测的器件。目前,主要发展探测常温物体辐射波的碲镉汞器件。CCD器件则是固体摄像器件,可以不用扫描,直接凝视成像,主要用于可见光。激光器则是激励具有高亮度、单色、强方向性激光束的器件,目前80%军事装备应用的固体激光器是主要发展方向。光纤是采取特殊工艺控制的高纯度玻璃纤维,比头发丝还细得多,用它制成的光纤与同轴电缆相比,传输速率要高10倍、100倍以上,中继距离远几倍至几十倍以上,而且体积小、重量轻。

光电子技术在武器装备的发展中占有极其重要的位置。它不仅可被用来独立地发展一些装备,用于侦察、预警、遥感、导航通信等,而且又是制导、火控、信息处理的重要技术基础。目前,光电子技术广泛应用于侦察、识别、预警、跟踪、制导、火控、通信、模拟、显示、信息处理等领域。

(四)军用新材料技术

军用新材料技术,是指用于制造各种先进军事装备的高性能材料或新兴材料的研制与应用技术,是发展高技术武器的物质基础。目前,世界范围内的军用新材料技术已有上万种,并以每年5%的速度递增,正向高功能化、超高能化、复合轻型和智能化的方向发展。如碳纤维复合材料,它是一种质量轻、强度高的复合材料,具有强度高、刚度高、耐疲劳、重量轻等优点。美军装备的隐身快艇"短剑"号,就是采用碳纤维材料建造,可减小舰艇的重量,增加舰艇有效载荷能力和运载作战物资能力,并具有较低的维护成本。世界各国军事部门都高度重视发展新材料,把新材料的研究与开发放在优先发展的地位。军用新材料种类很多,但有发展潜力的主要有高技术陶瓷、高功能聚合物、高级复合材料、高合金材料和高超导材料等。

(五)军用航天技术

航天技术,是当代新技术中综合程度最高,科技力量投入最多,耗资巨大,效益最高,竞争十分激烈的高技术领域。军用航天技术是航天技术中最重要的组成部分,它是为军事目的而研究、发展和应用的航天技术。随着军事航天技术的发展及战场空间的不断延伸,争夺外层空间的斗争越来越激烈,谁拥有"天军",谁就能控制太空。"天军"和"天战"已经成为21世纪的新型军种和新的作战样式。

军用航天技术的不断发展,使军用航天器的作用和地位不断提高。航天器也必然要从军事的支援和保障地位走向战争的前沿,成为开辟和即将形成的空间战场的主角,参与空间乃至地面的军事活动。自1957年10月4日苏联成功发射第一颗人造地球卫星之后,人类很快便发现了太空潜在的巨大军事价值,对太空的军事争夺从此拉开帷幕。迄今为止,已有60多个国家角逐于太空,近200个国家应用航天技术的成果。目前,军用航天技术和航天器,已成为增强军事力量和国家安全的重要手段,是世界军事大国特别注重发展的一个技术领域。

中国是世界上继苏联和美国之后第三个拥有将航天员送上太空能力的国家,这对中国这个日益发展的国家而言是一个巨大的国家荣誉。

(六)军用生物技术

生物技术是以生命科学为基础,利用生物(或生物组织、细胞及其他组成部分)的特性和功能,设计、构建具有预期性状的新物质或新品质,以及结合先进的工程技术手段和其他基础学科的科学原理,进行加工生产,为社会提供产品和服务的综合性技术体系。主要包括:基因技术、生物生产技术、生物分子工程技术、纳米生物技术、生物耦合技术及仿生技术等系列技术。

军用生物技术是20世纪70年代崛起的新技术,其核心是遗传工程。它在军事上主要生产新型的生物武器,为进行生物战提供准备。目前,有的国家已在这方面取得惊人的进展,能够把一种病毒的部分核糖核酸分离出来,同另一种病毒的脱氧核糖核酸相结合,拼接成一种新的超级病毒。这种病毒不仅有很大的传染性和很高的致命率,还有很强的适应能力和生存能力。有人将生物武器形容为“廉价原子弹”。联合国化学生物战专家的统计数据表明,每平方千米导致50%死亡率的成本,传统武器为2 000美元,核武器为800美元,化学武器为600美元,而生物武器仅为1美元。俄罗斯被认为是拥有世界上最大的生物武器和化学武器储备的国家。据原苏联细菌战研究部门肯·阿利别克博士透露,俄罗斯目前有4个从事基因类生物武器研究的主要试验室。随着科学技术的发展,生物武器又发展出了新品种——基因武器。它将更精确、更有针对性,并具有更大的杀伤力。例如,把剧毒的眼镜蛇毒素基因与流感病毒基因拼接,培育出具有眼镜蛇毒素的新流感病毒,它能使人既出现流感症状,又出现蛇毒中毒症状,导致患者瘫痪和死亡。

五、信息化装备对现代作战的影响

信息化装备的发展使现代作战的准备、组织指挥以及其他方面都发生了重大变化。信息化装备在现代战争中发挥着非常大的作用。

(一)信息化装备将广泛地渗透到战场的各个领域

现代战场上,从侦察、监视到预警,从通信到指挥与控制,从信息的获取、传输、处理到作战决策,从狙击步枪的红外瞄准镜到精确制导武器的导引头,从电子战到C^3I系统等,都离不开信息与信息技术装备。高技术战争在很大程度上可称为“信息战”。

（二）信息化装备构成了日臻完善的作战“神经系统”

在现代战争中或现代战场上，不但广泛使用各种信息技术装备，而且还将各种信息技术装备构成了有机的整体。信息的获取技术装备相当于人的感觉器官，信息的传输技术装备相当于人的神经网络，信息的处理技术装备相当于人的大脑，C^4ISRK 系统则将这些技术装备连接为一个整体，构成了作战的神经系统。利用这种神经系统就可在瞬息万变的现代战场上实施有效的作战指挥。

（三）信息化装备的发展创造了软、硬杀伤相结合的电子战手段

以信息利用为中心的电子战手段已成为贯穿战争全过程并覆盖整个战场的决定战争胜负的重要因素。制电磁权愈来愈成为作战双方争夺的制高点。由于信息技术广泛渗透到各种武器装备、各种作战手段和战场指挥中，信息的获得、控制和利用都要使用电磁频谱，因此交战双方争夺电磁频谱使用权和控制权的斗争愈来愈激烈。特别是电子战武器装备可以通过软杀伤和硬摧毁等手段，干扰、压制和破坏对方侦察、通信、指挥和控制系统以及先进的武器系统，使之降低或丧失作战效能，这就使得电子战成为渗透到各个作战领域的重要作战手段，并且自始至终贯穿战争的全过程。

第二节　信息化作战平台

在信息化战争中，信息化作战平台与各种先进的打击系统结合在一起，可以极大地提高武器系统的综合作战效能，对取得战争的胜利具有举足轻重的作用。

一、信息化作战平台的概念

信息化作战平台，即信息化武器及其载体的总称。是指以信息化武器控制系统为核心，具有运载、投送和管理控制功能并可作为武器依托的载体部分。

二、信息化作战平台的主要功能

传输功能。装备有相互之间以及与指挥系统之间进行通信联络的数据链，以便于相互沟通信息，反映战场态势，接受作战命令。

探测功能。装备有雷达、光电等传感器，用以探测敌方目标，为及时、精确的火力打击提供目标信息。

对抗功能。装备有侦察、干扰和敌我识别设备，用以增强平台的自卫能力和识别能力。

定位功能。装备有导航定位设备，为平台提供位置和时间信息。

信息化作战平台是综合运用现代高新科技成果，尤其是信息技术研制和改进的作战平台。根据信息化战争的需要，世界各军事强国都非常重视发展信息化作战平台，注重提高作战平台

的信息化程度。

三、信息化作战平台的主要内容

信息化作战平台主要包括陆上信息化作战平台、海上(水下)信息化作战平台、空中信息化作战平台、太空信息化作战平台和无人作战平台。

(一)陆上信息化作战平台

陆上信息化作战平台是指大量采用信息技术的各类坦克、步兵战斗车、导弹发射装置等陆上作战平台。陆上信息化作战平台在原有机械化作战平台的基础上,嵌入了指挥控制、通信、侦察监视、敌我识别、导航定位和威胁预警与对抗等信息系统,实现了作战效能的大幅提升。

1. 坦克

坦克是由武器系统、防护系统、信息系统和越野机动平台组成,具有强大的直射火力、高度的越野机动性、良好的装甲防护力,主要用于遂行地面突击和两栖突击任务的装甲战队车辆。

图 6-1　美国 M-1 坦克

根据生产年代和技术水平,从出现坦克到第二次世界大战中期,主流的坦克类型被称为第一代坦克;第二次世界大战中期到 20 世纪 60 年代的主流坦克,被称为第二代坦克;20 世纪 60 年代以后研制的坦克被称为第三代坦克。世界主要国家的陆上作战平台以第三代为主,并呈现多代并存的局面。20 世纪 80 年代服役的装备仍是多数国家军队装备的主体;20 世纪 90 年代研制的新一代装备将逐步投入实战使用,并代表着 21 世纪初装备的先进水平,从而构成了多代并存、高中低档相结合的陆上主战装备体系。当前,美国陆军的陆上作战平台主要是以第三代的 M-1A1 和 M-1A2 为主,并有少量第二代和第四代主战坦克。英、法、德、俄等国的主战坦克仍呈现二、三代并存的局面,但第三代坦克所占比例正在增大,第二代坦克将逐渐全部退役。德国的豹-2A6、美国 M1A2、日本的 90 式、法国的“勒克莱尔”、俄罗斯的 T-90 等都是世界上最先进的主战坦克。目前,主战坦克的发动机功率最大达 119 千瓦,单位功率 14. 23 千瓦/小时~20. 14 千瓦/小时,从静止到 32 千米/小时的加速为 6~13 秒,公路最大速度为 65 千米/小时~72 千米/小时。自行火炮时速最高达 100 千米/小时,最大行程 600 千米。美陆军两栖突击车的水上速度达 46 千米/小时,陆上行驶最大速度为 72. 4 千米/小时。

2. 步兵战斗车

步兵战斗车简称步战车，是装有武器系统、防护系统、信息系统等，具有较强的火力和较好的装甲防护能力，主要用于承载步兵以乘车作战的方式遂行地面突击和两栖突击任务的装甲战斗车辆。包括履带式步战车、轮式步战车。目前比较先进的步战车有美国的“布莱德雷”M2A3 步战车、俄罗斯 BMP-3 步战车等，现代步战车的信息系统包括车际信息系统、数字式火控系统、定位导航系统、车辆综合电子系统、指挥控制系统、战场管理系统、威胁预警与对抗系统等。

3. 地空导弹武器系统

地空导弹武器系统由地空导弹及其配套设备组成的武器系统。包括导弹、目标搜索与指示系统、跟踪制导系统、发射系统、供电设备和技术保障装备等。与高炮相比，它射程远，射高大，单发命中率高；与截击机相比，它反应速度快，火力猛，威力大，不受目标速度和高度限制，可以在高、中、低空及远、中、近程构成一道道严密的防空火力网。地空导弹武器系统分为便携式地空导弹武器系统、车载式地空导弹武器系统。

（二）海上（水下）信息化作战平台

海上（水下）信息化作战平台主要指采用信息技术的各类舰艇和潜艇等海上（水下）作战平台。海上（水下）信息化作战平台嵌入的信息系统主要包括情报采集与处理系统、作战支持系统、舰载武器控制系统、舰载通信系统、舰载作战指挥控制系统和电子战系统。目前比较先进的海上（水下）信息化作战平台有美国“福特”级核动力航母（如图 6-2 所示）、俄罗斯的“亚森”级攻击型核潜艇、美国“朱姆沃尔特”级驱逐舰。

1. 航空母舰

航空母舰简称航母。以舰载机为主要武器并作为其海上活动基地的大型水面战斗舰艇。按动力，分为常规动力航空母舰和核动力航空母舰；按排水量，分为大型航空母舰（6 万吨以上）、中型航空母舰（3 万~6 万吨）和小型航空母舰（3 万吨以下）。主要用于攻击敌舰船，袭击基地、港口设施和陆上目标，夺取作战海区的制空权和制海权，支援登陆和抗登陆作战等。

图 6-2　美国“福特”号航母

目前,美国、俄罗斯、中国、法国、意大利等国家海军一共有数十艘航空母舰在使用。美国拥有世界上最多的和最大的航空母舰,其他国家的航空母舰比美国的都小得多。2012 年 9 月 25 日上午,中国首艘航空母舰“辽宁”号正式交接入列。航母入列,对于提高中国海军综合作战力量现代化水平、增强防卫作战能力,发展远海合作与应对非传统安全威胁能力,有效维护国家主权、安全和发展利益,促进世界和平与共同发展具有重要意义。

2. 驱逐舰

驱逐舰是指装有导弹、舰炮、鱼雷、深水炸弹和直升机等武器系统,具有多种作战能力,能在中远海机动作战的中型水面战斗舰艇。分为防空型驱逐舰、反潜型驱逐舰和多用途型驱逐舰等。通常满载排水量 4 000~9 500 吨。主要用于攻击敌水面舰船和潜艇,担负己方舰艇编队的防空和反潜,以及护航、侦察、巡逻、警戒、封锁、搜索和救援,支援登陆和抗登陆作战等。

3. 潜艇

潜艇用于水下活动和作战的战斗舰艇。按作战任务,分为战略导弹潜艇和攻击潜艇;按动力,分为常规动力潜艇和核动力潜艇。潜艇在利用搭载的武器攻击对方水面目标、水下目标和岸上高价值目标,以及近岸保护、突破封锁、侦察和掩护特种部队渗透行动、执行核威慑任务都有着很高的隐蔽性和突然性,是唯一的水下突击力量。

(三)空中信息化作战平台

空中信息化作战平台主要指大量采用信息技术的各类作战飞机和直升机等空中作战平台。空中信息化作战平台的主要信息系统为综合航空电子信息系统,通常由综合显示控制管理、目标探测、通信导航识别、本机信息、电子战、精确制导武器管理等分系统构成。可担负从起飞到本机导航引导、飞行控制、目标搜索、识别跟踪、火控计算、武器投射与制导、电子战、通信等多重任务。目前,比较先进的空中信息化作战平台有美国的 F-22“猛禽”战斗机(如图 6-3 所示)、B-2“幽灵”隐身战略轰炸机(如图 6-4 所示)、E-3“望楼”预警机、AH64D“长弓阿帕奇”武装直升机和俄罗斯的图-160“海盗旗”战略轰炸机等。

图 6-3 美国 F-22“猛禽”战斗机

图 6-4　B-2“幽灵”隐身战略轰炸机

1. 战斗机

战斗机亦称歼击机，主要由是以空空导弹、航空火箭弹和航炮为基本武器，具有空战能力的作战飞机。战斗机主要由机体、动力装置、起落装置、飞行控制系统、通信导航设备、火控系统和电子对抗设备等组成。按其承担的主要任务可分为对空作战和对地攻击两大类：前者由格斗机（又称空中优势战斗机）和截击机组成；后者由战斗轰炸机（我国称歼击轰炸机）和攻击机（我国称强击机）组成。

自从 1915 年第一架专门用于空中格斗的战斗机问世以来，战斗机的发展经历了活塞式和喷气式两个阶段。20 世纪 50 年代初，喷气式战斗机已经基本上取代了活塞式战斗机。从 20 世纪 50 年代出现第一代超声速战斗机，到现在已经发展具有隐身特性、超声速巡航和超声速机动性更为突出的隐身战斗机，其代表机型有 F-22 等。

2. 轰炸机

轰炸机是以空地导弹、航空炸弹、航空鱼雷为基本武器，具有轰炸能力的作战飞机，分为战略轰炸机和战术轰炸机。战术轰炸机因其自卫能力和机动性能差，从 20 世纪 50 年代中期起，各国已不再研制，而被战斗轰炸机所取代。

第二次世界大战结束至今的 70 多年里，战略轰炸机共经历了三个发展阶段：第一个阶段是 20 世纪 40 年代后期至 20 世纪 50 年代，轰炸机的推进动力全部改为涡轮喷气发动机，出现了以美国的 B-47 和 B-52、苏联的图-16 和图-95 以及英国的“火神”和“胜利者”为代表的亚声速战略轰炸机；第二个阶段是 20 世纪 60 年代，美国和苏联分别相继研制成功 B-1B 和图-22M、图-160 超声速战略轰炸机，它们都采用变后掠翼技术，具有高空超声速和低空高亚声速突防能力；第三个阶段是 20 世纪 90 年代，美国又首先研制成功 B-2 隐身战略轰炸机，这是当代性能水平最高的轰炸机，主要靠隐身实现高空或低空突防。

3. 预警机

预警机亦称预警指挥机，是装有机载预警雷达和电子侦察设备，专门用于搜索、监视空中、地面或海上目标，并可指挥引导已方飞机遂行作战任务的飞机。预警机最早出现在第二次世界大战后期。目前，国外预警机的发展大致经历了三代，并正在向第四代相控阵雷达预警机的方向发展。目前,世界上拥有预警机的主要国家和机型有:中国的空警-2000,美国的“鹰眼”预警机和E-3“望楼”预警机,俄罗斯的A-50“中坚”预警机,以色列的“费尔康”预警机。

4. 军用直升机

军用直升机是指列入军队编制,主要用于遂行作战、训练和保障等任务的各型直升机的统称。包括武装直升机、运输直升机和勤务直升机等。武装直升机装有机载武器系统,主要用于攻击空中、地面、水面及水下目标的直升机;运输直升机用于运载人员、武器装备和物资的直升机;勤务直升机装有专门任务设备,用于执行特定战场勤务的军用直升机。目前比较先进的军用直升机有美国AH64D“长弓阿帕奇”武装直升机、俄罗斯卡-50/52武装直升机、美国H-60“黑鹰”系列多用途直升机等。

(四)太空信息化作战平台

太空信息化作战平台主要是指能对敌方卫星和空中、海上、陆地目标实施攻击的太空作战平台。太空信息化作战平台的信息系统主要包括有效载荷、结构与机构、热控制、姿态与轨道控制、电源、推进、数据传输、数据管理等分系统。太空信息化作战平台主要包括两类:一是尚处在研究和发展中、可用于装载攻击对方航天器武器的拦截歼击卫星系统,以及可实施对地、对空攻击的卫星等;二是各类军用载人航天器,如航天飞机、空间站等。

1. 拦截歼击卫星系统

拦截歼击卫星系统主要包括武器载体型卫星、自爆摧毁型卫星和捕获型卫星。

(1)武器载体型卫星

武器载体型卫星,是指配置有导弹、火箭、激光武器、粒子束武器和微波武器等杀伤性武器,以损伤或摧毁目标卫星的卫星。早在1981年3月,苏联就曾利用一颗卫星上的小型高能激光器照射一颗美国卫星,使其光学、红外电子设备完全失灵。

(2)自爆摧毁型卫星

自爆摧毁型卫星,就是移动到目标卫星附近,利用自身爆炸产生的动能摧毁目标卫星的卫星。1968年10月19日,苏联在丘拉坦宇航基地发射了“宇宙”248号卫星,接着又发射了“宇宙”249号和252号截击卫星。截击卫星分别绕地球2~3圈后,在500千米高度的轨道上迅速接近“宇宙”248号靶星时成功自爆,将靶星摧毁。

(3)捕获型卫星

捕获型卫星,就是可以“捕获”目标卫星的卫星。捕获型卫星攻击目标卫星时,首先计算出对方卫星的轨道,然后让拦截歼击卫星变轨,跟踪并接近目标卫星,再用机械手把目标卫星捕获并装入容器,甚至可以带回地面。目前,西方大国均开始积极研制用于在轨卫星抓捕的无人航天器。2007年3月,美国进行了“轨道快车”系统试验,试验中,一颗卫星利用机械手成功对另一颗卫星实施了多次捕获与对接。2016年6月25日中国发射的长征七号火箭上,携带了“遨龙一号”空间碎片主动清理飞行器。飞行器装载了一台机械臂,将模拟在太空抓取废弃卫星和其他大块碎片,并将它们带到大气层进行烧毁。实践表明,作为太空信息化作战平台的捕获型卫星在技术上已基本成型。

2. 载人航天器

载人航天器由运载火箭发射进入宇宙空间，供人驾驶和乘坐并从事空间活动的航天器。包括载人飞船、航天飞机、空天飞机、空间站等。军用载人航天器就是应用于军事目的的载人航天器。

（1）载人飞船

载人飞船由运载火箭发射进入宇宙空间，供人驾驶和乘坐并进行航天活动后返回地面的无翼载人航天器。典型的载人飞船由对接装置、轨道舱、返回舱、仪器舱和太阳能帆板等部分组成。世界上第一艘飞船是苏联 1961 年 4 月 12 日发射的“东方”号飞船，随后美国也发射了“水星”号、“双子星座”号和“阿波罗”号等飞船。1999 年 11 月 21 日，我国自主研制的第一艘飞船——“神舟一号”在酒泉卫星发射中心发射成功。目前，“神舟”系列飞船已成功完成多次发射，实现了多人多天空间飞行。军用载人飞船担负的军事使命有：作为运输工具向空间站运送各种军事物资，接送人员，进行空间人员救护；试用新的军用航天设备；对特定目标实施侦察与监视等。

（2）航天飞机

航天飞机是垂直发射进入宇宙空间，靠机翼滑翔水平着陆，可部分重复使用的航天器。是一种兼具航空和航天特性的飞行器。主要用于天地往返运输、释放航天器、在轨服务和用作空间实验室、空间武器平台等。

1981 年 4 月，世界上第一架航天飞机——美国研制的“哥伦比亚”号航天飞机试飞成功。之后，美国又相继研制成功了“发现”号、“亚特兰蒂斯”号、“奋进”号和“挑战者”号等航天飞机。航天飞机能完成各种军事任务，如部署、维修、回收太空试验室、天文观察站和各种卫星；对高能激光、粒子束等武器进行太空试验；载人操纵各种侦察设备进行军事侦察；利用各种航天兵器进行太空战或攻击空中、地面、海上目标等。

（3）空天飞机

空天飞机是“航空航天飞机”的简称，是一种载人航天器与飞机结合成一体的飞行器，能够以极快的速度往返于地球表面与外层空间运送有效负荷。空天飞机装有空气发动机，在发射升空和返回过程中利用空气作为燃料，大大减少了发射费用。

空天飞机是一种未来的飞机，它像普通飞机一样水平起飞，以每小时 1.6 万~3 万千米的高超声速在大气层内飞行，在 30~100 千米高空的飞行速度为 12~25 倍声速，而且可以直接加速进入地球轨道，成为航天飞行器，返回大气层后，像飞机一样在机场着陆，成为自由地往返天地之间的运输工具。在此之前，航空和航天是两个不同的技术领域，由飞机和航天飞行器分别在大气层内、外活动，航空运输系统是重复使用的，航天运载系统一般是不能重复使用的。而空天飞机能够达到完全重复使用和大幅度降低航天运输费用的目的。

（4）空间站

空间站亦称航天站、太空站或轨道站，是具备一定的实验或生产条件，可供航天员生活和

工作,能长期在轨运行并无须返回的航天器。空间站的特点:

具有经济性。空间站在太空接纳航天员进行实验,可以使载人飞船成为只运送航天员的工具,从而简化了其内部的结构和减轻其在太空飞行时所需要的物资。

具有高效率。在运行时可载人,也可不载人,只要航天员启动并调试后它可照常进行工作,定时检查,到时就能取得成果。这样能缩短航天员在太空的时间,减少许多消费。

具有长期性。当空间站发生故障时可以在太空中维修、换件,延长航天器的寿命。增加使用期也能减少航天费用。因为空间站能长期(数个月或数年)的飞行,故保证了太空科研工作的连续性和深入性,这对研究的逐步深化和提高科研质量有重要作用。

(五)无人信息化作战平台

无人作战平台主要是指能在全维作战空间遂行侦察、预警、监视、电子干扰、火力打击和后勤保障等作战和支援保障任务的无人机(也称无人驾驶飞行器)、无人地面车辆(也称机器人)和水下无人作战平台等无人操控系统。随着智能化程度的不断提高,无人作战平台现已具有侦察、预警、监视、电子干扰、火力打击和后勤保障等多种功能。目前比较典型的无人作战平台有美国的“全球鹰”无人侦察机、澳大利亚的“塞拉菲娜”水下无人航行器等。

1. 无人机

无人机主要包括机体、机上飞行控制系统、动力装置、有效载荷与数据链路,以及用于起飞和回收的装置等。无人机飞行控制系统中除自动驾驶仪外,还有程序控制装置、电子计算机、自动导航系统、遥控接收机、电视摄像机、遥测系统、自动起飞和着陆系统等设备。有效载荷主要是各种侦察、监视、通信、测试、电子对抗设备以及攻击性武器。数据链主要由机载数据终端、地面数据终端和天线组成,包括用于指挥控制的上行链路和用于传递遥测状态信号与传感器数据的下行链路,通常具有抗电子干扰能力。

2. 无人地面车辆

无人地面车辆亦称机器人,是一种能够受控或自主完成复杂地形机动、辅助或取代人类完成特定作战,保障任务的无人驾驶地面机动平台,是信息技术与工业技术高度复合发展的产物,是人类传统作战行动在陆战场上的延伸。无人地面车辆主要用于未爆弹药处理、简易爆炸装置探测、预警侦察、安全巡逻、战场救护、扫雷和后勤保障等战术领域。

3. 水下无人作战平台

水下无人作战平台是指配备了各种传感器和武器载荷,可远程操控或按预设程序自动遂行侦察、监视、打击等作战使命的水下作战平台,它是海军无人作战系统的重要组成部分,与传统的有人驾驶多功能攻击型潜艇相比,水下无人作战平台具有造价低廉、使用灵活、隐蔽性强、适应复杂海况,以及可有效避免人员伤亡的特点,可承担从侦察、干扰、欺骗、通信中继、战场支援到发动攻击等几乎所有潜艇能够从事的作战任务,它在现代海战中被作为“力量倍增器”而越来越受到重视。

四、信息化作战平台在海湾战争中的运用

第一次海湾战争中，多国部队凭借大量的高技术空中作战装备和先进的 C^3I 系统，组织实施了强大的空中进攻作战，改变了过去以地面进攻为主的战争方式。战争历时 43 天，以飞机和导弹为主的空中进攻就占 38 天；地面作战只有 100 小时，是在大规模（每天 3 000 架次）空中火力支援下进行的空地一体战。

（一）空中隐身突防

战前，伊拉克拥有相当完备的防空体系，其火力规模仅次于苏联。为了减少空中进攻力量的损失，多国部队采取了很多的战术技术措施，而隐身突防首当其冲。F-117A 隐身战斗轰炸机在空袭中担当了重要角色。由于把隐身技术和精确制导武器合二为一，它能在敌方防空系统做出反应前飞抵、识别并精确攻击目标。因此，只需少量出动便可完成大量任务，即出动 1 300 架次（约占 2%），投弹 2 000 多吨，攻击了 40%以上的战略目标。由于隐身突防，F-117A 在作战中不需要其他飞机护航，并当先锋打头阵，直接摧毁防空体系，为其他战机开辟通路。F-117A 是唯一敢在白天进入巴格达上空自由活动的战机，其投射的精确制导炸弹 80%以上击中了目标，而且减少了附带损伤。从击中目标所需要的兵力来看，隐身飞机降低了出动架次，减少了在敌方防空火力威胁下的暴露机会，并减少了对弹药、人力、燃料和支援设施的需求量。例如，对一个机场实施攻击，需要出动 8 架普通轰炸机，同时需要 30 架飞机进行空中掩护、电子干扰和空中加油等，编队规模过大且易于暴露，受到攻击的可能性也大；而隐身飞机既不需要压制敌方防空系统，也不需要空中掩护，几乎不需要支援力量即可独立完成攻击任务。

（二）地面快速突击

在“沙漠军刀”行动中，多国部队向科威特战区伊军的右翼和后方进行了大范围的穿插和迂回。使用装甲部队进行大规模作战是取得地面作战胜利的关键。如美陆军第七军装备了 1 400 多辆坦克和 1 200 多辆“布雷德利”战车，其规模之大史无前例。而地面作战的成功在很大程度上依赖于 M-1Al 主战坦克强大的综合作战能力。M-1Al 主战坦克是美军装甲和机械化部队的中坚，在快节奏、复杂的进攻作战中表现十分出色。在如暴雨、大风、沙暴和油田燃烧产生的浓烟等恶劣天气和能见度很差的情况下，M-1A1 主战坦克可昼夜不停地进行作战。M-1A1 主战坦克解决了在行进中射击运动目标的难题，可以依靠先进的目标探测和火控系统先敌开火并摧毁目标，甚至后退到伊军坦克炮的射程以外进行打击。

（三）海上实施反舰作战

作战任务是摧毁伊海军全部水面作战舰艇和布雷艇，将伊海军赶回到波斯湾北部，以防其进攻或威胁多国部队。首先是布设水雷。为了把在波斯湾北部的伊海军舰艇与巴士拉、祖拜尔、乌姆盖斯尔的港口设施和海军基地隔离开来，将更多的伊军舰艇封锁在港内。1991 年 1 月 18 日，美海军“突击者”号航空母舰出动 4 架 A-6 攻击机，在 10 多架战斗机的掩护下，将 64 颗 MK36“破坏者”水雷布设在祖拜尔河口 4 个分散的地点，在布雷过程中有 1 架 A-6 被击

落。其次是攻击伊拉克油轮。1月22日晚,1架P-3G巡逻机发现并跟踪了一艘在进行电子战的伊油轮,美军“中途岛”号航空母舰上的几架A-6攻击机使用“石眼”集束炸弹将其击沉。最后是攻击伊军舰艇。1月24日到2月初,多国部队海军大量使用A-6攻击机、F/A-18战斗攻击机、“大山猫”直升机和导弹艇等,对伊拉克的导弹艇进行了攻击。到1991年2月2日,伊军能够发射反舰导弹的13艘舰艇全部被摧毁或受伤,失去了战斗力。1991年2月8日,中央总部宣布掌握了波斯湾北部海域的制海权。在整个反舰作战中,多国部队击毁或击伤伊军143艘舰船,伊拉克所有海军基地和港口被严重毁坏,基本上全军覆没,未对多国部队海军发动过任何攻击。

第三节　综合电子信息系统

综合电子信息系统是打赢信息化条件下局部战争必备的手段,是实施信息作战并与强敌对抗的重要武器系统。

一、综合电子信息系统概述

(一)综合电子信息系统的定义

综合电子信息系统是对各种武装力量的综合、对各种电子信息系统手段的集成。可对作战信息进行实时的获取、传输、处理,用于保障各级指挥机构对所属部队和武器实施科学高效指挥控制的军事信息系统。

(二)综合电子信息系统的分类与构成

按指挥层次,分为战略指挥信息系统、战役指挥信息系统、战术指挥信息系统;按军兵种,分为陆军指挥信息系统、海军指挥信息系统、空军指挥信息系统和火箭军指挥信息系统。主要包括预警探测系统、通信系统、情报侦察系统、指挥控制系统、信息对抗系统、综合保障系统等其他分系统。

(三)综合电子信息系统的功能

1. 信息处理功能

信息处理主要是通过相关数据的计算、统计、检索等操作,实现数据综合、数据挖掘、威胁评估等分析和处理。信息处理功能有助于帮助指挥员及时、准确地把握作战力量的各种限制条件。信息化战争中,为了实现指挥员的决策,需要对各种情报和信息进行综合处理,以便于制订作战计划。信息化武器的速度快、威力大,更加要求信息的快速有效处理,从而合理选择和分配现有资源对目标进行打击。

2. 信息传输功能

各类军事信息系统分布在部队的各个部门和各个作战单元,信息系统的子系统之间、信息系统外部与信息系统之间存在广泛的联系，要实现信息处理就需要信息的有效传输。通常军事信息系统的信息传输借助于多种军事通信系统和通信手段实现，包括军用电台、战术互联网、国防光缆、数据链、最低限度通信系统、军用卫星等。

3. 信息存储功能

各类军事信息系统要保存大量的历史信息、处理的中间结果和最后结果，还要保存大量的外部信息。因此，信息系统需要提供信息存储功能，可有效提高整个战场上各个作战单元之间的信息共享和利用能力。

4. 辅助决策功能

决策是一个创造性的思维过程。过去不少指挥员依靠经验、直觉和高超的指挥艺术，创造了无数光辉战绩。但是，信息化战争中，获取信息的手段越来越多，技术也越来越先进，指挥人员往往面对越来越多的海量信息。在这种情况下，单纯依靠直觉经验和直觉判断很难再做出正确的决策。因此，指挥员需借助军事信息系统强大的信息处理能力，提供辅助决策功能。将指挥员的聪明才智和创造性与军事信息系统结合起来。

5. 文电处理功能

实际上文电处理功能是军事信息系统信息处理功能的一部分，但是军事信息系统与其他类型的信息系统不同，需要始终维持系统上传下达的直通和有效，并且能够与其他作战单元进行实时协同。因此，军事信息系统更加强调文电处理功能，需要具有各种密级军用电报、文件的处理能力。军事信息系统中所处理的文电主要是上级指示、命令、通知和通报等，对所属部队的指示、命令、通知和通报，与友邻部队之间的协同文电，以及下级的请示报告等。

6. 安全保密功能

军事信息系统在整个系统运行过程中，需要采取必备的措施，确保其工作方式、性能参数和用户信息不被非法窃取，系统的安全保密通常涉及系统的物理安全、信息安全、系统防护、存取控制和安全管理等多个方面。

7. 系统对抗功能

作战过程中，需要利用各种手段攻击和破坏敌方的军事信息系统，使其陷入瘫痪或难以发挥作用，同时利用各种方法保护己方的军事信息系统正常工作。

（四）综合电子信息系统对信息化武器装备系统的影响

信息化战争中，任何先进的武器系统，如果没有信息系统的支持，既无法发挥个体作战能力，也不能增强总体作战威力。在当今武器系统信息化、信息系统武器化的发展趋势中，综合电子信息系统将充当作战的主角。武器系统与信息系统的关系极为密切，一方面信息系统可以大大增强部队的战斗力，最大限度地发挥武器系统的效能，成为“兵力倍增器”；另一方面，要发展研制新的更加有效的武器系统，必须有信息系统的支持。

1. 对陆军武器系统的影响

陆军武器装备依靠信息系统而逐步走向高技术化。现代化陆军武器装备的显著特点是高度机械化、电子化和自动化。例如,装甲车、坦克、步兵战车、自行火炮等,都装备有各种先进的军事信息系统,可以更好地发挥作战效能。同时,通过多个军事信息系统形成的综合电子信息系统,可以组成完整的装甲车辆体系,形成强大的装甲突击力量;精确制导武器和常规武器相结合,组成由军事信息系统连通的完整的武器装备体系,形成严密的火力配系;通过综合电子信息系统,将陆军武器系统与海、空军武器系统结合成一体,使陆、海、空军联合作战,实施快速战略机动和进行空地一体化作战等成为可能。

2. 对空军武器系统的影响

空军武器装备的发展与信息系统密切相关。首先,由于现代作战飞机时速更快,飞行员仅凭个人的生理和心理能力无法对错综复杂的战斗情况做出及时、准确的判断,必须借助于计算机、雷达等信息化装备,帮助其发现目标、判断情况、做出决策和完成各种动作。其次,由于信息控制系统的使用,也可以极大地提高飞机的性能,使飞机实现超高空或低空、超低空飞行,保证全天候、全高度和远距离军事打击。从 20 世纪 70 年代以来,作战飞机战斗性能的提高,很大程度上依赖于信息系统水平的提升,机载信息设备的水平已成为衡量现代军用飞机先进程度的重要标志。

3. 对海军武器系统的影响

现代海军的武器装备已通过岸基、舰载信息系统连成一体,构成了一体化的综合电子信息系统。如综合电子信息系统把潜艇上的动力系统、导航系统、通信系统、指挥控制系统、武器系统、探测预警系统、遥感器、传感器系统以及空中、海上、地面的交通管制系统连成了整体,形成战略或战役战术的进攻和防御力量。又如,把舰载目标探测器、通信设备、导航设备、火控设备和电子对抗设备等连成一体,组成舰载指挥控制系统,可以极大地提高水面舰艇的作战能力。

4. 对战略导弹武器系统的影响

战略导弹武器系统包括陆基战略导弹、潜艇和战略轰炸机携带的(潜地、空地)战略导弹、核导弹、反弹道导弹以及战略导弹发射指挥控制中心等。发射指挥控制中心是控制和管理战略导弹武器,使之发挥巨大杀伤力的神经中枢,是对战略导弹及航天器发射实施指挥、监控和管理的机构。综合电子信息系统把各个作战要素连接成为一个有机的整体。也就是说,没有现代化的综合电子信息系统,就无法构成现代化的战略导弹武器系统。

二、构成综合电子信息系统的主要分系统

目前,综合电子信息系统正处于动态发展过程中,其组成涉及指挥控制系统、预警探测系统、情报侦察系统、军事通信系统及数据链、信息对抗系统、综合保障信息系统等多个信息功能领域,涉及国家级、战区级、战术级等多个作战指挥层次,涉及各总部、诸军兵种各类军事信息系统。

(一)指挥控制系统

1. 指挥控制系统的概念

指挥控制系统是在作战过程中辅助指挥人员实施各项作战业务、对部队和武器平台实施指挥控制的军事信息系统。指挥控制系统是综合电子信息系统的核心,直接影响着系统整体性能指标的高低和效能的发挥。指挥控制系统能够使指挥人员及时、全面、准确地掌握战场态势,制定科学正确的作战方案,快速准确地向部队下达作战命令。

2. 指挥控制系统的基本构成

通常指挥控制系统的构建与作战任务和作战规模等因素有关,典型指挥控制系统有国家作战指挥中心、军(兵)种作战指挥中心、战区联合作战指挥系统等。

(1)国家作战指挥中心

国家作战指挥中心主要负责国家有关战略行动的规划和指挥,处理涉及全局性的紧急情况。战略范围覆盖领空、领海在内的整个国土防御,具有超越国界的预警能力,满足陆、海、空三军及特种部队的作战指挥要求,能够与公安、民防等指挥系统互联。

(2)军(兵)种作战指挥中心

军(兵)种是按主要作战领域、使命和武器装备来划分的军队基本类别。现代军队通常分为陆军、海军、空军三个军种,有的国家还建有战略导弹部队、海军陆战队、防空军等。军(兵)种作战指挥中心是国家级作战指挥体系的组成部分,在国家作战指挥中心的直接指挥下,与国家级指挥中心联合制订国家战略计划,并组织制订本军(兵)种所属武装力量的战略行动计划,组织和指挥所属武装力量的战略和战役作战行动,管理本军(兵)种有关业务和部队的建设。军(兵)种作战指挥中心具有情报收集、处理和传递的能力等。

3. 指挥控制系统的发展趋势

军事需求牵引和技术发展推动是影响指挥控制系统发展的主要因素。随着以信息技术为代表的高新技术特别是网络技术的迅猛发展。一体化联合作战已逐步替代传统的作战样式,基于信息系统的体系作战能力成为战斗力的基本形态。这些变化给指挥控制系统的建设提出了更高的要求,成为驱动指挥控制系统发展的新的动力。指挥控制系统发展进一步呈现出装备智能化、体系一体化、运行网络化等趋势。

(1)装备智能化

错综复杂的电子对抗和信息对抗环境,迫使军事电子信息装备朝着智能化方向发展。随着新型高性能计算机、专家系统、人工智能技术智能材技术等的出现和广泛应用,指挥控制系统智能化将成为现实。指挥控制系统智能化主要表现为:态势感知快速、透明,增强了对战场态势的感知能力;指挥决策智能化,提高决策的正确和指挥控制的准确性和灵活性,提高了作战效能:作战协同网络化,实现作战活动自主同步,提高兵力协同和武器装备协同作战能力。

(2)体系一体化

指挥控制体系一体化是实现一体化联合作战的基础,其发展的重要方向就是通过一体化指挥控制系统实现各层次指挥控制系统一体化、传感器到武器平台的一体化。其核心就是通过指挥控制系统将探测预警、情报侦察系统和火力、武器系统及平台联为一体,达到提高作战反应能力、精确打击能力和杀伤能力的目的,从而获取更大的作战效果。

(3)运行网络化

充分利用信息栅格技术、计算机网络技术和数据库技术的最新成果,建设按需信息分发、按需信息服务、强化信息安全和支持即插即用的信息栅格,支持一体化指控系统的建设和应用,实现由以武器平台为中心向以网络为中心的转化,将武器装备系统、部队和指挥机关整合进信息栅格,使所有的作战单元都集成为一个具有一体化互通能力的网络化有机整体,整合成为一个覆盖全部物理空间的巨型系统,从而建成一体化联合作战指挥控制系统。

(二)预警探测系统

在信息化局部战争中,预警探测系统首当其冲,是军队掌握战争主动权、避免被动挨打的重要手段和必备前提,是防备突然袭击的第一道防线,是综合电子信息系统和国家防御体系的前沿组成部分。

1. 预警探测系统的概念

预警探测系统是指利用探测、监视和通信技术手段,对全维空间进行不间断搜索、测量、考察,收集各类情报,对来袭和威胁性目标进行测定、发现、识别、跟踪并及时做出预先警报的电子信息系统的统称。

2. 预警探测系统的主要功能

预警探测系统功能主要体现在防空预警探测系统功能和反导预警探测系统功能。

防空预警探测系统功能主要有:

搜索发现。灵活运用各种反侦察、反干扰、反摧毁技术战术方法,搜索发现空中目标,全面获取空中目标情报。

跟踪监视。综合运用监视方法,连续掌握空中目标动态。

识别报知。综合运用目标识别系统和多种查证手段,对目标的属性进行判别并实时报知。

态势生成。实时显示空中目标活动情况,为指挥机构决策和武器系统拦截与打击提供综合情报。

反导预警探测系统功能主要有:

一是早期发现。合理运用红外预警卫星、预警机等多种手段,尽早掌握弹道导弹发射征候,及时获取导弹目标信息。

二是连续跟踪。运用各类反导预警探测装备间的接力方式,实现对弹道导弹目标飞行全过程的连续跟踪监视。

三是目标识别。通过综合查证手段,对弹道导弹的真伪、数量、威胁进行识别判断。

四是落点预警。依据获取的运动参数,计算弹着点位置,为拦截武器提供引导。

3. 预警探测系统的基本构成

预警探测系统可以根据不同的预警需求和预警对象的重点来确立预警体系的基本架构。按照陆基、海基、空基、天基载体平台所处空间区分,预警探测系统主要包括天基预警探测系统、空基预警探测系统、陆基预警探测系统和海基预警探测系统。

(1)天基预警探测系统

天基预警探测系统主要用于弹道导弹发射段和中前段的探测。目前,美国和俄罗斯装备的天基预警探测系统采用的是中短波凝视型红外传感器,通过感知火箭的喷焰进行弹道导弹的探测。目前主要的天基预警探测系统是导弹预警卫星,导弹预警卫星对战略洲际弹道导弹的预警时间一般为 30 分钟,对潜射导弹的预警时间为 15 分钟。

(2)空基预警探测系统

空基预警探测系统主要由预警机、飞艇、无人机等组成。

① 预警机

预警机是装有远距离搜索警戒雷达、敌我识别、电子对抗、通信和导航、综合显控及指挥控制等先进的电子系统,用于搜索、监视、跟踪和识别空中和海上目标的作战支援飞机。现代预警机不仅能及早地发现和监视从各个空域入侵的距离 300~600 千米的空中目标,而且还能引导和指挥己方战斗机进行拦截,所以又称预警指挥机。

② 预警飞艇

预警飞艇是在高空或低空执行预警侦察的专用飞艇。这种飞艇能够长期飘浮于空中,并利用各种隐蔽手段躲避敌人的攻击,同时能将敌情及时传送给指挥所。预警飞艇的航速一般比较低,最大时速在 100 千米/小时~200 千米/小时之间,但续航时间却在数月以上。

③ 无人机

随着无人机及相关技术的快速发展,其功能已从过去单一的侦察及侦察与火力打击相结合,逐步地向较大区域的预警探测方向发展。由于隐形无人机的隐身性、留空时间长等特点,使其对一些重点地域及目标的预警监视凸显出很大的优势。

(3)陆基预警探测系统

陆基预警探测系统是弹道导弹防御系统的陆基中段防御系统。主要由各种地面固定或机动式雷达、电子侦察装备、光电探测装备等组成,包括地面弹道导弹相控阵雷达、超视距雷达、监视雷达、战场传感器侦察系统等各种侦察装备,用于探测空中、地面、水上及水下目标。

陆基预警探测系统能够探测到攻击导弹的发射情况,并确定其打击目标;拦截器发射控制系统根据初始预警,开始制定拦截方案;主要雷达负责跟踪,为拦截发射控制系统提供高精度的跟踪数据;发射拦截器;雷达适时为杀伤飞行器提供更新信息;杀伤飞行器捕获、跟踪、识别目标,利用碰撞技术摧毁弹头。

典型的陆基预警系统有美国的北方弹道导弹早期预警系统、北方预警系统、潜射弹道导弹预警系统、苏联的“鸡笼”雷达预警系统等。

(4)海基预警探测系统

海基预警探测系统主要用来对付来自海上和水下目标如潜射弹道导弹的威胁。主要由各种舰载雷达系统、声呐系统、电子侦察设备、水声侦察仪、潜望镜等观察设备,以及红外、微光、激光、电等光电侦测设备组成。海基中段防御系统旨在拦截处于上升段的近、中程导弹,以降低整个弹道导弹防御系统对干扰的敏感度。

海基预警系统独特优点有四个:一是部署在前沿地带,能够很快到达出事地点对危机做出反应;二是在公海上作战,不需要在外国领土上部署设备;三是由于距离发射点较近,可以保护较大的区域;四是可以充当探测器或通信节点,具有很大的灵活性。典型的舰载预警探测系统包括美国的"宙斯盾"预警作战系统、航母预警作战系统等。

4. 预警探测系统的发展趋势

在信息化条件的战争中,预警探测系统将采用多种手段(雷达、红外、光电、声呐)、多种平台、多个信息源来扩大空间的覆盖范围和信息的收集率,通过信息融合技术降低不确定性,提高所获信息的准确度和置信水平。为了适应未来战争大纵深、立体化、变化快、高机动等的需要,预警系统将进一步向下述方向发展:

(1)发展机载与星载多功能相控阵雷达预警探测系统

根据军事需求,只有多功能的相控阵雷达才能集搜索、跟踪、武器控制于一体,也只有与升空平台结合,才有监视全空域的能力,对来袭的超低空目标提供必要的预警距离、反应时间和引导拦截的能力。

(2)发展对抗隐身目标的预警探测系统

美国把隐身技术称为一张技术王牌,它的成功引起了世界各国军事界和科技界的密切关注,认为它是对雷达最严重的挑战。这使得传统的单基地、窄频带信号、常规体制的微波雷达的探测距离缩短到约为原来的1/5,使得大部分防空的预警探测系统失效。因此,雷达技术必须进行革命性飞跃,才能克服隐身飞机的威胁。

(3)发展无源探测的预警探测系统

无源探测有很多优点,可以被动地对目标进行探测,隐蔽性强,目前已得到了广泛应用。今后趋势是把有源探测网与无源探测网结合和互补,用以提高预警探测系统的探测功能和适应威胁环境的能力。

(4)发展功能综合化的预警探测系统

具有多种功能,能全面掌握空情,能在大系统中实现综合处置,具有显像功能的预警探测系统将是未来的主要发展方向。在作战过程中,与预警探测系统关系密切的还有通信、导航、电子对抗与指挥控制中心等信息系统。各功能部分一体化方案,是提高整个系统效率、可靠性、快速反应能力、生存能力等的关键。雷达可与可见光、激光、红外、毫米波、电子战支援设备组成多传感器、高质量的一体化预警探测系统,可以有效地提高雷达在现代战争中的生存能力。

(三)情报侦察系统

情报信息是指挥决策的基础,是信息化条件下夺取信息优势,进而获得作战优势的关键所在。世界各国大力发展和运用各种情报侦察手段获取情报信息,对其进行分析处理生成情报成果,以满足国家安全、国家利益和军事斗争的需要。

1. 情报侦察系统的概念

情报侦察系统是支持情报侦察机构和情报人员实时收集、处理、存储、分发、传输各类情报的信息系统。其目的是实现军事情报活动中情报信息的定向、收集、传递与处理的自动化、实时化、精确化。情报侦察系统作为综合电子信息系统的重要组成部分,是指挥员获取战场环境、部队动态、打击效果等信息的重要物质基础,在军队信息化建设和信息化条件下作战中发挥着越来越重要的作用。

2. 情报侦察系统的功能

情报侦察系统是综合电子信息系统的"耳目",担负着搜索获取情报信息、实时处理情报信息、传输分发信息的任务。

(1)搜集获取战场信息

搜集获取各类战争信息是情报侦察系统的基本任务,也是完成其他任务的前提和保证。情报侦察系统依托先进的感知和探测技术,综合利用空间、空中、陆地、海面、水下的各类探测设备,组织建立覆盖整个战场地域和重点目标的感知网系,及时、准确、大量地对战场各种信息进行全时空、全方位、全天候采集,为指挥员和指挥机构提供所需的实时、准确、丰富的情报信息,支持指挥决策和武器装备效能发挥。

(2)处理生成情报信息

处理生成有价值情报信息是情报侦察系统的核心任务。情报侦察系统依托信息融合、数据发掘、信息传输等技术,将陆、海、空、天、电、网各种情报侦察传感器采集到的原始信息,汇集到各级情报分析处理中心,运用情报分析处理系统对各种来源的情报信息进行多传感器、多层次的信息处理与融合,对多源情报进行分析、印证、识别,通过全面、深入、高效地分析处理等深度加工和提炼,及时生成图像情报、信号情报和测量与特征情报。为指挥员做出作战决策提供详细的战场综合态势图和实时情报、目标情报等。

(3)按需分发共享使用

情报信息的分发使用是情报侦察系统的重要任务,是情报侦察系统的目的。深度加工提炼出的情报信息,通过综合电子信息系统,按照任务和权限不同,向指挥控制、预警探测、信息对抗等系统和各种武器平台实行按需分发,达到情报资源综合利用和共享,满足不同层次作战单位的要求,使有限的信息资源得到充分利用。

3. 情报侦察系统类型

根据情报用途的不同,可将情报侦察系统分为战略情报侦察系统、战役情报侦察系统和战术情报侦察系统。根据情报类型的不同,可分为图像侦察系统、信号侦察系统、测量和特征侦察系统等。根据技术途径上的不同,可分为雷达侦察系统、信号情报侦察系统、微波辐射计侦察系统、光电侦察系统、遥感侦察系统、声学探测侦察系统、地面战场传感器侦察系统等。根据电磁辐射的来源不同,可分为无源情报侦察系统、有源(或主动)情报侦察系统等。根据搭载平台的不同,可分为航天侦察系统、航空侦察系统、地面侦察系统、海上及水下侦察系统等。

(1)航天侦察系统

航天侦察系统就是以航天器为平台,携带侦察设备对地面和空间目标执行军事侦察任务的情报侦察系统,是随着航天技术、遥感技术、电子技术的发展而发展起来的一种重要的情报侦察系统。随着航天侦察情报实时性的提高,航天侦察系统实施战术侦察和战役侦察的能力日益增强,现代战争对航天侦察的依赖性日益增加。

航天侦察按使用的平台是否载人可以分为卫星侦察和载人航天侦察。卫星侦察是空间侦察与监视的主要方式,也是目前数量最多、应用最广泛的航天侦察系统。根据任务和侦察设备的不同,侦察卫星通常分为成像侦察卫星、信号情报侦察卫星、海洋监视卫星、空间目标监视卫星和核爆炸探测卫星等。载人航天侦察通常以飞船、航天飞机、空间站等载人航天器为平台,搭载侦察载荷,在和平时期和战时都能提供一定的侦察能力。在有人操作的情况下,侦察操作更有针对性、更灵活。

(2)航空侦察系统

航空侦察系统,指的是利用各种空中飞行平台,包括固定翼飞机、直升机、无人机和动力侦察飞机等,装载各种侦察传感器,从空中侦察各种有价值的军事目标的侦察系统。这种侦察具有获取信息时效性强、准确度高、目标影像直观、侦察范围宽广深远、灵活机动等特点。

航空侦察系统主要执行战役、战术侦察任务。有些远程战略侦察飞机,也可以用于战略情报侦察。机载侦察装备主要有红外照相、雷达、微波成像、电视摄像等机载侦察设备。如美国的 SR-71 战略侦察机,主要机载设备有 KA-95B 侦察照相机、红外与电子探测设备、合成孔径雷达。它的最大飞行速度为 3.2 马赫,侦察高度 2.4 千米,活动半径近 2 000 千米,具有飞行速度快、升限高的性能特点。

(3)地面侦察系统

地面侦察在现代作战中具有不可或缺的地位和作用,现在各国军事部门在实施每次重大军事行动之前,都十分重视地面侦察获取的情报信息。地面侦察系统主要是利用电子信号侦收装置、战场监视雷达等对敌军各种军事目标进行侦察、监听、记录、分析,并对目标进行精确测向和迅速定位,及时判明敌方具体的兵力部署,阵地编成,重要军事设施(目标)的具体位置、数量和性质,不仅能够进一步充实战场指挥官所需的战役战术情报,而且还可以及时校正卫星和航空情报在分辨真假目标时的偏差。

地面侦察系统可分固定侦察和机动侦察,包括光电侦察器材、地面传感器、侦察警戒雷达和无线电电子侦察设备等。常用的技术侦察装备有:照相机、望远镜、观察镜、传感器等。

(4)海上及水下侦察系统

海上及水下侦察就是以舰船、潜艇和其他海上交通工具作为平台,装备多种专用的情报侦察设备,包括光学侦察设备、雷达侦察设备、电子侦察设备和声学侦察设备,在海上进行综合侦察的侦察系统。从作战使用的角度,海上及水下侦察主要分为专用侦察船、舰载侦察系统和新兴的无人侦察艇等。

海上及水下侦察系统活动区域大,可以远航持续抵近目标侦察,弥补了空中侦察和地面侦察的不足,是现代战争中获取情报的主要手段之一。特别是20世纪70年代以来,各种高新技术被广泛地应用到水面舰艇和潜艇上。各类先进的雷达系统、光学系统、无线电侦察系统、水声探测系统和情报处理系统,还有无人潜航器和无人水面舰艇等新式装备,使海上及水下侦察平台的侦察能力、机动能力、抗干扰能力、情报传输能力和生存能力均大为提高。

4. 情报侦察系统的发展趋势

(1)侦察监视实时化

侦察监视实时化是指在未来战争中,侦察监视传感器能够在有限的时间内,及时、准确地探测和识别突然出现、机动性强、灵活性高、稍纵即逝的目标,并能够及时将这种目标的位置、状态信息提供给指挥决策系统和武器打击系统,确保武器系统在这一短暂时限内完成目标定位、瞄准和精确打击。因此,以计算机、网络、智能化等技术为核心的自动化多源信息融合、处理、分发等可有效提高信息收集、分析、处理、判断、传输的时效性,为指挥员提供实时、准确的情报数据,它是未来侦察监视系统的一个重要发展方向。

(2)信息处理智能化

情报侦察系统智能化是能够对侦察监视传感器获得的大量不确定性情报进行智能化、自动化、快速而准确的处理,形成实时、准确、高置信水平的可利用情报。它是确保侦察监视系统能够发挥信息优势、有效实施作战效能的重要条件。数据融合、人工智能及分布式人工智能等先进技术的发展将推进智能化情报分析和处理水平的提升,将促进综合情报侦察系统向智能化发展。

(3)侦察平台无人化

无人侦察监视平台是未来信息化战场的一种重要信息获取手段。无人平台具有其特有的优点,如能在人们无法进入的地区执行任务,不存在人员伤亡和被俘的可能性,也没有人的耐久力限制等方面的问题,因此在收集情报方面比有人侦察监视平台更具优势;有的还有隐身能力,能在敌方无法探测的情况下收集情报信息。从目前各国军备发展项目来看,除军用侦察监视卫星这种无人化军事装备在继续深入发展之外,空中的无人侦察机、水中的无人潜航器和陆地的侦察机器人等也方兴未艾。可以预见,在未来战争中,高效的无人侦察监视平台无疑将得到最广泛的应用。

(四)军事通信系统

1. 军事通信系统的概念

军事通信简称通信,为保障作战和其他军事任务,运用通信手段进行信息存储、传输、处理和管理的活动。军事通信系统是国防基础设施的重要组成部分,是多种军事信息系统的黏合剂和神经中枢。

2. 军事通信系统的功能

在信息化条件下的作战，为了迅速、准确、保密、不间断地进行信息传输和分发，保证指挥系统畅通无阻地工作，要求军事通信系统具有以下能力：

抗损毁能力。军事通信设施历来都是敌方首先攻击、杀伤的目标。西方国家作战条令都明确规定，战前要首先干扰、破坏敌方通信设施的50%～70%，第一次火力要摧毁敌方通信设施的40%。军事通信系统必须具备被硬杀伤后自组织恢复的顽存抗毁能力以及防止电子高能武器的破坏与损伤的能力。

抗电子战能力。通信中的干扰与反干扰、侦察与反侦察、保密与窃密、定位与反定位贯穿于作战过程的始终，军事通信系统必须具备各种抗御电子战的能力，才能对付敌方电子战的软硬杀伤。

防泄密能力。现代技术对信息侦收与截获和破译能力空前提高，通信系统传输的各类信息，无时不在敌方的监视、侦收、窃听的威胁之中，如若措施不力，各种通信设施将会变成敌方的情报源。

快速反应能力。现代武器系统的高速攻击和兵力的快速机动，加速了战争发展变化的节奏，使通信业务量大大增加，而且强度在时空分布上差异极大，导致信息堵塞，时延增大。因此要求军事通信系统具备快速响应、实时调整、补充网络资源的能力。

3. 军事通信系统的主要类型

军事通信是军事信息系统信息传输的主要手段，在军队的平时和战时，军事通信包括各种通信手段和通信方式。根据通信保障范围的不同，军事通信系统可分为战略通信系统、战役/战术通信系统。

(1)战略通信系统

战略通信系统在平时保障国家防务，应付敌人突然袭击或突发事件、抢险救灾、教育训练和日常活动等的通信联络；在战时保障战略警报信号和情报信息的传递，统帅部指挥战争全局和直接指挥重大战役(战斗)的通信联络，指挥自动化系统的信息传递，实施战略核反击的通信联络以及战略后方的通信联络。其主要特点是覆盖地域广阔，传输线路和设施相对固定，传输的信息流量大，能提供远距离的大容量宽带综合数字通信业务，网络的安全保密等级高。

(2)战役/战术通信系统

战役作战有战区、方面军、集团军和相应规模的海军、空军、第二炮兵战役等各种层次。战术作战通常指具体的地区内的战斗。通常是为了保障师以上部队遂行战役作战和师以下部队战术行动。战役通信系统以固定通信设施为依托，主体是机动和野战的通信装备。战役/战术通信系统网中的固定通信设施是战略通信网的组成部分，而机动部分则是在战区战时开设的通信设施，以野战通信装备为主。战役/战术通信系统在作战地区保障战略、战役警报信号和情报信息及指挥自动化系统的信息传递，保障指挥战役、战斗和战役协同、战役后方、技术保障的通信联络。

战役/战术通信系统可以根据需要随时接入战略通信系统。战役/战术通信系统包含的主要网系有地域机动通信系统、移动通信系统、战术互联网、战场数据分发系统、空军战术通信系统、海军战术通信系统、战术卫星通信系统等。

4. 军事通信系统的发展趋势

在新一代网络技术和未来移动通信技术的推动下，军事通信系统将发展多种军用通信技术来满足未来信息化战争的军事需求，为军事作战提供有力支撑。军用通信技术将通过量子通信技术提高军事通信的信息传输容量和安全性，并增强灵活性和健壮性。量子通信是面向未来的全新通信技术，在安全性、高效性上具有经典通信无法比拟的优势。量子通信的理论基础是基于量子力学的量子信息理论，目前已在量子计算、量子通信方面引起了国外的广泛重视，各国都投入了大量的人力、物力和财力来加强相关技术研究。利用量子的不可克隆性和量子测量塌缩现象，可以传送由量子状态承载的编码信息实现密钥分发，通过量子密钥分配协议，通信双方可以相隔 100 千米左右通过光纤或者相隔数十千米通过自由空间分配绝对安全的加密密钥，从而实现安全的保密通信。

（五）信息对抗系统

随着新技术革命的蓬勃发展和军事变革的日趋深化，信息化军队雏形已经显现，信息化战争向我们走来。人们不难看出，与信息化战争有关的信息的获取、传输、利用和对抗已经产生了质的飞跃，信息在作战中的地位大大提高，而信息对抗系统一直处于打头阵的位置并贯穿整个战争的始终，是争夺控制信息优势，攻击瘫痪敌方信息系统的主要手段，是形成体系作战能力的核心因素，是各国军队高度重视投入的关键领域。

1. 信息对抗系统的概念

信息对抗系统是指为争夺信息获取权、控制权和使用权而进行的对抗和斗争中所使用的，以现代信息技术为核心的武器装备及系统。

信息对抗系统主要包括电子对抗系统、网络对抗系统和光电对抗系统等。信息对抗系统是一个较为宽泛的概念，它涵盖了信息对抗的指挥控制体系，实施信息对抗的力量、技术体系，以及支持信息对抗指挥控制的信息系统等部分。

2. 信息对抗系统的主要功能

信息对抗系统是现代战争中能够帮助指挥员驾驭信息和武器的重要手段。信息对抗系统具有信息情报侦察、信息防御和信息进攻三大功能，其作战对象是敌 C^4ISR 系统和精确制导武器关键性的薄弱环节，主要作战领域是防空和对敌防空压制。

（1）全方位的信息侦察功能

信息侦察是信息化战争的序幕和先导，并贯穿于战争的整个过程，也是实施信息活动的先决条件和基础。在和平时期，信息侦察可以截获、分析、识别、定位和记录敌方电磁射源信号的活动，从中获取敌方作战兵器的部署、调动及敌方行动企图等战略情报，为高层领导决策和研究信息战技术战术策略提供准确、可靠的情报依据。在战争时期,信息侦察用于实时监视敌方电磁环境态势,以确立战区内完整、准确、可靠的敌方电磁威胁环境态势图,为实施信息战和其他作战行动提供实时的战术情报支援,并对回击效果进行检查和评估,以便及时调整作战策略。

(2)多层次的信息防御功能

在防御作战中,利用信息对抗系统中的对敌预警机和进入战区内的敌攻击轰炸机编队的通信、导航、敌我识别系统的综合干扰及对精确制导武器综合对抗,对敌多方位、多批次、高强度的空中攻击实施多层次、全方位、多手段的综合信息防空反击。通过干扰压制敌预警机的雷达和空袭兵器的通信、导航、敌我识别等系统,瘫痪敌空袭作战的协同指控能力,同时通过干扰诱骗敌巡航导弹、制导导弹、炸弹的制导系统,破坏其对己方主要军事设施和重点目标的攻击能力。因此,综合信息对抗系统是防卫敌高强度空中进攻的盾牌,该系统与其他防空兵器协同作战,便可大大降低敌空袭兵器的攻击效率,显著提高防空兵器的整体作战效能和抗毁性,并使防空探测网从被干扰迷盲的劣势变成对敌干扰源进行定位攻击的优势。

(3)综合性的信息进攻功能

在进攻作战中,利用综合信息对抗系统中的对敌预警机的综合干扰掩护低空突防、电子干扰飞机的远距离支援干扰、无人干扰飞机和反辐射无人机的先期攻击、电子干扰飞机随队掩护干扰和反辐射武器攻击以及作战平台综合性自卫干扰等多模式、多手段的信息进攻手段,构成一个软杀伤与硬摧毁相结合,雷达、通信、导航、敌我识别、武器制导对抗相结合的综合性、高强度的信息进攻力量,以便在关键的时刻、主要方向和地点构成局部电磁优势,对敌 C^4ISR 系统和武器控制与制导系统实施强有力的信息压制干扰和反辐射武器攻击,就可瘫痪敌预警探测网、指挥通信网和拦截打击系统,从而从整体上瓦解敌方整个防御系统的协调作战能力,降低敌方精确制导武器的攻击效率,保障己方攻击机群、攻击舰队、攻击部队的安全突防。因此,应用综合信息对抗系统多模式的信息进攻手段,可把敌人先进的高技术武器系统退化到较低的水平,以迫使其在低水平级别上进行作战,从而可以更好地发挥己方军队主战兵器的威力。

综上所述,综合信息对抗系统是集信息侦察、信息防御和信息进攻三大功能于一体的新型武器系统。在未来的信息作战中,应用综合信息对抗系统就可切断敌 C^4ISR“神经中枢”,使敌预警探测系统迷盲、指挥通信中断、导航定位错误、敌我识别混乱、精确制导武器失灵,从而从整体上瓦解敌方战斗力,并保护己方的指挥信息系统等信息武器免遭敌方的信息干扰和攻击。因此,综合信息对抗系统是一种高效的作战兵器,是提高军队武器装备体系整体综合作战能力的关键要素,是在未来军事对抗中对敌斗争的威慑力量,是军队攻防作战体系变劣势为优势的关键。

3. 信息对抗系统的组成

信息对抗系统主要由通信对抗系统、雷达对抗系统、光电对系统、网络对抗系统等构成。

(1)通信对抗系统

通信对抗系统是根据通信对抗使用目的的不同而具有特定的功能,是为谋求达到最佳对抗效果的有机综合体。即为完成特定的通信对抗任务,由多部通信对抗设备、计算机或多个微处理器以及通信设备所组成的统一协调的整体,该系统能够实现统一指挥、协调工作,在密集的信号环境下能够完成对目标信号的侦察、测向定位与干扰。

(2)雷达对抗系统

雷达对抗系统主要由雷达对抗侦察系统和雷达干扰系统组成。雷达对抗系统按其装载平台划分,主要有舰载雷达对抗系统、机载雷达对抗系统、星载雷达对抗系统和车载雷达对抗系统。专业雷达对抗分队主要装备的是车载雷达对抗系统,车载雷达对抗系统按照功能用途,可分为雷达对抗侦察系统和雷达干扰系统。

(3)光电对抗系统

近30年来,随着激光和红外技术的迅速发展,光电技术在军事上获得广泛的运用,各种光电设备和武器系统成为现代战争中不可缺少的重要作战手段,并显示出惊人的作战威力。随着激光制导系统、红外夜视、探测系统、多光谱成像系统、可见光照相侦察系统等光电系统设备在军事领域的普遍运用,光电对抗系统成为信息对抗系统的重要组成部分。

(4)网络对抗系统

网络对抗系统是实施网络对抗的物质基础。网络对抗部队必须装备先进的网络对抗武器系统才能有效地进行网络对抗,圆满地完成网络对抗任务。网络对抗系统按系统作战运用级别可分为战略级网络对抗系统、战役级网络对抗系统和战术级网络对抗系统以及应急机动型网络对抗系统;按系统在网络对抗中的功能可分为网络支持系统、网络攻击系统与网络防御系统;按系统在网络对抗中的表现形式分为网络对抗软系统与网络对抗硬系统。

4. 信息对抗系统的发展趋势

(1)信息综合对抗

未来信息作战将集中体现信息综合对抗的特点。不是单个信息设备之间对抗,而是系统对系统、体系对体系的对抗。因此要取得信息对抗的优势,必须发展和应用综合电子战系统,在电子战作战指挥单元的统一管理和控制下,通过陆、海、空、天多平台的雷达对抗、通信对抗、光电对抗等多种电子战手段的综合应用和密切协同,构成三军一体,各种电子对抗手段综合一体的区域综合电子战作战能力,形成局部电磁斗争优势,以执行各种电子战战斗任务。

(2)软硬结合对抗

“软杀伤”是通过电子干扰、计算机病毒攻击和心理攻击等手段,在不破坏敌信息系统硬件的情况下,切断敌方信息获取和传输通道,破坏其功能或使其暂时丧失信息获取、控制和使用的能力。而“硬摧毁”就是以彻底毁坏敌信息系统的人员和硬件设备为目的的打击行动,包括反辐射武器对电子设备的摧毁,精确制导武器对信息系统设备的摧毁,特种作战部队对信息系统关键设备的破坏等物理攻击。通过“软杀伤”和“硬摧毁”手段的综合运用,可以从根本上削弱、摧毁对手的信息战能力,达成最佳的作战效益。

(3)网电一体对抗

随着计算机网络技术的发展,军事信息系统及武器系统越来越依赖于计算机网络技术,军事信息系统及武器系统的性能也因此得到了极大的提高。正是在这种形势下产生了"网电一体战"的思想。随着战场信息化程度的提高,作战主体思想发生了深刻变化,作战双方更加注重通过打击敌方的 C^4ISR 系统,剥夺敌方的战场控制权和主动权。现代战场的 C^4ISR 系统是由电子设备和计算机网络组成的综合电子信息系统,主要由信息获取、信息传递和信息处理三大系统组成。信息获取系统和信息传递系统主要是通过声、光、电、热、磁等手段来实现的。在很长的时间里,电子战都是对信息获取系统和信息传递系统进行干扰和攻击。但随着信息传递系统的数字化和网络化以及信息处理系统的计算机化,不仅使得利用网络战手段对网络攻击成为可能,而且由于三大系统的互连、互通,使得网络攻击也可对敌信息传递系统产生攻击作用,并成为最有效手段之一。因此,只有综合运用电子战力量和网络战力量,采取网电一体的攻击手段,才能从整体上瘫痪敌战场信息系统。

(六)综合保障信息系统

1. 综合保障信息系统的概念

综合保障信息系统是为指挥机构、作战部队和武器平台提供物资、装备、运输、工程保障能力和战场环境保障能力的军事信息系统,是综合电子信息系统的重要组成部分。

2. 综合保障信息系统的功能

各类保障信息系统各有其业务特点,基本功能主要有:一是收集国家相关部门、上级业务机关等各类保障信息,对这些信息进行分析、处理和管理;二是及时并按需分发保障信息,为各级指挥机构和指挥员提供决心、建议和依据;三是保障指挥部所属部(分)队实施作战行动保障;四是提供辅助决策支持等。

3. 综合保障系统信息的组成

综合保障系统主要指气象保障信息系统、测绘保障信息系统、后勤装备保障信息系统等。

(1)气象保障信息系统

气象保障信息系统主要任务是收集、整理、编辑、传输气象情报资料,及时与地方各级气象部门交换气象资料;及时准确地向各级指挥中心提供有关地区的气象实况、天气预报和气候资料,并对可能危及军事行动的灾害性天气及时发出警报;通过气象资料数据库,为各级指挥机构提供有关数据。

(2)测绘保障信息系统

测绘保障信息系统主要任务是通过军事地理信息数据库,及时为各级指挥中心提供各种数据地图和军事地理数据;电子地图库可为陆、海、空军提供导航定位保障,为第二炮兵和有关部队提供精确制导所需的各种数据;地理和地形分析专家系统可以就地理因素对作战的影响提供决策建议和参考数据等。

(3)后勤装备保障信息系统

后勤装备保障信息系统具有文电与图形的自动化处理功能、辅助决策功能、情报资料自动查询和数据共享功能。能够实时收集和管理各类后勤、装备业务数据,为拟制和优选后勤、装备保障计划和后方保卫作战计划提供决策支持；为实行联勤联供、装备和技术保障，做好物资、油料、卫生、医疗、运输、技术等保障工作，以及为后方支援计划的有效实施等提供高速有效的手段。

第四节　信息化杀伤武器

信息化杀伤武器是复杂技术系统，是当前装备发展的最高级装备形态。它着眼于装备系统的整体功能而言，本身具有体系之意。

一、信息化杀伤武器的概念

信息化杀伤武器（亦称为信息化打击武器）是以信息为基础，以信息技术为支撑，以指挥控制系统为核心，以智能化、网络化、数字化为基本特征，集软杀伤和硬杀伤为一身的一体化武器装备体系。包括精确制导武器、新概念武器、核生化武器等。

二、精确制导武器

精确制导武器是信息化杀伤武器的典型代表，已成为信息化条件下局部战争中使用最多的武器，当代战争中具有举足轻重的作用，被誉为“当代高技术兵器之星”。

（一）精确制导武器的定义

精确制导武器是采用精确制导技术，直接命中概率较高的武器。如各类导弹以及制导炸弹、制导炮弹、制导鱼雷等。精确制导武器具有精确的制导系统，从而获得极高的命中精度，它具有反应敏捷的控制系统和具有识别目标并摧毁目标的能力和抗干扰能力。

（二）精确制导武器分类

这种武器包括各种精确制导导弹和精确制导弹药两大类。导弹与精确制导弹药的主要区别在于前者依靠自身的动力系统和导引控制系统飞向目标，而后者自身无动力装置，需借助火炮、飞机投掷，也没有全程制导装置，仅是在飞行末段起作用的寻的装置或传感器。

1. 导弹

导弹是依靠自身动力装置推进，由制导系统控制飞行、导向目标，以其战斗部毁伤目标的武器。由战斗部、弹体、推进系统、制导系统等组成。按飞行轨迹，分为弹道式导弹和飞航式导弹；按发射点和目标位置，分为地地导弹、地空导弹、空地导弹、舰舰导弹、舰空导弹、潜地导弹和空空导弹；按攻击目标，分为反坦克导弹、反舰导弹、反潜导弹、反卫星导弹、反辐射导弹和反导弹导弹等。导弹是精确制导武器中研究最早、类别最多、生产和装备量最大的一类。

2. 精确制导弹药

精确制导弹药也称为灵巧弹药，根据不同的作用原理可分为末制导弹药和末敏弹药两类。

(1)末制导弹药

末制导弹药有寻的器和控制系统,在其弹道末段能根据目标和弹药本身的位置自行修正或改变弹道,直至命中目标。主要有制导炮弹、制导炸弹、制导雷等。

(2)末敏弹药

末敏弹药不能自动跟踪目标,也不能改变飞行弹道,只能在被撒布的范围内利用其自身的探测器探测和攻击目标。

末敏弹药通常由一些子弹药组成。子弹药被抛撒后,立即用其自身携带的探测器开始在小范围内探测目标,发现目标后,即可沿探测器瞄准的方向发射弹丸,对目标进行攻击,既有较大的毁伤面积,又有较高的命中精度。

三、核生化武器

(一)核生化武器概述

1. 核武器

核武器是利用原子核裂变或裂变—聚变反应,瞬时释放巨大能量,造成大规模杀伤破坏效应的武器。包括原子弹、氢弹和特殊性能核弹等。核武器是战略威慑和遏制常规战争的主要手段,现代战争大多是核武器威慑下的常规武器局部战争。

核武器的威力取决于爆炸时所释放出的能量,以梯恩梯当量表示。所谓梯恩梯当量是指核爆炸时所释放的能量相当于多少吨 TNT 炸药爆炸所释放的能量。核武器按爆炸威力可分为百吨级、千吨级、万吨级、十万吨级、百万吨级和千万吨级。所谓万吨级核武器,是指其当量在万吨数量级之内,即 1 万吨以上至十万吨以下。

核武器按战斗使用又可分为战略核武器和战术核武器。战略核武器包括陆基、核潜艇发射的弹道导弹,远程飞行运载导弹,巡航导弹等;战术核武器包括地面、海上和飞机上发射的中短程核弹头导弹、巡航导弹、核航弹以及核大炮、核地雷、核水雷和核鱼雷等。

核爆炸方式可以分为空中爆炸、地面爆炸、地下爆炸以及水面爆炸和水下爆炸等几种。大气层中的核爆炸,通常以火球是否接触地面作为划分空爆和地爆的标准。除地下爆炸外,其共同的特点是依次出现闪光、火球、蘑菇状烟云,并发出巨大响声。核爆炸时,产生特异的外观景象。

光辐射:核武器爆炸时产生的热辐射效应是核武器的重要毁伤因素。物体吸收能量后温度迅速上升,以至燃烧或熔化。光辐射对人员的伤害主要是烧伤,人体的裸露部位可受到光辐射所引起的直接烧伤,也可因衣物着火而造成间接烧伤。强光可把人的眼底烧伤或使人暂时失明。人员吸入核爆炸产生的高温气流、热烟尘或热蒸气等会引起呼吸道烧伤。

冲击波:指核爆炸形成的高温高压气团以极高的速度向外膨胀,猛烈压缩和推动周围介质所产生的高压脉冲波对人员和物体造成的毁伤作用及效果。冲击波对目标的杀伤破坏效应有直接和间接两类,直接效应主要是挤压和撞击所致,挤压可引起人员内脏损伤和外伤,撞击可使人体抛出、碰撞而造成伤亡,冲击波可造成工事建筑和各种物体的破坏。间接效应是被受冲击波破坏的物体打击而间接造成的。

早期核辐射:指核爆炸开始十几秒内释放出的中子流和丙种射线对生物体、电子器件和其他物体的杀伤破坏作用及效果。早期核辐射主要由弹体内核反应产生,或从裂变产物中释放,或由中子与空气作用产生。早期核辐射可直接或间接使物质电离,造成辐射损伤,其主要杀伤破坏对象是人员和电子器件。

核电磁脉冲:指核爆炸时在空间产生的瞬时电磁场对电磁系统所产生的破坏作用。核电磁脉冲通过电缆、天线或接线柱等途径耦合能量而使无线电电子设备、供电系统、控制系统、指挥系统和通信系统等受干扰或损伤,从而造成器件烧毁、电击穿、功能失效等。

放射性沾染:指核爆炸形成的放射性微粒对人员、生物和生态环境造成的污染及其杀伤破坏作用。放射性沾染按其沾染范围和程度分为爆区沾染和云迹区沾染。距爆心投影点几千米以内的沾染区称为爆区沾染区。爆区沾染区以外的下风沾染称为云迹区沾染。随风飘动的烟云中较大的放射性颗粒不断降落地面,是形成云迹区沾染的主要途径。地面爆炸时,云迹区地面沾染和空气污染严重,并向下风方向延伸。空中核爆炸时,由于放射性颗粒小,云迹区地面放射性沾染轻微。烟云中更微小的颗粒会在空气中停留很长距离,形成全球范围的放射性沾染。放射性沾染直接或间接地对人员和生物产生放射性伤害。

2. 化学武器

化学武器是以毒剂的毒害作用杀伤有生力量的武器,其组成分为毒剂和毒剂前体、化学弹药和施放装置等,是大规模杀伤性武器。其类型包括装有毒剂的化学炮弹、化学航空炸弹、化学火箭弹、化学枪榴弹、化学地雷、化学航空布洒器和毒剂气溶胶发生器以及二元化学弹药等。化学武器在使用时,借助于爆炸、加热或空气阻力等作用,将毒剂分散成蒸气、液滴、气溶胶等状态,使空气、地面、水、物体染毒;经呼吸道、皮肤、眼、口等器官,引起人、畜中毒,以杀伤、疲惫敌方有生力量,迟滞、困扰敌方军事行动。

3. 生物武器

生物武器是利用生物战剂的致病作用杀伤有生力量和毁伤动植物的武器。其组成分为生物战剂、生物弹药和施放装置等,是大规模杀伤性武器。生物战剂是指战争中用来杀伤人员、牲畜和毁坏农作物的致病微生物及细菌毒素。生物战剂按性质分类可分为:细菌包括炭疽杆菌、鼠疫杆菌、霍乱弧菌、布鲁氏杆菌、军团杆菌等。病毒包括黄热病毒、天花病毒、登革病毒、拉沙热病毒、裂谷热病毒等。立克次体如斑疹伤寒立克次体和 Q 热立克次体等。衣原体如鸟疫(鹦鹉热)衣原体等。毒素如肉毒杆菌毒素、葡萄球菌肠毒素等。真菌如球孢子菌、组织胞浆菌等。

(二)高技术条件下核生化武器的发展趋势

高技术的发展,对核生化武器领域产生了重要影响,使传统意义上的研究进程大大缩短。在核武器发展上,由于计算机技术、电子技术的应用,使得原子武器当量可调整,效应可控制,引信可选择,核部件可插入。原子武器当量正向微型化和可控化发展,这大大降低了“核门槛”。特别是超小型弹和特定功能弹的出现,使核武器与常规武器的威力更加接近,界限更加模糊,因此就给少数掌握了该项技术的国家在高技术条件下用于军事打击创造了条件。

化学武器方面,现代分子技术、计算机技术的发展,为寻找更有效的不受国际公约限制的新毒剂和改进现有毒剂提供可能。目前一些国家正加紧发展第三代战剂—生化毒剂,这是一种超剧毒性毒剂,其毒性比沙林高出好几个数量级,在战场浓度下吸一口即可致死。

生物武器方面,随着高新生物工程技术的发展,原有生物战剂的性能将进一步提高。由于分子生物学和遗传工程技术的迅速发展,特别是脱氧核糖核酸重组技术的广泛应用,改变了决定微生物毒性或侵袭力基因的结构,提高了其致病能力,也就是说生物武器将进入基因武器的新阶段。

四、新概念武器

(一)新概念武器概述

新概念武器是指工作原理、毁伤机理和作战运用方式与传统武器有显著不同的各类高技术武器的统称,包括定向能武器、动能武器、计算机网络攻防武器等。

(二)新概念武器的种类

1. 定向能武器

定向能武器指利用定向发射的电磁波束、高能激光束、高能粒子束直接攻击目标的武器。包括激光武器、高功率微波武器和粒子束武器等。

2. 动能武器

动能武器是利用一种以 5 倍于声速以上发射速度的弹头的动能直接摧毁目标的武器系统。目前世界上采用新概念技术的动能武器主要有利用火箭推力的动能拦截器和靠电磁能推力的电磁发射武器。

3. 智能武器

智能武器就是把智能计算机应用于坦克、火炮、导弹、雷达及各种电子系统等武器装备上,不用人的直接操作而自行完成侦察、搜索、瞄准、攻击目标以及情报的搜集、整理、分析与综合等各种军事任务的武器装备。其种类很多,各种武器装备智能化后就是智能武器。如智能坦克、装甲车、巡逻车、炮弹和导弹发射车,智能导弹、炸弹、地雷和 C^4I 系统,还有智能机器人等。目前,军用机器人已逐步走向战场。

4. 纳米武器

纳米技术为军事研制纳米武器奠定了物质基础。首先纳米武器实现了武器系统超微型化,使目前车载、机载的电子战系统缩小至可单兵携带,其隐蔽性更好,安全性更高。其次,纳米武器实现了武器系统高智能化,使武器装备控制系统信息获取速度加快,侦察监视精度提高。再次,纳米武器实现了武器系统集成化生产,使武器装备成本降低、可靠性提高,同时使武器装备研制、生产周期缩短。在未来战场，巨型武器系统和微型武器系统将同时存在，协同作战，大有大的作用，小有小的妙处，作战手段更加机动灵活，战斗形态更加复杂多变。

5. 计算机病毒

计算机病毒，实际上就是一种特殊的计算机程序。就像病毒侵入人体引起生病一样，它们侵入计算机系统，能够干扰、修改正常运行的计算机程序，破坏其有效功能，并能复制和自动侵入其他程序中，使周围的计算机程序也遭到破坏。计算机病毒具有计算机软件的有关特征。

6. 基因武器

基因武器就是运用遗传工程技术，按人们的需要，在一些致病细菌或病毒中，接入能对抗普通疫苗或药物的基因，产生具有显著抗药性的致病菌；或者在一些本来不会致病的微生物体内接入致病基因，而制造出新的生物制剂。

7. 非致命武器

非致命武器是指为达到人员或装备失能，并使附带破坏最小化而专门设计的武器。目前国外正在研究的非致命性武器主要有化学失能剂、刺激剂、黏性泡沫等。化学失能剂分为精神失能剂、躯体失能剂。它能够造成人员的精神障碍，躯体功能失调，从而丧失作战能力。在现代武器装备和战争方式的发展中，从可控武器向可控战争过渡的趋势非常明显，越来越多的军事部队参与到反恐与维和任务中，在镇压暴乱，防止武装冲突升级，解救人质等方面需要广泛使用各种非致命性武器。

8. 气象武器

气象武器是运用现代科学技术，靠人工影响局部天气以求达到某种军事目的的一种武器。简单地讲，气象武器大致可分为两类：一是为己方作战创造有利条件，如造雾，消雾等；二是给敌方军事行动制造困难，如人工降雨，控制台风、闪电，制造酸雨等。

9. 心理战武器

所谓心理战，是一种以军事实力为基础，运用传播学和心理学等，以各种信息媒介为载体，综合运用多种手段，攻击敌军的心理防线，达到“不战而屈人之兵”或“小战而屈人之兵”目的的一种特殊作战样式。心理战的武器往往不是那些看得见、摸得着的暴力武器，而是信息——一种意在影响攻击对象思想和行为的攻击性武器。这种信息，有时是彻底公开地显露给对方，显示给国际社会；有时又若隐若现，使对方可见不可得，可望而不可即，从而产生疑虑、不安、甚至恐惧。

（三）新概念武器对现代战争的影响

1. 战争概念的内涵将发生演变

由于很多新概念武器的非致命性，使得两军对峙、浴血厮杀的战争场景将逐渐淡化，不流血的战争很可能在新世纪出现。所以，一些军事理论家对战争理念的理解也开始发生变化。

2. 战争持续时间将缩短

由于新概念武器攻击突然性大，命中精度高，使用范围广，加上数字化、信息化战场的建立和日臻完善，使作战行动既能迅速实时进行，又能打击精确有效。所谓实时，就是能对战场双方迅速变化的态势立即知晓、立即反应、迅速应对，从而使过去在战场上需数小时、数天乃至更长时间才能办到的事，只需几分钟甚至几秒钟就能完成，使定下决心与作战进程几乎同步，做到断然出手，速战速决，大大缩短战争持续时间。

3. 战争毁伤程度减小

战争毁伤分有效毁伤和附带毁伤，前者是指与达到战争目标直接相关的必要毁伤，后者是与达到战争目标无直接关系或根本无关的不必要毁伤。使用传统武器，如实施地毯式轰炸或大威力炸弹轰炸往往会造成大量附带毁伤，祸及平民百姓和民用设施。即便是有效毁伤，也往往造成大量人员伤亡，惨不忍睹。新概念武器，尤其是“定点”精确打击的非致命武器，不仅能最大限度地减少附带损伤，也使有效毁伤更加精确。

参考文献

[1] 艾跃进. 大学军事课教程. 北京:国防大学出版社,2015.
[2] 蔡仁照. 信息化战争论. 北京:国防大学出版社,2007.
[3] 程永生. 军事高技术与信息化武器装备. 北京:国防工业出版社,2010.
[4] 葛东升. 国家安全战略论. 北京:军事科学出版社,2006.
[5] 郭之珂. 军事理论教程. 北京:教育科学出版社,2011.
[6] 胡锡进. 大国态度. 北京:人民日报出版社,2017.
[7] 郇际. 新编大学生军事课教程. 北京:国防大学出版社,2015.
[8] 匡兴华. 高技术武器装备与应用. 北京:解放军出版社,2011.
[9] 李大光. 国家安全. 北京:中国言实出版社,2016.
[10] 李大光. 走近还是远离战争. 武汉:长江文艺出版社,2017.
[11] 李国强. 大学国防教育教程. 北京:航空工业出版社,2018.
[12] 李显尧,周碧松. 信息战争. 北京:解放军出版社,1998.
[13] 李洲,陶志勇,卢哲俊,曾繁军. 空袭战. 长沙:湖南科学技术出版社,2000.
[14] 刘杰,郭驰,张媛媛. 新编大学军事课教程. 第 5 版. 大连:大连理工大学出版社,2018.
[15] 刘亚洲. 当代世界军事与中国国防. 修订版. 北京:中央党校出版社,2016.
[16] 刘玉清,潘星星. 军事理论教程. 北京:人民邮电出版社,2017.
[17] 刘跃进. 国家安全学. 北京:中国政法大学出版社,2004.
[18] 卢天贶,卢哲俊,肖道生,王秀红. 闪电战. 长沙:湖南科技出版社,2000.
[19] 孟宝宏,谭本宏. 信息化战争. 北京:解放军出版社,2007.
[20] 倪天佑. 指挥信息系统教程. 北京:军事科学出版社,2013.
[21] 彭训厚,于江欣. 第二次世界大战史教程. 北京:军事科学出版社,2000.
[22] 世界军事革命史编写组. 世界军事革命史. 北京:军事科学出版社,2013.
[23] 宋华文,耿艳栋. 信息化武器装备及其运用. 北京:国防工业出版社,2010.
[24] 孙光. 军事理论基础教程. 大连:大连海事大学出版社,2018.
[25] 潭东风,等. 武器装备系统概论. 北京:科学出版社,2015.
[26] 童志鹏. 综合电子信息系统. 2 版. 北京:国防工业出版社,2008.
[27] 王军,杨柳青. 信息化作战规律. 北京:国防大学出版社,2006.

[28] 王威. 大学军事教程. 北京:国防大学出版社,2015.
[29] 肖占中. 大学生军事理论与训练教程. 北京:国防科技大学出版社,2014.
[30] 袁军堂,张相炎. 武器装备概论. 北京:国防工业出版社,2014.
[31] 袁野. 军事理论与技能训练教程. 北京:国防科技大学出版社,2013.
[32]《总体国家安全观干部读本》编委会. 总体国家安全观(干部读本). 北京:人民出版社,2016.
[33] 张建英,刘正,李彦磊. 大学军事理论教程. 北京:国防大学出版社,2019.
[34] 张思宁,边怀杰,王凯军. 信息作战理论. 北京:军事谊文出版社,2001.
[35] 张召忠. 走向深蓝(下). 广州:广东省经济出版社,2011.
[36] 张正明. 军事理论教程. 北京:高等教育出版社,2015.
[37] 中国军事百科全局编审委员会. 中国军事百科全书. 北京:军事科学出版社,1997.
[38] 中国人民解放军军语. 北京:军事科学出版社,2012.
[39] 中华人民共和国国务院新闻办公室《新时代的中国国防》白皮书 ,2019.